『계간 삼천리』와 인물들

이 도서는 2017년도 정부(교육부)의 재원으로 한국연구재단의 지원을 받아 한림대학교 일본학연구소가 수행하는 인문한국플러스지원사업의 일환으로 이루어진 연구임(2017S1A6A3A01079517).

한림대학교 일본학연구소 일본학자료총서 Ⅱ
〈계간 삼천리〉 시리즈

『계간 삼천리』와 인물들

한림대학교 일본학연구소 편

學古房

본 사업단은 한국사회에서 1945년 이후 식민지적 유제(遺制)의 의미를 비판적으로 탐구하는 방법론으로 제국적 유산이란 무엇인가를 물어왔다. 전자의 제국의 유제를, 제국의 기억이 인간의 욕망의 문제와 연결된 것이 아닌가 생각을 하게 되었고, 후자의 제국적 유산은 정(正)과 부(負)를 동반하면서도 수용, 변용, 전유의 프로세스로 나타난다는 것을 고찰하는 시점에 대해 고민했었다. 그것은 식민통치와 제국의 붕괴, 해방 그리고 냉전체제, 한국전쟁, 민주화 등이 '균질적'으로 표상되는 역사적 기억에 대해 재조명하고, 그 속에서 전개된 근대와 현대란 무엇이었나를 '문화와 권력'의 시각에서 논의해 보고자 했다.

특히 대한민국에 민주주의가 유입된 이래 과연 지금까지 주체적인 민주주의를 이루어냈는지 그리고 탈식민지를 이루어내는 과정에서 과연 '동아시아'는 '동아시아적일 수 있는가'를 묻지 않을 수 없는 상황이었다. 과거 식민지시기 신민(臣民)에서 국민으로, 그리고 국민에서 시민으로 변용되어 오는 여정 속에서 과연 이러한 문제들은 어떤 의미에서 정의되고, 합리화 혹은 정당성을 갖게 되었는지 그 역사적 흐름을 되짚어보지 않을 수 없다고 생각했다.

이러한 과제를 하나하나 되돌아보는 과정에서 당초 사업계획서에 일본에서 '재일한국·조선인'들이 간행한 잡지인 『계간 삼천리』(총50호)를

해제하겠다고 선언했었다. 그 결과물로서 『계간 삼천리 해제집』(일본학
자료총서Ⅱ)로 총8권을 간행했다. 여기에는 당시 사업을 수행하던 사업
단장, HK교수, HK연구교수 모두가 참여했고, HK+사업단의 공동작업의
일환이었다. 본 『「계간 삼천리」와 인물들』은 총8권으로 간행된 『계간 삼
천리 해제집』을 총결산하는 의미에서, 『계간 삼천리』에 등장하는 인물
들을 모아서 재편집한 것이다. 그런 의미에서 『계간 삼천리 해제집』에
참여한 HK연구부 선생님들의 작업이 없었다면 이 『「계간 삼천리」와 인
물들』은 간행되지 못했을 것이다. 『「계간 삼천리」와 인물들』이라고 제목
을 붙인 이유는 기존에 알려진 인물 소개의 의미가 아니라, 『계간 삼천리』
에 어떤 내용을 기술했고, 그 내용이 무엇이었는가를 소개하는 의미에서,
『계간 삼천리』의 몇 년 몇 호에 실린 무슨 제목인지를 소개하면서, 해제
내용을 축약하거나 요약하는 형식으로 정리했다. 이 작업은 '연구부 공
동작업'으로 사업단에 소속하여 이루어내 성과였기 때문에 '일본학연구
소 편' 이름으로 간행되게 되었음을 밝혀둔다. 다시 한번 해제 작업에
참여했던 선생님들께 감사의 인사를 드린다.

　『계간 삼천리』가 1975년 2월 1일부터 1987년 5월 1일까지 간행되었는
데, 이 시기는 한국뿐만 아니라 일본, 동아시아 그리고 세계적 흐름도
'수평적 세계관으로서 인간 보편에 대한 문제'가 등장하던 시기로, 기존
에 존재하던 '인권, 평등, 차별, 학생운동, 평화, 네트워크, 여성, 정치'
등등의 개념들이 의문시되고, 재정의 되고 있었다. 물론 이러한 개념들
은 서구적 근대 출현과 동시에 구축된 것으로, 한국과 일본을 포함한
비서구로서 동아시아는 '의식적 혹은 무의식적'으로 그 속에 내재된 개
념들을 근거에 둘 수밖에 없었고, 그것이 민주주의나 사회주의, 공산주
의에 내장되어(embedded)있는 이데올로기를 읽어낼 수 있게 되었다. 이
러한 논점은 『계간 삼천리』에서 잘 나타나는데, 재일한국·조선인의 전

후는 일본의 식민지적 유제, GHQ의 점령정책, 그리고 한일회담 반대운동, 베트남전쟁 반대운동, 김희로 사건, 히타치 취직차별, 김지하 문제, 아시아여성 차별문제, 광주민주화운동, 재일한국·조선인 정치범 문제, 교과서 문제, 국제인권 규약 비준 문제, 난민조약 문제, 등등이 나타나면서 국적법 개정, 지문등록 문제를 마주하던 시기였다. 이는 일본제국주의의 문제, GHQ의 역할, 한반도의 남북분단, 그리고 재일한국·조선인 내부의 정주화 문제, 귀화 문제가 나타나게 되는 시대적 변혁이 '공시적으로' 진행되던 시기가 중첩되고 있었다. 그것은 앞서 언급한 것처럼 국제인권규약이나 난민 문제, 인권 문제 등이 출현하면서, 일본 내에 국적조항 문제로 연금, 생활 보호, 공영주택 입주 문제 등으로 연동되어 나타나고 있었다. 그것은 식민지 유제, 남북문제, 미국의 역할과 일본, 그리고 국제 사회의 이론적 틀들의 변용이 '재일한국·조선인' 사회에 연동되고 있었던 것을 여실히 보여주는 사안들이다. 그리고 재일한국·조선인 내부에서도 재일한국인과 조선국적의 문제, 그리고 재일조선인과 재일, 자이니치의 호칭으로 변용되면서 정주화를 둘러싼 '동화'와 차이의 문제를 끌어안고 있었다. 이러한 문제들은 모두 본 사업단의 아젠다 키워드인 '포스트제국, 문화권력, 동아시아'와 연동하고 있어서, 그 실증적 자료의 가치성은 말할 것도 없는 것이다.

이를 위해 사업단에서 제시한 자료 분석에 대한 구체적인 분석 틀은 아래와 같이 네 가지 범주였다.

① 동아시아 상호이해를 위한 기사
② 당시의 동아시아 상호관계, 국제정세 시점에 대한 기사
③ 조선과 재일조선인의 일상문화에 대한 기사
④ 기타 좌담/대담 중 사업단 아젠다와 관련 있는 기사 등

물론 이러한 범주는 임의적인 것으로 작업의 편리성을 위해 구분했지만, 작업을 진행하는 과정에서 이 네 가지 범주는 서로 떨어진 별개의 항목들이 아니라, 서로 얽히고 동시에 무언가가 하나로 관통하고 있다는 것을 알게 되었다. 그 속에서 중요한 것은 인적 네트워크였고, 등장인물들의 다양성과 '내용'이 갖는 '동질성'을 알게 되면서, 인문들에 대한 중요성을 다시 한번 알게 되었다. 특히 '가교란'이나 '나의 조선체험/조선관', '나에게 있어 조선/일본', 그리고 대담, 좌담에 참여한 인물들이 당시 최고의 유명인들부터 무명의 일반인도 있었다. 그렇기 때문에 본문에서 생몰년 미상의 인물들이 다수 등장하는 것은 보통 일반인이었기 때문에 그 자세한 생몰년은 찾을 수가 없을 정도였다. 이것은 반대로 당시 『계간 삼천리』 집필자가 얼마나 '일반인'을 중시했는가를 역설적으로 알게 해주는 것으로, 사회상이나 '시대를 살아가는 필부의 고민들'을 적나라하게 보여주는 것이라고 여겨진다.

특히 인물들을 정리하면서 알게 된 성과는, 『계간 삼천리』 집필자나 『계간 삼천리』에 등장하는 인물들의 면면이나 그 역사적 경험의 초점이 <가교(架橋)>에 있었다는 점이다. <가(架)+교(橋)>는 무언가를 연결하기 위한 다리의 역할인데, 그렇다면 『계간 삼천리』에서는 무엇과 무엇을 다리로 연결하는 역할을 하고자 했던 것인가를 재고하지 않을 수 없는 것이다. 그것을 구체적으로 제시하는 것이 당시 일본에서는 국가의 틀을 벗어나 재일한국·조선인들은 일본인들과 '연대'하는 방법, 그리고 남북의 어느 한쪽에 치우치지 않고, 남북과 재일한국·조선인 그리고 일본을 잇는 방법, 더 나아가 역사의 과거와 미래를 연결하는 방법이나 논리를 '가교'라는 것에 제시하고 있음을 알 수 있다. 앞서 언급한 것처럼, 이 가교를 위한 논고의 집필자는 그 시대를 대표하는 사람도 다수 있어서, 그 시대의 대표성이나 인식의 세계성을 이해하는데 도움이 된다. 그 집

필진은 소설가, 역사가, 철학가, 저널리스트, 소설가, 작가, 신문기자, 방송인 등등으로 다양했다. 그리고 그 가교에 등장하는 인물들이 갖는 특징은, 일본인인데 조선, 대만, 만주 등의 식민지에서 태어나거나 식민지에서 살았던 경험을 제시하고 있으며, 전후 일본에 히키아게(引き揚げ) 이후 겪은 이질감에 대해 논하는 글들이 주를 이룬다. 그리고 조선인인데 일본에서 살다가 다시 조선으로 갔지만, 일본으로 돌아온 사람들의 경험이 기술되고 있다. 그것은 '조선인으로 여러 지역'에 살아보거나 '보통의 일반인'의 입장이 강조되어 '사람의 이동과 가교'의 문제로 보편성을 제시하는 것은 아닌가 하는 인상을 갖게 된다.

당시의 동아시아 상호관계, 국제 정세에 대한 기사를 보면, 등장인물들도 조선 관련 인물들로, 아시아론이나 아시아 공동체론을 주장한 인물들, 근대화론을 주창한 인물들이 주로 등장한다. 특히 식민지 지배정책과 관련된 인물, 천황과 관련된 인물이 거론되고, 당시에 최대 이슈였던 역사교과서 문제, 동아시아 주변국들의 반응 등이 리얼하게 등장한다.

그리고 조선과 재일조선인의 일상생활에 얽힌 '문화'에 대한 기사와 인물들이 등장한다. 특히 본명을 사용하거나 지문날인 거부 운동이 갖는 특징, NHK한글 강좌 개설에 이르는 과정에서 생기는 문제점, 일본 내 대학의 한국어 개설이 갖는 한계점, 등등이 연관되어 기술된다. 당시 사회적 이슈가 된 지문날인 거부운동, 즉 1980년 9월 한종석으로부터 시작된 지문날인 거부운동이 1985년에 대량 갱신을 앞두고 전개된 지문날인 거부운동이 가진 의미나 이에 대한 일본인과 재일한국·조선인들의 의견이 다양하게 기술된다. 그럼으로써 1990년에 폐지안에 나오고 1992년 6월 폐지에 이르게 되는데, 그 과정의 한 가운데에 있었던 것이 『계간 삼천리』였고, 그 내용들을 만들어 간 인물들이 실체적으로 드러난다는 점이다.

이러한 문제들은 결국, 인간의 보편성 문제로 연결되고, 내부를 살펴서도 외부적인 것을 스스로 '안에서 찾아내는 인식의 각성이라는 보편성'을 보여주는 예이며, 그것을 기술한 인물들이 존재한다는 것이다. 더 구체적으로 말하자면, 차별의 문제를 해결하기 위해 등장한 '수평의 논리' 그것이 기존의 범주로서 존재하는 인식 즉 '조국과 민족'은 하나라는 인식에 대해서도 '분리'와 재구성이 일어났다. 그것은 바로 재일조선인에서, 재일한국·조선인에서, 재일한인에서 재일로 그리고 자이니치로의 변화하는 역사성이 드러나며, 그것은 인물들에 의해서도 기술되고 있는 점에 특징이 있다. 또한『계간 삼천리』에서 전개한 대담이나 좌담회에 등장한 인물들을 보면, 아시아 지역주의론이나 일본의 제국주의를 대상으로 전후의 개념, 포스트 전후론의 이론이 등장했다.

재일한국·조선인이 재일, 자이니치가 되는 것은 에드워드 사이드(Edward Said)의 오리엔탈리즘이 1978년에 간행되고, 1986년에 일본에 소개되는 흐름과『계간 삼천리』가 공시적(共時的)인 것을 보면, 재일한국·조선인을 통해 오리엔탈리즘을 다르게 읽어내고 수용하는 논점도 찾을 수 있을 듯하다. 즉 주변인 혹은 망명자로 간주되는 재일한국·조선인이 일본과 한국이라는 두 국가를 '조국'이라고 보거나 민족에 대해 재정의하는 것을 '듣지 못하고' 일본 내부에서 취하는 조선, 조선인, 조선역사, 조선관은 '화해'로 가기 위해서 의식, 감각, 정서 등의 문제까지도 다시 들여다보아야 하는 일임을 말해주고 있는 것이다.

특히 전전의 식민지지배 속에서 만들어 낸 역사의식이나 조선인이라는 말의 개념이, 전후 일본인이 갖는 조선사관(朝鮮史観)으로 이어졌고, 전후 경제부흥, 고도 경제 성장을 배경으로 일본특수론 등이 등장하는 시대 상황 속에서 전전의 논리들이 부활하고 '재발견' 된 것임을 제시해 준다.『계간 삼천리』속 인물들은, 전후 일본 사회를 비판적 다루는 논리들이 재구성이 무슨 의미인가를 묻는 것으로, 그것은 오키나와 문제, 미국과 동아시아의 문제를 포함하는 역사 용어에 대한 문제점들을 재고하게 해주며 '인물들'을 통해 새로운 논점들을 찾아내는데 '가교'의 역할을 해 준다고 여겨진다. 현재도 해결되지 못한 동아시아의 상호불신과 혐오의 문제를 단순하게 화해와 협력의 사회 구축으로 '이동'하는 것이 아니라, 인식의 존재 방식을 '인물론'으로 연결하여 성찰부터 시작하기를 재고하기를 바라면서 『계간 삼천리』 시리즈를 마무리하고자 한다.

사업단장 서정완
HK교수 전성곤

21

가네코 도시미쓰(金子利三, 생몰년 미상)

가네코 도시미쓰는 『계간 삼천리』제19호(1979년, 9월)에 「고향에서 떠올린 것」이라는 제목의 글을 게재한다. 이 글은 차별받는 부락민이 있는 고향에 돌아온 일본인인 자신이 일조혼혈인 아내가 의식하지 않고 차별적인 언어를 사용하는 것을 인식하면서 일본인의 타민족에 대한 차별에 대해서 생각하고, 수평적 인간관계를 희구하는 내용이다. 가네코 도시미쓰는, 자신이 길었던 도쿄 생활에 종지부를 찍고 고향에 온지 8년이 된다며, 고향 집 근처에 이발소를 개업하는 것으로 시작한다. 아내가 가네코 도시미쓰의 고향에서 생활하면서 알게 된 것은 피차별 부락의 존재였다. 친척들의 모임이나 가게 손님과의 대화 등 그리고 그 차별어가 아내에게는 전혀 이해되지 않는다는 것이다. 아내의 고향은 후쿠시마현의 깊은 시골이며, 피차별 부락이 전혀 없는 지역이었기 때문이다. 따라서 부락문제를 모르고 있었다고 했고 그에 대한 관련 지식도 거의 없었다는 것이다. 피차별 부락의 문제에 대해 백지상태였던 아내였는데, 그런 아내가 8년간의 고향생활에서 변화했다. 이전까지 피차별자의 입장을 벗어나지 않았던 아내가 내 친척이나 가게 손님들이 노골적으로 보이는 부락에 대한 차별적인 말과 몸짓으로 나쁜 영향을 받았다는 것이다. 그 결과로 최근의 아내의 입에서는 '한 마을-피차별부락' 이름이 아주 차별적으로 쉽게 나오는 것을 듣고, 몹시 놀라워했다고 한다. 이를 통해 자신은 차별이라는 것을 제도로서 만든 사람들의 목적과는 달리, 그것이 인간의 본질적인 부분과 밀접한 관계를 맺고 있는 만큼 해소가 쉽지는 않을 것을 알게 되었다고 한다. 그렇기 때문에 느리게 가더라도 이 부분을 인간의 의식의 문제와 연결하여 풀어갈 것과 '수평의 인간관계'를 위해 할 수 있는 일이 무엇인가를 생각해야 한다고 기술한다.

가라키 구니오(唐木邦雄, 1916-1985)

가라키 구니오는 저널리스트이다. 『일본독서신문(日本読書新聞)』 편집장을 역임했다. 가라키 구니오는 『계간 삼천리』제32호(1982년, 11월)에 「교과서 단상(斷想)」이라는 제목으로 글을 실었다. 이 글에서는 국정교과서에 대한 개인적 체험을 전전과 전후를 연결하여 기술한다. 1939년 2월에 간행되기 시작한 미카사쇼보(三笠書房)의 『일본역사 전서(全書)』를 읽었는데, 그 내용을 잊을 수가 없다는 것이다. 이 『일본역사 전서』를 통해 후에 가라키 구니오는 오쿠보 도시아키(大久保利謙), 엔도 모토오(遠藤元男), 가와사키 쓰네유키(川崎庸之), 와타나베 다모쓰(渡辺保), 고니시 시로(小西四郎), 이에나가 사부로(家永三郎), 다카하시 신이치(高橋磧一) 등의 이름을 머리에 새기면서 그 신선한 감각과 방법론에 의한 과학적 기술에 계발되었다고 한다. 그러면서 가라키 구니오는 국정교과서에 대해 비판하는 시각을 기술하는데, 국정교과서는 태평양전쟁 개시 직전 1941년 4월, 소학교가 국민학교로 개칭되었을 때 사용하기 시작했고, 패전 때 문부성 지시로 검은색을 칠하면서 지적을 당하고, 점령군의 지령으로 회수된 문제의 교과서였다는 것이다. 가라키 구니오는 이 국정교과서 교정을 통해 국정교과서의 역사나 초등학교의 성립, 교과서의 내용 분석, 패전 후의 처리 등등, 실로 많은 것을 배웠다고 말한다. 그리하여 가라키 구니오는 특히 패전 하의 교육을 뚜렷하게 비춰내는 이 국정교과서를 철저하게 검증하지 않으면 일본의 교과서를 근본적으로 개혁할 수 없는 것이 아닌가 라며, 그 실천을 강조했다.

가모자와 이와오(鴨沢巖, 1924-2003)

가모자와 이와오는 호세이대학(法政大学) 문학부 교수로, 도쿄대학(東京大学) 지리학과 졸업 후 경제지리, 지역개발, 지역경제를 전공으로 연구했다. 저서와 연구로『현대세계의 지역정책』,「서독의 터키인 이주노동자」등이 있다.『계간 삼천리』제5호(1976년, 2월)에서 가모자와는 "하나의 언어가 하나의 세계를 연다"는 명제를 다중언어사용자에 대한 일반인의 선망어린 인식이 지식인 계층에 한정되어서 나오는 사고일 수 있으며, 오히려 난민이나 이주노동자 등의 다중언어 사용이라는 대중 일반의 세계에 눈을 맞출 필요가 있다고 이야기한다. 더욱이 재일조선인의 이중 언어 사용은 강제이주와 수탈이라는 측면에서 볼 수 있는 것으로, 다중언어습득에서 '하나의 언어가 하나의 세계를 연다'는 명제의 지나친 낭만화가 간과하기 쉬운 역사적, 사회적 맥락의 탈각을 경계한다. 지식인 세계의 이야기는 자칫 강자의 이야기로 빠지는 경우가 많고, 이를 각성해야 한다는 것이다. 지적 세계에 들어갈 수 있는 조건을 가지지 못한 이들을 항상 염두에 두지 않으면, 전체상에 대한 왜곡된 인식을 가질 수 있다는 점을 비판하는 내용으로 전개했다.

가쓰베 지즈코(勝部千鶴子, 생몰년 미상)

가쓰베 지즈코는『계간 삼천리』제16호(1978년, 11월)에「제2의 고향」이라는 제목으로 글을 싣는다. 이 글에서는 식민지기 조선에서 보았던 산, 장례식, 집, 음식, 만세운동에 대해 이야기한다. 가쓰베 지즈코는 소학교 1학년생이었던 시절 살았던 기억을 더듬으며, 그곳을 설명한다. 신의주 가까이에 압록강이 있었는데 아버지와 함께 압록강에 놓여진 다리를 건너 중국 안동현에 놀러가기도 했다는 것이다. 이후 아버지는 수원, 영등포로 발령받아서 가족은 자주 이사를 해야 했다. 그 이후 조선에서 목격한 조선인의 장례식은 아주 슬픈 느낌이었는데, 많은 사람들이 긴 행렬을 이뤄 '아이고' '아이고'하고 흐느껴 울었다고 그 양상을 표현한다. 조선의 음식 재료로는 고춧가루, 마늘, 참깨가 주로 사용되고 있다는 것을 기술한다. 그 이후 서울의 여학교로 진학했는데 서울은 조선 제일의 도시로 정치, 경제, 문화의 중심지였다. 여학교 1년생 때 이왕전하가 서거하여, 서울시내 전체 전차, 교통기관이 운행을 멈춘 채 국장을 진행하였다. 또한 이때 만세사건이 일어나 각 학교에는 휴교령이 내려졌고 집에서 칩거했던 기억을 기술한다. 이후 1937년 일본으로 돌아왔고 그 후 30년이 넘은 시간이 지났다고 한다. 가쓰베 지즈코는 이러한 어린 시절의 경험을 기술하면서 조선이라는 이국인들의 인정이 가슴속에 남아있는 것을 느낀다며, 자신이 살았던 조선이 제2의 고향이고 표현한다.

가와세 슌지(川瀬俊治, 1947-)

가와세 슌지는 1947년생으로 『나라신문(奈良新聞)』 기자를 거쳐 1999년까지 『해방출판사』 직원을 겸했다. 현재는 프리랜서로 일하고 있다. 『계간 삼천리』 제17호(1979년, 2월)에 「말과의 만남」이라는 제목으로 글을 실었다. 이 글은 '조센진(표준어 표기법)'이라는 말을 통해 배제와 동화의 딜레마를 기술한다. 가와세 슌지는 자신이 조선을 말할 때는 호칭과의 관련성을 생각하는 것과 궤를 함께 한다고 자기상대화를 시도한다. '조센진'에서 '조선 사람' 그리고 '조선인'이라는 호칭과의 만남은, 사실 30년간의 삶 속에서 경험했던 것으로, 이것은 단순하게 호칭을 낳는 의식의 문제가 아니라, 존재의 문제이기도 했다고 논한다. '제도를 넘어,

언어야말로 국가다'라고 한 것은, 시인 오카니와 노보루(岡庭昇)였는데, 가와세 슌지는 자신의 마음 속에 처음으로 들어온 조선을 가리키는 말은 '조센진'이라는 차별이었는데, 그것은 역사적으로 '재일'이 된 경과나 개별적인 그들의 성질, 친절함, 사람이 좋다 나쁘다라는 개별적인 것을 전혀 고려하지 않고 '조센진'이라는 말이 '통(統)'으로 그들을 규정했다고 기술한다. 역설적인 의미에서 '배제'와 '동화'를 나타내는 말이었다고 논한다. 왜냐하면 그것은 '사용하는가' '사용하지 않는가'에 따라 행위가 노정되는 것과 연결되는 것이라고 보았고, 그 내면의 역사성과 탈피성을 논했다.

가지무라 히데키(梶村秀樹, 1935-1989)

가지무라 히데키는 역사학이다. 가나자와(金沢大学)대학 경제학부 교수이다. 전공은 조선근현대사이다. 『계간 삼천리』제7호(1976년, 8월)에는 「한일체제의 재검토를 위해」라는 글을 실었다. 이 글은 가지무라 히데키 전 가나가와대학(神奈川大学) 경제학부 교수가 동대학 조교수 시절인 1976년 3월 15일, 남조선 자본주의의 경과와 요인, 그리고 한일협정 이후 10년간의 한일 자본주의 체제를 진단한 글이다. 각도를 바꾸어 일본과 남조선의 민중생활의 비교를 생각해보면 어떨까라는 의문으로 기술한다. 물론 정량화하기는 어려운 이야기가 되지만 민중에게 있어 일본과 남조선과 '어느 쪽이 살기 좋은가'는 수직분업계의 전개 속에서 점차 뚜렷해지고 있다고 논평한다. 그것을 의식하고 그 의식에 결집할 때 남조선 민중이 선택하는 것은 무엇일까를 다시 묻는다. 뒤집어서 일본에 살고 있는 우리 민중은 어떤가의 문제로 연결된다. 1960년대 말에는 일정한 정치적 유동화가 보였지만 1970년대에 들어서 제국주의체제의 틀에 딱 박혀 안정해버린 제국주의적 냉담함이라고 할 만한 분위기가 느껴지기 때문이라고 설명한다. 그리고 '남조선 민중과의 연대를 지향하지 않는다면, 노동자인 우리들도 이전에 획득한 기득권과 생각에 빠져들 수밖에 없다는 것을 잃을 각오를 하지 않으면 안 된다고 생각한다'는 말의 의미를 재고할 것을 호소하는 내용이었다. 『계간 삼천리』제11호(1977년, 8월)에 「일본인과 조선어-조선어로 말해지는 세계」라는 제목으로 글을 실었다. 이 글은 일본어로 조선인과 조선사회를 이해하는데 있어, 한계가 있음을 보여주는 사례를 들고 조선인과 조선사회를 이해하기 위해서는 조선어를 학습해야 한다고 이야기하고 있다. 특히 조선어를 통해 만들어지는 말의 내용, 그것을 통해 만들어지는 인간관계 혹은 가치관에는 자신과 일본어로 말할 때는 전혀 발견되지 않는 무언가가 있었던 것 그 것을 설명한다. 일본어의 세계에서는 조선인이라고 하면 과거 일본의 침략을 비난하는 기분 나쁜 존재라는 느낌이 있고 일본인이 주체라면 조선인은 객체로서 수동적인 존재라고 해석한다. 반면 조선어의 세계에서는 조선인이 주인공이고 주체가 되는 양가성도 함께 맥락적으로 설명한다. 때문에 당연히 조선어의 세계에서는 조선의 주체적이고 독자적인 인간관계나 문화영역이 존재할 수밖에 없다는 점을 지적한다. 이러한 논점은 다시 일본인에게서도 나타나는 것으로 그 하나의 예가 후지오 마사유키(藤尾正行)의 발언이며, 『문예춘추』에 전개된 글로, 이를 보면 일본 내에서 전개되는 민족=국가라는 패러다임이 어떤 것인지를 보여준다고 한다. 그리고 『계간 삼천리』제9호(1977년, 2월)에 「신채호의 계몽사상」을 집필했다. 신채호의 전체상을 소개하기보다는 신채호와 중국의 루쉰(魯迅) 그리고 일본의 나쓰메 소세키(夏目漱石)를 연결한다. 이 세 사람의 생몰연도를 보면 나쓰메 소세키가 1867년생, 신채호가 1880년, 루쉰이 1881년이다. 세상을 떠난 것은 나쓰메 소세키가 1916년이고 신채호와 루쉰은 같은 1936년이다. 세 명 모두 동시대 사람으로 시대 상황과 자기 자신에게서 눈을 떼지 않았던 진정한 지식인이었다는 점에서 공통점을 갖는다고 보았다. 신채호는 특히 자아의 확립이라는 것에 포기하지 않는 인식을 가졌고, 만명 이후에도 신채호는 자신의 삶의 방법에도 대입했다고 보았다. 특히 신채호는 민중의 주체 의식의 확립에 초점을 두었다고 논한다. 신채호는 무정부주의 운동에 참가한 것을 두고 평가들이 갈라지는데, 가지무라 히데키는 신채호에게 있어서 무정부주의는 '카오스적이면서 자립적'인 민중에 의해 성립된 민족 생활을 만들려는 '뜨거운 정념의 정치적 표현 형태'라고 해석한다. 그리고 『계간 삼천리』제11호(1977년, 8월)에, 「일본인과 조선어-조선어로 말해지는 세계」라는 제목의 글을 실었다. 여기에는 우선, 일본어로 조선인과 조선사회를 이해하는데 한계가 있음을 보여주는 사례를 들고 조선인과 조선사회를 이해하기 위해서는 조선어를 학습해야 한다고 이야기를 전개한다. 흥미로운 것은 '일본인은 조선에 관한 것을 일본어로 사고'한다는 점에 문제점이 존재한다고 논한다. 즉 일본어의 세계 속에서 조선을 생각하고 일본어를 통해 조선의 이미지를 만들어 간다는 것이다. 그리고 가지무라 자신도 일본어로 생각한 조선의 세계 혹은 이미지는 조선어 속의 조선 이미지, 세계와는 차이가 있음을 느낀다고 고백했다. 다시 말해서 가지무라는 조선어의 세계에 들어가지 않은 채 일본어로 조선을 논하는 것에는 조선을 이해하는 데 있어 한계가 존재한다는 점에 대한 각성을 요구하는 입장이었다. 그리고 『계간 삼천리』제25호(1981년, 2월)에 「특집: 조선인관을 생각한다, 식민지지배자의 조선관」이라는 제목의 글이 실린다. 전후 일본 사회의 조선인 혹은 재일조선인에 대한 차별과 편견은 공교육에 의한 식민사관이 공공연하게 만연하는 데 있다며 비판의 목소리를 내었다. 패전 후 30년 이상이 지나 식민지이야기를 꺼내면 위화감을 느끼는데 가지무라는 절대 그렇지 않다고 논한다. 특히 식민지지배 하의 관계를 직접 체험해 온 사람들이 점점 적어지고 있는 상황에서, 그것은 더욱 필요하다는 것이다. 식민지지배 경험자들이 적어지는 과정은 동시에 조선관을 형성한 것이고, 그 형성과정을 통해 고정화된 것이라고 보았다. 이 조선관이 무의식적으로 계승되어 계속 재생산되고 있는 것을 문제시한다. 그러나 그 문제는 단순히 '부모의 부채를 자식이 물려받는다'라는 식의 민족적 책임론만 있는 것이 아니라 현재의 일본인이 동시대를 살아가는 방법의 문제로 연결된다고 강조한다.

가지이 노보루(梶井陟, 1927-1988)

가지이 노보루는 조선어와 조선 문학 연구자로 도쿄 부립 제일 사범학교(東京府立第一師範学校本科)를 졸업하고, 네리마 구립 샤쿠지이 중학교(練馬区立石神井中学校) 근무 후, 1950년 4월부터 1955년 3월까지 도쿄 도립 조선 중학교(朝鮮中学校)에 근무하였다. 그 뒤 다시 구립 중학교에 근무하면서 1978년부터는 도야마 대학(富山大学) 인문대 조선어·조선 문학 코스 주임 교수가 된다. 『계간 삼천리』에 가지이 노보루는 「조선어강좌 왜 필요한가」를 게재했다. 그 내용은 ①민간단체의 강좌는 60년대, ②NHK의 자주성에 기대로 구분해서 설명했다. 후자의 'NHK의 자주성에 기대'에서는 강좌의 명칭에 대한 논란에 대해 소개하고, 학문적으로 정착되어 있는 명칭을 사용하여, 교재작성에서도 NHK의 자주성을 유지할 필요하다고 역설한다. NHK에서의 명칭을 '조선어'라고 할지 '한국어'라고 할 것인가를 둘러싸고 논의가 있는데, 여기서 명칭에 구애를 맏는 것에 대한 함정을 논한다. 즉 명칭을 핑계로 정치에 말려들어 끝없는 수렁에 빠져드는 결과를 초래해서는 안된다는 논리였다. 문제는 명칭이 아니라 이웃나라에 사는 사람들의 마음을 알기 위한 우리의 열망을 얼마나 구체화할 것인가에 있다고 강조한다. 가지이 노보루는 NHK 당국과의 회견 석상에서의 구와하라 다케오(桑原武夫)의 발언을 인용하겠다고 했다. 즉 "말로는, 국가 권력은 없다고 한다. 일본 주변의 나라 말들 중 중국어도 러시아어도 하면서 구멍이 뚫린 것은 조선어. 그 말을 배우는 것은 무엇보다 중요한 일이다. 행동에는 위험이 따른다. 그러나 위험을 무릅쓴다. 나도 지지한다"고 말한 부분이다. 이는 『계간 삼천리』제10호에 게재되어 있다. 그리고 NHK가 '조선어 강좌'를 시작하기를 바라는 것은 일본 민중이 원하는 것이라고 논한다. 이러한 내용은 1977년 9월 1일호 『마이니치신문』석간에 게재한 내용이기도 하다. 그리고 『계간 삼천리』제19호(1979년 가을, 9월)에는 「아베 요시시게의 조선-조선어를 가르친다」라는 제목의 글을 실었다. 이 글은 가지이 노보루가 경성제국대학 교수이자 법문학부장으로 활동했던 아베 요시시게를 소개하면서 그와 조선, 조선어와의 관계로 구성된다. 본문은 크게 ① 아베 요시시게와의 만남, ② 아베 요시시게와 조선, ③ 아베 요시시게와 조선어 세 가지 주제로 구분하여 전개했다. 그러나 이 글은 요시시게의 자서전이 아니다. 조선에서 15년을 교육자와 연구자로서 살았던 그의 족적을 기술하고, 아베 요시시게와 조선어와의 인연을 소개하는 글이었다. 가지이 노보루는 구체적으로 일본과 조선 문화의 공통점 중 하나에 언어구조의 유사함을 들었다. 그리고 한자·한어(漢字·漢語)를 채용하고 있는 점, '앞뒤 관계를 조사 조동사'로 구성하고 있는 점, 언어의 배열 순서가 많이 닮아 다는 점 등을 설명한다. 사람들은 일본과 조선을 비교할 때 차이점을 보다 현저하게 느끼지만 반대로 그 공통점, 유사점은 많다고 적는다. 다만, 지금까지 드러난 부분에서 조선연구자들의 단점을 말하면, 역시 조선이라는 지역이라는 것에 집중하는 관점에 한정된다는 점과 서양식의 이론으로 그대로 조선 문화를 규율하려는 것은 폐해라고 한다. 또 조선인이니 조선말을 하면 거들먹거리는 것도 경계해야 한다고 말한다. 그리고 외국어와 함께 지식계급이 되어야 할 청년의 외국어 실력이 지금까지보다 더욱 향상되고 결코 감퇴시켜서는 안 되는 것은 물론, 일본의 국제적 지위의 향상을 요구해야 할 시점임을 강조한다.

강덕상(姜德相, 1923-2021)

강덕상은 시가현립대학 명예교수이자 일본의 사학자로 한국 근현대사를 연구했다. 1932년 경상남도 함양에서 출생했다. 2020년에는 독립기념관 학술상을 수상했으며, 재일코리안 역사자료관 조사위원회 위원장, 자료관장을 거쳤다. 2013년에는 『관동대지진과 조선인 학살』을 출판했다. 『계간 삼천리』제36호(1983년, 11월)에 「관동대지진 60년을 생각하다」라는 제목으로 글을 실었다. 이 글에서는 관동대지진 60년을 맞이하여 일본 정부의 입장과 조사가 확실히 진행되지 않은 점을 지적한다. 일본인 스스로 관동대지진을 포함하여 전전과 전후의 문제에 대해 자각하지 못하고 있다고 본 것이다. 강덕상은 '일본인은 왜 자신의 문제에 대해 생각하지 않았던 것일까'라고 묻는다. 강덕상은 이것을 묻는 이유는 '조선인으로서 고발자가 되고 싶지 않고, 상호 신뢰 관계를 쌓고 싶은 바램이 있기 때문'이라고 말한다. 강덕상은 8월 15일 일제가 해방한 날이라고 말하지만 일본 민중은 지금도 의문도 갖지 않은 채 '종전'이라는 용어를 사용한다는 것도 지적했다. 이것이 "전전도 전후도 아무것도 알지 못한다"라는 논리로 이어지고 있다고 지적한다. 강덕상은 이것을 '관동대지진 사건이 지금까지 잘 알려지지 않는 것'과 연결된다고 보았다. 그 내용을 강덕상은 기술했다.

강박(姜博, 생몰년 미상)

강박은 1986년 『계간 삼천리』제46호(1986년, 5월)에 지문거부 투쟁에서 지금 재일을 생각한다는 시리즈에 「실태로써 재일을 산다」라는 제목으로 글을 게재했다. 그 내용은 가와자키 시(川崎市)의 '외국인등록법 지문날인제도 개폐(改廃) 운동'과 연결하여 기술했다. 쓰카지마 준이치(塚島順一)가 호세이대학(法政大学)에 제출한 학위논문인 가와자키(川崎)의 「재일한국·조선인에게서 보는 다문화공생 발전의 현대사적 고찰」을 참고해 보면, 가와자키 시는 당시 '외국인등록법 지문날인제도 개폐(改廃) 운동'의 중요한 역할을 했음을 지적했다. 이와 관련하여 1981년 청구사(青丘社)에 강박이 주사(主事)로 근무했는데, 그 후임에 1982년 이상호(李相鎬) 주사가 근무했는데, 이 이상호 주사가 지문날인을 거부한 것을 시작으로 이인하(李仁夏) 등 청구사 멤버들이 이상호 지원운동을 실천해 갔고, 가와사키 시의 직장노동조합도 함께 투쟁하게 되었다. 그런 점에서 강박 또한 이 가와사키 시에서 발생한 지문날인 폐기운동의 역사와 관련이 있었다. 강박은 1986년 시점에서는, 외국인이라고 해서 일본 사회에 존재하는 다양한 문제를 외면해서도 안 되고, 특히 조선인이기 때문에 일본인에게 거리를 두어서는 안 된다고 주장했다. 즉 일본에 살고 있는 이상 일본인과 함께 적극적으로 사회 개선의 책임을 지고 가야한다고 보았다. 그런 점에서 일본 사회의 '실태'를 공유하고, 지역 구성원의 한 사람으로써 적극적인 자세로 살아가는 것이 '자이니치를 사는 법'이라고 설명하고 있다. 재일조선인(일본 사회에서 조선인으로서 사회실태를 껴안고 있는 사람들)이 자이니치를 민족적으로 살아가는 것은 자신이 존재하는 지역(즉 일본 사회)을, 타자를 배제하는 것이 아니다. 공생할 수 있는 지역, 타자를 동화하는 것이 아니고 공존할 수 있는 지역을 창조해 가기 위해서 일본인과 적극적으로 이어지는 것을 의미하는 것이었다. 그리고 『계간 삼천리』제42호(1985년, 5월)에 「지문제도를 둘러싸고, 거부운동이 목표로 하는 것」을 게재한다. 이는 『계간 삼천리』제20호(1979년, 11월)에 게재한 「자신을 『청산』한다는 것」의 연장이었다. 강박은, 당시 자신은 동포 집단과는 격리된 사회에서 자랐고, 동포 모습들을 부정적으로 보았다고 말했다. 그러한 자신이 가와사키라는 장소에서 살게 되었고, 이를 통해 자신의 입장을 바꾸어 세상을 볼 필요성을 느끼게 되었다고 논했다. 즉 강박은 자신이 본명을 사용하고 한국(조선)인이라는 것을 그대로 노출하며 살게 되었다고 논한다. 그리고 더 나아가 동포에게는 민족 공동체를 확보하는 것, 동시에 스스로에게는 자신의 장래를 결정하기 위한 의식변혁('패배주의 극복이라는 표현이나 민족 차별과 싸우는 것'을 통해 설명)이 필요하다고 적었다. 강박은 그 후 1982년을 경계로 '제도'에 의해 국적 조항이 철폐되면서, 오히려 한국·조선적을 가진 사람으로서 일본인과의 차이는 더 명확해졌고 구별되게 된 것이라고 보았다. 강박은 조선인으로서 본명을 사용하며 산다는 것의 의의는, 지금까지의 주장해 온 조선인 자신의 주체적인 인간성 회복 투쟁과의 연장선상이라고 보았다. 그리고 그것은 지문날인 제도의 문제로서만이 아니라 자신이 살고 있는 지역이나 인간관계 속에서 구체적인 행동으로 실천하는 첫걸음이라고 보는 논조였다.

강봉수(姜鳳秀, 생몰년 미상)

강봉수는 『계간 삼천리』제15호(1978년, 8월)에 「민족의 마음」이라는 글을 실었다. 화랑에서 처음으로 이조자기나 도자기를 느낌을 기술한다. 그 추억을 잊을 수가 없다며, 푸른빛이 더해져 청결감에 싸인 채 어딘지 모르게 사람을 다가설 수 없게 만드는 차가움을 가진 비밀스러운 백자와 구석에서 눈에 띄지 않지만 친근함을 가진 유백자(乳白磁)가 있는 것을 알았다고 한다. 고(古)미술에 문외한이지만, 그런 것들에 이끌려서 자신의 마음이 온화해짐을 느꼈다고 한다. 젊은 시절에는 그것들을 이해하지 못했는데, 그것은 살기 바빴기 때문이며, 오십을 넘어보니, 민족문화에 대한 귀소본능 같은 것이 작동하는 것 같다고 말한다. 백자가 긴 역사의 풍설을 참아내 온 것에서 '자이니치(在日)'라는 긴 고난을 참아낼 수밖에 없었던 재일조선인의 모습을 드러내는 것으로 비유한다. 화랑에서 만난 조선도자기는 다른 의미에서 새로운 세계가 존재한다는 것을 배울 수 있었다고 논한다. 그 후 조선미술을 찾아다니며 '민족의 마음'을 찾아보고 있다며, 미술과 조선인의 민족이라는 것을 기술한다.

강상중(姜尙中, 1950-)

강상중은 구마모토현(熊本縣) 출신으로 재일 한국인 2세이다. 와세다대학(早稲田大学) 정치경제학부를 졸업하고, 박사과정을 수료했다. 지도교수인 후지와라 야스노부(藤原保信)의 조언에 따라 독일 에를랑겐(Erlangen)대학에 유학했다. 귀국 후에는 메이지가쿠인대학(明治学院大学) 강사로 활동했고, 이후 도쿄대학 교수, 도쿄대학 한국연구센터장을 거쳐 세이가쿠인대학 총장을 역임했다. 『계간 삼천리』제42호(1985년, 5월)에는 「「재일」의 현재와 미래 사이에서」라는 글을 집필했다. 재일 사회에서 최대의 현안은 지문날인 거부 운동으로 고조되고 있는 인권, 시민권 획득 투쟁인데, 그것은 재일의 역사에서 볼 수 없었던 새로운 눈(芽)이 자라고 있는 것이라고 표현한다. 더 구체적으로 설명하는 내용을 보면, 그것은 기성의 민족단체로부터 거리를 둔 개개인의 '재일' 조선인이 '재일'을 어떻게 살 것인가를 생각하고 자신의 의사와 책임을 갖고 행동을 일으키고 있는 점이라고 했다. 1980년대에 들어서 지문날인거부를 감행한 한종석의 사례를 들고, 한 개인으로부터 시작된 고립무원의 투쟁이 그 상징적인 사건이라고 논한다. 상징적이라는 의미는, 지문거부운동이 개개인의 양심과 존엄을 건 투쟁인 이상 거부자의 동기나 사상, 신조도 개개인에 따라 각각 다르며, 하나의 틀 속에 묶어버리는 것은 불가능한 시대를 맞이하고 있다. 그러나 객관적으로 본다면 그곳에는 재일의 세대구성의 추이가 영향을 주고 있는 것도 부정할 수 없는 일이었다. 조국의 원체험을 갖지 않은 2세, 3세가 '재일'의 압도적 다수를 차지하고 일본사회의 일원으로서 '정주화'로 경도되는 것이 권리 의식의 확대를 가져온 것이라고 강조한다. 그러한 흐름은 국제적 압력에 밀려서 일본정부도 국제인권조약이나 난민조약 등을 비준하지 않을 수 없게 된 것이 차별철폐요구에 탄력을 준 것이기도 했다. 강상중은 재일을 둘러싼 객관적, 주체적인 정황의 변화를 설명하면서 재일의 '가야 할' 모습을 모색할 필요성을 강조한다. 그래서 강상중은 글의 제목을 「『재일』의 현재와 미래 사이」라고 했다고 밝혔다. 강상중은 재일의 삶을 현재에서 미래로 연결하여 전망 할 때 우선 무엇보다도 제일을 둘러싼 조건에 대해 명확한 모습을 그리는 것에서 출발해야 한다고 논한다. 적어도 재일의 삶의 방식을 다시 취하기 위해서는 재일의 조건 속에서 변한 것과 변하지 않은 것, 더 나아가 변한 것 속에서도 그것이 어떠한 방향과 의미를 갖고 있는가를 확정해 두는 것이 필요하기 때문이라는 것이다. 그리하여 강상중은 재일을 개관한다. 전후 재일의 조건은 전후 일본의 발자취와 함께 형성되어 왔다는 점에 중점을 둔다. 이것은 신헌법시행 전날에 발표된 최후의 칙령이 '외국인등록령'이었다는 것부터 시작했는데, 이는 전후 최초의 출입국에 관한 일반법 형태를 취한 등록령으로, 전전

연장선상에 재일 조선인의 단속을 의도한 것이며 그 치안대책적인 발상은 재일의 전후의 시작을 규정하고 오늘날도 또한 저류(低流)로 계속 살아있는 것이라고 그 기원부터 상기시킨다. 이 점에서 특히 재일조선인에 관한 한은 전전과 전후에는 단절이 없다는 유제이면서 지속이라고 말한다. 그리고『계간 삼천리』제50호(1987년, 5월)에 일본 내에서 재일한국인 2세와 3세가 증가하며 정주하는 현상을 두고, 정주 외국인이 삶에 대해 의견을 게재했다. 그 내용을 보면,「재일」은 미증유의 변화의 파도를 만나고 있다고 표현했다. 전후 40여년 동안 일본에서 태어나고 자란 2세, 3세가 '재일'의 80% 이상을 차지하는 현실 속에서 '정주화'가 기정 사실로서 되어가는 현실을 직시한 내용이다. '일제 36년'을 넘는 전후 시간의 흐름이 '재일'의 젊은 세대에게 있어서는 '기우(寄寓)의 땅'이 '정주의 땅'으로 변해가는 것에 대해 강상중은 '어떤 의미에서는 자연스러운 흐름'이라고 느껴진다고 논한다. 그래서 이에 맞게 아이덴티티 창조를 할 수 있는 '방법=주체적 생활 모습'과 그것을 구체적으로 살을 붙여갈 수 있는 것이 가능한 재일의 위치이며 그것은 다른 말로 '독자의 민족적 문화'를 키우는 것이라고 표현한다. 그렇지만 정주화와 함께 조국지향을 생활의 실감에서 동떨어진 선택으로밖에 느끼지 못하고, 다른 한편에서는 민족의 경계를 애매하게 한 채로 흘러가듯이 일본인으로 경사해가는 젊은 세대가 세력을 키워가고 있는 것이 현실이었다. 그렇지만 이를 두고 강상중은 시각을 바꾸어 보면, 이것은 기회이기도 하다고 말한다. 정주화라는 흐름이 가속화 되고 있는 것은 '일본의 국제화'와 연결시킨다.

강상휘(姜尙暉, 생몰년 미상)

강상휘는 철학자이다. 강상휘는 『계간 삼천리』제20호(1979년, 11월)에 「대화·주체개념의 탄생」이라는 글을 실었다. 이 글에서 이 글은 강상휘는 '주체성이란 무엇인가'에 철학적 사고라는 방법을 통해 설명하고 있다. 강상휘는 "선험적 주관", "근원적 의식", "절대아(絶対我)"라고 표현되는 것이 추제성이라고 논한다. 그리고 가장 대표적인 것이 헤겔의 "절대정신"인데, 관념론 철학의 극대화라고 표현한다. 이 세상에서 이 "절대정신"의 "창조"가 아닌 것, "화신"이 아닌 것은 없기 때문이라고 논한다. 절대적 주관이란 것은 마치 신과 같은 것으로 우리 전 인류도 포함해서 절대정신의 화신으로 존재하는 것은 모두 절대정신의 자기구현으로서 존재한다고 보았다. 그래서 주체성이라는 말은 현대철학의 중심개념으로, 이것은 일상용어로서의 자주성 등과는 동일한 담론이 될 수 없다고 논한다. 강상휘는 따라서 이러한 방식으로 탄생한 주체성의 다음에는 이미 어떤 보편적 가치도 보편적인 근거도 갖지 못한 모든 개체적인 존재가 몰근거적으로 던져져 있다고 해석한다. 그것은 마치 이 세상에 어떤 의미도 없이 던져진 것과 같다고 표혀한다. 이러한 입장에서는 각각 이 세계 자체가 완전히 몰유의적인 존재라고 강조한다. 주체성이라는 말의 의미는 오히려 이면에서 이해하는 편이 알기 쉬울 것이라고, 해석한다. 그러니까 일견 아무것도 아닌 말도 철학이나 사상과 관련된 용어가 되면 상당히 복잡한 배경이나 내용을 포함하는 것이므로, 함부로 언어를 사용하면 그 사람의 내적 인식이 드러나는 것이므로, 언어 사용에 조심스러워야 한다는 것을 강조한다.

강영자(康玲子, 1956-)

강영자는, 재일조선인 2.5세이다. 교토(京都)대학 문학부를 졸업하고 동 대학 대학원에서 박사과정을 수료한다. 강사 활동을 하면서 『나에게는 아사다 선생님이 있었다』라는 책으로 상을 수상했다. 『계간 삼천리』 제40호(1984년, 11월)에 「갑신정변 평가를 둘러싸고」라는 제목으로 글을 실었다. 이 글은, 근대 개화사상으로 알려진 갑신정변에 대해 부루조아적 성격으로서 새로 접근하여 적고 있다. 강영자는, 1884년 갑신정변 혹은 그것을 담당한 김옥균 등 개화파, 및 그의 사상을 어떻게 평가하는가라는 문제는, 조선근대사에 있어서 하나의 중요한 테마로서, 매우 중요하다고 논한다. 물론 1960년대 이후 매우 많은 논의가 있었는데 그 이유는 이 사건 속에 합병 이전의 조선에 자주적 근대화의 계기를 도출할 수 있는가라는 것에 관심이 있었기 때문이었다. 그리하여 역으로 이 논쟁 과정에서 갑신정변의 역사적 성격에 대해 여러 가지 규정이 수행되었고, 강영자는, 그것을 항목별로 나열하면서 논쟁의 단서를 제시하고자 한다. 그 단초를 연 것이 바로 야마베 겐타로(山辺健太郎)의 「조선개혁운동과 김옥균-갑신정변에 관련하여」(『역사학연구』247호, 1960.11)였다. 실은 야마베는 조선사연구에서 일본의 조선침략의 실태와 그것에 반대하는 조선인민의 투쟁을 밝혀내는 것에 주안점을 두었고, 또한 그러한 식민지 수탈사의 연구가 일본자본주의 발달사의 연구에도 이바지했다고 평가한다. 그 반면에 조선근대사를 일본사 측면에서가 아니라 조선사 그 자체로서 내재적으로 연구한다는 시점은 희박하고 그것이 갑신정변의 부정적 평가로 연결된 것은 재고의 여지가 필요하다고 논한다. 그러면서 강영자는, 갑신정변은 종래의 반봉건, 반침략 민족운동에 명확한 부르주아적 성격을 부여했고 이후의 운동 발전에 커다란 영향을 주었다는 측면에 초점을 두면서 역사적 의의에 대해 재평가를 내린다.

강재언(姜在彦, 1926-2017)

강재언은 조선근대사 및 사상사 분야에서 활동한 재일조선인 역사가이다. 1926년 제주도에서 태어나 1950년 일본으로 건너갔다. 1975년부터 1987년까지 『계간 삼천리』의 편집위원을 역임하고 1981년 교토대학(京都大学)에서 역사학으로 박사학위를 받은 후 교토 하나조노대학(花園大学) 교수로 재직했다. 1993년에는 '해외동포상'을 수상하기도 했다. 대표 저서는 『조선 근대사연구』(1980년), 『조선의 개화사상』(1986년), 『근대 조선의 사상』(1984년), 『조선 근대사』(1996년) 등이다. 강재언은 『계간 삼천리』제50호(1987년, 5월)에 「「재일조선인」이라는 것의 의미」를 묻는 논고를 게재한다. 『계간 삼천리』가 창간(1975년 2월)이 된지 13년의 시간이 지난 시점에서, 『계간 삼천리』를 되돌아보는 소회를 적었다. 강재언은 『계간 삼천리』를 통해 재일조선인을 둘러싼 내외의 부조리와 불합리성을 기록했고, 그것에 대해 분노하기도 하고, 동시에 재일조선인에 대해 자성(自省)하는 글로 지면을 채웠다고 논한다. 특히 일본에서 '재일조선인(한국적, 조선적자 총칭)'이라는 용어가 아무런 의심도 없이 일상적인 용어로 익숙하게 사용하는 것에 대해 의문을 제기했다. 그러나 미국이나 유럽에서는 부모의 국적이든 상관없이 태어난 국가의 국적을 취득하는 생지(生地)주의적인 국적법을 갖는데, 그런 의미에서 보면 일본에서 태어난 '재일조선인'은 어떻게 설명해야 할지 곤혹스럽다고 논한다. 『계간 삼천리』에 예를 드는 기사를 적고 있는데, 재일조선인이 외국에 살면서 받은 질문은 '일본인인가 중국인인가'였는데, 그에 대한 답변으로 '일본에서 태어난 조선인이다'라고 대답하면 '일본에서 태어났는데 왜 일본인이 아닌가'라는 질문을 받는다고 한다. '조선인' 또는 '일본인'이라고 대답해 버리면 간단하지만, 상대방이 이해할 때까지 '재일조선인'을 설명하려 해도 그게 어렵다는 내용이다. 그래서 느끼는 것은, 세계의 소수민족 중에서도 재일조선인이라는 입장은 매우 특이한 것이라고 생각하게 되었다는 것이다. 특히 일본 제국주의 시기에는 일본 국적이었던 부모가 하룻 밤사이에 일본 국적이 박탈되고 외국인이 되었는가라는 점에 대해 설명이 불가능하다고 논한다. '재일조선인'으로 존재하는 배경에는 역시 일본적 특수성을 생각하지 않을 수 없는데, 그것은 일본 정부 측과 재일조선인 측 양면에서 고찰할 필요성이 있다고 제언한다. 그리고 『계간 삼천리』제12호(1977년, 11월)에는 「조국 · 역사 · 재일동포-7 · 4정신에서의 출발을 위해」라는 제목의 글을 게재한다. 이 글은 전후 일본의 조선 문제와 연대운동에 대한 전체적인 역사성을 소개하고 재일동포 내부에서 일어나는 상호 간에 문제들을 서술하면서 7 · 4성명에 따른 남북연방제에 대해 논의한다. 그리고 남북한의 역사서술이 다름을 지적하고, 『조선 연구』에 게재한 논고에 '한국'을 괄호에 넣어 표기하는 문제를 거론하면서, 『계간 삼천리』는 남북통일을 지향하는 것에 기본입장을 두고 있음을 다시한번 강조한다. 그리고 구체적인 내용으로는 ①한국과 연대하는 것, ②재일동포 내부의 반목을 지양하고, ②남북연방제와 역사서술, ④비판에 답하는 형식으로, 구분하여 기술하고 있다. 특히 본문 내용 중 한국을 표기할 때 꺽쇠를 사용한 「한국」이라는 표기법에 대해 설명한다. 즉 한국도 하나의 정부이지만, 북한과도 대화를 통해 자주적인 평화 통일을 이룬 「하나의 조선」을 실현하기 위한 7 · 4남북 공동 성명의 기본 정신을 전제한 것으로, 창간사의 취지를 다시한번 상기하자고 논한다. 1972년의 7 · 4남북공동성명을 실천하기 위해서는 여러 가지 어려운 사정이 있지만 그럼에도 불구하고 이를 기초를 향후 남북관계를 진전시켜가야 할 필요성을 주장한 것이다. 그리하여 일반 민중에게는 각각의 주장과 시비가 아니라 통일이라는 결과를 만들어가는 노력을 함께 해야 한다고 논한다. 남한과 북한을 나누는 것이 아니라 공동의 입장을 취해야 하는 것이 「하나의 조선」을 만들어 갈 수 있다는 입장에 서 있었다. 그리고 『계간 삼천리』제24호(1980년, 11월)에서는 「특집: 지금 재일조선인」이라는 제목의 글을 게재한다. 종전으로부터 36년을 맞이하게 되는데, 이 36년이라는 말은 재일조선인에게 특별한 울림이 존재한다고 논한다. 즉 재일조선인에게 '전후 36년'이라는 것은 일본의 식민지지배 36년을 떠올리게 한다는 것이다. 말할 것도 없이 조선반도는 일본제국주의에 의해 36년 지배를 받았고, 그 식민지지배에 의해 형성되었다. 그후 '종전=해방'과 동시에 재일조선인은 조선반도로 귀국하기도 했지만, 1947년 이래 점차로 귀국의 발길은 뜸해져 60여만 명이 일본에 잔류하게 되었다. 그로부터 다시 36년을 맞이하는 상황에서 과연 식민지지배는 끝났는가를 묻고 있는 것이었다. 그리하여 전후 일본에서 맞이한 36년은 새로운 식민지지배의 논리로, 그것은 다시 재일조선인의 「정주화」경향과 「귀화」하는 재일조선인을 통해 재고해야 한다는 논점을 제시한다. 재일조선인 형성과정이 식민지지배 하에서 본국의 생활 파탄과 강제연행으로 인한 것이었던 만큼 해방 후에 귀국 지향이 강했지만, 그것은 어려운 상황이 되어 일본에 계속 정주하게 되었다. 그러나 전후에 일본에 거주하는 재일조선인은 민족 차별과 불안정한 저변 노동이 강요되어 일본 사회가 재일조선인에게는 결코 자유로운 세계가 아니었다. 전후 일본에서 정주하게 된 재일조선인은 36년 동안에 새롭게 일본 출생 세대가 재일조선인의 거의 80%를 차지하게 되었고 그와 동시에 의식적인 면에서도 커다란 변화가 일어났다. 그것은 '부정할 수 없는 현실'로서, 새로운 시대상이었다. 특히 '정주화'경향이 강해진 현상인데, 이를 두고 한편에서는 '협정영주'라고 하고, 다른 한편에서는 '재류권'이라고 표현하는데, 이 표현이야말로 '정주화'였다. 전후 재일조선인의 역사를 다시 되돌아

보면, 종전 후 외국인등록령(현재의 외국인등록법의 전신)에서는, 국적 란에 모두 「조선」이라고 기재했다. 그러다가 1950년 2월부터 일본 법무 당국 방침이 바뀌어 희망자에게는 「한국」으로 하는 것을 인정했는데, 그 것이 현재 시점에서는 재일조선인총수 중 37-38만 명을 돌파하게 되었 다. 그 한편으로 간과할 수 없는 것은 '귀화' 경향이었다. 재일조선인의 귀화는 1952년 4월 28일 샌프란시스코 강화조약 발효로 일본국적을 상 실했을 때, 귀화의 법적 전제조건이 만들어졌지만, 52년부터 78년까지의 27년 동안 귀화자 수는 9만 3천명 정도였다. 이는 김영달(金英達)의 『재 일조선인의 귀화』에 자세하게 기록되어 있다. 그러면서 전후 일본에서 재일조선인의 '세대교체'가 심화되는데 이 현상은 두 가지로 나타난다. 즉 조선반도에서 건너온 세대라 하더라도 '귀화'의 길을 걷는 사람도 있 는가 하면, 전후 일본 출신 세대 중에서도 잃어버린 민족성을 회복하기 위해 악전고투하는 젊은이도 있다는 것이다. 따라서 세대 간의 '특징짓 기'는 일률적이지 않게 나타나고 있다는 '새로운 경향성'을 기술했다. 그 리고 『계간 삼천리』 제34호(1983년 여름, 5월)에는 「대담: 일본에서의 조 선연구의 계보」라는 제목으로 대담이 실린다. 여기에는 일본에서의 조선 연구, 조선관의 계보에 대한 내용을 다루었다. 그리고 왜곡된 조선관을 기초로 축적된 일본인의 조선 연구를 바꾸기 위해서는 그에 대응할만한 논리들을 제공해야 한다고 강조한다. 그것은 '비판만 할 것'이 아니라 '일본인이 알아야 할 역사적 사실'이라고 보고, 이를 발굴하고 이론을 체계화해 가는 것을 강조하는 내용이었다. 또한 『계간 삼천리』 제35호 (1983년, 8월)에서도 「대담: 재일조선인의 현재와 장래」라는 제목으로 오누마 야스아키(大沼保昭)와 대담을 진행한다. 여기서는 재일조선인 문 제를 법적 지위와 다민족사회의 문제로 다루었다. 강재언은 재일조선인 의 세대교체의 문제를 심각하게 생각해야 하는 시기라고 말하며, 일본

출생 세대가 1974년 통계에서 75%를 차지하고 대체적으로 10년에 8%씩 증가하는 경향에 주목했다. 74년부터 9년이 지나면서는 일본 출생 세대가 전체 세대의 80%를 초과한 것이다. 그리고 10세 전후에 부모에 의해 일본에 온 사람들은 조선 출생이라는 것만으로 실제로는 의식적인 면에서도 일본출생자들과 거의 차이가 없다. 그렇기 때문에 거의 100%에 달한다고 말할 수 있다고 보았다. 그렇기 때문에 재일조선인은 일본정부가 생각하듯이 일본이 단일민족 사회에의 균질화라는 것으로 해소되어가는 것이 아니라 자신들의 전통이나 언어, 생활 습관을 지키며 살아가는 방향이 점점 더 필요해 지는 시점이라고 논했다. 그리고 『계간 삼천리』제 37호(1984년 봄, 2월)에 「대담: 김일성주의'를 묻는다」라는 제목으로 임성광(林誠宏)과 대담을 진행했다. 북한의 김일성주의를 비판하는 논리로서 규율로서의 김일성주의를 분석한다. 즉 북한의 '당10대 원칙'은 '규율'인데, 이는 법률과도 다른 의미로 사용된다는 점이다. 즉 국가에는 법률이 존재하는데, 그 법률이란 국가의 상징이기 때문에 일단 민중의 총의라고 간주된다. 그러나 북한의 김일성주의로 존재하는 '당10대원칙'은 '규율'이며 국가의 '법'과는 구분되는 것으로 해석한다. 규율에 반하면 용서하지 않는다는 하는데 이는 근대적 법률개념조차도 초월한 중세적 법 혹은 노예사회의 법으로서의 '규율'에 해당한다고 분석한다. 북한 사회는 그러한 '규율'에 충실한 인간이 되라고 말하는 사회로, 그것이 문제라고 지적한다. 강재언은 그러한 '규율'에 따르는 자만을 인간으로 대하는 것을 비판한 것이다. 즉 김일성주의가 말하는 주체란 계급의 주체도 아닌 것으로 이론적으로도 실천적으로도 마르크스와 다른 것이라는 논점이 제시되었다. 그리하여 남북통일을 바라는 재일조선인 입장에서는 이러한 김일성주의야말로 조국 통일에 그림자를 드리우는 이유하고 분석했다. 즉 북한은 사상·신조를 넘어 연방제를 만들자고 하면서 다른 한편에서는 전체 사회를 김일성주의로 일색화 할 것을 주장한다며, 북한의 모순을 기술했다. 그리고 강재언은『계간 삼천리』제40호(1984년, 11월)에「갑신정변 백년」이라는 제목으로, 갑신정변의 역사적 의미를 피력했다. 조선은 1876년 2월 일본과 맺은 강화도조약에 의해서 쇄국정책을 끝냈는데, 그후 1882년부터 미국을 비롯해 서양 제국(諸國)과도 개국 조약을 맺게 된다. 이를 두고 강재언은 이러한 조약이 모두 불평등조약이었는데, 그 상태에서 세계자본주의 체제 속에 편입하게 되었다며, 세계사적인 흐름과 연계시킨다. 일본의 메이지유신을 모델로 삼아 조선의 변혁을 생각한것이 개화파였다는 것이다. 그 개화파 중에서도 온건한 인물이었던 홍영식(洪英植)이라는 사람조차도 일본 공사 다케조에 신이치로(竹添進一郞)와 나눈 대화에서 '이대로 몇 년이 지나버리면 조선은 변화도 또는 조선인 자신이 나라를 통치하는 것도 어렵다'고 말했다고 한다. 즉 개혁 시기를 잃으면 독립 유지 자체도 위험하다고 인식했다는 것이다. 그리고 갑신정변이 실패한 후 조선은 자주적 근대화 운동은 좌절했고, 결국 1910년 8월 일본의 식민지로 전락했다고 논했다. 그렇지만 사상적으로도 인맥적(人脈的)으로도 갑신정변은, 이후 1890년대 후반의 독립협회, 1900년대 후반의 애국계몽운동, 1919년의 3·1운동을 통해 조선 민중의 근대적 각성이 촉진되는 기원적인 것이었다고 논했다.

고계창(高桂昶, 생몰년 미상)

고계창은 제주도 출생의 재일조선인이다.『계간 삼천리』에서는, 고향 제주도에서 일본에 건너 온 과정을 설명하고, 일본에 살게 된 일화를 술회하는 내용이다. 고계창은 1948년에는 빨치산 봉기가 일어나 살아가기 힘들게 되어 제주도를 도망치듯 다시 일본으로 갔다고 한다. 일본에서는 통산 40년을 살았다고 했다. 그런 요즘 주위에서 고향에 다녀오라고 권유한다고 한다. 물론 주위에서 권유하지 않았어도 묘를 만들러 한 번 가야한다는 것을 가장 통감하고 있었지만, 고향에 대한 '꺼림칙한 느낌'이 있어서, 갈 수 없다는 심정을 토로한다. 고향에 돌아간다 해도 아는 사람은 없고 '불효를 했던 내가 지금에 와서 간들'이라는 생각이 그 이유라고 말한다. 이처럼 재일조선인의 고향에 대한 기억과 고향에 대한 입장을 보여주는 일화이기도 하다.

고나카 요타로(小中陽太郎, 1934-)

고나카 요타로는 작가, 비평가이다. 대학 졸업 후 1958년 NHK에 입사하여 감독생활을 했다. 1964년 퇴직하여 르포르타주, 칼럼 집필에 전념하였다. 1983년부터 1984년까지 웨스트버지니아대학과 뉴욕시립대학에서 교환교수로 근무하였고 일본에 돌아와서는 주부여자단기대학(中部女子短期大学) 영어영미문화학과 교수로 임용된다. 이후 주부대학(中部大学) 커뮤니케이션학과 교수와 일본 펜클럽 전무이사 등을 역임했다. 『계간 삼천리』제11호(1977년, 8월)에 「접시 이야기」라는 제목의 글을 게재한다. 이 글에서는 김지하가 구금되어 있는 상황에서, 한국정부가 일본 아시아아프리카 작가회의에서 김지하에게 수여하는 로터스 특별상의 한국 반입이 금지되었는데, 이러한 상황을 고려하지 않고 일본인 작가들은 이를 상찬하는 글을 발표했는데, 이를 두고 고나카 요타로는 일본 작가들이 행한 행동을 이기적이라고 비판한다. 즉 일본에서 2명의 작가가 김지하의 재판을 방청하기 위해 한국에 갔는데, 그들은 돌연 '김지하 체포는 단지 정치적 사건일 뿐'이라는 의견을 제시했다는 점이다. 이에 대해 고나카 요타로는 김지하가 구금된 상황임에도 불구하고, 일본 아시아

아프리카 작가회의가 수여한 상을 긍정하는 것은, 마찬가지로 청와대라는 논리에 수긍하는 것이라고 비판적인 입장에서 글을 전개했다.

고도변(高道燮, 생몰년 미상)

고도변은 경상남도 출생으로 일본에 건너간 1세이다. 확인된 것은 '재일동포 생활을 생각하는 모임'의 회원으로 활동했다는 점이다. 이 '재일동포 생활을 생각하는 모임'은 현재도 활동을 지속하고 있는 단체이다. 그 역사적 발자취를 본다면, 1980년 토론회와 학습회를 정기적으로 개최하자는 것을 결정하면서 시작되었다. 이후 1981년 4월부터 재일동포의 역사, 현상, 미래에 대한 학습토론회를 열고 1983년 4월에「재일동포 생활을 생각하는 모임」발족을 위한 간담회를 갖고 정식으로 출발했다. 이후 사무소 등을 개설하고, 설립취의서를 채택하면서 본격적인 활동을 전개하고, 생활 종합 잡지인『우리생활』,『재일동포사회의 내일을 생각한다』,『온돌방』등의 잡지를 간행하고 있다.『계간 삼천리』제46호(1986년, 5월)에는「재일조선인의 현재—가나가와현(神奈川県)외국인 실패 조사로부터」라는 제목으로 고도변를 비롯해 배중도(裵重度)·문경수(文京洙)·이희봉(李喜奉) 등이 좌담회를 개최했고, 그 내용을 게재했다. 고도변는 '교육의 문제'를 제기했다. 즉 일본 학교에서 교육을 받으면 일본인도 아니고 조선인도 아닌 인간이 형성되어 자기의 민족과 부모가 살아온 시대를 이해하지 못하게 되는 것에 대한 곤란성을 지적한다. 바로 이러한 고뇌를 반영한 민족교육이 필요하다는 점을 제시한 것으로, 그것은 다른 한편으로 나타나는 귀화의 증가에 대응하기도 했다. 특히 귀화가 생활의 편법(便法) 차원에서 진행된다는 점에 안타까움을 표했다. 이것이 '자이니치'의 생활 모색 차원에서 나타나는 현상이기도 하지만, 이러한 입장에서는 국적을 상대화한다는 논리들이 이해할 수 없다는 점을 강조한다. 이에 대해 배중도는 '국적'을 유지하는 것이 반듯이 민족적인 것을 유지하는 것인가라는 문제를 제기하며, 민족=국가라는 등식 개념에 대한 굴레의 해방도 논의된다. 이처럼 이 시기에 주로 논의된 내용들이 국적과 민족의 재고였음을 잘 보여주는 대담 내용이다.

고마쓰 시게오(小松茂夫, 1921-1980)

고마쓰 시게오는 식민지 경성에서 출생했다. 도쿄대학(東京大学) 문학부와 대학원을 졸업하고 학습원대학(学習院大学) 교수를 역임했다. 17-18세기 유럽철학과 과학철학을 전공했으며, 주저로는 『권력과 자유』, 『역사와 철학과의 대화』 등이 있으며 흄의 『시민의 나라에 대해』를 번역했다. 『계간 삼천리』제13호(1978년, 2월)에 「생각나는 것」이라는 제목의 글을 게재한다. 이 글은 '가교 코너'에 조선에 대한 인식에 대한 원고를 의뢰받고, 식민지 경성에서 살던 소년 시절 또래들과 함께 '통감정(統監亭)'에 매미를 잡으러 갔던 사건을 회상하며 떠오른 생각을 적고 있다. 그러나 그 내용에 있어 철이 들 때 즈음의 자신이 조선 인식과 연결되었다고 말하려는 게 아니라 그 소년기의 체험을 통해 음으로 양으로 갖게 된 체험이 지금의 인식을 만들었다고 하는 부분을 기술한다.

고무라 후지히코(好村冨士彦, 1931-2002)

고무라 후지히코는, 도쿄도(東京都) 출신이다. 부친은 종교가로 알려진 고무라 하루모토(好村春基)이다. 북중국 선무(宣撫)에 활동하는 부친을 따라 북경에 건너간다. 이후 귀국했고 히로시마고등학교(広島高等学

校)에 들어갔다가 학제 개편으로 히로시마대학(広島大学) 이학부에 입학했다. 폐결핵으로 요양 생활을 보낸다. 이후 와세다대학(早稲田大学) 제일문학부 독문과에 들어갔고, 1962년에 졸업하고 대학원에 진학했다. 1967년 박사과정을 퇴학하고, 니혼대학(日本大学) 이공학부 강사(담당, 독일어)로 근무한다. 1970년에 교토대학 교양학부 강사를 지내다가 조교수, 교수를 역임한다. 이후 독일에 건너갔다가 1978년 히로시마대학(広島大学) 문학부 조교수, 교수를 역임하고 1995년 정년을 맞이했다. 『계간 삼천리』제26호(1981년, 5월)에 「그림자를 잃어버린 남자」라는 제목으로 글을 실었다. 이 글은 병원에 입원했던 시기에 만났던 조선인과 있었던 일을 적고 있다. 특히 한 권의 책을 둘러싼 기억에 대해 재해석을 하면서, 새롭게 연대의 의미를 소개하고 있다. 전쟁에 동원되었다가 부상을 당하자, 히로시마 병원에서 도쿄 병원으로 옮기 되었는데, 거기서 한 조선인을 알게 되었다고 한다. 서로 책을 빌려주기도 하며 인생을 이야기했다고 한다. 그러던 어느 날 책을 빌려주었는데, 그 책은 아델베르트 폰 샤미소(Adelbert von Chamisso)의 '그림자를 판 사나이'라는 제목의 번역서였다는 것이다..다 읽고 그 책을 돌려주며 '너는 무슨 책을 나에게 추천해 준 거냐. 이 샤미소는 프랑스의 귀족 출신으로 프랑스 혁명을 두려워해 프랑스를 떠난 게다가 반동적 군주국 프로이센 군인이 된 남자가 아닌가. 게다가 이 소설 내용으로 말하자면, 자신의 그림자를 악마에게 판 것으로 무한의 금화가 나오는 재산을 손에 넣은 청년 이야기라는 전혀 현실과는 동떨어진 이야기가 아닌가. 이런 로망주의 문학이라는 것은 결국 우리들을 사회에 돌려야 할 눈을 머릿속에서 만들어내는 판타지 세계로 눈을 돌리게 하여 거짓을 즐기는 것뿐으로 반동적인 유해한 역할을 하는 것'이라고 말했다고 한다. 그 후 그와 헤어지게 되었고, 시간이 흐른 후 고무라 후지히코는 독일 문학을 전공하게 되어 대학 교원이 되었는데, 샤미소의 그 작품을 손에 넣어 독일어로 다시 읽었다고 한다. 그때 이전에 그와 나눈 대화를 생각해 내고, 놀라서 얼굴이 빨개지는 부끄러움을 느꼈다고 한다. 이 소설의 주인공은 얼마든지 금화가 나오는 지갑과 거래로 악마에게 자신의 그림자를 팔아버렸는데, 그 때문에 그는 많은 고통을 겪게 된다는 내용이다. 그는 그림자가 없다는 이유만으로 시민사회의 어디에도 받아들여지지 않고, 사랑하는 사람이 생겨도 헤어지게 되고, 그녀가 자신의 눈앞에서 배신자의 하녀와 결혼시키는 것을 어떻게 할 수 없어 보기만 할 뿐이었다는 것이다. 그림자를 잃었다는 것은, 샤미소와 마찬가지로 모국을 떠나 국적을, 귀속을 잃은 것을 의미한 것이 아닌가라고 생각하게 되었다는 것이다. 그가 그림자가 없는 주인공이 겪는 고통에 재일조선인의 경우와 운명을 중첩시키고 있었다는 것은 깨닫지 못했다는 것이다. '한일연대'를 호소하는 입장에서, 부끄러운 생각이 엄습했다고 한다. 그러나 진정한 민중적 연대를 만들어내기 위해서는 이러한 부끄러움까지도 이야기를 해야 한다며, 스스로의 방향성을 다시 생각하게 되었다고 논한다.

고사명(高史明, 1932-)

고사명은 야마구치 현 시모노세키시 재일조선인 2세 소설가이고, 본명은 김천삼(金天三)이다. 1971년 첫 저작을 출판, 평론가로 1975년 『삶의 의미 』로 일본 아동 문학가 협회상, 산케이 아동 출판 문화상을 수상하지만, 그 해, 외아들 오카 마사후미(岡真史)가 12세에 자살, 그 유고시집 『나는 12살』을 아내의 오카 유리코(岡百合子)와 편찬에서 간행하면서 화제가 되고 1979년에 NHK에서 드라마화도 한다. 2010년 자신의 메시지를 담은 말의 책 『고사명의 말-생명은 자기 것이 아니다』, 또 집대성으로서 『고사기(古事記)』의 시대부터 현대까지 일본사의 어둠을 읽다. 5년 동안 대저 『달 사랑에』를 출판했다. 『계간 삼천리』제19호(1979년, 9월)에 「가끔 생각나는 것의 단편」이라는 제목의 글을 실었다. 이 글은 조선인인 저자와 일본인 아내 사이에서 태어난 외아들이 한국과 일본 사이의 가교가 될 것이라는 희망을 가지고 있다가 아이를 잃고 인간의 존재에 대한 성찰을 하면서 쓴 글이다. 고사명은 인간은 언제나 '생명의 대도'에서 벗어나 살고 있는 것이라고 말하면서, 그것은 개개인의 삶의 방식을, 얼마나 답답하게 만들고 있는가를 논한다. 즉 삶의 모습은 시대와 그에 대응하는 인지로 묶여 있어서 서로 상대하지 못하는 막다른 골목과도 같다는 의미에서 그러했다. 그리고 이들 개개인이 모여 쌓아올린 인간 문화의 총체들은 아직도 답답한 위기를 맞고 있다고 논한다. 그리하여 인간은 그동안 늘 그 답답함을 전쟁이라는 수단을 통해 타개해 왔다고 보고, 현대에 이르러서도 아직도 인간의 지혜에서 전쟁이라는 방책밖에 찾을 수 없는 것에 대해 한탄한다. 그러면서 그 인식 체계를 바꾸는 방법에 대해 논한다. 즉 '지식은, 아는 것이 아닌 것'이라고 표현한다. 프랑소와 자콥(François Jacob)의 저서 『생명의 논리(The Logic of Life)』를 가져오면서, 그 내용에 전개된 죽음이 '삶의 표면 위에 등장해 온 것'이라는 부분에 대해 논한다. 고사명은 인식을 인식한 채 끝내서는 인식 주체의 문제는 결코 풀리지 않을 것이라고 논한다. 오히려 인식은 불가사의한 마음과 겹쳐져 비로소 인간적으로 살아온 것으로 생각하는 방법이 필요하다고 논한다. 생이란, 죽음의 '발명'에 의해 탄생했고, 인간은 그 삶과 죽음의 구조를 탄생시킨 원점을 찾아낼 수 있을지 없을지 모르지만, 그것은 살아 있는 인간의 근원적인 힘으로 나타난다고 기술한다.

고송무(高松茂, 1947-1993)

중앙아시아의 한인 연구 분야의 개척자로 알려져 있다. 서울 중앙고를 졸업한 뒤 핀란드에 건너갔고, 헬싱키대학에서 우랄어를 전공했으며 중앙아시아 한인들에 관한 논문으로 박사학위를 받았다. 고려인 연구 분야의 선구자였다. 몽고과학원의 한국학 연구자였다. 『계간 삼천리』제49호 (1987년, 2월)에 「소련, 동구, 몽고의 「조선학」」이라는 제목으로 글을 게재했다. 말 그대로 '소련, 동유럽, 몽고의 조선학'을 소개한다. 러시아와 몽고에 대해서는 한국에서도 잘 알려져 있지만, 동유럽과의 관련성을 잘 모르고 있기 때문이다. 이러한 점을 보완하여, 고송무는 동유럽에 대해 논한다. 동유럽이라고 부르고 있는 것은 폴란드, 동독일, 체코슬로바키아, 헝가리, 유고슬라비아, 루마니아, 불가리아, 알바니아 등의 국가들에 대한 소개이다. 조선은 러시아와의 관계처럼 동유럽 국가들과도 상호간에 역사적으로 연결되는 기회가 거의 없었는데, 그럼에도 불구하고 동유럽 국가들 중에 오늘날 조선학이나 그것에 가까운 것이 존재하는 것은 폴란드, 체코스로바키아, 그리고 헝가리라며, 이를 소개하는 글을 적고 있다.

고스기 가쓰지(小杉尅次, 1942-)

고스기 가쓰지는 철학자이며 목사이다. 시즈오카현(静岡県) 아마타쓰시(天龍市) 출신이다. 1963년 시즈오카대학(静岡大学)을 중퇴하고, 1965년 도쿄신학대학(東京神学大学)을 졸업한다. 이후 대학원에서 석사과정을 수료한 후 1968-70년에 서울대학과 대한신학대학 석사과정을 수료했다. 1974년 일본 기독교단 목사를 지내다가 1977-83년에 함부르크대학 박사과정을 수료한다. 이후 시즈오카산업대학(静岡産業大学) 교수를 역임했다. 저서로는 『현대 동아시아론의 시좌』(1998년), 『현대 청년과의 대화』(1999년), 『현대세계와 인간부권』(2003년) 등이 있다. 『계간 삼천리』제35호(1983년, 8월)에 「새로운 공동체 형성을 위한 시론」이라는 제목으로 글을 집필했다. 이 글은 필자가 한국과 독일에서 유학한 경험을 바탕으로 새로운 공동체 형성에 대한 이론적 세계를 제시하는 내용이다. 고스기 가쓰지는 철학자답게 1980년대 현재를 '종족'이나 '민족' 혹은 '국가지상주의' 등의 개념으로는 포괄해 낼 수 없는 신국면을 맞이하고 있다고 말한다. 그러면서 고스기 가쓰지는, 이러한 시대를 '인류적 발상의 시대'라고 부른다. 즉 인류사 해석에 활용되는 모든 개념의 재검토와 인류사를 구성해 온 모든 요소의 발본적인 재편성 작업이 불가피하게 요청되는 시대라는 것이다. 1960년대 이후의 신내셔널리즘 깃발과 운동으로 상징되는 남북문제의 근원적 해명에 도전하고 있다고 논한다. 이러한 인식작업은 결국 이성의 홀로서기 즉 '해석론의 틀을 한발도 초출(超出)하지 못하는 자기만족적인 지적 유희'를 경계해야 한다고 논한다. 바꾸어 말하자면 어떻게 함께 생존해 갈 것인가라는 과제야말로 역사의 일대 전환기를 사는 현대인의 가장 초미의 문제 중 하나가 아닌가 하고 제시한다. 특히 인간 해방과 인간 복권에 기여하는가라는 물음이 중요하다고 논한다. 특히 현대는 글로벌한 사고와 발상의 전환이 요청되는 지구적 규모의 시대라고도 규정된다고 말한다. 그것은 다름 아닌 우리들이 새로운 공동체 건설을 이론적으로도 실천적으로도 개시해야한다는 인식에 서는 것을 의미하는 것으로, 일본이 패전과 함께 그 기만성을 폭로한 국체 관념이라는 것으로 상징되듯이 국가는 그것 자체로는 몰가치적 존재라고 논한다. 그리하여 일본에 사는 70만의 재일조선인이 피투성이의 고투 속에서 스스로의 입각점과 해방의 근거, 방향, 내용을 모색하고 있는 것에 주목해야 한다고 말한다.

고야마 아쓰시(小山敦史, 생몰년 미상)

고야마 아쓰시『계간 삼천리』제46호(1986년, 5월)에「「역풍(向かい風)」속에서」라는 제목의 글을 게재했다. 1985년 10월 11일에 재일본 대한민국 거류민단(在日本大韓民國居留民團)이 지문날인 유보 운동의 수습을 결정되는데, 이러한 운동의 흐름을 소개한 글이다. 기타큐슈시(北九州市)에서는 최창화(崔昌華)·최선애(崔善愛) 부녀의 지문날인 거부재판을 지원하기 위한 모임이 1983년 가을부터 결성되어 활동하고 있었다. 이것이 바탕이 되어, 1985년 5월에 '지문날인제도를 철폐시키는 모임·기타큐슈'가 발족되어 활동하게 되는데, 그 운동 내용을 기술한다. 고야마 아쓰시는 신문 기자로서 '지문날인제도를 철폐시키는 모임·기타큐슈'를 취재하면서 스스로가 취재인이 아니라 실제 운동하는 사람들과의 인간적 교제를 갖고, 일본 사회에서 이 운동이 얼마나 어렵게 진해되고 있는지를 논하고 있다.

고야마 히토시(小山仁示, 1931-2012)

고야마 히토시는 일본의 역사학자이며 전공은 일본근현대사이며 간사이대학(関西大学) 명예교수이다. 주요 저서로는『일본 사회운동 사상사론』(1965년),『오사카 대공습』(1985년),『전쟁·차별·공해』(1995년),『현대사를 보는 눈』(2001년),『공습과 동원』(2005년) 등이 있다.『계간 삼천리』제40호(1984년, 11월)에「공습하 조선인의 동향」이라는 제목의 글을 게재했다. 이 글은, 1945년 8월 15일에 대한 일화를 적었다. 8월 15일에 전쟁이 끝났는데, 이에 대해 군국소년이었던 고야마 히토시 자신은 믿을 수 없는 일을 겪었다고 한다. 일본인은 슬픔과 망연자실해 있었는데 조선인들이 살던 집에서는 밤새 술파티를 하고 노래를 부르고 춤을 추는 등 떠들썩한 소리가 들려왔다는 것이다. 이처럼 일본인에게 패전은 조선인에게 승리였다는 것은 고야마 히토시 자신의 생각을 근본적으로 뒤집는 체험이었다고 말한다. 이카이노에 살고 있었기 때문에 얻을 수 있었던 귀중한 체험이라고 말하면서, 근본적인 생각의 전환이 무엇인지를 기술하고 있었다.

고이삼(高二三, 1951-)

고이삼은 한국 제주도 출신의 부모 사이에서 1951년 도쿄에서 태어났다. 대학 졸업후에는 『계간 삼천리』 편집부에서 일하고, 신간사(新幹社)를 1987년에 창립했다. 출판 활동을 통해 재일한국·조선인을 둘러싼 문제들이나 제주도 4.3사건에 대해 관여해 왔다. 『계간 삼천리』 제35호(1983년, 8월)에 「조선인으로 10년」이라는 글을 실었다. 고이삼 자신이 부모들로부터 이어받은 조선적인 것과 그것에 대한 자기 상대화에 대한 의식을 적었다. 그러면서 그것이 1970년대의 모습과 어떤 관련이 있는지를 적었다. 고이삼은 자신의 내면에 존재하는 조선은 조선사를 알게 되면서 움직이기 시작했다는 것으로 글을 시작한다. 즉 본국의 정세에 대해 일체감을 갖고 생각하게 되면서 생겨나게 되었다는 것이다. 동시대를 사는 동세대의 삶의 방식에 의해 고이삼은 자신이 조선인으로서 한발을 내딛게 되었음을 느끼게 되었다고 한다. 그러나 딜레마를 동시에 느꼈다고 한다. 자신의 조선은 관념적인 면에서는 강고한 것으로 완성되어 버렸다는 것이다. 그러나 조선인으로서의 내실을 보면 '아직'이라는 것을 인정하지 않으면 안되는 부분이 존재한다는 것이다. 언어에 대한 것에서도 그렇지만, 그 모순을 알게 되었고, 조선인으로서 자립화 하는 것이 갖는 어려움을 기술한 것이다. 그리고 『계간 삼천리』제42호(1985년, 5월)에는 「식민지의 어린이」라는 제목으로 글을 실었다. 고이삼은 일본인의 옆에서 사는 재일조선인이 어떻게 살고 있는가를 상기할 필요성을 논한다. 구체적으로는 본명을 사용하고 있기를 한가, 모국어를 말할 수 있는가라는 것이다. 즉 일본에 살고 있는 재일조선인은 '창씨개명'으로부터도 '조선어 말살정책'으로부터도 해방되고 있지 않고 있으며, 또한 식민지시대에 떠난 고향에 돌아갈 수도 없는 존재가 되었다는 것이다. 즉 현재도 여전히 일본 국내의 '식민지의 어린이'를 갖고 있는 것으로, 일본의 사회체질을 바꾸지 않고 있다는 점을 지적한다. 일본사회의 체질이 무엇인가를 비평적으로 기술하며, 외국인등록법 문제를 상기할 것을 호소했다.

고지마 도미코(小島美子, 1929-)

고지마 도미코는 일본의 음악학자로서, 일본 음악사와 일본 음악학을 역사적인 관점에서 논한다. 도쿄학예대학의 강사와 국립역사민속박물관의 명예교수를 역임하였다. 『계간 삼천리』제28호(1981년, 11월)에 「조선의 음악은 기마민족계」라는 제목의 글을 게재한다. 이 글에서 저자는 조선과 일본의 전통 음악과 춤의 공통점과 차이점에 관해 설명하며 두 민족의 문화 기원과 형성의 과정, 특히 수전 쌀농사 중심의 일본과 기만민족의 역동성을 가진 조선을 비교해 공통점과 차이점에 대해 언급하고 있다. 특히 초점은 일본과 조선의 음악과 춤의 차이가 어디서부터 왔는가였다. 고지마 도미코는 일본 음악의 성격은 수전 쌀농사 농경 중심의 생활과 깊은 관계가 있는 것 같다고 논한다. 조선의 리듬감이나 다이나 미즘은 아무리 생각해도 쌀농사 농경중심의 생활과는 연결되지 않는다 는 것이다. 그 다이나믹한 리듬감은 아무리 생각해도 기마민족의 것이다. 또한, 강약이 분명한 표현양식은 토지에 구속되어 말하고 싶은 것도 말 하지 못하는 정착농경민과는 다르다고 보고, 조선도 쌀농사의 농경중심 생활을 하지만, 다르다고 논한다. 그 이유는 각각의 민족의 문화적 성격 이라는 것이 형성되는 역사적인 시대를 다르게 보기 때문이었다.

고지마 신지(小島晋治, 1928-2017)

고지마 신지는 중국 근대사학자이다. 이바라키현(茨城県) 출신으로 1952년 도쿄대학(東京大学) 문학부 동양사학과를 졸업했다. 1967년 요코 하마시립대학(橫浜市立大学)조교수를 역임하고 1973년 도쿄대학 교양학 부 조교수, 그리고 1977년 교수가 되었다. 1988년 정년퇴임을 했다. 현대 중국학회(현, 일본현대중국학회) 대표 간사를 역임했다. 『계간 삼천리』 제32호(1982년, 11월)에 「우리들의 경우」라는 제목으로 글을 실었다. 이 글은 교과서 집필과 검정 통과에 대한 수정 과정을 기술하며, 수정 내역 등에 대한 입장을 소개하고 있다. 일본에서는 1981년 2월 5일, 집필자와 편집자는 문부성의 내의 한 교실에서 조사관으로부터 S회사 간행의 『신 세계사』에 대해 '조건 지시'를 받았다는 것으로 시작한다. 고지마 신지는 원고본(흔히 말하는 희색 표지본) 심사에 합격했다는 것을 통보받았는 데, 이 합격이라는 것은은 관문의 임시 통과에 지나지 않는 것이라고 말한다. 검정교과서를 통과시키는 하나의 특징으로서 원고본을 불합격 시키는 케이스는 거의 없어졌고, 그 대신에 이전보다 더 많은 조건(수정 을 의무화한 수정의견, 흔히 말하는 A조건과 개선 의견인 B조건)으로

된 지시가 오는 경우가 있었다는 것이다. 개선 의견이기 때문에 거부할 수도 있다고 형식상으로는 되어 있다. 그러나 그것에 또 조건이 있는데, 거부하는 이유를 하나하나 극명하게 적지 않으면 합격 되었던 원고본을 '검정 종료' 교과서로 출판할 수가 없게 만들었다고 한다. A조건이라는 것도 역사 사실 평가와 관련되고 국가권력의 의지를 보여주는 사상성을 농후하게 갖게 된다고 논한다. A조건도 거부할 수 있기는 하지만, 그것도 B조건만큼이나 방대한 시간과 번잡한 수속을 필요로 한다는 것이다. 구체적으로 예를 들면 중일공동성명(1972) 이전은 중일전쟁이라고 적으면 매번 A조건에서 '화일(華日)사변'으로 하도록 지시를 받았다고 한다. 왜냐하면 선전포고를 하지 않았기 때문에 전쟁이 아니라는 이유를 붙여 왔다고 한다. 이에 아무리 반론해도 문부성은 받아들이지 않았다는 것이다. 고지마 신지의 검정교과서 수정에 관한 내용을 구체적으로 보여주는 내용이다. 『계간 삼천리』제40호(1984년, 11월)에 「지속하는 과제, 그리고 성과」라는 제목으로 글을 실었다. 이 글에서는 역사 토론회에 참가하여 일본제국주의 침략사만 논하는 것이 아니라 상호이해를 위해 노력한 일본인을 소개하는 것을 통해 한일 간의 상호이해의 논리가 무엇인지에 대해 재고하는 글을 소개한다. 고지마 신지는 '통일된 조선'을 실현하기 위한 절실한 염원이 아직 실현되지 못했고 또한 '조선과 일본 사이의 복잡한 실타래를 풀어 상호간의 이해와 연대를 꾀하기 위한 하나의 다리를 만들어 가고 싶다는 창간의 뜻과 과제가 오늘날 아직 절실한 현실성을 갖고 있다고 논한다. 그것은 조용필 씨의 '돌아와요 부산항에'가 일본에서 유행한 것을 식민지지배의 회복을 꿈꾸는 기운의 발현이라고 비판한 한국 지식인들이 존재하고, 이러한 논리를 일본인에게 전하는데 있어 커다란 역할을 담당한 것이 『계간 삼천리』였다고 평가한다. 그 이외에도 『계간 삼천리』는 '3·1운동, 5·4운동'에 대한 동시대의 일본, 중국의 견해라는 테마는 매우 유효하다고 논한다.『계간 삼천리』에 대한 역사와 그 영향을 설명했다.

고토 긴페이(後藤均平, 1926-1998)

고토 긴페이는 가마쿠라학원(鎌倉学園) 고등학교 강사를 거쳐, 1958년에 도쿄대학 문학부 조수가 되었다. 이후 1962년에 동양문고 연구원을 지냈고, 1965년에는 니이가타대학(新潟大学) 인문학부 조교수가 되었다. 1970년에 릿쿄대학으로 옮기고, 1972년에 교수가 되었다.『계간 삼천리』제31호(1982년, 8월)에「아이를 버린 아버지」라는 제목으로 글을 실었다. 이 글에서는 일본이 베트남에서 쌀을 매입하는 논리가 갖는 폭력성을 보여주었다. 베트남에서도 강제 매입을 통해 돈을 번 것은 식민지정책과 결탁한 베트남의 지주들이고, 일본 군부였다고 논한다. 그렇기 때문에 일본군은 쌀을 충분한 양을 비축할 수 있었고, 그리하여 북부 베트남 농민들은 재배한 쌀을 빼앗겨버린 결과가 되었다고 해석한다. 이러한 상황은, 오키나와에서도 조선, 중국, 필리핀에서도 있었다고 말한다. 아니 더 넓은 지역 즉 유럽이나 러시아 지역에도 있었다는 것이다. 일본이 15년 전쟁 중에 아니 더 이전부터 일본침략행위 100년간 이곳저곳에서 벌어진 일이라고 논한다. 고토 긴페이는 과거를 과거로써 묻어버리는 것은 어느 나라 정부와 마찬가지로 그것으로 역사를 배우는 의미가 없는 것이라고 논하며, '조국 복귀 10년'이라고 칭송하는 나하(那覇) 식장에서 일본 총리의 축사나 어린이들의 서약은 100년 전의 '류큐 처분'이 이중으로 중첩되어 보인다고 논한다. 고토 긴페이는 국가의 지배를 재고할 것을 기술한 것이다.

고토 스나오(後藤直, 1944-)

저자 고토 다다시는 부산 출생의 고고학자다. 대학에서 고고학을 전공했고 후쿠오카시(福岡市) 교육위원회 문화재 전문직, 도쿄대학(東京大学) 인문사회계연구과 고고학과 교수 등을 역임했다. 주요 저서로는『조선반도 초기 농경사회 연구』(2006년),『동아시아와 일본의 고고학』(2003년) 등이 있다.『계간 삼천리』에는 조선 유래의 '김(金)' 씨 성이 많은 저자의 고향 기사카타(象潟)에 관한 글이다. 아시아·태평양전쟁 말기에 조선인 노동자가 기사카타 제강소로 강제 징용되는 등 '기사카타'의 지방사의 이면을 조명하는 글이다. 고토 다다시는 조선에 대해 흥미를 갖게 된 것은 기사가타의 문제와 연관이 있는 것으로, 조선의 문제는 먼 곳에 있는 것이 아니라 자신의 생활 일부를 이루는 것이었다고 논한다. 그 역사를 보면 전쟁 말기의 기사카타에는 '만주국 다이카공업주식회사(大華工業株式会社)'라는 일대 특수철강제작소가 건설되었다. 그곳에는 수백 명의 조선인이 노동자로 강제 동원되어 노역했다는 것이다. 상당수는 전후에 귀국했거나 도쿄, 오사카 등의 대도시로 이동했다. 반면 기사카타에 남아 '동화'된 사람도 많다는 점이다. 초등학교 여자 동급생 중에는 조선인과 결혼해서 꽤 오래전 북으로 귀국했거나 그밖에도 조선인과 결혼한 '기사카타 여성'이 많다고 들었다고 한다. 안타까운 것은 향토사인『기사카타사(象潟史)』에는 제강소 유치에 관한 기술이 상세하게 기록되어 있지만, 그럼에도 불구하고 당시 강제 동원됐던 수많은 조선인 노동자에 관한 내용은 찾아볼 수 없다는 것을 비판적으로 기술하고 있다.『계간 삼천리』제46호(1986년, 5월)에서 1986년 3월에 간행된 김달수(金達寿)·다니가와 겐이치(谷川健一)의 공저인『고대 일본문화의 원류』를 읽고, 김달수가 간만지(蚶満寺)와 기사카타를 논하는 부분을 소개한다.

간마지는 신공황후와 그의 아들 응신천황(應神天皇)을 제신(祭神)으로 하는 야하타신사(八幡神社)가 현존하고 있고, 신공황후의 전설이 남아있다. 일본 고대사 중 4-5세기는 암중모색 의문의 상태인데, 그것을 채우는 것이 신공황후의 연구라고 기사카타 등 이 지역의 향토역사학자들은 '진지하게 믿고' 있었다는 점에 주목한다. 이와 관련되어 국학자인 사토 노부히로(佐藤信淵)의 증조부 겐안(元庵)은 『우다이콘도히사쿠(宇内混同秘策)』(1823년)를 집필했는데, 조선을 속국으로 취급하는 사상을 품고 있었던 것으로 유명하기도 하다. 중요한 것은 노부히로가 '삼한정벌(三韓征伐)'의 신공황후 전설을 전해 듣고 그것을 정사(正史)로서 믿고 있었기 때문에 그와 같은 사상을 갖게 되었을 것이며, 그것을 기사카타의 향토학자들이 믿게 되었다고 기술한다. 고토 스나오는, 역사적 사관의 '탄생'의 근거가 무엇이었는지를 설명하고, 그것을 믿는 것은 무엇인가를 문제를 제기한 것이다.

고토 메이세이(後藤明生, 1932-1999)

고토 아키오는 소설가이자 평론가다. 식민지 조선에서 태어나 어린 시절을 보내고 중학교 1학년 되던 해에 패전을 맞아 일본으로 귀환했다. 함경남도 영흥군 출생으로 부친이 원산에서 상점을 운영하다가 일본으로 돌아가던 중 사망했으며, 친할머니도 같은 시기 사망했다. 일본으로 돌아온 고토 아키오는 와세다대학(早稲田大學)에서 러시아문학을 공부한 뒤 소설가로 등단했으며 문학비평과 교육자로도 활동했다. 1973년에 발표한 소설 『협공(挟み撃ち)』으로 가라타니 고진 등 평론가들로부터 호평받으며 문단에서 지위를 얻었다. 여러 작품에 식민지 조선에서의 체험과 귀환의 여정이 녹아 있으며, 이 글을 기고했던 1976년 3월, 영흥과 원산을 배경으로 한 장편소설 『꿈 이야기(夢かたり)』를 발표했다. 1977 년부터는 동인들과 함께 계간 잡지 『문체』(1977년)를 간행했다. 『계간 삼천리』제7호(1976년, 8월)에, 「『꿈 이야기』 습유(拾遺)」라는 글을 실었 다. 이 글에서 고토 아키오는 식민과 피식민의 구도 속에서 이뤄졌던 그 자신의 조선 체험, 기억, 감각이 어떤 방식으로 쓰여야 하는가, 어떠한 문체와 감정으로 쓰여야 하는가를 고민한 결과가 소설 『꿈 이야기』라고 이야기하고 있다. 그러면서, 1945년 8월 15일, 일본은 패전이라 부르지만 조선인들은 해방이라 부르는 점에서 그 차이를 설명한다. 그 감각이 다 르다는 것은 결국 자신의 조선체험도 일면적인 것일 수밖에 없다는 것이 라고 자신을 객관화한다. 또한 자신의 체험은 이른바 전쟁의 체험자라는 것도 일면적으로 규정될 수밖에 없다는 것을 보여준다고 설명한다. 즉 일본 본토에서 패전을 맞았던 일본인이라면 소리 높여 폭격, 전재, 고아, 굶주림, 육친의 전사 그 이외의 여러 것들을 말하며 전쟁의 피해를 말하 는데, 자신처럼 식민지에 있었던 일본인들은 식민통치로부터 벗어난 조 선인들에게 죄에 대한 벌을 받아야 할 처지에, 국가로부터의 보호가 없 어진 상태에서 위험과 곤궁함에 처한 경험은 무엇인가라고 제시했다. 일 본인은 전쟁의 피해자인 동시에 식민통치를 행한 일본국가의 대표자일 수밖에 없다는 점을 소개하고, 이러한 체험으로부터 생겨난 인식, 즉 타 자의 논리라는 것이 중요한 것은 아닌가라고 기술한다. 아니 체험 그 자체보다 방법, 그 체험으로부터 생겨난 인식이 더 중요하다며 그 인식 을 기술한다.

고하리 스스무(小針進, 생몰년 미상)

고하리 스스무는 학생이다. 『계간 삼천리』제36호(1983년, 11월)에 「중국의 조선족과 '일본」이라는 제목으로 글을 실었다. 이 글에서는 중국 방문 시 만난 조선족을 통해 그들의 역사관과 민족에 대한 인식을 재일 조선인과 비교적 관점에서 서술한다. 특히 그가 관심을 둔 것은 중국에서 소수민족으로 인정받는 조선족에 대한 민족의 의식과 일본에서 외국인이면서 조선인으로 불리는 재일조선인에 대한 차별 인식에 대한 기술이다. 고하리 스스무는 민족과 국가라는 관점에서 고찰하는데, 그것을 조선족과의 만남에서 느낀 감정을 논하는 방식이었다. 고하리 스스무는 조선족을 만나 보고, 그들은 중국의 소수민족 가운데 '조선인'으로서의 민족의식이 확실히 강했다는 것을 알게 되었다고 논한다. 동시에 그들은 한민족이 압도적으로 다수인 사회에서 중국어뿐 아니라 조선어도 말했으며 식사도 김치 문화이거나, 방 안은 조선 관습이 그대로였다고 말한다. 조선족은 자신들이 '중국인의 조선족'이 아닌 '조선인'으로 '민족'을 강조하는 사람도 있었던 것에 놀랐다고 한다. 그리고 고하리 스스무는 중국의 조선족은 조선반도(조선민주주의 인민공화국과 대한민국)에 거주하는 사람들에 대해 어떻게 생각하는지가 궁금해졌다고 말한다. 민족적 아이덴티티라는 것을 새로 생각하게 되었다고 기술한다.

공순홍(孔順弘, 생몰년 미상)

공순홍은 『계간 삼천리』제19호(1979년, 9월)에 「재일 50년의 잡감」이라는 제목의 글을 싣는다. 이 글은 제주도 출신인 저자가 일본에 와서 정착하는 과정에 대한 이야기를 가감 없이 하면서 자신의 정착과정에서 아쉬움을 토로하고 다음세대에 바라는 바에 대해서도 간단하게 서술하고 소회를 밝히고 있다. 공순홍은 자신이 일본에 온 것은 1927년 10월 13살 때라고 논한다. 당시의 기억을 기술하는데, 당시 오사카에 도착해 잠시 머무른 것은 조선에서 돈 벌러 온 사람들이 거주하던 하숙집이었다고 한다. 당시 하숙비는 어른 15엔으로 어린이는 12엔으로 그 하숙비를 지불하려고 도금공장에 근무하기 시작했지만, 하루 수입은 55전 밖에 안 되었다고 했다. 그래서 아홉시 정도까지 잔업을 하게 했지만 그래도 부족했다는 것이다. 일본에 온지 8년을 보내고 1935년에 결혼 때문에 조선으로 돌아갔다고 한다. 그리고 다시 도일한 것은 1943년, 태평양 전쟁이 한창이었던 때였다는 것이다. 당시 오사카도 공습이 시작되고 살 곳은 없고, 식량도 없었고, 시골로 소개(疎開)되었다고 논한다. 공순홍도 히가시이즈(東伊豆)의 이루마라는 곳에 갔다가, 그 후 이나토리(稲取)에 가서 살다가 그곳에서 해방을 맞았다고 한다. 그때는 모두들 '조선으로 간다, 간다'라고 말했고, 공순홍도 그럴 생각으로 스이타(吹田)에도 갔다. 그러나 이미 조선에서 출국해 오는 사람이 있고, 돌아가지 않는 것이 좋다고 하는 사람도 있었는데, 그래서 공순홍은 다시 히가시이즈로 돌아 갔다고 한다. 이후 일본에서 우뭇가사리(天草)를 채취하여 생계를 유지해 왔다고말한다. 그리고 당시 조선인에게는 선주권이 주어지거나 땅의 주인에게 명의만 빌려 쓰고 있는 실정이었다. 일본에 온 뒤 딱히 친해진 일본사람은 없고 조선인도 손에 꼽을 정도였으며, 그렇다고 일본인을 너무 나쁘다고 말해봐야 소용없다고 생각하게 되었다고 한다. 공순홍은 재일로 산 지 오십년 가까이 되었는데, 언제나 일본인에게는 마음을 닫고 일본인과의 사귐이 너무 적었다는 점을 반성한다고 논한다. 이처럼 재일 조선인 중에서도 일본인과의 교류가 없었던 점을 재고하는 내용도 싣고 있었다.

곽대식(郭大植, 생몰년 미상)

곽대식은 일본의 에스페란토어 운동가이다. 『계간 삼천리』제17호 (1979년, 2월)에 「재일동포와 에스페란토어」라는 제목의 글을 싣는다. 이 글은 베트남에서 에스페란토어 대표를 일본에서 가진 공식 행사를 소개하고, 에스페란토어가 가진 세계성에 대해 기술한다. 그 내용을 보면, 곽대식은 베트남에서 에스페란티스트 공식 대표를 받아들인 것은 처음이라고 소개한다. 게다가 1975년 4월 30일 베트남민족의 최대 염원인 전쟁 종결 직후로, 참가자들의 감격은 매우 컸다는 것이다. 그 모임에서는 함께 해방의 기쁨을 나누고, 금후 운동을 전망하는 이러한 공통의 심리가 반영되어서 그런지 활발한 질문이 이어졌다고 논한다. 곽대식은 자신도 분단된 조국을 가졌기 때문에서라는 이유도 있지만, 이것 이외에도 다른 커다란 감격을 품고 많음 것을 생각하게 되었다고 논한다. 그리고 그 감격은, 서로가 이해할 수 있는 공통의 언어, 에스페란토가 있어서 가능했기 때문인지도 모른다고 논한다. 통역을 사용하기는 했지만, 어느 특정 국가의 말, 예를 들면 영어나 프랑스어 등으로 진행되었다면 아마도 그러한 깊은 감동은 없었을 것인데, 모든 사람들이 언어적 평등의 기초위에서 마음과 마음을 연결하고 대등한 입장에서 서로를 이해하는 국제 공통어 에스페란토어야말로 가장 이러한 장소에 어울리는 언어였다고 토로한다. 이전에 강대국의 식민지지배를 경험한 국가나 혹은 제3세계에 속하는 국가들, 가령 이란이나 파키스탄, 인도, 베트남, 중국, 라틴 아메리카의 여러 나라, 최근 에스페란토 운동이 성행을 보이고 있는 것은 결코 우연이 아니라는 점을 논한다. 에스페란토는 원칙적으로 일민족어, 일국제어를 지향하며, 각각의 민족 내부의 문제에 깊게 들어가지 않고 언어를 달리하는 사람들끼리의 교제도 중립 평등하다고 하는 것이 될 수 있다고 논한다. 따라서 에스페란토는 민족어의 보존, 독립을 존중하고 그 발전을 보장함과 함께 특정 강대국의 언어를 우위에 두는 차별적 조치에 반대한다는 것을 강조했다.

구노 오사무(久野収, 1910-1999)

구노 오사무는 일본의 철학자이자 평론가이다. 그는 1937년 군국주의 반대운동을 벌이다 치안유지법 위반으로 체포되기도 했다. 전후에는 안보반대 투쟁을 벌였고 60년부터는 가쿠슈인대학(学習院大学)의 전임강사로 임용되어 이후 교수가 된다. 출판사 「사상의 과학사(思想の科学社)」의 초대 회장을 역임하기도 했다. 『계간 삼천리』제11호(1977년, 8월)에 「좌담회: 우선 말로부터」라는 대담 내용이 게재된다. 대담에는 오자와 유사쿠(小沢有作), 하타다 다카시(旗田巍), 김달수가 참여한 대담이다. 김달수와 구노 오사무가 일본 사회의 반한 감정, 재일조선인 멸시의 태도 이유에 대한 의견을 교환하고 짧게나마 그 해결책도 제시하는 기사로 꾸며져 있다. 전후에도 지속되는 조선인 혐오, 재일조선인 차별의 근본적인 이유는 일본의 역사연구에 있다고 공감하는 것으로 논의를 시작한다. 구노 오사무는 일본 일부 역사학계의 '일선동조론'은, 일본은 본류, 한국은 분가로 본다고 하면서 이러한 인식이 한국에 대한 차별적 인식을 정당화하는 것이라고 설명한다. 일본의 마르크스주의 역사학에서 말하는 내재적 발전론은 역사 발전의 동력을 내부의 자생성에서만 찾는 것이기에 일본과 동아시아의 관계, 일본과 조선 반도와의 관계를 말할 수 없게 하고 있으며, 고대사에서 조선반도가 일본에 끼친 영향력을 인식할 수 없게 한다는 것에서 우익 역사학이 말하는 '일선동조론'과 공통된 부분이 존재한다고 지적한다. 그리고 일본 고대사 학계는 동아시아의 흐름

가운데, 특히 '조선으로부터의 일본'이라는 문제와 대면하지 않고 있음을 반성해야 한다고 말한다. 이를 김달수가 '기본적으로 일본의 역사학은 제국주의 시절 조선과 만주로의 침략을 정당화하기 위해 만들어진 것'이라는 지적에 대해, 다시 구노 오사무는 마르크스주의 역사학을 비롯한 일본역사학계는 일본제국주의에 대한 반성으로부터 논리를 구성해 나가야 한다고 역설한다. 또한 조선을 지금처럼 인식의 대상에서 제외해 버릴 것이 아니라 학문적 층위에서든, 인간적 층위에서든 실체로서 그에 대한 관심과 이해를 증대시켜야 한다는 내용으로 기술한다.

구라하시 요코(倉橋葉子, 생몰년 미상)

구라하시 요코는『계간 삼천리』제37호(1984년, 2월)에「물레모임과 나」라는 제목의 글을 실었다. 이 글에서 구라하시 요코는 재일조선인들이 사는 도쿄 서쪽 지역의 다마가와(多摩川) 주변지역에서 식민지시대부터 유입된 조선인의 역사와 전후 그 지역에서 살아 온 그들의 존재에 대하여 교회를 통해 알게 된 과정에 대하여 설명한다. 그리고「물레모임」을 만들어 시민들과 시민을 위한 강좌나 문화행사를 개최한 활동에 대하여 기술한다. 그러면서 지역에 뿌리를 내리는 활동에 대하여 고민을 하면서도, 지역의 다양한 교육기관과 협동하면서 활동해 온 성과에 대하여 이야기한다. 그리고 '지역에 뿌리를 내린 활동이란 무엇일까'라는 질문을 통해, '물레모임'이 갖는 의의를 재고한다.

구로세 유지(黒瀬郁二, 1947-)

구로세 유지는 히토쓰바시(一橋)대학 경제학부를 졸업하고, 경제학연구과 박사과정을 수료했다. 가고시마경제(鹿児島経済)대학 경제학부 강사를 지내다가 가고시마국제대학(鹿児島国際)대학 경제학부 교수가 된다. 주요 저서에는 『동양척식회사: 일본제국주의와 아시아태평양』이 있다. 『계간 삼천리』에서는 식민지시기 한국에 세워진 동양척식주식회사의 건립 과정에 나타난 착취의 논리를 기술했다. 특히 동양척식주식회사의 한국정부로부터의 토지 인계에는 세 개의 계략 숨겨져 있었다는 부분을 지적한다. 그 중 하나는 출자지의 중핵을 차지하는 구(舊) 궁장토(宮庄土)의 성격으로, 이 궁장토는 제1차 한일협약에 근거하여 메가타 다네타로(目賀田種太郎) 재정고문의 '제실재산정리'에 의해 '역둔토(驛屯土)'(국유지)에 편입되었는데, 본래 '궁방(宮房)'이라고 불리던 왕실의 사유지였기 때문에 궁장토의 국유지 편입의 목적은 소유권을 일본국에 종속된 한국정부에 옮기는 것에 의해 왕실의 경제적 기반을 해체하는 것에 목표가 있었다는 것이다. 이처럼 기존에 알려지지 않았던 동양척식주식회사의 숨겨진 이면을 구체적으로 기술한다.

구로이 센지(黒井千次, 생몰년 미상)

구로이 센지(黒井千次)는 도쿄 출생으로 도쿄대학 경제학부를 졸업하고 후지 공업에 입사하여 직장생활을 하던 중 신 일본문학회에 들어가 1958년 『푸른 공장(青い工場)』을 발표하여 노동 현장의 모순을 심리적인 측면에서 그리는 소로 주목을 받았다. 1968년 『성산업주간(聖産業週間)』에서 아쿠타가와(芥川賞) 후보로 1970년 『시간(時間)』에서 예술 선장 신인상을 수상했다. 같은 해 후지중공업(富士重工業)을 퇴사하고 작가 활동에 전념했다. 그 뒤 1984년 『군서(群棲)』로 다니자키 준이치로(谷崎潤一郎) 상을, 1995년 『커튼 콜』로 요미우리문학상(読売文学賞)을 수상했다. 2000년 일본 예술원 회원이 되었고, 2001년『날개, 날개』로 마이니치 예술상(每日芸術賞)을, 2006년『하루 꿈의 울타리』로 노마문예상(野間文芸賞)을 각각 수상했다.『계간 삼천리』제19호(1979년, 9월)에는「「장마」에 대해서」라는 제목으로 글을 실었다. 이 글에서 저자는 저자가 읽은 현대 한국 문학에 대해서 설명하면서 이웃나라의 문학에 대한 관심이 적다는 것을 언급하고 한국의 현대작가 윤흥길의『장마』에 관한 배경과 함께 내용을 소개하고 있다. 두 명의 노파와 한 소년에 의해 만들어진 삼각형 위에 이루어진 소설이『장마』이고, 이 삼각형이 현실에서의 자유를 통해 현실을 혹평할 힘을 갖추게 되는 구도를 설넝한다. 그리고 초현실성을 지적한다고『장마』가 초현실주의 소설이라고 주장하고자 하는 것이 아니라, 작품에 포함되는 초현실적으로 깊어지고 있는 점을 놓치지 않는 것이 중요하다고 논한다. 그 초현실주의가, 유럽의 환상과도, 아시아의 애니미즘이나 주술과도 다른 점이 존재한다고 논했다.

구로이와 주고(黑岩重吾, 1924-2003)

구로이와 주고는 1924년 오사카시에서 출생해 도시샤대학(同志社大学)을 졸업하고 작가로 활동했다. 패전 직전 중국의 동북지방의 군대에 소집되었다가 소련군의 공격을 피해 조선을 통해 일본으로 귀환했다. 소설『배덕의 메스』로 1960년 나오키산주고(直木三十五) 상을 수상했으며, 1964년 소설『남편은 보았다』가 동명의 영화로 제작됐다.『계간 삼천리』제13호(1978년, 2월)에「고대의 교류」라는 제목의 글을 집필한다. 이 글에서 필자는 고대 조선반도와 왜국의 인연과 관련된 역사적 사실들을 공부해 나가면서 오사카와 나라 인근에서 어린 시절을 보내고 또 살아가고 있는 당대의 자신을 고대의 한일 교류의 맥락 속에서 재해석하는 시도를 적고 있다. 구로이와 주고는, 조몬시대(繩文時代)를 재고하는데, 이 시기는 남조선의 동남부와 규슈 서북부가 동일문화권 내에 있었다는 시각에서 출발한다. 당시 사람들은 배를 타고 왕래했을 것이라고 하면서, 당연히 그곳에서 사람들은 상호 교류를 통해 결혼도 하고, 상대 지역에서 그대로 산 사람들이 있었을 것이라고 논한다. 상상이기는 하지만, '인간적인 이야기'라고 보았다. 그리고 이후 교류가 5천년 정도 전부터 야요이시대(弥生時代)까지 이어져 온 것으로 해석했다. 그리하여 조몬시대부터 야요이시대에 이르기까지 동일문화권 내의 거주자들은 친척관계자로 한인, 왜인의 구별은 없었을 것이라는 논점을 전개했다. 그 이후에 문화의 진전이 이루어지고 집단을 이루면서 원시적인 '국가체제'를 만들어 갔을 것이라는 논리를 기술한다.

구보타 마사후미(久保田正文, 1912-2001)

구보타 마사후미는, 문예평론가이며 소설가이다. 나가노현(長野県) 출신이며, 도쿄대학(東京大学) 문학부 미학과를 졸업했다. 졸업 후 후쿠이현(福井県) 호쿠리쿠중학교(北陸中学校)에 교사로 부임했는데, 『신슈문학(信州文学)』에 게재한 소설 「잔몽(残夢)」이 치안유지법 위반으로 조사를 받기도 했다. 니혼대학(日本大学) 예술학부 교수를 역임하고, 다이쇼대학(大正大学) 문학부 교수를 지냈다. 전전(戦前)부터 문학 활동을 시작하여, 1946년 단가 잡지인 『야쿠모(八雲)』 편집을 담당하고, 1947년에는 신일본문학회에 회원이 되었고, 『근대문학』에 글을 발표했다. 이후 민주주의 문학자로서 소설과 평론을 발표했다. 1979년 제27회 기쿠치칸(菊池寬)상을 수상했다. 『계간 삼천리』제21호(1980년, 2월)에 「속죄주의로부터 해방」이라는 글을 실었다. 이 글은 구보타 마사후미 자신이 만난 조선인들을 소개하는 형식으로 전개하고 있으며, 조선어를 공부하게 되는 과정을 소개했다. 구보타 마사후미는 "조선'의' 사람"이라는 말과, 일본인의 말 감각에 대해 지적한 김달수를 논한다. 구보타 마사후미 자신도 그 말을 사용했을지도 모른다는 부끄러운 생각이 들었다는 것이다. 그러면서 김달수의 의도를 설명한다. 즉 영국인, 미국인이라는 말은 일반적 상식으로 사용된다. 그 대신으로 '영국의 사람' 혹은 '미국의 사람'이라고는 하지 않는다는 것이다. 그런데 왜 조선인에 대해서는 '조선의 사람'이라고 말하는가라는 점이다. 거기에는 영국인, 미국인에 대해 조선인에 대한 특별한 배려가 있다는 것이다. '의'라는 조사 한 글자 사용이 특별한 뜻을 갖게 만든다는 것으로, 그것에도 제국주의 시대의 그림자가 역설적으로 존재하는 것이 아닌가라는 점을 지적한 것이다. 김달수가 그렇게 설명한 것은 아니지만, 구보타 마사후미 자신의 표현방식으로 이해해 보면, 그러한 의미라는 것이다. 그리고 점차로 내가 알게 된 것은, 아니 내 방식으로 생각하게 된 것은 속죄주의나 참회주의와 같은 것은 안 된다는 것이었다. 속죄주의나 참회주의는 일본인의 특기로서, 어떤 나쁜 짓을 해도 나중에 그것을 고백하고 사과하면 사라진다는 사상, 아니 사상이라고 하기 보다는 심정이 있다는 것을 비판적으로 기술한다.

구사노 다에코(草野妙子, 1933-)

구사노 다에코는 민족음악학자이다. 1996년부터 오키나와 현립대학 교수를 역임했다. 일본뿐 아니라 인도, 한국을 중심으로 여러 나라의 전통예능과 음악을 조사연구 하였다. 1987년에는 한국국립예술원 특별상을 수상하기도 하였다. 『계간 삼천리』제30호(1982년, 5월)에 「대담: 민중예능의 매력」을 게재했다. 대담형식으로, 일본에서 조선민중예능에 대한 연구가 시작되는 것에 대해 의견을 나눈 글이다. 특히 조선민중예술과 민속예능에 대해 논의될 필요가 있음을 지저하는 내용이다. 구사노 다에 코는 1971년 한국을 방문했을 때 당시 한국어나 한국 사람들의 목소리, 몸의 움직임이 갖고 있는 리듬이 일본과는 차이가 있음을 느꼈다고 한 다. 언어, 목소리, 움직임의 특징이 한국의 전통 예술음악과 민속예능에 도 상당한 영향을 끼쳤을 것이라고 본다며, 사람들이 입고 있는 옷의 색이나 건물의 색이 저마다 다른 것도 일본과는 다름을 지적한다. 그리 고 아이들의 전래동요나 놀이도 일본과는 다르다고 논하며, 한국어와 일 본어의 차이에 대해서도 설명한다. 『계간 삼천리』제38호(1984년, 5월)에 「민족의 소리와 시나위 합주」라는 제목으로 글을 실었다. 이 글에서는, 20세기 전반 구미 음악을 받아들이는 일이야말로 음악의 근대화로 여겨 졌기 때문에 아시아 국가들의 전통음악은 큰 타격을 입게 되었는데, 그 러한 시대적 변화가 무엇을 가져왔는지를 기술하고 있다. 한국도 서구 음악을 받아들이게 되면서, 민요나 전통예술 중 대부분이 구미 문화를 기준으로 평가되었기 때문에 그 가치를 인정받지 못하고 주목받지 못하 는 현상이 나타나게 되었다고 논한다. 이 같은 경향에 대해 반성하는 움직임도 있지만, 그 여파가 남아있다고 논한다. 전통음악을 경시하며 서양음악의 스타일로 장식하는 것을 전통음악의 발전으로 간주하는 사 고방식에 대한 지적이다. 구사노 다에코는 민중의 마음으로부터 태어난 민속음악과 예술음악에서는 다양한 악기들이 각기의 개성들이 자유롭게 그 장점을 간직하면서 조화를 이루어 가야 하는 것을 강조한다. 불균형 속에서 통일성을 찾는 것을 논하는데, 그것은 한국인들의 사고방식이나 사회구조상의 특색 혹은 생활양식에서 우러나오는 것이어야 한다고 기 술한다.

구와나 야스하루(桑名靖治, 생몰년 미상)

구와나 야스하루는 고교교사로, 『계간 삼천리』제27호(1981년, 8월)에 「치유되지 않는 화상의 흔적」이라는 제목의 글을 실었다. 주로 이 글은 히로시마 원폭 희생자에 대하여 서술했다. 조선인 희생자를 위한 위령비의 흔적을 보며 전후 36년을 맞이한 현재 원폭피해자 운동의 흐름을 설명한다. 특히 원폭피해자협회와 일본정부, 미쓰비시의 법적 투쟁과 보상운동을 구체적으로 서술하고 일본의 식민지를 철저히 반성하고 피해자들에게 보상이 이루어져야 한다고 말한다. 구와나 야스하루는 자신이 혼가와바시의 위령비 앞에 가 보니 5년 전과 달리 깨끗하게 정비되어 있었다고 한다. 그러면서 두 개의 36년이라는 것을 말한다. 1910년의 '한일합병'으로부터 45년의 '종전'까지 만 35년, 다하여 36년의 '일제지배'이고, 그리고 '광복'으로부터 작년까지 같은 해가 36년이 지났다고 말한다. 일본의 조선지배는 철저한 식민지적인 수탈이었으나 전혀 같은 36년 시간을 사용하면서 피폭자 사례 한 가지만 보더라도 조선에 끼친 상처는 아직 낫지 않고 있다고 논한다. 그러면서 새로운 '협력' 관계는 확실히 진전되고 있는 측면이 있지만, 보상이 이루어지지 않는 점에서, 위령비에 새겨진 문자는 치유되지 않은 화상으로서 우리들에게 질문을 던지고 있다고 논한다.

구와바라 다케오(桑原武夫, 1904-1988)

프랑스문학, 프랑스문화연구자이면서 평론가이다. 1904년 호쿠이현(福井県) 출신으로 아버지가 교토대학 교수로 동양사전공의 구와바라 지쓰조(桑原隲蔵)였다. 교토대학 문학부 불문과에 입학하고, 1928년에 졸업했다. 1943년에 도호쿠대학(東北大学) 법문학부 조교수로 부임했다. 전후 1948년에는 교토대학 인문과학연구소 교수가 되었다. 1950년부터는 소장으로 취임했고, 이후 1968년에 정년을 맞이하고 명예교수가 되었다. 전후에는 동년대의 요시카와 고지로(吉川幸次郎)와 가이즈카 시게키(貝塚茂樹) 등 교토학파의 중심적 존재로서 여러 가지 문화 운동에 주도적인 역할을 담당했다. 프랑스문학뿐만 아니라 하이쿠(俳句)에 대해 논한「제2예술(第二芸術)」(『세카이』1946년)가 논란을 불러일으켰다. 구와바라 다케오는 일본의 인문과학 분야에 여러 가지 업적을 내놓았다. 우메사와 다다오(梅棹忠夫), 우메하라 다케시(梅原猛), 우에야마 슌페이(上山春平), 쓰루미 슌스케(鶴見俊輔), 등 여러 문화인들을 키워냈다. 1976년 쓰루미 슌스케, 이노우에 슌(井上俊) 등과 현대 풍속연구호를 창설하고(구와바라가 초대 회장을 맡았다), 같은 시기의 이마니기 긴지今西錦司와 함께 등산가로서도 알렸게 되었다. 나카오(中尾佐助)에 의한 1958년의 식물조사와도 연결되고 있다. 구와바라는 1981년 교토시 사회교육센터 초대 소장에 취임하고, 사망하기 전까지 근무했다. 주요 논고들은 『구와바라 다케오 기행문집(文集)』(전3권, 1968년),『구와바라 다케오 전집』(전7권, 1968 - 1969년),『구와바라 다케오집』(전10권, 1980 - 1981년) 등으로 간행되었다.

구와바라 시게오(桑原重夫, 생몰년 미상)

구와바라 시게오는 일본그리스도교단 세쓰톤다교회 목사이며, 저서에는 『천황제와 야스쿠니(天皇制や靖国)』 등이 있으며 종교적인 관점에서 천황제를 비판하고 있다. 그는 한국과도 교류를 활발히 하고 있으며 시민연대를 통한 사회적인 활동도 왕성히 하고 있다. 저자는 『계간 삼천리』

제25호(1981년, 2월)에 「'나'를 바꾼 재일조선인-한 권의 책을 통한 만남」 이라는 제목으로 글을 실었다. 이 글에서는 일본 제국주의의 피해자로 일본에 징용으로 끌려온 조선인 부부를 통해 일본의 조선에 대한 황국신민화 정책을 비판적인 시각으로 서술한다. 구와바라 시게오는 일본이 조선에 대해 어떤 것을 했는지, 예를 들면 왜 하리마조선소에 조선인 노동자가 많이 있는지, 그들이 어떤 기분으로 일하고 있는지, 왜 '탈주'가 끊임없는지, 관청에 속아 거의 '인신매매'와 다름없이 일본에 연행되어 온 것, '황민화 정책' '창씨개명'의 배후에서 조선의 민중이 얼마나 고통스럽게 생활하는지 등에 대해 듣게 되었다고 한다. 몰랐던 사실을 접하고 큰 충격을 받았다고 한다. 구와바라 시게오는, 전쟁 중에 전쟁을 비판한 의식적인 노동자가 있었다는 것을 '전쟁 중의 사소한 저항'이라고 평가할 수도 있는데 그것보다 오히려 조선의 민중과 조선인 노동자에 대해 어떤 의식을 갖고 있었는지를 비판해야 한다고 논한다. 자신이 전쟁에 나가서 죽거나 중노동으로 힘든 일을 하게 되면 싫지만, 일본이 아시아를 침략하는 것은 나쁘다고 하는 의식과 만나지 않는 것이 이상하다고 논한다. 즉 자신이 전쟁으로 손해를 입은 것은 싫은데 일본이 전쟁에 이기는 것은 좋다고 생각하고 있다는 모순을 지적한 것이다. 그래서 자신은 손해 보지 않은 장소에 있기 위해 때로는 국가의 정책을 비판하지만, 그것이 침략당하는 측의 아픔으로 연결되지 않았다는 것을 날카롭게 지적한다. 조선의 민중과 강제연행 등으로 우리 가까이에 있던 재일조선인 노동자가 조금도 눈에 들어오지 않았고 연대 또한 전혀 없었음을 비판했다. '전전의 노동자 의식'의 가장 '중대한 결점'이 이 부분이라고 기술한 것이다.

기노시타 마사코(木下雅子, 생몰년 미상)

기노시타 마사코는 르포작가이다. 『계간 삼천리』제11호(1977년, 8월)에 「열등성의 변(升)」이라는 글을 게재한다. 이 글에서는 기노시타 마사코가 한국인 친구와의 논쟁 과정에서 한국에 대해 너무 무지했음을 깨닫게 되고, 『조선문학』 창간의 뜻을 알게 되면서 조선어를 공부하게 되었다는 내용을 소개한다. 기노시타 마사코는 자신이 조선어를 배우지만, 그 내용 이해가 충분하지 못했던 점을 친구와의 논쟁에서 느낀 내용을 적은 것이다. 한국인 친구와의 토론을 구체적으로 제시한다. 즉 한국인 친구가 '나는 일본에 살 수 없을 것 같다. 일본에서 태어나고 교육을 받은 너희들과 한국에서 태어난 나 사이에는 넘을 수 없는 벽이 있다. 조선, 조선이라고 말하지만 북쪽만이 조선은 아니다. 물론 한국 참기 어려운 문제들이 있지만, 우리들은 위협 속에서만 살아가는 것은 아니다. 그 가운데는 일상을 살아가는 사람들의 사랑이 있고 생활도 있다'라고 열변을 토했다고 한다. 기노시타 마사코는 이 말을 '우리의 사고 관념에 대한 통렬한 비판'이라고 받아들였다. 한국인 친구는 한국으로 돌아갔지만, 이 말이 너무 강렬하게 남아있었다고 말한다. 그후 '조선을 사랑하고 조선 문학을 사랑하며 별다른 명예를 기대하지 않고, 일본과 조선을 문학 연구를 통해 연결시켜 얻은 성과를 양국 간 친선과 연대를 바라는 사람들의 공유재산으로 하기 위해 조선 문학을 공부하자'는 취지를 갖고 일본인에 의한 『조선문학』 동인지가 창간된 소식을 듣게 되었다고 한다. 그리하여 기노시타 마사코는 창간 의도를 알고 조선어를 공부하기 시작했고 조선어 공부모임에 적극적으로 참가했다고 한다. 어학 공부에서 다른 학생보다는 잘 하지 못하지만, 그 어학 공부보다는 조선인의 일상 생활을 접해보는 것에 중점을 두었다고 한다. 이처럼 어학 공부도 공부

이지만, 조선인의 일상을 이해하고 싶어 하는 기노시타 마사코의 생각이
잘 나타나는 내용이다.

기노시타 준지(木下順二, 1914-2006)

기노시타 준지는 도쿄 출생의 극작가이자 평론가로 대표적인 진보적
문화인이다. 집안의 원래 고향은 구마모토(熊本)로 향토의 유지였다. 본
인은 도쿄에서 출생해 도쿄대학(東京大学)을 졸업하고 극작가로 활동했
다. 작품으로는 『히코이치 이야기』, 『유즈루』, 『산맥』등이 있다. 『계간
삼천리』제7호(1976년, 8월)에, 「조선인」이라는 제목의 글을 싣는다. 이
글에서 기노시타 준지는 조선인이라는 존재가 자신에게 어떻게 새겨져
왔는가를 기록하고 있다. 자기자신의 경험을 반추하는 내용으로, 조선인
의 존재를 그리고 단어를 내가 최초로 의식한 것은 1923년 관동대지진
때라고 회고한다. 기노시타 준지는 소학교 3학년으로 조선인에 얽힌 정
경을 목격했는데, 조선인이라는 단어를 계속 들었다고 한다. 그때부터
지금까지의 시간 속에서 개인으로서, 집단으로서, 총체로서, 개념으로서,
그리고 단어로서의 조선인이 각종의 질과 형태로서 자신 스스로의 문제
가 되었다고 논한다. 그리고 그 문제들은 『계간 삼천리』에 게재된 글들,
예를 들어 야스오카 아키타로(安岡章太郎), 마쓰오카 요코(松岡洋子), 니
시 준노(西順藏), 사타 이네코(佐多稲子)의 에세이, 오자와 유사쿠(小沢有
作)의 「일본인의 조선관(日本人の朝鮮観)」 등에서 배우게 되었고 새로운
촉발을 얻었다고 기술한다.

기시 노부스케(岸信介, 1896-1987)

일본의 정치가이며 1957년부터 1960년까지 총리대신(제56, 57대)를 지냈다. 야마구치시(山口市) 출신으로 구제(旧制) 야마구치 중학교, 제일 고등학교를 졸업하고, 도교대학에 진학했다. 대학 졸업 후에는 농상무성 (農商務省)에 취직했다. 막 건국한 만주국에서 국무원 고관(高官)으로 만 주산업 개발 5개년 계획을 실시했다. 쇼와(昭和) 전전(戦前)에는 「혁신관 료」의 필두격으로 관동군으로부터 촉망받았다. 도조 히데키(東條英機) 내각 때 태평양 전쟁 개시의 중요 각료였다는 것에서 극동국제군사재판 에서는 A급전범피의자로서 3년 반 동안 구류되었지만, 불기소로 석방된 다. 전후 공직 추방되었지만, 이후 공직추방에서 해제되자 일본재건연맹 을 설립하고 일본사회당에 입당을 모색하는 등 정계복귀를 꾀하고, 동생 사토 에이사쿠(佐藤栄作)도 속해있던 요시다자유당(吉田自由党)에 입당 한다. 이후 정계은퇴 이후도 후계자 후쿠다(福田赳夫) 등을 통해 자민당 우파의 상징으로서 정계에 영향력을 행사하고, 만년에는 「쇼와의 요괴」 라는 별명을 얻었다. 기시 노부스케에 대해서는 『기시노부스케 회고록』 (1983년), 『보수정권의 담당자, 나의 이력서』,(2007년) 등이 있다.

기시노 준코(岸野淳子, 1930-1985)

기시노 준코는 사이타마현(埼玉県) 출신이다. 산케이신문사에 입사하 고, 문화부 기자를 지냈다. 대학 시간강사에 종사하면서, 번역과 문필 활동을 했다. 사상의 과학연구회 회원으로 활동하고, 도리쓰대학(都立大 学)의 오자와 유사쿠(小沢有作) 교수의 수업을 들으며 재일조선인 문제 연구에 종사한다. 주요 저서로서는 잊혀진 비행소년 , 비행(非行)소녀 ,

자립과 공존 교육등이 있다. 『계간 삼천리』제26호(1981년, 5월)에 「부강(芙江)을 방문하고」라는 제목으로 글을 실었다. 이 글은 가네코 후미코의 고향인 부강을 방문한 내용이다. 부강은 '무엇이 나를 이렇게 만들었는가'를 집필하고 옥사한 가네코 후미코가 아주 먼 옛날(1912년-1919년) 어린 시절을 보냈던 곳이다. 가네코 후미코가 이 학교에 전학해 온 것은 1912년이었다. 내선일체가 강요되고 조선인 중에서도 일본 소학교에 들어가는 아이들이 존재했는데, 어린 시절의 가네코 후미코에게 진정한 편안함과 생명의 근원을 준 곳이라며 그곳의 풍경을 기술했다. 그리고 『계간 삼천리』제31호에 「가네코 후미코와 조선」이라는 제목의 글을 게재한다. 구체적으로는 대역죄로 고초를 당한 23살의 가네코 후미코가 감옥에서 목숨을 끊은 1926년의 일을 재고하는 내용이다. 반세기 이상도 더 이전에 산 한 여인의 일생을 왜 오랫동안 생각하게 되었는가를 말하면서, 자신의 글의 실타래를 풀어주는 것이 될 것이라고 말한다. 바로 그것에 '조선'이 깊게 얽혀있다는 점을 논한다. 그러면서 가네코 후미코에게 얽혀있는 것은 한 남녀의 인연이 각각에 속한 국가와 국가의 불행한 관계를 넘어, 그것과 대극을 이루는 모습을 몸소 보여준 것 이라는 점에 있다고 논한다. 국가와 국가의 불행한 역사, 특히 가네코 후미코가 태어나고 성장한 시대의 한일관계를 '가네코 후미코와 조선'을 생각할 때의 중요하다고 지적한다. 그러면서 가네코 후미코의 일생을 소개한다. 즉 가네코 후미코가 역사의 수용돌이 속에서, 무적(無籍)의 아이로서 태어난 것은 1904년, 러일전쟁의 해였다. 이해 조선에서는 경부철도 공사가 준공되었는데, 이토 히로부미(伊藤博文)를 특명전권대사로 보호조약이 체결되고, 다음 해 1905년, 일본정부는 이 조약으로 서울에 통감부를 두었다. 초대 통감이 된 이토 히로부미는 하얼빈에서 안중근에게 사살된 것은 병합 직전 1909년이었다. 9살의 가네코 후미코가 조선의 부강에 건너간 것은 1912년, 한일합방으로부터 2년 후의 일이었다. 후미코의『무엇이 나를 이렇게 만들었는가』속에 헌병이 조선인을 채찍으로 때리는 것을 언덕 위에서 보았다고 기술하고 있다. 후미코가 부강에 간 것은 숙부 이와시타 게이자부로(岩下敬三郎)도 원래 철도 보선 주임으로서 병합 전 도한(渡韓)했는데, 후미코가 갔을 때는 고리대금업에 종사하고 있었다. 후미코가 다닌 부강심상소학교의 뒷산은 이와시타 집안 소유였다. 후미코가 경부선의 작은 역, 부강에서 산 세월은 역사적으로 말하면 무단정치 시대, 개인사적으로 보면 9살부터 16살 때까지 감수성이 풍부한 소녀기였었다. 아버지 쪽의 조모(祖母)에 의해 숙모의 이와시타 집안에는 처음에는 양녀로 들어갔었던 것을 기술한다. 커다란 역사의 수용돌이 속에서 한국의 부강에서 자란 후미코의 일생을 소개하는 글이었다.

기쿠치 마사토(菊池正人, 생몰년 미상)

기쿠치 마사토는 언론인이자 작가이다.『판문점 : 통일로의 대화와 대결』을 썼다.『계간 삼천리』제16호(1978년, 11월)에「생활·문화로 보는 조선과 일본」이라는 제목으로 좌담회를 가졌다. 여기에는 1945년 전과 후에 조선, 한국을 경험한 언론인들이 주로 한국과 일본의 차이에 대해 이야기를 나누며 마지막에는 서로의 차이를 인정하여 장래를 모색해 갈 방법에 대해 논했다. 참가자는 시마모토 겐로(嶋元謙郞), 히노 게이조(日野啓三), 기쿠치 마사토(菊池正人)이었다. 이 세 명은 우선 각자의 조선 거주 경험을 이야기하는 것으로 시작했다. 기쿠지는 1년 반 동안 한국에서 생활했는데 그 경험을 이야기한다. 기쿠치 마사토는 한국은 급속한 경제성장 때문인지 일본의 텔레비전과 신문에서 보던 것과 상당히 달랐음을 말했다. 또한 한국의 상이라는 것은 단 하나만 존재할 수 없으며 여러 가지의 이미지가 존재한다고 이야기한다. 즉 일본에서 가진 한 가지 이미지로서의 한국이 아니라, 다양한 실체적 한국에 대해 소개한다.

김경식(金慶植, 생몰년 미상)

김경식은 연출가로서, 한국의 노동운동을 취재하여 영화 「어머니」(1978년)를 나카오 슌이치로(中尾駿一郎) 촬영감독과 함께 공동 제작했다. 이 작품은, 인간답게 살고 싶다고 소망하는 서울에 사는 젊은 노동자들이 노동운동을 만들어가는 모습을 한국의 민주화운동이라는 시대적 배경과 함께 그려냈다. 또한 김경식은 김지하의 연극이나 김민기(金民基)의 노래 「아침 안개(朝霧)」를 일본에 소개하기도 했다. 『계간 삼천리』 제8호(1976년, 11월)에, 「마르독과의 만남」의 제목으로 김지하가 생각하는 민중의 모습이 무엇인지를 적고 있다. 마르독이라는 인간상은 김지하가 '거대한 어둠을 거두지 못하고' 슬픔 속에서 미칠 것 같은 꿈을 꾸면서 만들어낸 인간상으로 1975년 5월 19일에 제1회 재판이 열린 김지하에 대한 반공법위반 사건의 재판 때에 홍변호사의 반대심문 '마르독은 어떤 인물입니까'에 대해 김지하가 '마르독은 노동자다. 정규직이 아니라 그 날 그 날 몸으로 때우는 인부이고, 방랑자이다. 모든 권위를 인정하지 않는 한 마리의 이리다. 완고한 접할 수 없는 천민이다. 그러나 그 반면, 강한 생명력을 갖고 있고, 철저한 저항정신, 강인한 민중의식, 반권력적인 비판정신을 갖고 있다. 그러한 점에서 마르독은 노동자적인 패기와 강인성, 그리고 농민적인 자유로운 마음과 낙천성을 겸비하고 있다. 그렇지만, 마르독이라는 천민은 민중 전체의 긍정적인 측면을 갖고 있음과 동시에 부정적인 측면을 갖고 있다'고 답했다는 부분을 소개한다. 이러한 내용처럼 김지하는 옥중의 '마르독' 신분이었으며, 그러한 입장을 기술한다.

김광자(金光子, 생몰년 미상)

김광자는 회사원이다. 『계간 삼천리』제36호(1983년, 11월)에 「살아간
다는 것을 마주하며」라는 제목의 글을 실었다. 김광자는 재일조선인으로
서 조선관을 자각하게 된 계기를 취업과 결혼 서승·서준식 형제와 관련
된 사건이라고 논한다. 민족 차별에 대해 민족과 개인의 정체성을 인식
하는 가운데 남북통일은 조선인에게 매우 중요한 문제임을 자각하게 되
었다고 말함. 본인 스스로 조선인으로서의 삶의 방식을 모색해야 한다고
말하며 자아성찰적 입장을 보여준 것이라고 이해한다. 김광자는 서 가족
과 자신의 가족 내력과 생활이 같은 것이라고 말하고, 그것은 두 가족뿐
만이 아니라는 다른 가족들도 이와 유사한 가족이 많다고 말한다. 김광
자는 식민지 지배 하 일본에 건너온 1세대들이 괴롭고 쓴 맛을 경험하면
서 아이를 기르고 생활한 것을 알게 되었다고 기술한다. 두 번째는 재일
조선인인 서 형제의 삶의 방식, 조국과 민족에 대한 사고방식을 새로
배웠다고 한다. 그들은 조국, 민족을 적극적으로 희구하며 완전히 조선
인이 되기 위하여 한국에서 유학을 했다. 나에게는 생각하지 못한 삶의
방식이었다. 그러면서 이러한 삶의 방식은 일본 의식의 침식을 전신에
머금고 있던 자신의 삶의 방식과 마주하는 일이었으며, 자신의 껍데기를
벗겨내는 과정이라고 설명한다. 그것이 현재 진행형으로 껍데기를 벗기는
것만이 아니라, 조선인의 삶의 방식을 '창조'해 나아가야 함을 기술한다.

김달수(金達寿, 1919-1997)

김달수는 재일조선인 소설가이기도 하면서, 고대사 연구가이다. 고대사에 관한 저작으로『일본 속의 조선문화』(시리즈, 전체 12권)과『일본 고대사와 조선』등이 있다. 이들 저작은 일본사 교과서에 사용된 용어 '귀화인'이 '도래인'으로 바뀌게 하는 원동력이 되었다. 김달수는 이진희, 강재언 등과 함께 1975년『계간 삼천리』를 창간했다. 재일조선인 '정치·사상범' 구명운동에 가담하여 방한하면서 김석범과 김시종으로부터 비판을 받기도 했는데, 이는 지금까지도 사상적 과제로 남아있다.『계간 삼천리』제1호(1975년 봄, 2월)에서『계간 삼천리』1호 창간을 기념하여, 쓰루미 슌스케와 김달수가「격동(激動)이 낳는 것」이라는 제목으로 대담을 진행했다. 제목에서 '낳는 것'이라고 표현한 것은 일본어의 '우미다스(生みだす)'라는 말에서 가져온 것이라고 하면서, '우미다스'에 대해 설명한다. 흔히 '낳는다는 것' 혹은 '낳다'는 뜻으로 받아들여지지만 '낳은 것'이라고 번역하지 않은 이유는 대담의 내용 때문이라고 하면서 시작한다. 사회자로 대담을 진행한 김달수는『계간 삼천리』일본과 조선의 '연대(連帶)'를 위한 '가교 역할'을 하려는 취지와 잡지의 성격을 강조하면서, 1호를 김지하 특집으로 구성한 취지를 밝힌다. 대담은 시인 김지하를 중심으로 한 남조선-한국 상황의 점검, 그리고 그에 대한 일본의 대응 문제를 이야기하는 형식으로 진행된다. 1945년 8월 15일에 한국이 해방되었다고는 해도, 진짜 해방이라고 할 수 없다고 하고, 그 이유는 아직도 기본적인 문제가 해결되지 않았기 때문이라고 강조한다. 기본적 문제란 조선의 독립운동을 탄압했던 측의 선봉에 섰던 사람과의 대립이라는 점이다. 탄압을 한 것은 물론 제국주의 일본이지만, 그들이 철수한 후 표면에 나온 것은 독립운동을 탄압하는데 선봉에 섰던 사람들이라며 여전히

해방의 문제는 지속되고 있다는 점을 피력한다. 김달수가 『계간 삼천리』 제2호(1975년, 5월)에, 「도쿠토미 로카(德富蘆花)의 조선관」에 대한 주제를 제시한다. 김달수는 『전망』이라는 잡지에 연재한 「로카 도쿠토미 겐지로(蘆花德富健次郎)」를 읽고 느낀 점을 소개했다. 김달수는, 로카가 조선의 땅을 밝았을 때. 조선에 대한 불쾌감을 논했는데 이러한 로카에게 아버지가 '스사노오노 미코토(素盞烏尊), 신공황후(神功皇后) 이래 조선은 일본의 소유였다'라고 말했다는 것을 상기했기 때문이라는 것이다. 이것은 수년전 신바시(新橋)를 걷고 있을 때 자민당 후보의 선거 연설에서 나온 이야기 즉 '한국은 삼한정벌, 도요토미 히데요시(豊臣秀吉) 조선정벌 이래의 현안이며 생명선이다. 우리는 한국을 확보하지 않고서는'이라고 말한 것과 로카의 아버지가 말한 것과 같은 맥락이라고 본다. 특히 고대적 내셔널리즘을 현대의 역사가까지 계속 갖고 있다는 것을 지적하며, 이 말은 메이지 이후의 황국사관, 침략사관을 아직 버리지 않고 있다는 것이라고 비판하는 논점을 기술하고 있었다.

김덕순(全德順, 생몰년 미상)

김덕순은 1928년 조선에서 일본으로 건너간 재일조선인으로 상인이다. 『계간 삼천리』 제16호(1978년, 11월)에 「재일 50년」이라는 제목으로 글을 실었다. 필자 자신이 일본으로 이주하게 된 동기, 히로시마 원폭에서 두 자식의 죽음, 그 이후 재인조선인으로서의 삶에 대해 이야기한다. 서용달은 일본에서의 생활은 가난했지만 그래도 친절한 일본인을 만나서 도움도 받는 등 그래서 다행이었다고 말했다. 하지만 살면서 가장 힘들었던 것은 두 아이의 죽음이었다고 말한다. 원폭으로 장녀와 차남을 잃었기 때문이다. 아들은 당시 학교에 다니고 있었는데, 여름방학이어서 근로봉사를 하고 있었다. 이때 원폭을 맞았고 병원에 수용되었지만, 그 해 9월에 결국 눈을 감았다고 한다. 일본에 올 때는 집 하나 지을 돈만 벌면 조선으로 돌아가리라 생각했고 이를 잊지 않고 살았다고 한다. 그러나 경제적으로는 조금 낳아졌지만, 여러 가지 이유 때문에 돌아가지 못 했다고 말한다. 그래서 '나에게 일본은 무엇이냐'고 물으면 답하기 어렵다는 것이다. 그러나 확실한 것은 살기 위해서 일본에 오지 않으면 안 되었고 50년간 일본에 살고 있다는 사실이라는 점이라고 한다. 그래서 인생과 일본은 뗄 수 없는 관계라는 점 하나라고 말한다. 중요한 것은 전후 3번 정도 한국에 가보았지만 그곳에서 자신이 느낀 것은 손님이라는 느낌이었다는 것을 논한다.

김덕환(金德煥, 생몰년 미상)

김덕환은『계간 삼천리』제39호(1984년, 8월)에「장소를 만드는 것」이라는 제목으로 글을 실었다. 김덕환은 이쿠노(生野) 어머니 학교에서 어머니들 문집을 간행한 것에 주목했다. 이 문집은, 약 50명의 어머니들이 문자를 배우는 것에 대한 기쁨을 기술한 것으로, 그 내용 또한 '자신의 고생'을 적는 인생기 형식으로, 재일 여성의 기록이기도 했다. 공부를 하고 싶다는 어머니들의 절실한 호소가 계기가 되어, 교사나 보모, 기독교회의 청년들, 지역 자원봉사자들이 나서서 오사카 성화(聖和)교회 예배당을 교실로 삼아 시작된 것이 그 역사의 시작이었다. 그곳은 학교로서의 역할 뿐만 아니라 1세 어머니들의 모임 장소가 되었다고 말한다. 김덕환은 이 어머니 학교 운영을 통해 재일의 상황을 실감적으로 체험할 수 있었다고 말한다. 김덕환은 어머니학교 체험을 통해 오사카, 이쿠노(生野)라는 지역에서 활동하는 의미를 탐구해 왔다며 그것을 소개한다.

그것은 재일동포가 민족적 자각을 갖고 살아 갈 수 있게 하기 위한 활동이라는 점이다. 반복해서 민족적 자각을 갖고 살아야 한다고 호소해왔지만, 재일에게 민족성이란 과연 무엇인가라는 의문이 잘 모르는 부분이 존재한다고 논한다. 그래서 이에 대한 고민을 재일의 손으로 이루어여한다는 점을 기술한다.

김동훈(金東勳, 1934-2014)

김동훈은 오사카경제법과대학 교수를 역임하였다. 『계간 삼천리』제28호(1981년, 11월)에 「인권보장의 국제화와 재일조선인」이라는 제목의 글을 게재한다. 김동훈은 재일조선인과 인권에 관하여 언급하며, 인권의 국제적 보장과 일본, 거주권과 법적 지위, 일할 권리와 취직 차별, 사회보장과 생존권에 관해 설명한다. 김동훈은 일본인 마음속의 차별을 없애기 위해서는 모든 장(場)에서의 교육, 특히 학교 교육의 철저한 반차별적인 교육이 필요하다고 주장한다. 그리고 김동훈은 재일조선인의 사회보장에 대한 권리는 1965년의 「한일법적지위협정」에 의해 생활보호 및 건강보험의 적용이 인정되었지만, 국제인권규약 및 난민규약의 비중에 수반된 개선조치까지는 전후 삼십 수년간 그 대부분이 부정되어 온 점을 지적한다. 이러한 외국인의 사회보장에 대한 권리의 부정은, 국고 부담을 동반한 외국인의 생존권 보장은, 본래 당해 외국인의 본국에 의해 보장되어야 할 성질의 것이고, 거주국 즉 일본이 보장하지 않아도 된다는 논리를 가지고 있는 점을 비판한다. 이러한 논리는 사회보장에 대한 권리의 본질을 오인하고 있는 것으로, 「국고」란 국민만이 아닌 외국인을 포함한 모든 주민이 납부하는 세금으로 이루어진 사실에 눈을 돌려, 의도적으로 외국인의 생존권을 부정하려고 하는 것이라고 지적한다. 이처럼 종래의 외국인에 대한 사회보장 부정은 기본적으로 잘못된 것이고, 불합리적 차별에 의한 인권부정으로 국제인권규약 비준 후 바로 시정되어야만 했다는 점을 기술한다.

김두석(金斗錫, 생몰년 미상)

김두석은 『계간 삼천리』제19호(1979년, 9월)에, 「이카이노(猪飼野)에서 조차도(까지) 일장기가 나부끼다」라는 제목으로 글을 실었다. 이 글은 제주 출신의 저자가 제주 4·3사건에 관한 글을 읽으며 자기 자신이 제주도에 있었다면 어떤 모습일까를 상상하면서 자신과 자신의 딸과 관련 된 내용을 서술하면서 조선인이 다수 거주하는 이카이노(猪飼野)에서도 조선인으로서 근본적으로 가진 두려움을 표현하고 있다. 구체적으로 내용을 보면, 이카이노 거주의 김봉현가 쓴 『제주도, 피의 역사4·3 무장 투쟁의 기록』을 가져온다. 그 내용을 보면, 섬 전체 77%의 집이 피해를 입었고, 도민 20 수만의 3분의 1이 학살됐다는 제주도 4·3 사건이다. 김두석은 자신의 부모도 그때 도일하여 화를 넘겼지만, 만약 제주도에 머물렀다면 7만 여명이 겹겹으로 누워있는 시체의 운명이었는지도 모른다고 했다. 그렇다면 자신도 세상에 존재하지 않았을 것이라고 회상한다. 그러면서 이카이노(猪飼野)에서 자라고 22년 3년간 다른 지역에서 살다가 다시 이카이노에 돌아왔고 2년 남짓 지났지만, 겨우 이 도시를 사랑하기 시작하게 되었다고 말한다. 자신을 포함한 재일 2세는 엄마처럼 살기 싫은, 운명의 침묵만 살 수는 없다고 비난하며 맞섰지만 그 중간에 점점 감화되어 온 것을 느낀다고 한다. 고향 사투리가 오가고, 족발이 쌓아올려져 있고, 길거리에 스스로 빠져나온 뒤에 해초를 팔고 있는, 그야말로 이카이노스러운 광경 속에서 그것을 보았다고 말한다. 그런 가운데 조선시장에 선거사무소를 차린 보수계 K의원이 있었고, 선거사무소 앞에 붙은 작은 연단을 향해 사람들은 일장기를 열광적으로 흔들고 있는 풍경을 보았다고 한다. 일본 최대의 재일조선인 밀집지인 이카이노에서 일장기를 본 것은 충격이었다고 한다. 일본 속의 고향이라고까지 불리는 이카이노에게도 일장기는 펄럭이는 것을 보고 많은 생각이 들었다는 것을 기술한다.

김석범(金石範, 1925-)

김석범은 재일조선인 작가로 본명은 신양근(愼陽根)이다. 제주도 출신의 부모님 하에 오사카시(大阪市)에서 출생했다. 1945년 오사카에서 종전을 맞이한다. 간사이대학(関西大学) 전문경제학과, 교토대학(京都大学) 문학부 미학과를 졸업했다. 1948년 고향 제주도에서 '제주도 4·3사건'이 발생했다. 이는 이후 김석범의 작품 모티브가 되었다. 그는 문학과 정치는 뗄 수 없는 관계라고 생각하고 행동했다. 김달수 등과 함께 『계간 삼천리』를 발간했지만, 김달수 등이 독재정권 시대 한국을 방문한 것을 계기로 편집위원을 사임했는데, 이것 또한 김석범의 입장이었다. 또한 조선적(朝鮮籍)을 '북쪽도 남쪽도 아닌 준(準) 통일 국적'이라고 생각했으며, 이회성이 한국 국적을 취득한 것에도 비판적이었다. 한국에서 여러 번의 초청이 있었지만 그것을 거절하는 이유 중 하나가 한국 국적을 취득하는 것이 조건이었기 때문이다. 김석범은 비난을 받기도 했지만, 그는 일관된 입장을 견지하고 있었다. 『계간 삼천리』제1호(1975년, 2월)에도 글을 싣고, 『계간 삼천리』제3호(1975년, 8월)에는, 「『마당』의 질문에 답한다」라는 제목의 글을 싣는다. 이 글은 김석범이 『마당』의 "비정치적"이라는 입장에 대해 김석범의 입장을 제시한 글이다. 김석범 자신의 성격을 소개하면서, 친구들과 어울리지 못하는 입장이나 주변 사람과의 인간관계에서 느끼는 일상적 심정을 제시하면서 시작한다. 그리고 모든 인간은 조금씩은 자폐적인 경향을 갖고 있을 것이며 다를 수 있다는 것을 전제로 논점을 전개한다. 김석범 자신이 사람들과의 교제를 잘 못한다고 하는 이야기를 적은 것은 말하자면 '당파가 싫다'는 심정적인 것과 연결시켜 이야기를 하고 싶었기 때문이라고 밝히며, 당파가 싫다는 것이 갖는 당파성에 대해 서술한다. 정치적인 것에서 자유로워지기 위해서는 그것에 관계하지 않을 수 없다는 역설적인 상황에 놓여 있는 자신을 항상 발견할 수밖에 없다는 것이다. 실제 자신이 놓여있는 현실에서서 주위를 보고, 그리고 그 주위에서 나를 되돌아볼 경우, 당파적인 자신을, 아니 당파적인 위치에 있는 자신을 발견하게 된다. 대체적으로 우리들이 말하는 당파적이라는 것은 수동적인 것이라고 논한다. 억압 그 자체가(유형무형에 관계없이, 그것의 배후에는 반드시 어떤 뭔가의 정치적 강권이 상정된다) 애초부터 당파적이며 게다가 공격적인 것이기 때문이라고 강조한다. 때문에 그렇게 간단하게 정치적인 것으로부터 자유로워지지는 않는다는 것이다. 그것은 앞에서도 언급했듯이 몽상일지도 모르지만, 그렇기 때문에 정치적이기도 하면서 그렇기 때문에 그것으로부터 자유롭다고 하는 방법이 있다면 그것을 찾아야 할 것이라고 주장한다. 그 방법이라는 것은 결국 상상력의 세계밖에 없기도 하지만, 그것이 정치적이면서 게다가 그것을 초월한 하나의 독립된 공간, 즉 픽션의 세계가 정치로부터 해방되는 길이라고 할 수 있다고 논한다. 당파를 싫어하는 것의 당파적 혹은 당파적이면서 당파를 싫어하는 것이 발생하는 이유라고 설명한다. 그리고 『계간 삼천리』제5호(1976년 봄, 2월)에 「'아이고(哀号)'에 대하여」라는 제목의 글을 게재한다. 이 글에서 김석범은 '애호(哀号)'라고 쓰고 '아이고'라고 읽으며 흔히 이것을 한국의 '아이고'

와 동일시하는 인식은, '아이고'라는 조선어가 담고 있는 다양한 인간적인 감정 중 단지 '슬픔'만을 꺼내어 파편적이고 왜곡되게 정의하고 있음을 기술한다. 구체적으로 일본어 '애호'는 한자와 병기하여 '아이고(哀号)'로 쓰고, 한국어 '아이고'는 그대로 '아이고'로 표현하면서 그 내용을 기술한 것이다. 그리고 『계간 삼천리』제12호(1977년, 11월)에는 「'비판'에 대한 재판-문맹의 설법」이라는 제목으로 글을 실었다. 이 글은 『계간 삼천리』에 대한 『조선신보』(한국어)와 『조선시보』, 『통일평론』, 『새로운 세대』(일본어)가 행한 비판과 이와 관련된 캠페인에 대하여 '사기의 자기증명', '문맹의 설법'이라는 주제로 논의한다. 특히 후자의 '문맹의 설법'에서도 『계간 삼천리』와 관련된 논란에 대한 정치성과 프로파간다성 비판에 대한 해명을 계속한다. 「작가는 진실을 반영하지 않으면 안 된다 -계간 잡지 『계간 삼천리』2호에 실린 단편 소설 「소나기(驟雨)」를 읽고」(박종상)라는 글이 『조선신보』에 3회 연재(8월 8일-10일)되었는데, 전문을 일본어로 번역해서 소개하지 못하는 것이 아쉽다고 했다. 그것은 읽지 못할 정도로 「작품 평론」에 이름을 빌린 속되고 고약한 프로파간다와 다름없는 것으로, 거기에 있는 것은, 문학과 관계없는 정치적 때가 묻어 더러워진 상투어들의 나열에 지나지 않는다며 비판한다. 그리고 『계간 삼천리』제18호(1979년, 5월)에 「재일조선인이란 : '재일'이란 무엇인가」라는 제목의 글을 싣는다. 재일조선인 2세에 초점을 맞춰 '재일'의 근거를 생각해 본 내용이다. 인구비율 변동에 따른 질적 변화를 설명한다. 1945년 8월 재일조선인은 200만 이상이었고, 그중 100만 명 이상이 1939년 이후에 강제 연행된 입국자이기도 한 점을 가져온다. 1974년 현재 재일조선인 약 65만 명 중 조선을 알지 못하는 젊은 층은 약 80%에 달하고 있으며, 일본에서 출생한 재일조선인의 비율은 1930년에 8.2%, 1950년에 49.9%, 1959년에 64.3%였다는 것을 강재언의 저서를 인용하며 확인한다. 김석범은 그렇기 때문에 '재일'의 근거도 변하지 않을 수 없다고 논한다. 일제 지배의 유제라는 재일조선인 형성의 역사만으로는 더 이상 '재일'의 근거로 삼기 어렵다는 점에 방점을 둔다. 강재언을 인용하면서도 다시 1946년 3월 현재 조선인 총 등록 수는(등록은 GHQ 지시에 따른 일본 후생성 주관) 64만 6,943명이고, 그 중 귀국희망자는 51만 4,035명(약 80%)에 이르렀던 역사, 그리고 그 이후 약 65만 명의 재일조선인은 대부분 1945년 이전에 도일한 1세와 그 자손인 2, 3세들이라는 점을 다시한번 확인시켜 준다. 그이외에 전후에 남한에서 입국한 이들이 구성원이 되었다고 논한다. 그 역사를 보면, 분단된 남한에서 이승만을 전면에 내세운 미국의 '테러 탄압정치'는 미군의 대일본 점령정책과 비교가 안 될 만큼 가혹한 것이었고, 대표적으로 제주 4·3 무장봉기도 미제국주의의 점령정책에 기인한 것이었다고 논한다. 일본에서는 인정받지 못했지만, 그들 대부분은 사실상 난민이자 망명자라고 표현한다. 그 이후 '전후 30년'은 재일조선인을 '정착'으로 향하게 했고, 그에 따라 일본 정부는 귀화정책을 내세웠지만, 이 귀화정책은 조선계 일본 시민을 보장하는 것도 아니라는 점을 강조한다. 그것은 개명을 비롯해 전전의 동화정책 사상과 근본적으로 다르지 않은 것으로 식민지지배와 동일선상에 있음을 논했다. 그럼에도 불구하고 귀화는 매년 증가하고 있는 실정이며, 강화조약 발표 이후 1975년까지 귀화한 외국인(약 12만 명)의 대부분이 조선·한국 국적이었다고 논한다. 일본의 귀화정책의 주 대상은 민족의식이 희박한 2, 3세의 젊은 층으로 집중되는데, 그 기원으로서 패전 후 일본은 재일조선인의 일본 국적을 박탈하고 외국인으로 규정한 점을 소환한다. 그러나 재일조선인은 일본인과 동일한 납세의무자이기도 한데, 이 점에서도 시민적 권리에 대한 인식이 고조돼야 한다고 주장한다. 일본은 '일본 국적확인' 운동이나 참정권운동에 대해서는 아직 긍정적인 답을 갖고 있지 않은 점을 비판적으로 기술한다. 1977년 2월 15일자 에코노미스트에 발표한 「재일조선인 청년의 인간선언 : 귀화와 아이덴티티」에서 언급한 내용을 가져온다. 즉 '일본 국적확인' 운동과 '참정권운동'이 시민권 요구라 점은 인정한다고 평가하지만, 당시 상황에서 일본 '국민'이나 시민이 된다는 것은 결과적으로 '일본인'으로의 동화를 의미한다는 논지가 동시에 나타난 것이다. 게다가 조선인에게 '일본국민'을 보장했던 일본의 호적법은 일본의 제국헌법을 기본으로 한 것으로, 그곳에 존재하는 기본적 인권이나 시민적 권리를 요구하는 운동은 정당성을 갖는다. 그럼에도 불구하고 그 운동을 배척하는 것은 아니지만 어디까지나 재일조선인의 위치 문제는 조국 통일과 관련하여 생각해야 하며 보다 주체적이고 보편적인 시점이 요구된다는 점을 강조한다. 지역주민으로서 생활적 요구를 각 지자체에 반영할 방안은 마련돼야 할 것인데, 이는 김달수가 1979년 3월 1일 『일간현대』에 납세 의무를 다하고 있는 주민의 권리를 되묻는 글에서도 나타난다고 논한다. 김석범은 '조국 통일'과 '재일조선인의 동화 문제'가 동이세 논의되고 심화해 갈 필요성을 논하는 입장이며, 그것은 이미 '재일'의 근거성이 변화하는 현실에 비춰서 발현되어야 하는 것이라고 했다. 즉 그 변화는 재일조선인의 위치를 창조적으로 파악하는 것과도 관련된 것이며, 그것을 인지한 후 권리취득 운동을 조국 통일과의 관계에서 접근하는 논의가 필요하다는 입장을 제시했다. 그것은 조직이나 개인을 불문하고 '재일'이 가져야 하는 책임이라고 논한다.

김성휘(金成輝, 1933-1987)

김성휘는 중국 조선족 문단의 대표시인이다. 중국 지린성(吉林省) 룽

징시(龍井市)에서 출생하고 연변인민출판사 문예 편집, 연변작가협회 상무부주석을 역임했으며 중국작가협회 회원 1급작가로 활동했다. 『나리꽃 피였네』, 『들국화』, 『금잔디』, 『장백산아 이야기하라』와 같은 시집을 창작했다. 김성휘의 이름은 20세기 중국 소수민족 100명 작가평전에 수록되었고, 그의 활약은 조선족의 현대시 발전에 크게 기여했다. 저자는 『계간 삼천리』제44호(1985년, 11월)에 「메아리」라는 제목의 글을 실었다. 이 글은 메아리를 생각하면서 자신의 어릴 때 슬프거나 기뻤던 추억을 떠올리며 고향과 가족, 친구에 대한 그리움을 표현한다. 김성휘는 조선족문단의 시인답게 '백두산의 메아리'를 통해 고향의 산천을 그리워하고 친구를 그리워하고 청춘의 메아리를 반추하는 이유는 머리 위에 열린 푸른 하늘 아래 따뜻한 햇볕을 쬐는 문단이 존재하기 때문이라며, 그 조선족 문단을 논한다. 그리하여 조선족 문단을 모든 작가, 예술가들에게 우리 모두의 둘도 없는 고향, 하나의 조국의 품에서 여러 아름다운 꽃을 키워나가는 장소하고 기술한다.

김수길(金秀吉, 1961-)

김수길은 영화감독이며 각본가이다. 오사카예술대학(大阪芸術大学) 단과대학 문학부 미디어 · 예술학과 특임교수, 오사카예술대학 예술학부 영상학과 겸임교수이다. 『계간 삼천리』제35호(1983년, 8월)에 「「자이니치(在日)」라는 것」이라는 제목의 글을 실었다. 김수길은 『계간 삼천리』 제18호를 읽은 경험과 자신이 생각하는 재일(자이니치)의 내용이 무엇인지에 대해 논하고 있다. 그 내용을 보면, 김수길은 「특집 · 재일조선인이란」 글이 실린 『계간 삼천리』제18호를 다시 소환한다. 김수길은 자신이 이 책을 산 것은 4년 전 여름, 고등학교 3학년 때였다고 한다. 이 잡지의 이곳저곳에 범람하듯이 인쇄된 「재일(자이니치)」라는 말이 신경이 쓰였다고 한다. 김수질은 자신이 「재일(자이니치)」라는 것을 의식하기 시작한 것은 그날부터라고 한다. 그때까지 재일조선인 작가의 소설 등을 몇 편인가 읽기는 했었지만, 「재일(자이니치)」 그 자체를 의식하지는 못했다고 한다. 「재일(자이니치)」를 확실하게 의식하게 되었다는 것이다. 「재일(자이니치)」를 의식하는 것에 일본에서 태어난 후 18년 세월을 필요로 했던 것에 자신도 놀란다고 한다. 그러나 아직 자이니치가 자신의 것이 완전화된 것은 아니라고 말한다. 즉 그 의미를 잡았다고 생각하는 순간, 손가락 사이로 빠져서 떨어져 버리는 모래처럼(모래는 결국은 확고한 대지를 만드는 한 알 한 알이 될 수 있지만) 「재일(자이니치)」란 결코 단순한 대체물이 아니라는 것을 알게 되었다는 것이다. 김수길은 「재일(자이니치)」를 마이너스의 대상, 콤플렉스 그것 자체로 마주하고 있던 자신의 과거에 집착하여 오히려 필요 이상으로 신중하고 동시에 완고하게 대치하고 있었던 것은 아닌가라는 점을 깨달았다고 한다. 이것을 알게 되었을 때 자신의 의식은 약간 자유를 느꼈다고 한다. 그럼으로서 김수길은, 한정된 견해로 「재일(자이니치)」를 보려고 하는 것이 아니라 다양하게 각각이 개성적으로 「재일(자이니치)」를 생각해 가면 좋은 것이 아닌가하는 것을 직감하게 되었다고 한다. 김수길 감독의 재일, 자이니치 개념에 대한 피력이기도 하다.

김영달(金英達, 1948-2000)

김영달은 아이치현(愛知県)에서 태어났다. 고베(神戸)대학을 졸업했고, 하나조노(花園)대학, 간사이(関西)대학에서 시간강의를 맡았다. 무궁화회(むくげの会), 효고(兵庫)조선관계연구회, 재일조선인 운동사연구회

등의 회원으로 활동했다. 『계간 삼천리』제42호(1985년, 5월)에 「'신원, 범죄 경력' 조회 시스템으로서 지문제도」라는 제목의 글을 게재한다. 이 글은, 지문 날인 제도가 갖는 '개인정보 수집' 시스템의 문제점을 적고 있다. 김영달은 '지문날인제도란 무엇인가'라고 묻는다면 '지문에 의해 특정·식별한 개인의 각종 정보를 수집하고 그것을 국가가 독점적으로 이용하는 시스템'이라고 대답할 수 있다고 말한다. 지문제도의 하나의 해석 방법이라고 말한다. 이러한 '지문등록제도=개인정보 수집 검색 시스템'이라는 관점에서 실제로 시행된 지문제도의 이용의 사례를 일본이 경찰 지문자료로 이용하는 문제를 거론했다.

김용(金纓, 1948-)

김용은 한국 부산출생으로 연세대 신학부를 졸업하고 도쿄신학대학 대학원을 수료했다. 고이와교회 부목사, 세계교회협의회 스탭이며 일보닉독교단 도요시마오카 교회 목사를 역임했다. 『계간 삼천리』제43호(1985년, 8월)에 「역사이야기-한국과 일본」이라는 제목의 글을 게재했다. 이 글에서는 한국과 일본 역사에 대한 관심을 갖게 된 계기를 서술했다. 김용은 한국과 일본 각각의 역사이야기를 통해 한국인으로서 일본에 대한 관심과 이해가 높아질 수 있을 것이라고 보았다. 김용은 자신은 일본 역사를 잘 알지 못한다고 하면서, 일본 역사를 공부하는 것은 자신의 과제라고 논한다. 일본 생활에서 어렴풋이 느낀 일본인이나 일본문화에 대한 이해 불가한 부분들은 사관이 다른 한국인으로서 자신에게는 피할 수 없는 것이라고 말한다. 김용은 일본을 통해 역사의 감동을 받고 싶고, 동시에 한국인으로 살아온 긴 시간의 역사관을 다시 만들어가는 것으로 하고 싶다고 논한다.

김일남(金一男, 생몰년 미상)

김일남은 『계간 삼천리』13호(1978년, 2월)에 「본명을 쓰는 것의 의미-나의 본명선언」이라는 제목으로 글을 싣는다. 김일남의 글은 오사카시 외국인교육연구소협의회 선생님들이 직접 만들어 발행한 소학생용 부교재 『사람(ひと)』(생활편I)에 실린 글을 전재(転載)한 것이다. 이 책은 '책상을 나란히 하는 조선인 친구들을 좀 더 잘 이해할 수 있도록', '재일조선인 자제들에게는 조선민족으로서의 자각을 줄 수 있도록' 오랜 기간에 걸쳐 노력한 성과를 정리한 글이다. 김일남은 5학년때 자신이 조용히 조선어로 이름을 써 보았는데, 그것을 본 선생님이 '조선어를 가르쳐달라'고 했다는 것이다. 김일남은 이후 쉬는 시간에 선생님께 여러 단어를 쓰고 가르쳐주었다고 한다. 그것이 계기가 되어, 매일 자신의 집에 몇 명의 아이들이 '조선어를 배우러' 오게 되었다고 한다. 그것이 계기가 되어 모두들 앞에서 '조선인으로서 자신감을 가지고 산다'고 선언했고, 그것을 실천하면서 사는 것을 기술했다.

김준일(金俊一, 생몰년 미상)

김준일은 조리사였다. 『계간 삼천리』제28호(1981년, 11월)에 「45세의 추억」이라는 제목으로 글을 실었다. 김준일은 45세로, 거울에 비친 자신의 흰머리를 보면서 45세에 세상을 떠난 아버지를 생각하며, 아버지와의 함께 살던 시기를 회상한다. 1945년 해방의 날, 처음으로 자신에게 조국의 언어로 본인의 이름을 알려주었다고 한다. 아버지가 20년 가까이 재일(在日)로써 생활하면서 가장 기쁜날이었을 것이라고 상상한다. 김준일은 실제로 아버지가 언제 일본에 왔는지를 모른다고 했다. 그러나 일본이 패전한 1915년은 재일(在日) 20년은 되었다고 말한다. 아버지는 20세 전후의 젊은 나이에 다른 동포와 비슷한 경우로 일본에 와서 일본 각지의 공사현장을 다녔을 것이라고 추측한다. 김준일은 자신이 태어난 곳은 효고현(兵庫縣)이고, 동생은 돗토리현(鳥取県), 그 밑에 동생은 교토시(京都市), 그 밑에가 시즈오카현(静岡県)이라고 말하면서, 그 출생지가 다르다고 말한다. 아버지가 한군데에서만 산 것이 아니라는 것을 말하는 것이었다. 1945년 8월, 시즈오카현의 시골에서 해방의 날을 맞이했고, 태어나서 처음으로 조국의 언어를 사용하여 김씨 성이라는 것을 가르쳐 준 것이 아닌가하고 회상한다. 조국으로 돌아가려고 아버지가 장남인 자신에게 본명과 모국어를 가르쳐 주고 싶었던 것일까라고 상상한다. 김준일은 아버지와 같은 나이가 되어, 아버지의 심정을 이해하게 된 것을, 아버지와 선조다 태어난 곳이 조국이라는 것을 적은 글이다.

김지하(金芝河, 1941-2022)

전라남도 목포 출생으로, 시인. 본명은 김영일(金英一)로, 김지하는 지하(地下)에서 따온 필명이다. 1954년 강원도 원주에서 유소년기를 보냈고, 1959년 서울 중동고등학교를 졸업, 이후 서울대 미학과에서 수학했다. 1970년에 사회현실을 풍자한 「오적(五賊)」을 발표했는데, 반공법 위반으로 구속, 기소되기도 했다. 김지하의 대표적인 평론인 「풍자냐 자살이냐」(1970년)를 발표했다. 12월에는 첫 시집 『황토』를 간행했다. 1972년 4월 권력의 횡포와 민심의 방향을 그린 담시 「비어(蜚語)」를 발표해서 다시 반공법 위반으로 입건된 후, 민청학련 사건으로 사형을 선고받았다. 김지하의 시 대부분 사회현실에 대한 풍자와 비판으로 이루어져 있다. 저서로는 『산문집 '밥』(1984년), 『남녘땅 뱃노래』(1987년), 김지하

회고록『흰 그늘의 길 1, 2, 3』(2003년),『생명학 1, 2』(2003년),『김지하의 화두』(2003년),『탈춤의 민족미학』(2004년),『생명과 평화의 길』(2005년),『디지털 생태학』(2009년) 등이 있고,『김지하 전집(전3권)』(2002년)으로 간행되었다.『계간 삼천리』제1호부터(1975년, 2월)에「김지하의 저항―파시즘 하의 문학정신」,「격동(激動)이 낳는 것」등 대담에서 다루어지고, 김지하에게 사형 선고가 내려졌을 때 '김지하를 돕는 모임'을 쓰루미 슌스케 등이 결성하고, 김지하에 대해 기술한다. 그리고『계간 삼천리』제3호(1975년, 8월)에「김지하·사르트르·메이라」,「서울보고 김지하의 요청」등의 글이 실리면서, 김지하가 일본에 소개되었다.

김창관(金昌寬, 생몰년 미상)

김창관은『계간 삼천리』제19호(1979년, 9월)에「우리들의 아리랑」이라는 제목의 글을 실었다. 이 글은 레코드 회사에서 일하는 저자가 일본 록 싱어로 알려져 있는 하쿠류(白龍) 전정일(田貞一)과의 만남을 기억하며 재일동포 2세로서 그리고 음악인으로서의 자기 정체성을 찾아가는 삶의 모습에 그린 것이다. 전정일(田貞一)에 대한 에피소드를 적은 것이다. 전정일은 사가현 이마리(佐賀県 伊万里)에서 태어났다. 고교시절에 록밴드를 조직하고 연주했던 것을 제외하면, 다카야마 데이이치(高山貞一)로 보통의 학생 생활을 보낸 평범한 학생이었다고 한다. 그러면서 재일동포의 2세나 3세 누구나가 한 번은 생각해보는 비(非)일본인으로서의 자아 확립의 시기를 고교 졸업 후의 도쿄에서 맞이하게 되었다고 한다. 즉 직장인 전기용품점과 아파트를 왕복하면서 대도시의 고독을 달래 준 것은 같은 2세의 동료들이었다. 새로운 동료들과의 만남은 다카야마 데이치에서 전정일로 탈바꿈하게 되었다고 한다. 민족에 눈을 뜨고, 조국에 눈을 뜬 그는 규슈조선가무단에 입단해 민족 뮤지션으로 발걸음을 내딛었다. 조선인으로 재출발한 전정일은 모든 '조선'을 의욕적으로 흡수하게 되었다고 한다. 「옹헤야」를 부르는 그의 몸은 역동적으로 움직이면서 조국의 통일과 미래를 뜨겁게 자청하여, 조선어의 한마디 한마디를 배웠다는 것이다. 그러나 재일조선인 2세, 3세가 조국과 자신을 동일시하려 할 때, 기대와 현실의 차이는 불가피하게 느끼게 된다고 말한. 그 간극을 좁히려고 자신을 바꿔가든지, 차이의 크기에 실망하든지, 차이를 차이로 받아들이면서 앞으로 나아갈지 중 어느 쪽을 택하느냐가 문제가 된다고 논한다. 그런데 전정일은 괴로워한 끝에 '민족을 필요로 하고 조국을 필요로 하는 것 같이 태어난 고향이 필요한 때, 정일은 재일조선인 2세라는 자신을 속이지 않고 살 것을 결의'했다고 한다. 즉 전정일은 자신 안에 새로운 조선들을 만들어 가게 된다고 한다. 밖에서 필요로 하는 조선이 아닌, 안쪽에서 발버둥치는 조선을 그는 숙성하는 것이었다. 타인이 어떻게 생각하든 정일은 정일로 살아간다는 것이었다. 전정일은 그래서 만든 노래가 「아리랑의 노래」인데, 이 노래는 전정일의 조선인으로서의 삶을 담았다고 한다. '어깨에 힘을 들이지 않고, 정색하고 나오지 않고도 자연스럽게 자기 아리랑을 읊조릴 때 그는 나름대로 조선인으로서의 자기 확립'을 위한 새로운 발걸음을 내디딘 것이라고 설명한다.

김청란(金淸蘭, 생몰년 미상)

김청란은 『계간 삼천리』제15호(1978년, 8월)에 「나에게 민족이란」 제목으로 글을 실었다. 이 글은 김청란이 '일본적'이면서도, '조선인'으로서의 민족 감정을 갖게 된 연유, 그리고 '국적'과 '귀화'에 대해 자신이 가진 생각을 피력하고 있다. 김청란은 '국적은 어디지? 한국? 아니면 조

선?'이라며, 학생 시절 조선인 친구들과의 잡담에서 항상 국적이 화제가
되었다는 것을 이야기한다. 김청란은 당시 그런 종류의 질문을 받는 게
무엇보다 싫었는데, 그것은 '나는 일본적'이라고 말했는데, 이를 들은 친
구는 '아, 어머니가 일본사람이구나'라는 답변이 판에 박힌 듯 돌아왔다
는 것이다. 확실히 재일조선인 중 젊은 2세, 3세 중에서는 모친이 일본인
이어서 태어날 때부터 어머니 쪽인 일본적을 갖게 되는 경우가 그리 드
물지 않았다는 것이다. 하지만 김청란 자신의 경우는 조금 사정이 다른
데, 그 다른 사정을 이야기한다. 김청란은 자신이 어렸을 때 어머니가
귀화해서 일본적이 되었기 때문인데, 이것이 일반적이지는 않지만, 그런
사정이 있었다는 것이다. 그리하여 예를 들어 자신의 의지는 아니지만,
스스로 일본에 귀화한 사람이라는 사실을 동포인 친구에게, 더욱이 자신
의 조국과 민족에 대해 당당하게 자부심을 가지고 살아가는 사람에게
나는 아무래도 말하고 싶지가 않았다는 것이다. 줄곧 일본인과 일본적인
환경 속에서 자라온 자신에게 태어나서 처음으로 동포 친구를 만났다고
한다. 그리고 자시이 중학생일 때 어머니가 일본으로 귀화했다는 것을
친구에게 말했다는 것이다. 줄곧 일본인으로 자랐고, '너무나 일본적'인
가정에서 자라왔기 때문에, 모국의 말이나 역사는 물론 일상생활의 풍습
이나 관습에 이르기까지 하나도 모른다는 것에 대해서도 말했다고 한다.
그 이후 조선인들과 어울리게 되고, 학생 모임에 참가하면서 조선식의
인사법부터 조선어, 역사, 그리고 풍습 등을 배웠다고 한다. 조선적인
것과는 무관한 환경에서 자라 온 자신에게는 모두 신기한 것들이었다고
한다. 그리하여 비록 귀화는 했지만, 스스로가 조선인이라는 것을 알게
되었고, '조선인으로서 민족적인 자각'을 가지게 되었다고 기술한다.

김태생(金泰生, 1924-1986)

김태생은 제주도에서 출생하여 5세 때 일본으로 건너가 오사카(大阪) 이카이노(猪飼野: 현재의 이쿠노(生野)) 에서 정착한 재일조선인 소설가다. 조선민주주의인민공화국을 지지하면서 10여 년간 통일평론사에서 활동했었고 당시에는 안재균이라는 팬네임을 사용했다. 단편소설「가래 컵」(1955년)으로 데뷔했고, 『나의 일본지도』(1978년), 『나의 인간지도』(1985년) 등의 대표작이 있다. 『계간 삼천리』제18호(1979년, 5월)에 「이연실(李蓮実) 씨에 관하여」라는 제목의 글을 싣는다. 이 글은 저자가 어린 시절을 보낸 오사카(大阪) 이카이노를 찾아갔다 우연히 유년 시절 친구 이연실 씨를 만나면서 그녀가 살아온 기구한 삶의 여정을 담아낸 글이다. 그 내용을 구체적으로 보면, 연실의 결혼 시기부터 소개된다. 그후 아시아·태평양전쟁 말기였던 1945년 봄, 산요센(山陽線) 가고가와역(加古川駅)에서 그녀와 만났다고 한다. 식량을 사러 갔다 돌아오는 길인 듯 했고, 여자아이가 함께 했다고 기억했다. 당시는 밤낮으로 계속되는 공습과 굶주림으로 살아 있는 게 다행이라고 느끼던 시절이었다고 한다. 당시 그녀의 남편은 히메지(姫路)의 군수공장에 징용되었는데, 군수공장은 면회도 허락되지 않았었다고 한다. 그러던 어느 밤 남편이 돌아왔는데, 아내와 자식과 함께할 생각으로 죽음을 무릅쓰고 공장을 탈출했다는 것이다. 그들은 아마가사키(尼ヶ崎)로 거처를 옮겼고 거기서 패전을 맞았는데, 그 이후 쌀을 사러 암시장에 간 남편은 그길로 행방불명이 되었다는 것이다. 연실은 두 살 난 여자아이를 데리고 패전의 혼란 속에 거리로 내리게 되었지만, 그러던 중 지금의 남편을 만났고 아들을 낳았다고 한다. 두 번째 남편은 일본인이었지만, 떠났다고 한다. 이러한 삶을 경험한 연실의 딸은 학교 졸업 후 직장에서 만난 일본인과 결혼했는데, 연실의 딸은 남편한테도 자신이 조선인임을 알리고 싶어 하지 않았다고 한다. 이처럼 한 여성의 일생에 대해 기술하면서, 한일관계의 단편을 논하는 것으로 글을 실었다.

김학현(金学鉉, 생몰년 미상)

김학현은 블라디보스토크에서 장기영(張基永)과 독립신문을 발간했던 인물이다. 『계간 삼천리』제9호(1977년, 2월)에, 「근대의 조선인 군상-신채호의 사상」이라는 제목의 글을 실었다. 이 글에서는 조선반도의 역사를 한(恨)과 저항정신이라는 측면에서 보며, 대국들의 이해관계 속에서 살아온 고난의 역사를 소개한다. 그와 동시에 신채호의 사상이 갖는 특징을 소개한다. 신채호의 사회활동은 1910년까지의 국내에서의 언론 활동기 운동기간과, 1910년 망명 이후의 독립운동 역사연구, 무정부주의 운동기 등 두 시기로 크게 나누어 고찰한다. 김학현은 신채호의 망명 이후 생활에 관심을 가졌는데, 신채호는 이 시기에 계몽사상가에서 항일, 혁명 사상가의 길을 걸어간 것이라고 평가한다. 그리고 아나키즘에 이끌렸다고 논한다. 신채호의 저작 중 그 유명한 『조선혁명선언』을 보면, 강도 일본의 악업(惡業)을 구체적으로 예로 들면서 통렬한 비판을 가한 부분을 소개하기도 한다. 신채호는 '민중 폭력'에 의한 타도 일본제국주의 노선을 제창하게 되는데, 이것은 고유 조선의, 자주적 조선 민중의, 민중적 경제의, 민중적 사회의, 민중적 문화의 조선을 건설하기 위해서는 이민족 통치와 약탈제도, 사회적 불평등, 노예적 문화사상 현상을 타파하지 않으면 안 된다고 보고, 민중의 직접 혁명을 주장한 것이라고 해석한다. 이러한 과격한 사상 배경에는 해외에서의 독립운동의 모습에 대한 비판과 동시에 그의 적극적인 민족주의의 입장이 작용하고 있었던 것을 기술한다. 그리고 『계간 삼천리』제33호에, 「피로 물든 치마」를 게재하는 데 이 글에서는 한국에 대해 민족투쟁과 저항, 한(恨)에 대하여 피력한다. 민족과 역사의 발전을 위해 1980년 광주 민중항쟁을 비롯하여 피로 이루어진 민중의 투쟁과 저항의 중요성을 강조하는 글이다. 1980년 5월, 광주민주항쟁을 '민중봉기'로 표현하면서, 그 탄압을 '피의 풍경'이라고 표현한다. 그 상황을 묘사하는 글을 적고 있는데, 구체적으로 5월 27일 군이 데모 군집을 향해 무차별 공격을 했을 때 가난한 노동자가 선두에 나섰다는 것을 제시한다. 이러한 사람들이 '교육을 받을 학생들에게 물려주어도 좋은 국가를 만드는 것이다. 죽음이라면 우리가 먼저다'라고 말하면서 돌진했다고 표현했다. 이러한 행동은 바로 한국 역사가 만들어진 것으로, 거대한 흐름 아래 앙금으로 남아있는 민중의 '한', 그 '한'과의 투쟁 가운데 그 민족의 역사가 존재해 왔다고 분석한다. 그것을 '어둠을 쫓아내고 내일의 광명을 기다리는 시를 불렀던 시인들의 혼이 총탄 가운데 쓰러진 소년전사의 염원이, 여자중학생의 유언이, 시인들의, 학생들의 가슴에 깊이 새겨 서울에서 광주까지 가두행진'을 하게 되었다고 기술한다. 이처럼 국가의 민중의 민족 '천년 한'을 깨끗이 흘려버리고 훌륭한 민주국가를 건설하기 위해서, 통일을 위해서 의의 숭고한 투쟁이 이어지고 있다고 표현했다. 즉, 1919년 2월 8일 도쿄유학생에 의한 '2·8독립선언'과 연결하여 해석하는데, 이때는 일본에 대하여 '영원의 혈전'을 선언한 것이었다. 당시, 주권을 빼앗긴 시대의 적은 일본의 제국주의였다. 현재에도 일본이 그 잘못을 다시 뉘우치지 않는 한 '영원한 혈전'을 도전하는 젊은 학생들의 의기는 사라지지 않을 것이라고 논한다. 그리고 지금은 그 대상이 변하여 '민주화' '통일'을 방해하는 상대를 향해있다는 것이다. 그러나 그 대상이 외세와 결부한 '내부의 적'이라면 '피로 쓴 사실' 즉, 의를 위해서 죽는 행위 가운데 내일의 광명이 있다는 것을 인식해야 함을 강조한다. 이러한 것을 확인하는 것이 역사에 주체적으로 관계된 것이며 역사와 함께 살아가는 것이라고 생각한다. 이것을 '한'의 역사이며, 동시에 '저항'의 상징이라고 논한다. 의를 위해 투쟁하는 것은 '영원의 혈전'이라며, 일본제국주의의 지배에 대한 저항과 한국에서 일어난 국가폭력에 대한 저항을 동렬적으로 기술하고 있었다.

나가이 고헤이(長井康平, 1938-)

저자 나가이 고헤이는 아사히신문(朝日新聞) 오사카(大阪) 본사 학예부 기자다. 국제인권 NGO 암네스티 인터내셔널이 펴낸 소련에서의 양심수 : 암네스티 인터내셔널 보고서를 번역(공역)했으며, 재일잡지 계간 청구(季刊青丘)에도 「기록=보다·듣다·읽다」를 12호('지금 조선반도는' 특집, 1992.5.1.), 13호('재일한국·조선인' 특집, 1992.8.15.), 14호('조선왕조 오백년' 특집, 1992.11.15.), 15호('지역에 사는 한국·조선인' 특집, 1993. 2.15.)에 연재하기도 했다. 『계간 삼천리』제18호(1979년, 5월)에 「일본·이카이노에서 : 재일조선인 청년의 생각」이라는 글을 실었다. 이 글은 저자가 가공의 재일조선인 A와 일본인 신문기자 Q의 대화를 픽션화 하여 당시 젊은 층 재일조선인이 지닌 입장과 생각을 재현한 내용을 기술한 것이다. 그 내용 중 하나를 소해하면, 질문으로서 '당신은 한국 국적인데 귀화는 문제 되지 않나?'라고 하자, 답변으로는 '지금 상태에서 귀화는 복속이라고 생각한다. 우리는 일본 영주를 전제로 재일조선인의 법적 지위를 위해 활동할 것'을 적었다. 그리도 또 다른 질문으로서 '재일조선인문제는 기본적으로 일본국가의 법적 차별이자 일본인의 차별의식에 있다. 재일 2-4세가 절대다수를 점하게 된 이상, 재일조선인의 의식 변화를 직시해야 하지만 단순히 긍정해 버릴 수는 없다. 거기에는 일본

의 차별이 큰 원인으로 작용하고 있기 때문이다'라는 것이다. 이에 대한
답변으로 '일본인의 법적 차별 철폐 활동이나 교육적 활동에 기대한다.
오사카 시외국어교육진흥회가 일본인 아동을 대상으로 만든 사람 : 생활
편 (I)은 일본인의 의식 변화에 큰 역할을 할 것으로 생각된다는 것이었
다. 그리고 '재일조선인이 노력할 부분으로는 예를 들어 아이들의 본명
사용이 있다. 재일조선인의 현실에 눈감지 않는 인간으로 육성하는 것'
을 중시하는 것에 대해 질문과 답변을 기술했다.

나가이 다이스케(永井大介, 생몰년 미상)

나가이 다이스케는 『계간 삼천리』 제36호(1983년, 11월)에 「방재훈련
과 제2의 관동대지진」이라는 제목으로 글을 실었다. 이 글에서 나가이
다이스케는 관동대지진에 대해 방재훈련과 관련하여 국가의 역할에 대
해 논하였다. 나가이 다이스케는 관동대지진 당시 경찰이나 군의 역할이
국민을 보호하는 것이 아니라 오히려 재일조선인에 대한 피해로 이어진
것에 대해 의문을 가졌다. 관동대지진 당시 조선인에 대한 차별과 학살
이라는 무참한 결과를 나은 것에 대해 생각해야 한다고 논한다. 그리고
8월 30일 도쿄지방재판소에서 외국인등록증명서 갱신 시 지문날인을 거
부하여 외국인 등록법 위반으로 기소된 한종석의 최초 공판에 대해서도
소개한다. 재판 가운데에 한종석은 관동대지진 때의 조선인 학살을 '일
본 내 외국인 박해의 전형적인 사례'라고 하며 '외국인 등록법에서 지문
날인은 재일외국인을 범죄자로 취급하는 것으로 타 민족 차별의 정신은
나치의 유대학살, 그리고 조선인 학살 시절과 전혀 변하지 않았다고 말
했다고 한다. 그리고 법 아래 평등에 반하며(조선인 뿐 아니라) 일본인에
게도 악법이다라고 주장했다고 한다. 이 말을 가져오면서 나가이 다이스

케는 지금의 일본은 관동대지진의 시기 일본과 다르지 않다고 비판적인 글을 전개했다.

나가토 료이치(永戸良一, 생몰년 미상)

『계간 삼천리』제29호(1982년, 2월)에 「나의 조선」이라는 제목으로 글을 실었다. 이 글은 저자가 한국의 마산에서 유년기를 보냈던 것을 회고하며, 마산중학교 2학년이 되던 해 1944년에 학생들의 근로동원이 있었고, 조선인의 조선어 사용의 문제가 어떤 것이었는지를 기술한다. 그리고 이러한 식민지지배의 전후책임이 해결되지 않아 지금의 재일조선인에 대한 일본인의 차별이 계속되고 있다고 지적한다. 1930년대의 후반부터 1945년 8월 15일의 조선해방 때까지 일본 통치자는 조선인이 조선어를 배우는 것까지도 범죄로 취급했었다고 지적한다. 이와 같은 식민지지배의 사후처리는 오늘날에 이르러도 해결되지 않고 재일조선인에 대한 일본인의 멸시감은 여전히 계속되고 있다는 점을 비판적으로 논한다.

나에무라 가즈에사(苗村和正, 생몰년 미상)

나에무라 가즈에사는 『계간 삼천리』제15호(1978년, 8월)에 「세계사 교사로서」라는 제목으로 글을 실었다. 이 글은 교사인 저자 나에무라 가즈에사가 학내에서 있었던 조선차별 낙서 사건을 계기로 결성된 학생들의 조선사학습모임 활동, 시가현의 도래유적지에 대해 세계사 과목 교사로서의 시각 등을 기술한다. 나에무라 가즈에사는 시가현(滋賀県)에서 운영하는 「조선을 생각하는 모임」의 회원을 안내해, 현 내의 도래인 관계 유적을 방문했다고 한다. 그 중에 안동열이라는 재일조선인 청년도 함께 참가했는데, 그의 도움으로 필드워크가 더 충실한 내용이 되었다고 한다. 방문했던 곳이 에도시대 조선인통신사 일행이 머물렀던 하코네(彦根)의 종안사(宗安寺), 히노(日野)의 귀실집사(鬼室集斯, 7세기 백제의 왕족 출신으로, 백촌강 전투 이후 일본에 망명)의 묘, 마이바라(米原)의 아사즈마미나토아토(朝妻湊跡), 쓰시마번의 유관으로 조일우호외교에 힘썼던 아메노보리 호슈(雨森芳洲)의 출생 유적 등이었다고 소개한다. 시가현은 고대로부터 조선의 도래자가 왔던 지역이기 때문에, 그 관계 유적은 매우 많고, 참여자들은 시가현의 지역성을 재인식하게 되는 계기가 되었다는 것이다. 새로운 조선을 인식하기 위해 공동의 광장을 이루어가고, 그 노력으로 「조선을 생각하는 모임」을 유지하고 있다며, 그 의의를 기술한 것이다.

나오키 코지로(直木孝次郎, 1919-2019)

나오키 고지로는 일본의 역사학자로 오사카시립대학 명예교수이다. 연구분야는 일본의 고대사로 『고대 국가의 성립』, 『신화와 고지키 일본서기』, 『고대 국가의 형성』, 『고대의 동난』 등 다수의 저서를 출판했다. 『계간 삼천리』제27호(1981년, 8월)에는, 「하바로프스크의 여성가이드」라는 제목으로 글을 실었다. 이 글에서는 저자가 하바로프스크에서 경험한 이국적인 문물에 대한 감상과 조선인 여성 가이드와의 만남에 대해 기술한다. 그리고 북한 방문을 통해 남과 북의 통일문제와 국경에 대한 생각을 서술한다. 구체적으로 내용을 소개하면, 8월 15일에 평양을 출발하여 38도선으로 갔다고 한다. 12시 개성에 도착하여 호텔에서 점심을 먹은 뒤 휴식을 하고 드디어 판문점을 향했다고 한다. 도중에 인민군의 소령을 만나게 되어 잠시 가보자고 하여 비무장지대에 들어갔다. 그 입구에서 호위를 하기 위해 각각의 차에 병사가 한 명씩 탑승했다. 비무장 지대라고 해도 만일의 경우를 위해 장애물로 돌이 길 좌우에 놓여있는 것 외에 차창의 좌우에는 논밭이 펼쳐진 농촌 풍경이었다. 현실의 '국경' 선은 여기에서 차를 타고 남쪽으로 간 곳에 있었다. 국제위원회가 열리는 작은 집이 있는 장소가 그것으로 작은 집을 사이에 두고 남과 북으로 각각 정부가 세운 휴게와 감시용 건물이 있었으며 병사가 대기하고 있었다. 우리들이 보기에 남측의 병사는 주로 미군 병사가 대부분으로 한국 병사는 매우 소수였다. 북측의 건물에서 휴식을 취하고 난 뒤 스미야 단장이 안내하는 인민군 소령에게 감사의 말을 하자 소령도 먼 곳까지 와주었다고 인민군을 대표하여 사례를 표했다고 한다. 같은 피의 민족을 두 개로 나눈 군사분계선의 철의 표식 분열의 부조리를 설명하며 안내하는 소령의 말 가슴 아프게 들리며 차분하게 그렇지만 힘을 넣어서 자주와 평화의 통일의 길 남북통일이 되는 날을 우리도 또한 인민군 소령과 함께 바란다고 적었다. 이처럼 남북 교류가 경직된 상황을 안타까워하며 글을 적었다.

나카노 미노루(中野実, 미상)

나카노 미노루는 『계간 삼천리』제11호(1977년, 8월)에 「나에게 조선」이라는 제목의 글을 게재한다. 이 글은 1934년부터 1945년까지 식민지 조선에서 교사로 근무한 일본인이 관찰한 조선과 조선인, 재조일본인의 생활을 설명하는 내용이다. 나카노 미노루는 1934년 5월 조선에 건너가 패전까지 11년간 소학교에서 조선인 학생을 가르쳤다고 한다. 그때부터 자신은 '조선이란 무엇인가'를 고민했다고 한다. 나카노 미노루는 마르크스주의자였는데, 특히 1920년대 경제공황 시기에 더욱 마르크스주의에 빠져들었고, 그 때문에 일본정부로부터 '빨갱이 교원'이라는 딱지가 붙여졌었다고 한다. 그래서 이를 피하고자 조선으로 이주했는데, 조선에서 11년간의 생활을 기술한다. 즉 조선에서 부모님과 아내, 두 명의 자식, 동생의 아내를 잃었다고 적었다. 일본으로 돌아온 후 『조선탈출기』를 출판했는데, 이 책을 쓰면서 증오했던 것은 조선에 거주하는 일본인들이었다. 나카노 미노루는 지속적으로 '나에게 있어 조선은 무엇인가'를 물었고, 이에 대해 답을 찾고자 하는 글을 집필한 것이다. 나카노 미노루는 일본이 조선에서 고대부터 큰 문화적 선물을 받았고, 이것을 바탕으로 일본인들은 지금까지도 일상을 형성할 수 있었다고 보았다. 그럼에도 일본인은 조선, 조선어를 이해하려고 하지 않고, 오늘날까지도 조선, 조선어에 고압적 태도를 유지하고 있는 일본인들에 대해 반성을 촉구한다.

나카노 요시오(中野好夫, 1903-1985)

나카노 요시오는 영문학자이며 평론가이다. 영미문학 번역의 거두로 불린다. 『계간 삼천리』에 도쿠토미 로카(德富蘆花)에 대한 글을 실었다. 나카노 요시오가 보기에, 도쿠토미 로카는 조선에 직접 가기 전까지 한일합방에 대해서는 긍정 혹은 부정 어느 쪽도 말하지 않았던 것을 가져온다. 형인 도쿠토미 소호(德富蘇峰)는 다년간의 염원을 이루었다고 하며 자신 만만해 했고, 새롭게 나오는 『경성일보』 감독을 맡아달라는 부탁을 받았고, 매년 의기양양하게 경성에 갔던 입장이었다는 것이다. 그 형 앞으로 보낸 서간에서 도쿠토미 로카는 축하도 비판도 하지 않았다는 것이다. 그러면서도 나카노 요시오의 해석은 '어쩔 수 없다는 무언의 비판'인가라고 해석하기도 한다. 나카노 요시오는 도쿠토미 로카는 매우 감각적인 사람으로, 사상보다도 피부로 느끼는 사람이었기 때문에 매우

111

우울하고 기분이 안 좋아지게 된 것이 아닐까하고 논한다. 그것은 도쿠토미 로카가 반복적으로 조선인의 백의 옷에 대한 모습을 말하고, 그것을 망국의 슬픔의 상징으로 본 것이 그러한 것들이라는 점이다. 더 나아가 한일합방은 도요토미 히데요시(豊臣秀吉) 이래 '욕망이 3백년 이후에 이르러 고개를 들었다'고 하는 표현을 한 것을 통해서였다. 그리고 나카노 요시오는 와쓰지 데쓰로(和辻哲郎)가 『고사순례(古寺巡禮)』속에서 '구세관음(救世觀音)'을 '조선 작품이라고 단정하는 것은 경솔'하다고 적었다. 와쓰지도 일본을 우위에 두고 싶은 그러한 내셔널리즘을 갖고 있었다고 말한다. 이처럼 나카노 요시오의 글은 일본인의 내셔널리즘의 편린을 비평하는 글을 게재하고 있었다.

나카무라 다모쓰(中村完, 1932-2005)

나카무라 다모쓰는 도치기현(栃木県) 우쓰노미야(宇都宮) 출생이며 1956년에 도쿄대학(東京大学) 언어학전공을 졸업했다. 한국외국어대학 일어과 초빙 강사와 1970년에 도호쿠대학(東北大学) 문학부 조교수를 거쳐 1981년에 교수가 되었다. 조선어의 역사언어학적 연구에 종사했으며 2000년에 한국동숭학술재단으로부터 제4회 동숭학술상을 수상했다. 『계간 삼천리』제29호(1982년, 2월)에 「추상(追想), 사전(辞書)의 계절에서」라는 제목으로 글을 실었다. 특히 저자 자신이 한국에 있을 때 만났던 번역 문학가인 김소운 선생님과의 교류를 통해 학문적 영향을 받았다는 사실을 술회하는 내용을 적고 있다. 나카무라 다모쓰는 김소운이 '번역' 이야말로 문화교류에 중요하다는 것을 반복해서 강조했다고 한다. 그리고 일본의 고전문학을 한정판이라도 좋으니까 한국어로 번역해 보고 싶다는 포부도 말했다고 한다. 이러한 격려가 없었다면 나카무라 다모쓰 자신은 번역의 실천에도 번역작용에 대한 내성 문제에도 자각적으로 나아갈 수 없었다고 논한다. 그러면서 번역은 일본과 한국의 문화교류를 두 언어 간의 가교로서 왕복이 가능하도록 실천하는 일이라고 이해한다. 그러나 번역이 원문 숭배의 연장으로 나타나는 한 원문에 종속되어 버리는 것을 문제시하고, 원문과 대등한 것으로 평가되지 않는 것에 대한 비평을 전개했다.

나카무라 데루코(中村輝子, 생몰년 미상)

나카무라 데루코는 1962년 교도통신사에 입사하여 문화부 기자, 편집위원, 논설위원을 거쳐 1998년에 퇴사하였다. 『계간 삼천리』제22호(1980년, 5월)에 「거리공연이라는 것」라는 제목으로 글을 실었다. 이 글에서는 일본의 원숭이 공연이 복원되었음을 알리면서 한국 남사당의 꼭두각시 인형극을 관람한 체험과 느낌을 전하고 있다. 남사당 단장을 만났는데, 단장은 남사당 연구자이면서 한국민속극연구소장이기도 했다고 한다. 최근 한국에서는 전통예능 특히 민속극이 재평가되어 대학생들이 그 전승에 참여하고 있다고 했다는 것이다. 그리하여 이러한 전통예능이 분단 상황에서 통일이 되었을 때 분단을 극복하는데 중요한 역할을 할 것이라고 보았다고 한다. 남북통일과 전통예능의 역할에 대해 기술한 것이다.

나카무라 마모루(中村守, 생몰년 미상)

나카무라 마모루는 고등학교 교사이다. 『계간 삼천리』제32호(1982년, 11월)에 「역사를 공유한 아시아에 산다」라는 제목으로 글을 실었다. 이 글은 학생의 감상문을 예로 들면서 교육 실천의 의미를 논한다. 그리고 언어가 가진 중개성에 대해서 기술한다. 나카무라 마모루는, 아시아 여러나라에서 일본의 교과서 검정 문제에 대한 비판이 일어난 것은 7월 하순부터였다고 소개한다. 그 이후 2학기가 시작된 현재도 파문은 전혀 가라앉지 않았다고 한다. 이러한 상황 하에서 교육실천의 장에서 어떻게 다루고, 어떻게 스스로 관계해 갈까라는 문제를 일본인 입장에서 고민해야 한다고 주장한다. 그러나 일본인으로서 어떻게 이를 받아들여, 아시아 사람들을 어떻게 대해 갈 것인가라는 의식까지는 나아가지 않는다고 한다. 나카무라 마모루 자신도 고등학교 지리교과서 기술 내용에 대해 조사해 보았는데, 문제점은 많음을 느꼈다고 한다. 아시아 제국으로부터 비판도 당연한 것이라고 평가했다. 그리고 이번에 아시아 여러 나라로부터의 비판이나 항의를 통해 다시 생각하게 된 것은 언어라는 것이 얼마나 소중한 것인가라는 점이라고 피력한다. 언어라는 것이 어떻게 민족과 그리고 역사에 깊게 관계하고 있는가라는 것을 알게 되었다는 것이다. 즉 진출과 침략, 폭동과 독립운동은 하늘과 땅의 차이가 있는 것으로 일국의 존립의 기반을 흔드는 것을 의미하고, 현재도 살아있다는 것 등등이라고 논한다. 나카무라 마모루는 말을 매개로서 배워가는 세상을 만들지 않으면 안된다고 논한다.

나카무라 마사에(中村昌枝, 생몰년 미상)

나카무라 마사에는 교사이다. 『계간 삼천리』제34호(1983년, 5월)에 「또 하나의 나라」라는 제목의 글을 집필했다. 이 글에서는, 필자가 1980년에 마산의 대학에 재직하고 있을 때 일본인으로서 그 당시의 한국의 사회상을 두 가지 시선에서 바라보고 느낀 경험담을 기록한 것이다. 나카무라 마사에는 1980년 3월에 마산의 어느 대학에 부임했는데, 1979년

10월에 박정희 대통령 피살사건으로 한국은 민주국가의 도래를 직전에 두고 뜨거운 분위기에 휩싸여 있었던 때였다. TV는 매일 서울 거리의 데모 모습을 방송하고 있었고, 서울에서 점차로 지방 도시로 파급되고 민주국가의 탄생을 바라는 대학생·고등학생의 데모가 일어났다는 것이다. 신문은 사전검열로 인해 여기저기 삭제가 되었지만 그렇게 삭제된 곳이 다시 검열에 대한 무언의 저항이 되고 있었다고 논한다. 이를 보고 '민주주의는 그렇게 간단히 소유할 수 있는 것이 아니군요'하는 말로 나왔고, '한국에는 민주주의가 탄생할 토양이 아니다'라는 말도 있었다고 한다. 즉 유럽 국가들도 수많은 시행착오를 거쳐 많은 피를 흘린 끝에 민주주의를 쟁취하였다고 말한다. 일본의 경우는 패전과 동시에 민주주의라는 뜻밖의 행운을 부여받은 것에 불과하다고 할 수 있어, 한국의 저널리즘이 반일캠페인을 고조시킬 적마다 그들은 매우 힘들어했고 떳떳하지 못하다는 생각을 했다고 한다. 이처럼 한국과 일본의 민주주의에 대해 문제를 다루었다.

나카무라 쇼기(中村昌技, 생몰년 미상)

나카무라 쇼기는 『계간 삼천리』제19호(1979년, 9월)에 「아버지·나라」라는 제목으로 글을 실었다. 이 글에서는 조선의 광주출신 아버지와 오키나와 출신 어머니 슬하에서 태어난 저자가 조선어를 배우면서 선생님을 통해 광주에서 태어난 아버지를 가는 과정을 서술했다. 그리고 계속된 의문이었던 아버지가 일본에 오게 된 이유에 대해서 끊임없이 질문하고 그 당시의 시대 상황을 회상하면서 아버지를 추억하는 내용으로 구성되어 있다. 그 내용을 구체적으로 본다면, 나카무라 쇼기는 자신의 어머니 이야기부터 시작한다. 자신의 어머니는 오키나와 출신으로 1944

년 4월 전쟁의 기세가 한층 어려워질 무렵, 진학 때문에 내지로 왔는데 근로 봉사를 하다가 오키나와 옥쇄 소식을 들었다고 한다. 그래서 가족들이 모두 죽었다고 생각했다는 것이다. 거기서 도쿄에 있는 사촌언니에게 부탁한 것이 아버지를 만나는 계기가 된 것 같다. 당시 친척이 없는 어머니에게 친절하게 봐준 사람은 조선인뿐이었다고 한다. 이전에 조부는, 당시로서는 드문 버스 회사를 경영해, 나하(那覇)까지의 교통을 맡은 사업가이기도 했기 때문에 집안은 비교적 부유했다고 한다. 그러한 가정에서 자란 어머니가 조선인 아버지를 만났고, 아버지의 고향은 광주였다. 나카무라 쇼기는 아버지의 고향을 찾아가는데, 그때 가장 궁금했던 것은 왜 아버지가 일본으로 건너갔느냐는 것이었다고 한다. 그래서 알게 된 것은 '아버지가 왜 일본에 오게 되었는지 알고 싶어'서 고모님께 물으니, '유명한 광주사건에 휘말려 일본으로 간 것'이라는 것을 알게 되었다고 한다. 아버지가 일본에 간 것은 광주학생사건이 있었던 1929년이었다. 만약 아버지지가 일본에 가지 않았더라면 이라고 상상했지만, 아버지의 일생에 달라붙은 불합리한 일들이 무엇인가를 통해, 또 다른 재일조선인의 모습을 그려냈다.

나카오 미치코(中尾美知子, 생몰년 미상)

나카오 미치코는 『계간 삼천리』제17호(1979년, 2월)에, 「야간열차에서」이라는 제목으로 글을 게재했다. 이 글은 나카오 미치코가 야간열차를 타고 목포로 가던 기차 안에서 생긴 일화를 기술하는 내용이다. 나카오 미치코는 5년 전 서울에서 야간열차를 타고 목포로 갔는데 그 열차 안에서 겪은 체험을 소개한 것이다. 당시 서울에서 목포로 가는 기차는 꼬박 하룻밤이 걸려야 목포에 도착할 수 있었다고 한다. 충청도에서 전라도까지 오로지 달리기만 하는 야간기차 차창에는, 일본을 떠날 때 탔던 도쿄에서 시모노세키 사이의 야간열차의 차창에서는 없었던 칠흑의 어둠이었다고 표현한다. 그 기차안에서 50살 전후의 아저씨가 우리들 쪽을 향해 일본어로 이야기를 걸어왔다고 한다. 젊었을 때 고베(神戸)에서 살았었기 때문에 일본어를 기억하고 있다고 했는데, 일본어를 사용해본 것은 30년만이라며 이렇게 이야기를 할 수 있어 기쁘다고 하고, 일본 노래도 기억하고 있다고 했다는 것이다. 아저씨는 '이 나라는 일본인 당신들이 와서는 안 되는 땅이다'고 했는데, 이 아저씨의 말과 모습에서는 두려움을 느꼈다고 말한다. 그 이후 조선어를 접하면서는 조선에 대해 죄 의식에 둘러싸여 있었는데, 「조선문학 모임」이 번역 소개한 『조선문학』 속에 몇 개의 소설을 읽고 내가 일방적으로 생각하는 세계의 좁음과는 다른 이질적 존재를 인식하고, 더 나아가 한국 땅을 밟게 되면서 그것을 실감하고 있었던 때로, 자신에게 새로움을 열어주었던 기억이 되었다고 기술한다.

나카지마 겐조(中島健蔵, 1903-1979)

나카지마 겐조는, 프랑스 문학자이며, 문예평론가로 알려져 있다. 보들레르 작품을 번역하는 등 무영이었던 미야자와 겐지(宮澤賢治)의 작품에 관심을 갖고, 전후는 진보적 지식인으로서 반전평화운동에 공헌했다. 일본문예가협회의 재건이나 중일문화 교류에 노력하기도 했다. 『계간 삼천리』제2호(1975년, 5월)에, 「낙관주의 가부(可否)에 대해-김달수에게 보낸 편지」라는 제목으로 글을 실었다. 이 글은 나카지마 겐조가 편집위원인 김달수에게 편지를 보내는 형식으로, 박정희 정권의 모습을 기술하고 있다. 편지형식 그대로이지만, 구체적인 내용을 소개하자면, 나카지마 겐조는 김달수와의 만남에 대해서 논한다. 나카지마 겐조가 김달수를 알게 된 것은 8·15 이후라기보다는 9·2, 즉 일본의 무조건 항복 이후 거의 시간이 얼마 지나지 않은 시기였다는 점에 의미를 두었다. 전후에 만난 친구들 중이라는 의미였다. 30년 가까이 된 친구사이인데 첫 만남은 「신일본문학회」였다고 회상한다. 그 당시에는 개인적으로는 새로운 시대적 해방감을 느꼈는데, 그렇다고 일본 사회제도가 완전히 바뀐다고 생각할 정도로 생각한 것은 아니었지만, 그래도 경찰국가의 중압이 형체도 없이 사라지고, 완전히 과거의 것이 되었다고 생각할 정도였다는 것이다. 그러나 그것은 착각이었다. 그때부터 나카지마 겐조 자신은, 자신에게 전위(前衛)의 자격이 없다고 생각하고, 후위(後衛)의 의식이 강하게 되었다는 것이다. '정체불명의 후회'라고 표현한다. 당시는 일본이 미군의 점령 하에 놓여 있었고, 아직 조선 전쟁이 발발하지 않은 상태의 시기였다. 그러나 조선 통일이 제국주의 미국 정부의 간섭에 의해 방해되고 어려운 사태에 직면하게 되었고, 이러한 시기에 김달수와 알게 된 것이라고 논한다. 김달수는 일본 사회를 두고 8·15 이전으로 '되돌아 간다고 생각한다'고 말했는데, 이 말을 들은 나카지마 겐조는 자신이 '되돌아 간 것'에 대해 생각해 본 적이 있는가라는 반성을 하게 되었다는 것이다. 경찰국가의 압력에서 해방감에 빠져서 '위험한데'라는 걱정이 전혀 없었던 것은 아니지만, 적어도 9·1 제네스트 탄압 이래 이상한 분위기가 되어버린 것을 느낀 기억은 자신에게도 남아있다고 말했다. 그것에 대해 이야기를 나눈 상대는 당시 이와나미(岩波)서점의 요시노 겐자부로(吉野源三郎)였다고 기술한다. 이처럼 나카지마 겐조의 역할은 당시 김달수와 잡지 『세카이』의 편집위원을 지낸 요시노 겐자부로와의 관련성을 보여준다. 그리고 한국 사회 또한 전형적인 경찰국가가 아닌가 하고 비판한다. 어떤 무딘 사람이라 하더라도 김대중 사건 이후 그것을 알게 되었다는 것이

다. 물론 '전형적'이라고 표현했지만, 그것은 다른 의미에서 부적절할 수
도 있다고 보태어 기술한다. 왜냐하면 역사에는 완전 동일한 것의 반복
이란 있을 수 없다고 보았기 때문이다. 오히려 일본 침략하의 조선의
상태는 경찰국가라는 표현만으로는 부족할 것인데, 패전 전 일본이 경찰
국가였다고 하더라도 그것과 지금의 한국의 상태가 비슷하다고 말하는
것은 아니다. 그러나 김대중 사건 이래, 아니 유신헌법 시기부터 특히
긴급조치령 강행 보도를 보고, 나는 전전(戰前)과 전중(戰中)의 경찰국가
시대 일본을 떠올리지 않을 수 없었기 때문이라며, 그러한 점에서 한국
사회도 그러한 문제점이 존재한다고 비판한 것이다.

난보 요시미치(南坊義道, 1930-)

난보 요시미치의 주요 논고로는 주체성 논쟁에 가담한 「주체의 구제
와 21세기」(1977년), 『권력과 예술』(1978년), 『근대를 어떻게 초극할까』
(1982년) 등이 있다. 『계간 삼천리』1호(1975년, 2월)에, 김지하의 저항
정신과 문학 정신을 연결하는 내용으로 전개한다. 난보 요시미치는 김지
하의 「풍자냐 자살이냐」에서, "민중을 전면적으로 신뢰하는 방향을 택하
는 것은 당연한 일이다. 민중의 거대한 힘을 믿어야 하며 민중으로부터
초연하려 들 게 아니라 민중 속에 들어가 그들과 함께 생활하는 자기
자신을 확인하고 스스로 민중으로서의 자기긍정에 이르러야 할 것이다"
라는 부분을 언급한다. 그중에서도 특히 김지하가 민중으로서의 자신을
표현한 것, 자신을 민중으로 규정한 것에 초점을 맞추고, 이를 통해 김지
하가 투쟁하는 것은 다른 누군가를 위해서가 아니라는 점에 주목했다.
김지하에게 감동하는 것은 그가 자신을 민중의 한 사람으로 규정한 것
그리고 자기 해방과 민중 해방을 중첩시킨 지점에서 투쟁한다는 점 때문

이라고 논한다. 김지하는 그 누군가를 위해 투쟁하는 게 아니라 자기 자신이 진정한 삶을 살기 위해 투쟁하는 것이라는 점에 주목한 것이다. 따라서 김지하의 문학은 강하게 자기해방을 내포하는 문학이며, 자유에의 의지를 갈구하는 문학이라고 평가한다.

네즈 마사시(ねず まさし, 1908-1986)

네즈 마사시는 쇼와(昭和) 시대의 역사학자이다. 교토대학을 졸업하고, 1936년 문부성 유신사료 편찬국에 입사했는데, 1937년 인민전성(人民戰線) 사건으로 검거되었다. 전후에는 천황제, 일본현대사, 프랑스 혁명에 관한 연구를 진행하면서 저술 작업을 했다. 『계간 삼천리』제21호(1980년, 2월)에 「요코하마의 학살위령비」라는 제목으로 글을 게재했다. 이 글은 자신이 살해당할 뻔한 기억에 대해 회상하면서 적고 있다. 네즈 마사시는 9월 1일이 올 때마다 요코하마(橫浜)의 네기시마치(根岸町)에서 총검으로 살해당할 뻔했던 일이 생각한다고 한다. 그것은 마치 1시간 전에 벌어진 일처럼 생생하게 기억하는 것이라고 했다. 자신에게 칼을 들이댄 것은 중년 남성으로 주위에는 기모노(着物)를 입은 군중들도 있었고, 그들 뒤편으로 야하타신사(八幡神社)의 검은 나무들이 있었으며, 강 저쪽에서 군중들이 '서둘러, 이 조선인을 죽여. 뭘 꾸물대고 있어'라는 외침 소리가 들려왔다고 한다. 물론 네즈 마사시는 조선인이 이 마을에서 살해당하는 현장을 직접 보지는 못했지만, 역사가인 다카하시 신이치(高橋磧一)의 말을 빌리면, 당시 초등학생으로 같은 마을의 시바우(芝生)라는 해안가에 살고 있었기 때문에 먼 해변가에서 사람들이 살해당하는 광경을 목격했었다고 한다. 50년이 지나 네기시마치로부터 서북쪽인 호리노우치마치(堀ノ内町)의 보생사(寶生寺)에 '순난조선인의 석비가 있다'는 것을 알게 되었다고 한다. 네즈 마사시가 겪은 관동대지진에 대한 기억을 기술한 것이다.

노마 히로시(野間宏, 1915-1991)

노마 히로시는 교토대학(京都大学) 불문과를 졸업한 뒤 지하학생운동과 간사이(関西)지역 지방 노동운동에 가담했으며, 작가로 활동하면서도 사회참여적 발언에 적극적이었던 인물이다. 태평양전쟁 당시에는 징집되어 필리핀과 중국 북부전선에 보내졌으나, 반체제사상범으로 오사카 군사감옥에 투옥되기도 했다. 부락민 출신이 아니었지만 '부락해방동맹 중앙위원'으로 활동하기도 했다. 1946년 소설『어두운 그림』으로 등단했으며,『진공지대(眞空地帶)』등을 비롯해 다수의 장단편 소설과 시를 남겼다. 프롤레타리아문학과 상징주의 기법의 문학을 지향했다고 평가된다. 정치적으로는 1947년 공산당에 가입했으나 1964년 제명되었다. 노마 히로시와 김달수의 대담 주제는 전전(戰前)의 조선문학, 오늘날의 조선문학, 정치와 문학, 재일조선인의 문학 등으로 이루어졌다.『계간 삼천리』제5호(1976년, 2월)의 특집은 「현대의 조선문학」이었다. 편집위원인 윤학준이 중심이 되어 남북한 문학의 현 상황을 검토하고 비전을 제시하기 위해 기획됐다. 다만 편집후기에서 윤학준은 북조선의 문학에 대한 글은 필자 섭외가 어렵고, 실제 문학작품을 접할 수 없어 예고한 대로 진행되지 못한데 대해 아쉬움을 토로하면서, 대담을 진행했다. 대담은 효고현(兵庫県) 출신의 소설가이자 평론가였던 노마 히로시를 초대하여 김달수가 진행했다.『계간 삼천리』제5호(1976년, 2월)에 「조선인문학에 대한 의견」이라는 글을 실었다. 일본문학과 조선문학의 방법상의 문제 등에 대한 의견이 펼쳐졌다. 노마 히로시는 전전(戰前), 독일문학을 전공하던 친구로부터 동인지 『제방(堤防)』을 소개받고, 거기에 실린 김사량의 작품을 접했다고 한다. 『제방』은 1936년 5월 창간했는데, 확장일로의 파시즘의 물결을 막는 '제방'이 되리라는 뜻을 담았다고 한다. 당시 학생운동이 격화되던 시기였고, 조선인 문학인은 김사량과 장혁주 두 사람 정도가 유명했다. 그리고 『조선민요집』을 번역한 김소운(金素雲)이 있었다고 회고한다. 노마 히로시도 동의하며, 김사량의 작품에는 조선인 작가만의 독자성이 표출되고 있으며, 일본 작품들에서는 잘 보이지 않은 짜임새와 구조적 측면이 돋보이고, 언어를 통해 다다를 수 있는 부분을 철저하게 파고들면서도 어지럽지 않은 구조를 가지고 있는 느낌이 강하다고 부연한다. 재일조선인의 문학에 대해 노마 히로시는 재일조선인문학이 『계간 삼천리』를 매체로 발언하고 있는 것에 자극되어, 부락작가들이 문학잡지를 만들기 시작했다고 논한다. 피차별부락민은 전국에서 약 300만 명이고, 많은 작가와 예능인들이 나와 '우리는 부락민'이라고 소리를 내고 있으며, 젊은 부락의 작가들이 힘을 내고 있는 상황 또한 소개한다. 이는 미국에서도 흑인 문학가들과 가수, 배우, 예능인, 스포츠 선수 등이 다수 나오고 있으며, 이른바 차별을 받던 사람들의 문학 창조의 중심이 생겨나고 있다는 세계의 흐름도 동시에 기술한다. 그리고 이들 작품의 테마와 구조, 문제를 지지하는 것에 대한 비평도 나올 수밖에 없는데, 그러한 비평이 나오면 작가들도, 그리고 작품을 쓰려는 사람들도 어떻게 방향을 잡을지 알 수 있고, 독자들도 자신들이 가진 가치관이나 의식을 전환시킬 수 있다고 기대한다. 이로부터 권력자로부터 오는 정보에 역행하는 의식을 변화시킬 수 있는 것이라며, 권력자의 논리와 문학의 흐름을 기술한다.

노사카 산조(野坂参三, 1892-1993)

1912년 게이오기주쿠대학(慶應義塾大学)에 진학하고, 재학 중에 우애회(友愛会)와 신인회(新人会)에 가입하여 노동운동에 참가했다. 졸업 후에는 상임서기(常任書記)가 되었다. 이후 1919년 우애회 파견으로 영국에 건너가 영국공산당에 참가한다. 귀국 후 제1차 공산당 결성에 참여했는데, 1923년에 발생한 제1차 공산당 검거사건에 의해 소련으로 밀항한다. 일본 노동총동맹의 산업노농조사소(産業労働調査所) 주사(主事)가 되어, 게이오대학의 후배인 노로 에이타로(野呂栄太郎)에게 영향을 준다. 나중에 3·15 사건으로 검거되는데, 병으로 석방된다. 석방된 이후 노사카 산조는 1931년 소련에 입국했다. 그 이후는 미국에도 입국하고, 미국공산당과도 관련을 가졌다. 1940년에는 중화민국 연안(延安)에서 중국공산당에 합류한다. 1944년에는 일본인민해방연맹을 결성했다. 일본제국주의 타도를 목표로 활동하기도 했다. 그러나 노사카 산조는 일관하여 천황제에 융화적이었고, 천황제 타도를 내건 당의 방침과는 입장을 달리했다. 노사카 산조는 1946년 일본에 귀국하는데, 히비야(日比谷) 공원에서 귀국 환영회가 있었고, 이 환영회에는 위원장으로 야마카와 히사시(山川均), 사회로는 아라하타 간손(荒畑寒村) 등이 참여했고, 오자키 유키오(尾崎行雄) 등의 메시지 등을 받는 등 초당파적인 모임이었다고 한다. 민주전선 수립을 목표로 내걸고 이를 선전하게 된다. 전후 신헌법 제정 심의에서는 자위건 유지의 관점에서 정부 초안에 반대하고, 헌법 전문(前文)에 주권재민의 문장을 추가하는데 공헌했다. 대표 저작으로는 『풍설(風雪)의 발자취』(1-8권, 1971-1989년)이 있고, 노사카 산지에 대한 저작으로는 와다 하루키(和田春樹)의 『역사로서의 노사카 산지』(1996년) 등이 있다.

니미 다카시(新美隆, 1947-2006)

니미 다카시는 아이치현(愛知県)에서 태어났다. 1966년 나고야공업(名古屋工業)대학 기계공학과에 입학했다가 퇴학하고, 다시 1967년에 도쿄대학 문과에 입학한다. 1971년 사법시험에 합격하고 1974년 변호사를 등록한다. 일본의 변호사로 활동했고 시마네(島根)대학 대학원 법무연구과 교수를 역임한다. 아시아인권 기금 이사, 하나오카(花岡)평화 우호기금 운영회 운영 위원을 지냈다. 『계간 삼천리』제42호(1985년, 5월)에 「지문날인 거부 재판의 쟁점」이라는 제목의 글을 실었다. 이 글은 지문날인 제도의 도입, 그리고 그 과정에서 인권 보장에 대한 논의가 충분하게 이루어지지 않고 진행된 것에 대한 문제점을 적고 있다. 그리고 니미 다카시는, 지문날인 제도는 옛날의 차별배외주의와 치안 단속의 사상이 낳은 산물이라고 논한다. 지문날인의 강제성을 단순하게 지문을 날인하게 하는 것 자체의 불쾌감이나 굴욕감 차원이 아니라 보다 근본적인 인권침해로서 파악하고 있는 것의 의의는 중요하며 지문날인제도의 적용을 피하고 있는 일본인의 인권보장의 모습과도 밀접하게 연결되어 있는 것이라고 지적한다. 그러면서 지문날인제도가 도입된 1952년 당시는 외국인과헌법의 기본적 인권의 보장 조항과의 관계에 대해 완숙하게 논의되지 않았음을 지적하면서, 그 개선이 필요함을 논했다.

니시 시게노부(西重信, 생몰년 미상)

니시 시게노부는 역사연구자이다. 간사이대학(関西大学)에서 근무했다. 북동(北東)아시아학회에서 「한국의 일본기업 철수에 관한 실증적 고찰」이라는 논고를 발표하거나, 「두만강 지역 개발에 있어서 연변과 북한

북동부의 경제발전 전망」등을 발표했다. 중국이 주도하는 두만강 지역 개발이 진행되고 있는데. 이는 동북지역 진흥과 북한 개발을 하나로 하여 추진하는 중국의 북동아시아 개발전략이 구체적으로 드러나고 있음을 보여주는 논고이다. 중국의 중앙정부 주도에 의한 광역(広域)적 경제 개발의 가장 중요한 과제는 개발 지역 내부의 나라들과 지역 주신 즉 변경지역의 소수민족이 주체적 적극성을 어떻게 도출시킬 수 있는가에 중점을 두고 연구했다. 특히 두만강 지역 개발은 자연적 일체성에 근거를 두는 사고 방식이 가장 중요한데, 이 개발은 1930년대에 일본에서 마련된 북한 루트론의 활용과 관련성이 있는 것이었다. 이러한 논점은 『계간 삼천리』제47호(1986년, 8월)에서 「간도협약과 북조선 루트」라는 글에서도 피력되었다. 일본은 러일전쟁의 승리로 얻은 중국으로부터의 '특수권익'을 확보했는데 그 권익 중 철도부설권이 갖는 의의를 분석했다. 철도는 만주를 일본과 연결시키는 동맥이었고, 이 철도망을 '북조선 루트론(北朝鮮ルート論)'이라고 명명했다고 한다. 그리하여 니시 시게노부는 북조선 루트는 만주에 새로운 경제권을 형성하고, 종래 경제적 중심지에 대하여 시장적 독립성을 가지고 있었다. 또한 북조선 루트는 만주의 새로운 경제권을 일본으로 연결하기 위해 만들어진 것이었다는 점을 제시했다. 이러한 북조선 루트론을 통해 일본이 중국을 침략하는 논리와 조선과 중국 북동지역에 사는 조선인들을 군사적으로, 경제적으로 어떻게 통치했는지 그 통치 방식의 양상을 보여주는 것이라는 점을 기술했다.

니시 준조(西順蔵, 1914-1984)

니시 준조는 중국근대사상사를 전공한 학자이다. 대학원졸업 후 1938년 문부성 국민정신문화연구소(文部省国民精神文化研究所) 조수(助手)

를 시작으로, 1942년 경성제국대학 조교수로 부임한다. 1944년 전쟁 중 입대하였고 1946년에는 도쿄산업대학(東京産業大学) 교수로 임용된다. 『계간 삼천리』제4호(1975년, 11월)에는, 1945년 이전 조선으로의 여행, 조선에서의 직장생활 등의 경험을 통해 조선인을 동포라고 생각하면서도 열등한 존재로 취급한 자신의 모순적인 조선관에 대해 이야기한다. 즉 이 글에서는 자신이 1942년 7월, 교육공무원으로서 경성에 부임하여 식민지 관리로서 근무한 것을 회상하는 내용이다. 자신은 경험한 조선은 여행지가 아니라 삶의 공간이라는 점을 강조한다. 경성에서 들려오는 조선어, 사람들의 용모, 복장, 몸가짐, 거리풍경 등은 내 신경에 거슬리는 것이었다는 점을 제시한다. 식민지 관리인 나는 조선과 일본의 이질성에 대해, 과거 여행 때와 달리 관용을 베풀지 못 하여 이에 인색했다는 것이다. 그 차이를 통해 우월감을 느꼈을지도 모르는 자신을 그래도 표현한다. 상점가에서 경성 일본인의 이상한 일본어를 들을 때면 혐오감을 느꼈고 조선인에게서 느낀 우월감을 그들에게서 느끼기도 했다는 것이다. 1945년 이전 나는 내선일체의 입장에서 조선인을 동포라고 생각했다. 그러나 조선인은 일본인을 동포라고 여길 수는 없었다. 그것은 니시 준조가 차별자의 논리를 강조하기 위해서 이렇게 말하는 것이 아니라 차별이란 본래 어떠한 것인지를 논해야 하기 때문이었다. 즉 차별이란 차별하는 자들은 이를 숨기려고, 동시에 반대로 평등을 쉽게 말하기 때문이었다. 이를 비판적으로 기술하기 위해 반대로 차별의 내용을 구체적으로 기술하는 방법으로 글을 실었다.

니시노 다쓰키치(西野辰吉, 1916-1999)

니시노 다쓰키치는 젊은 시절 발전소와 어촌의 노동자로 생활하다

1947년 공산당에 입당하여 이후 작가로 데뷔한다. 「리얼리즘연구회」, 「일본민주주의문학동맹」 창립과정에 참가하여 활동하였다. 1969년 공산당 탈당 이후에는 문학운동을 펼치지 않고 개인 창작활동에 전념하였다. 『계간 삼천리』에는, 아바시리(網走)에서 만난 사람들 즉, 가라후토의 원주민 여성의 복잡다단한 인생을 소개하고 원주민에 가해진 폭력은 일본제국에 의한 것임을 지적하고 있다. 일본은 조선, 중국과 오랫동안 연결되어왔는데 그 한편으로는 '미개사회'라고 표현되는 것과도 오랜 역사를 통해 관련되어 왔다고 논한다. 구체적으로 아이누족, 대만의 산악민족, 가라후토의 소수인종, 제 차 대전 후 위임통치했던 미크로네시아의 사람들이 그들이다. 그러나 제2차 대전 후 '미개사회'와 관련된 일본인의 경험은 역사로서 따로 정리되지 못하고 결여된 상태로 남아있음을 지적한다. 아이누족, 가라후토 소수종족, 대만 산악 민족 등 일본제국과 관련된 원주민 조사의 필요성을 기술했다.

니시다 마사루(西田勝, 1928-)

니시다 마사루는 문예평론가이다. 1953년 「일본근대문학회(日本近代文学会)」를 창립하였고 1965년에는 비평잡지 『문학적입장(文学的立場)』을 창간했다. 1980년대에는 다른 문학인들과 핵무기 반대 운동을 벌여 『월간비핵자치체통신(月刊非核自治体通信)』을 창간하기도 했다. 1971년 호세이대학(法政大学)의 조교수로 임용되어 이후 교수가 된다. 『계간 삼천리』제4호(1975년, 11월)에 「호다오카 레이운의 조선관」이라는 제목의 글을 싣는다. 이 글에서는 근대일본의 탈아론(脱亜論)과 제국주의 정책을 비판하여 아시아, 식민지조선과의 연대를 주장한 다오카 레이운의 사상과 실천을 소개하고 있다. 후쿠자와 유키치(福澤諭吉)의 『탈아론』은 일본이 아시아에서 벗어나, 아시아와 서구 제국주의를 연결하고 서구를 배워 아시아에 이를 전파하는 역할을 해야 한다고 주장한 내용이다. 일본에서 『탈아론』은 이후 1945년 패전까지, 아니 패전으로부터 30년이 지난 지금까지도 일본이 국가의 방향을 설정하게 하는데 큰 역할을 수행해 왔다고 지적한다. 이러한 후쿠자와 유키치의 주장에 근본적으로 대립한 '연아론(連亜論)'의 움직임도 있었는데, 그 대표적인 사람이 다오카 레이운이고, '연아론'을 주장한 대표라고 소개한다. 다오카 레이운은 1897년 11월 신문의 한 기사에서 후쿠자와 유키치와는 반대로 영일동맹, 러일동맹은 불가하며 청일동맹 이후 한청일삼자동맹을 결성하여 서구제국주의의 침략으로부터 아시아를 해방시켜야 한다고 주장했는데, 그 내용을 구체적으로 기술하고 설명한다.

니시오카 겐지(西岡健治, 생몰년 미상)

『계간 삼천리』제11호(1977년, 8월)에「나의 조선어 학습」이라는 글을 집필했다. 이 글에서 니시오카 겐지는 조선어 학습의 계기와 조선어 학습의 어려움, 이 어려움을 극복하기 위한 방법 등을 소개하고 있다. 이외에도 조선어 학습서나 사전에는 출판지가 남이냐 북이냐에 따라 표기법에 약간의 차이가 있는 것에 주목했다. 남조선과 북조선에서는 자음과 모음의 배열 방식도 다르고 단어의 뜻도 다른 경우가 있다는 점 등을 논한다. 그러면서 조선어에 한자가 있다는 점, 그 한자가 일본 한자와 거의 유사하는 점 등을 구제척으로 설명한다.

니시카와 히로시(西川宏, 생몰년 미상)

니시카와 히로시는 고등학교 교사이다. 『계간 삼천리』제28호(1981년, 11월)에 「조일(朝日)관계사 교재」라는 제목으로 글을 게재한다. 이 글에서는 본명을 사용하는 중국인 생도와 일본명을 사용하는 조선인 생도를 언급하며, 조선인들이 일본명을 사용하는 이유에 대해 일본 생도에게 일깨워주는 교육을 하는 것이 사회과 교사인 그의 역할이라고 설명한다. 그는 일본사 수업에서 일조관계의 역사와 현상을 계통적으로 학습시키기 위해 일조관계사의 교육이 중요한 것을 지적한다. 그러면서 학교에 가끔 들어오는 중국인 학생은 본명을 사용하는데, 조선인 자녀는 일본명을 사용한다는 점이 왜 다른지를 논한다. 그 이유를 조선인 학생을 둘러싼 일본인 학우 전부에게 일깨워주는 교육을 하는 것이 필요하다고 논한다.

다나카 아키라(田中明, 1926-2010)

다나카 아키라는 일본인 조선연구자이다. 나고야시(名古屋市) 출신으로 숙부의 양자가 되어 초등학교를 서울에서 보냈다. 용산중학교를 졸업했고, 도쿄대학(東京大学) 문학부를 졸업했다. 이후 『주니치신문(中日新聞)』을 거쳐 『아사히신문(朝日新聞)』에 입사한다. 아사히신문사 시절에는 『아사히저널』 기자로서 한국을 취재했다. 이후 한국에 유학했고, 아사히신문사를 퇴직했다. 그 후 1981년부터는 다쿠쇼쿠대학(拓殖大学) 해외사정 연구소 교수를 역임했다. 『계간 삼천리』제1호(1975년, 2월)에서는, 「'경(敬)'과 '편견(偏見)'과」라는 제목의 글을 실었다. 이 글은 먼저 『계간 삼천리』 발간을 축하하는 메시지와 함께 『계간 삼천리』에 대해 편지형식으로 여러 가지 의견을 제시한다. 다나카는, 현재 상태를 보면,

매스컴도 그러하듯이 일본인들은 죄의식에 고통스러워하며 깊은 반성, 그리고 편견을 타파하고자 하는 자들의 정의로운 말이 흘러넘치고 있는데 그러나 일본인의 반성은, 상대방이 침묵하면 생기지 않는 반성의 반성이라고 표현한다. 이것은 일본인의 윤리적 취약함인 것이라고 지적한다. 일본인의 반성은 '반성이라는 위선적, 감상적'인 '완전 악'에 대한 다테마에(建前)에서 발생하는 비주체적 태도라고 비판한다.

다나카 히로시(田中宏, 1937-)

다나카 히로시는 1937년 도쿄에서 태어났으며, 1960년 도쿄외국어대학 중국학과를 졸업했다. 이후 1963년 히토쓰바시대학(一橋大学) 대학원 경제학연구과에서 석사를 마쳤고, 이후 아이치현립대학(愛知県立大学) 외국어학부 교수를 역임했다. 그리고 히토쓰바시대학 사회학부 교수, 명예교수이다. 주요 저서로는 『아시아 유학생과 일본』(공저, 1973년), 『아시아인과의 만남-국제교류란 무엇인가』(1976년), 『사법 수습생(修習生)ㆍ변호사와 국적-김경득 문제 자료』(공저, 1977년), 『일본 군정(軍政)과 아시아의 민족운동』(1983년), 『일본 속의 한국, 조선인, 중국인』(공저, 1987년), 『자료 중국인 강제연행』(1987년), 『지문날인제도 철폐의 논리』(공저, 1987년), 『재일외국인』(1991년) 등을 간행했다. 다나카 히로시 교수는 1970년대 후반부터 1980년대를 거쳐 1990년대 일본에서 전개된 재일 외국인 문제에 대해 실체적 개혁 운동을 실천한 학자이기도 했다. 『계간 삼천리』제8호(1976년, 11월)에 「부조리한 재일조선인 정책의 출발」, 『계간 삼천리』제12호(1977년, 11월))에는 「재일조선인을 말한다」라는 제목의 대담이 실린다. 그리고 『계간 삼천리』제42호(1985년, 5월)에 「외국인 자문 제도 도입 경위」, 『계간 삼천리』제46호(1986년, 5월)에 「배외주의의 계보·단일지향의 함정」,『계간 삼천리』제50호(1987년, 5월)에 「내부의 역사 증인들」을 실었다. 이 글에서는 '재일문제'는 포스트식민지 문제라는 점을 여실히 보여준다. '제국의 신민'으로 간주되던 조선인 중 일본 재류자의 전후 지위 처우 문제가 바로 그것이라는 시각이다. 즉 이 문제는 대(對)일평화조약과 한일조약을 경계로 하여 전후 세 시기로 구분한다. 첫째 평화조약 발효에 따라 조치된 것은 식민지 출신자의 '일본국적' 상실을 선고하고 이후 외국인으로 다루게 된 것이다. 이것은 일반외국인을 대상으로 하는 출입국관리령(1951년 10월 제정)이나 외국인등록법(1952년 4월 제정) 등을 재일에게 그대로 적용하는 것은 다른 문제라는 입장이다. 특히 '국민'과 '외국인'을 준별하는 사상이 충만해 있는 일본에서는 이 외국인 선고는 무권리 상태에 빠뜨리는 것이며, 그것으로 재일의 역사적 배경을 말살하는 것이라고 보았다. 이것은, 역사적 배경으로서 GHQ점령 하에서 구식민지 출신자의 지위·처우의 추이, 국적 선택 방식에서 국적 상실 선고에 이른 경위를 보면 잘 알 수 있고, 당시 수상인 요시다 시게루(吉田茂)의 조선(인) 인식 등을 언급한다. 다나카 히로시는 외국인 선고를 생성한 것은 식민지통치에 관한 사후 책임의 무자각이며, 그것은 원상회복의 미명(美名) 감춰진 역사에 대한 모독이라고 말한다. 군국주의 일본은 7년간의 점령에서 해방되자 재생되었는데, 그러나 그것은 불의(不義)를 쌓아 온 아시아와의 사이에 '화해'의 기점을 구축하는 것이 아니었다는 점을 강조한다. 1965년 6월 겨우 한일조약 체결에 이르게 되었지만, 북한(조선민주주의 인민공화국)과의 사이에는 여전히 '8·15 그대로'라는 점을 들면서, '이미 전후는 끝났다'라던가 '전후 정치의 총결산'에 대해서는 부정적이었다. 전체적으로 긍정적인 것은 아니지만, 한일조약은 어떻든 간에 구식민지문제에 대해서의 최초의 전후 처리이기는 했다. 그러나 일본은 거기부터 '전후책임'을 자각하는 것이 아니라 이미 고도성장기에 들어가 오히려 경제 진출의 '사전조치'정도로만 생각했다는 점을 지적한다. 이러한 역사에 대한 불성실함은 전후 사회에 변형적으로 나타나게 된 것으로, 1982년 '교과서문제', 1985년 '야스쿠니(靖国) 공식 참배', 1986년 '군사비 1% 돌파' 등등이 그것이었다. 그렇기 때문에 주변 아시아 국가들로부터 일본에 대한 불신의 목소리가 커져갔다고 논한다. 그러한 의미에서 '재일문제'는 포스트식민지문제의 중요한 과제로서 역으로 확인되게 되었다고 기술한다. 그리고 『계간 삼천리』제33호(1983년, 2월)의 「교과서문제와 국적조항」이라는 제목으로 글을 게재했다. 1982년은 일본의 교육계에 중대한 분기점이었다고 논한다. 일본 문부성에 의해 실시된 교과서 검정이 주변 국가로부터 강한 비판을 받아 수정하게 되는 사건이 발생했기 때문이다. 국내에서도 비판이 일었지만, 이에 귀를 기울이지 않았던 일본정부가 한국과 중국을 비롯해 주변 아시아 국가들이 비판한 것에는 항의할 수 없는 상황이 생겨났다. 그러한 상황에서 다나카 히로시는 '교과서 문제' 가운데서도 조금 차원을 달리하여 공립학교 교원채용에서의 '국적조항'을 둘러싼 문제에 대해서 이의를 제기했다. 아이치현 나고야시에서는 채용시험에 '일본국적을 갖는자'로 한정하고 있었는데, 이것이 저항 운동에 의해 1982년 5월에 철폐하게 된다. 구체적으로 보면 각 도도부현 지정도시교육위 인사주관 과장회의에서 문부성이 '교원채용은 일본국적자에 한정한다'는 행정지도를 실시한 것이 밝혀졌다. 그리고 조사결과 '인권침해의 위반이 있으므로 국적조항을 철폐해야 한다'는 권고를 현·시 당국에 전달했는데, 이것이 아이치현에서 국적조항이 철폐되는 데 크게 작용했다고 보았다. 다나카 히로시는 이러한 문제들은 일본의 교육계에 커다란 문제로서, 단적으로 말하면 '일본의 아시아 침략'은 '교육'을 통해 이루어져 왔다고 표현한다. 그리고 정책에 대해 시정을 해 가는 것도 동시에 책임을 지지 않으면 안 된다고 강조한다. 외국 국적의 교원 불채용 방침을 문부성이 처음으로 문서화 한 것은 '교과서 문제'가 발생한 중에 있었다. 문부성의 역사 감각이 의심되는데 이를 또 하나의 '통지'라고 보고, 각 자치체의 교육위에 앞으로 어떻게 대처할 것인가를 과제로 남기고 있음을 논했다. 이어서 『계간 삼천리』제39호(1984년, 8월)에 「외국인등록법을 둘러싸고」라는 주제로 다나카 히로시는 김달수, 니이미 다카시(新美隆)와 대담을 진행했다. 다나카 히로시는 일본 사회에 약 82만 명의 외국인이 생활하고 있는데 그들에 대해 외국인등록법을 통해 엄격한 규제가 시행되고 있음을 문제제기했다. 구체적으로는 ①일본에 1년 이상 재주하는 만16세 이상의 외국인은 거주하고 있는 자치체에서 외국인등록 신청을 실시하고 게다가 5년마다 확인신청을 시행한다. 등록증명서 교부 받지 않으면 안된다. ②그때 등록 원표, 등록 증명서, 지문 원지(原紙), ③등록증명서는 상시휴대하지 않으면 안된다라는 것 등이다. 그런데 '재류외국인의 공정한 관리에 이바지하는 것을 목적으로 한다'라는 이 외국인등록법이 대상으로 하는 외국인의 약 83%가 한국적이나 조선적을 가진 재일조선인이라고 지적한다. 그리고 1980년대에 들어서 지문날인을 거부하는 재일외국인이 잇따르는 것을 지적하며, 이 문제에 대해 논의했다. 이로써 당시 일본인의 입장에서도 지문날인 거부가 사회적 문제로 등장했음을 지적하고, 이에 대한 대응을 제시하고, 기술하는 점에 특징이 있었다. 지속해서 『계간 삼천리』제42호(1985년, 5월))에 「외국인 지문 제도의 도입 경위」라는 제목으로 글을 게재한다. 지문날인제도가 갖는 문제점을 논하기위해 우선 지문날인이라는 '제도'의 도입과정을 관(官) 측의 자료에 의해 고찰한다. 역사적으로 일본이 포츠담 선언을 수락한 1945년 8월 시점에서는 전전 1939년에 제정한 '외국인 입국 및 퇴거에 관한 건'(내무성령 6)이 있었는데, 일본 패전 후는 사실상 이것이 정

지 상태가 되었다. 그 후 1946년 2월 GHQ는 조선인 등의 히키아게(引き揚げ)를 원활하게 진행하기 위해 '조선인, 중국인, 류큐인 및 타이완인의 등록에 관한 각서'(SCAPIN746호)를 발령하고, 그것에 근거하여 일본 정부는 조선인, 중국인, 본도인(本島人, 대만을 가리킴) 및 본적을 북위 30도 이남의 가고시마현(鹿児島県) 또는 오키나와현(沖縄県)에 주소를 갖는 자의 등록령(1946년 3월 13일 후생, 내무, 사법성령 1호)를 공포하고 같은 해 3월 18일을 기해 등록을 실시했다. 이 법령은 「귀환 희망 유무를 조사하기 위해」(동령 1조)였는데, 재류 허가 가부에 관한 것이 아니라 퇴거 강제 조항 등 전혀 포함되어 있지 않았다는 점을 지적하며, 관 측에서 이후 재류자에게 지문날인 제도를 만들어가는 경위를 구체적으로 설명해 준다.

다니가와 겐이치(谷川健一, 1921-2013)

다니가와 겐이치는 일본에서 야나기타 구니오(柳田國男)와 오리구치 시노부(折口信夫)의 민속학적 학문을 비판적으로 계승한 대표적 민속학자이다. 지명(地名)학자 혹은 작가로도 알려져 있으며, 긴키대학(近畿大学) 교수 및 일본지명연구소 소장을 역임했다. 대학에 근무하기도 했지만 재야학자로 알려져 있고, 일본문학이나 민속학 분야에서 활약하며 많은 책을 저술했다. 특히 다니가와 겐이치는 일본 문화의 원류를 오키나와(沖縄)나 가고시마(鹿児島)의 노래(謡)에서 찾고자 했고, 그리하여 「남도문학 발생론」이라는 저서를 남겼다. 도쿄대학 문학부의 프랑스문학을 전공했고, 졸업 후 헤이본샤(平凡社)라는 출판사에서 근무했다. 대표적 편집작업으로서는 『후도키(風土記)일본』(1957-60년), 『일본잔혹이야기』(1959-61년) 등을 기획 편집했다. 그리고 1963년에 창간된 잡지 『태양』

의 초대 편집장을 지냈다. 민속과 관련된 문헌 자료에 대해 독자적인 해석을 가하면서, 앞서 언급한 것처럼 일본 민속학의 거장인 야나기타 구니오와 오리구치 시노부의 학문을 비판적으로 전개했다. 야나기타의 일본민속학이 결국은 조직화 되고 좋든 싫든 학술화 된 것, 전문과학 분야로 정립된 것에 대해 다니가와는 이러한 학술적 '틀'과는 거리를 두면서 독자적인 집필 활동을 관철한다. 오리구치적 소설 상상력과 야나기타의 영향과 비판을 통해 민속자료를 재구성하면서 주목을 받은 것이다. 종래와 다른 일본상(日本像)을 위해 『바다와 열도문화』(전체 10권, 1990-93년), 그리고 일본사 전공의 아미노 요시히코(網野善彦), 문화인류학의 오바야시 다로(大林太良), 민속학자 미야다 노보루(宮田登) 등과 공동 편집작업을 진행했다. 다니가와 겐이치의 논고는 『다니가와 겐이치 저작집』(전10권, 1980-1988년), 『다니가와 겐이치 전집』(전24권, 2006-2013년). 『다니가와 겐이치 콜렉션』(전6권, 2019-2020년)이 있다. 다니가와 겐이치가 『계간 삼천리』에 등장하는 것은 김달수와 함께 작업한 저서와 관련되어 있기 때문이다. 『계간 삼천리』제15호(1978년, 8월)에 「류큐와 조선」이라는 글을 집필했다. 역사적으로 류큐와 조선의 정식 외교관계는 1389년에 류큐의 나카야마왕(中山王)이었던 사쓰토(察度)가 사절을 파견해 고려에 수호를 구한 것이 시작이었다고 보았다. 고려에서도 보빙사(報聘使)가 류큐를 찾았으며, 이후 1392년 조선이 되었지만 류큐와는 변함없이 조선과 무역을 행했다. 특히 『조선왕조실록』에는 류큐의 정치적 문제로 조선으로 망명한 인사에 대한 기술도 있다는 점을 강조했다. 이 외에도 여러 기록을 통해 조선과 류큐 사이의 왕래는 규슈를 매개로 해서 빈번하게 진행되었음이 확인 가능하다고 적고 있다. 다니가와 겐이치는 김달수가 『서해안』이라는 동인지를 함께 할 것을 제안했는데, 그것이 잘 진행되지 못했음에도 그것이 인연이 되어 김달수와 대담할 기회가 있었다고 밝혔다. 그 대담 내용을 적은 거으로, 김달수는 일본문화 속의 조선문화 영향을 역설했고, 다니가와 겐이치는 오키나와를 중심으로 남방문화의 영향을 주장하는 논점을 제시한 것을 논했다. 다니가와 겐이치는 김달수와의 대담을 거듭할수록 곤혹스러워짐을 느꼈다고 한다. 왜냐하면 조선문화라고 생각하는 것들 중에도 남방계 문화가 짙게 묻어 있다고 보았기 때문이다. 즉 남방문화와 조선문화는 대립한다는 도식이 유효하지 않음을 인식했고, 이를 대담집 『일본문화의 원류를 찾아서』에서도 밝혔다고 한다. 다니가와 겐이치는 결국, 오키나와를 중심으로 하는 남방문화가 일본문화의 '어머니'라고 하면, 조선은 일본문화의 '아버지' 역할을 담당해온 것이라고 보았다. 그럼에도 불구하고 '아버지'와 '어머니'는 전혀 이질적인 피를 가진 것이 아니었다는 점을 강조하면서 글을 맺는다.

다무라 엔쵸(田村圓澄, 1917-2013)

다무라 엔쵸는 구마모토대학의 교수이자 일본의 사학자로서 규슈역사자료관장을 역임하였다. 『계간 삼천리』제28호(1981년, 11월)에 「오현금(五絃琴)」이라는 제목의 글을 실었다. 이글에서는 일본의 멜로디와 조선의 멜로디의 유사성을 소개하며 샤미센과 조선의 가야금의 유래가 같다는 것을 설명한다. 다무라 엔쵸가 논하기에는 세대에 따라, 연령층에 따라 좋아하는 멜로디가 바뀐다는 것을 전제로 한다. 다만, 자신과 같은 전전파(戰前派)에게는 다이쇼(大正), 쇼와(昭和)시기의 나카야마 신페이(中山晋平), 고가 마사오 등의 멜로디는 매우 친근한 것이었다고 말한다. 모토오리 나가오(本居長世), 히로타 류타로(弘田龍太郎)의 동요도 마찬가지인데, 이러한 멜로디의 대부분은 단음계의 애조(哀調)를 띄고 있어

가슴 깊은 곳에서의 울림이 있다는 것이다. 그런데 한국의 멜로디에서도 공통점을 느낀다고 한다. 오현금이 조선반도에서 도래한 악기라고 한다면, 음계와 멜로디도 일본에 전해졌던 것이 아닌가하고 논한다. 늦어도 야요이(弥生)시대 후기에 조선반도와 일본은 같은 멜로디권(圈)에 있었던 것을 상상해 본다. 지금까지 다무라 엔쵸 자신은 애조를 띠는 일본의 멜로디는 불교음악의 쇼묘(聲明)에 의해 형성되었고, 일본어 찬미가(和讚), 영가(詠歌)등의 멜로디도 쇼묘에 유래하는 것이라고 생각했는데, 한국의 오현금의 존재를 재고하면, 불교 전래 이전에 단음계 멜로디가 일본인의 체질에 녹아들어 있던 것을 알 수 있고, 한국과 일본과의 친근하면서도 비슷한 멜로디의 수수께끼를 풀 수 있게 될 것이라고 기대한다.

다이구오 후이(戴国輝, 1931-2001)

다이구오 후이는 대만출신으로 농학자이자, 저작자이다. 1966년부터 1976년까지 아시아경제연구소 주임조사연구원을 역임하였다. 1966년에 도쿄대학에서 농학박사학위를 수여받고, 1976년부터 1996년까지 릿교대학(立敎大学) 교수로 재직하면서 집필활동에도 힘썼다. 한 때, 중국의 블랙리스트에도 올랐지만, 리덩후이(李登輝)시대가 되면서 블랙리스트에서 해제되어 때때로 대만을 방문하곤 하였다. 『계간 삼천리』제20호(1979년, 11월)에서 「나의 조선체험」이라는 제목의 글을 싣는다. 이 글에서 대만인인 저자는 도쿄에서 집을 구하는 과정에서 생긴 조선인 차별에 관한 에피소드를 통해 과거 중학교 1학년 때 대만에서 처음으로 접한 조선에 대한 체험, 즉 조선삐와 관련된 기억을 적었다. 다이구오 후이는 대만의 베이터우(北投)는 서울의 기생관광이라는 이름으로 세계에 그 이름을 떨쳤다고 한다. 그런데 이곳에서 일하는 대부분의 호스티스가 한국

여성이라는 얘기를 듣고 놀랐다고 한다. 일본의 긴자, 아카사카, 우에노, 시부야, 신주쿠, 이케부쿠로의 '밤의 세계'에 대만인 여성이 없어서는 안 되는 존재로서 '군림'하고 있다는 것이다. 이를 듣고 다이구오 후이는, 대만인과 조선인 여성들은 언제 인간의 존엄성을 가진 생활을 할 수 있을까라는 의문이 들었다고 한다.

다치카와 유조(立川雄三, 1936-)

저자 다치카와 유조는 극작가 및 연출가다. 간토(関東) 지역을 중심으로 창작극을 상연해 온 극단 미토(未踏)의 대표로, 미토를 설립한 1996년에는 영화 「배반의 계절」의 주연으로 출연하기도 했다. 주요 상연작으로 「내 안의 모두」(1967년), 「박달의 재판」(1976년) 등이 있다. 『계간 삼천리』에는 신극계가 저항과 재미를 상실했다는 지적을 계기로, 재상연을 앞둔 「박달의 재판」(김달수 원작)을 비롯해 저자가 자신의 11년의 공연활동을 성찰한 글이다. 그 내용을 보면 먼저 이자와 다다스(飯沢匡)가 『무기로서의 웃음』(1977년)에서 전후 일본의 연극계를 비판한 내용을 가져온다. 전전에는 신극 하면 '저항극'을 의미했는데 칠레 사건, 쿠바 사건이나 김지하의 작품만 상연할 뿐 정작 일본인을 위협하는 록히드 사건에는 무관심하다는 것이 왜 일어나는가라며 문제 제기하는 글을 게재한 것이다.

다카기 겐이치(高木健一, 1944-)

다카기 겐이치는 만주에서 출생했고 도쿄대학(東京大學) 법학부를 졸업했다. 변호사이며 아시아에 대한 전후 책임을 생각하는 모임의 운영위원으로 활동했다. 1975년에 사할린 잔류 조선인 귀환문제로 소송운동을 전개하고 원고 변호단 사무국장이 되었다. 그 후 종군위안부 문제와 아시아 전체의 전후 보상문제에 관여해 왔다. 주요 저서에는 『종군위안부와 전후보상』, 『사할린과 일본의 전후 책임』, 『지금 왜 전후보상인가』 등이 있다. 『계간 삼천리』제46호(1986년, 5월)에 「사할린 잔류조선인 문제-희망을 가질 수 있을까」라는 제목의 글을 실었다. 다카기 겐이치는, 한일 양국 친선을 정부 당국자 간에 거듭 확인을 하고 한일경제교류가 아무리 활성화되어도 그 토대인 민중 차원에서 식민지 시대의 청산과 전후 처리가 이루어지지 않으면 진정한 우호 관계는 구축할 수 없다고 주장한다. 그리고 잔류 조선인 귀환운동은 일본의 전후 처리와 전후 책임을 느끼는 사람들과 여론에 의해 지탱해 왔고, 그것이 한국과 일본의 변호사로 이루어진 모임들과 국제연합 인권위원회의 의제가 되어 국제적인 주목을 받고 있다는 점을 소개한다. 사할린 잔류 조선인의 문제는, 바로 민중 차원, 국내차원, 국제차원의 문제로 연결되고 있음을 기술했다.

다카라 구라요시(高良倉吉, 1947-)

다카라 구라요시는 일본의 역사학자로 류큐대학 명예교수로 오키나와현 부지사를 역임했다. 류큐역사 전공으로 특히 류큐왕국의 내부구조와 아시아와의 교류사를 다루었다. 『계간 삼천리』제33호(1983년, 2월)에 「류큐에서 본 조선·중국」이라는 글을 실었다. 이 글에서는 류큐처분을 둘러싼 동아시아 국제관계와 조선과의 관계를 보여준다. 류큐왕국이 해제되는 과정을 메이지 정부와 조선, 베트남, 중국 등 주변국가와의 관계 변화를 통해 제시하고 있다. 다카라 구라요시는 「류큐처분과 조선·동남아시아」라는 소논문을 발표했고, 동아시아 가운데 '류큐문제'의 특징과 메이지 정부의 처분은 어떻게 이루어진 것인가를 기술했다고 한다. 다카라 구라요시는 자신이 이전에 쓴 논문에서 제시한 논점을 다시한번 강조한다. 즉 '류큐문제'와 '조선문제' '베트남문제'는 결코 관계가 없는 것이 아니라는 점이다. 류큐처분은 지금까지 많은 연구자에 의해 논의되어왔다. 근대 일본의 영토확정에 관한 문제, 외교문제의 하나로서 이름 있는 역사가들에 의해 알려졌으나 그것이 전부는 아니라고 논한다. 류큐처분은 세 개의 측면을 가지고 있다고 볼 수 있는데, 그 중 한 가지는 오키나와에게 구체제=왕국제의 종지부를 찍은 직접적인 계기가 된 것, 둘째는 근대 오키나와로 이행하는데 직접적인 방아쇠가 된 것, 셋째는 이상의 두 가지를 아우르는 글로벌 한 국면에 위치하고 있다는 점을 피력했다.

다카사키 류지(高崎隆治, 1925-2013)

다카사키 류지는 '전쟁 연구가'라고 할 수 있다. 가나가와현(神奈川県) 요코하마시(横浜市)에서 태어났다. 호세이(法政)대학에서 문학부 국문과를 졸업했다. 대학 재학 중에 학도병으로 소집되어 출정했었다. 전후에는 주로 전시기의 잡지 저널리즘 및 전쟁문학을 테마로 글을 집필해 왔다. 인문과학연구협회 연구 장려상(奨励賞)을 수상했고, 제14회 요코하마(横浜)문학상을 수상했다. 『계간 삼천리』제3호(1975년, 8월)에 「문학인에게 조선이란」제목의 글을 게재했다. 이 글에서는, 일본의 문학인이 조선 또는 그 민족의 생활이나 풍속이나 심리 등에 대한 작품이나 자료가 일본에는 거의 존재하지 않으면서, 반대로 조선과 관련된 일본 문학의 실태에 대해서는 방대한 글들이 있음을 지적한다. 그렇지만 전후 30년 동안 조선과 관련된 내용으로 한 편의 단편소설조차 일본 근대문학사에 등장하지 않았다는 것은, 앞의 후자 논리 즉 조선과 관련된 일본문학의 실태에 대한 자료가 많다는 것은 자랑할 만한 것은 전혀 아니라고 비평한다. 그런 점에서 다카사키 류지는 일본 문학인의 조선 관련성에 대해 글을 게재한다. 그 연장선상에서 『계간 삼천리』제25호(1981년 봄, 2월)에 「특집: 조선인관을 생각한다」라는 제목의 글을 실었다. 다카사키 류지는, 『문학으로 보는 일본인의 조선인상-『조선가집』의 빈곤[特集], 소와(昭和) 시기의 단가(短歌)』를 읽은 후의 감상을 적은 것이다. 이 저서에 소개된 내용은 대부분이 전전(戰前)·전중(戰中)의 작품이라서 식민지와 점령지에서의 작품이 많았으며, 조선에서 간행된 단가잡지(歌誌)와 와카집(和歌集)도 포함되었다. 그런데 조선에서 간행된 단가잡지와 와카집에는 조선 색이 매우 희박하게 나타난다는 점이다. 조선의 자연을 제외하면 '조선을 느끼게 하는 것'은 어느 것 하나도 대상화되지 않았다는 점을 지적한다. 물론 와카집이라는 문학 형식은 자연을 관조하는 것과 개인의 내면을 표현하는 주제가 주요 영역이므로 거기에 조선의 풍속과 조선인의 생활이 시가의 소재로 선택되지 않았다는 것이라고 볼 수도 있지만, 그렇게만 논할 수 없는 부분이 존재한다고 논한다. 조선에서 살면서 생활하는 사람들이 조선인의 생활과 조선의 현실에 관심이 없었다는 것을 말해주는 것이기 때문이다. 그리고 여러편의 단가를 통해 결론을 얻은 것은, 조선인은 일본인에게 좋은 존재라기보다는 최하급의 의식에 표출되는 대상으로서만 존재하는 것이라는 점을 기술한다.

다카사키 소지(高崎宗司, 1944-)

다카사키 소우지는 도쿄교육대학(東京敎育大学)에서 일본사를 전공했고, 석사과정을 중퇴했다. 1987년에 쓰다주쿠대학(津田塾大学) 학예학부 조교수, 이후 교수가 되었다. 1995년 조선식민지 지배에 대한 일본의 사죄와 배상을 일본정부에 요구하는 운동을 하던 중 와다 하루키(和田春

樹)로부터 인정을 받아 아시아여성기금운영심회의 위원으로 추천되었다. 『계간 삼천리』제50호(1987년, 5월)에 글을 싣고 있다. 여기에는 한국 문화공보부에서 내여 온 언론에 대한 '보도지침' 내용을 분석하고, 그 내용이 갖는 탄압에 대해 기술한다. 민주언론운동협의회의 기관지인 『말(言葉)』(9월 6일호)이 한국문화공보부의 「보도지침」을 폭로했고, 그로 인해 민주언론운동협의회 사무국장 김태홍, 실행위원 진홍범, 그리고 『한국일보』 기자인 김주언 등이 구속되었다. 민주언론운동협의회가 한 국문화공보부의 「보도지침」을 『말』에 게재한 것은 국가보안법위반에 걸 린다는 것이었다. 일본에서는 「보도지침」을 폭로한 것을 두고 '매우 용 기있는 저항'이라고 평가하고, '세 사람을 체포한 것은 부당한 것으로, 석방을 요구한다'는 성명을 진정통(秦正統), 마쓰오카 히데오(松岡英夫), 야스에 료스케(安江良介)의 이름으로 발표했는데 이때 다카사키 소우지 자신도 참가했다며, 당시의 자유 언론 실천에 대해 기술했다. 그리고 『계 간 삼천리』제31호(1982년, 8월)에 「녹기연맹과 「황민화」 운동」이라는 제목의 글을 게재한다. 이 글에서는 조선총독부가 15년 전쟁 시기에 조 선인을 '황민화'하여 전쟁에 동원하기 위한 각종 정책을 취했는데, 그 정책에 대해 '조선에 사는 일반 일본인'도 관여한 것을 기술했다. 특히 총독부 정책에 적극적으로 협력한 민간단체 중 녹기연맹이 있었는데, 이 녹기연맹을 보면, 재조일본인이 조선에서 얼마나 황민화와 전쟁에 협력 했는가를 알 수 있다고 했다. 그리하여 일본인의 식민지화 책임, 전쟁 책임을 고찰하는 자료로 삼을 것을 제안했다. 녹기연맹은 총독부의 황민 화 정책에 협력하고 많은 조선인을 끌어들였고, 이는 1945년 8월 15일 일본의 패전과 함께 활동을 종료한 단체이다. 이 활동에 가담한 쓰다 세쓰코가 주장한 것은 '조선인과 함께 행복하게'라는 슬로건을 믿었다고 하는데, 이는 주관적인 것으로 녹기연맹 활동의 결과는 조선인의 불합리한 일본인화였고 때로는 죽음이기도 했던 점을 강조했다. 그리고 녹기연맹이 민간단체였다는 것을 생각해 본다면 그러한 결과를 초래한 책임이 권력자에게만 있었던 것이 아니라는 점도 상기해야 한다고 적고 있다. 그리고 『계간 삼천리』제34호(1983년, 5월)에 「일본인의 조선통치비판론－3·1운동 이후를 중심으로」라는 제목으로 글을 실었다. 이 글에서 다카사키 소우지는 일본인의 지식인에 의한 조선통치비판이 가장 활발하게 이루어졌던 3·1운동 후에 초점을 맞추고 그 시대를 대표하는 종합잡지와 신문에 조선통치에 관한 논문을 발표한 학자들을 선택하여 그들이 어떻게 총독부의 조선통치를 비판하고 어떠한 해결책을 제안했는지를 논했다. 그 중에서 요시노 사쿠조(吉野作造)의 예를 드는데, 요시노는 1916년 6월 『중앙공론(中央公論)』에 '만주와 조선을 시찰하고'에서 조선총독부에 의한 무단통치를 통렬하게 비판하고 '이민족통치(異民族統治)의 이상(理想)은 그 민족의 독립을 존중하는 것이며 그 독립의 완성으로 결국은 정치적 자치를 부여하는 것을 방침으로 하는 데 있다'고 적었다고 한다. 더 나아가 요시노 사쿠조는 '조선인에게 일종의 자치를 인정하는 방침으로 나가야 한다'고 까지 주장했다고 논한다. 그러나 그 이유를 보면, '조선 민중이 조선 민중의 손에 의해 어떻게 통치되어야 하는지는 일본 그 자체의 이해휴척(利害休戚)에 크게 관계하고 있기' 때문에 '전혀 "조선인을 위한 조선주의"에 방임 할 수도 없다'고 하면서 조선 독립은 부정했다. 다카사키 소우지는, 이것이 일본 민주주의의 원형이 되었던 다이쇼(大正)데모크라시를 대표하는 인물 요시노 사쿠조의 조선관이라고 폭로한다. 그리고 다음으로 나카노 세이고(中野正剛)의 일본비판이다. 일본은 강압적인 무단정치를 '문화정치'로 바꾸었다고 평가했는데, 이에 대해 나카노 세이고는 '무단에서 회유로 바뀌어도 교만에서 비겁으로 비추어지면 방법이 없다. 그 회유를 민중화해도 꾀어낸 유괴라면 아무런 도움이 되지 않는다'라고 비판하면서, 대일본제국헌법을 조선에서도 동일하게 시행하도록 요구했다는 것이다. 이는 '조선의 자치, 조선의 독립이 현실적인 문제가 되기 전에 먼저 조선과 내지와의 차별을 절대로 철폐해야 한다'는 생각에 의해서 였다고 한다. 그러나 나카노 세이고의 주장도 역시 어디까지나 조선을 일본에 속박하기 위한 식민지의회 설치론이며 제국헌법 연장론이었다. 마지막으로 이시바시 단잔(石橋湛山) 1922년 5월 27일자의 『동양경제신문』에 「조선문제의 열쇠」라는 제목의 글에서 '열쇠는 문화정책도 아니고 그 무엇도 아닌 실로 그 독립, 그 자치임을 알 수 있을 것이다'라고 피력했다. 그리고 스에히로 시게오(末広重雄)는 3·1운동 직후 1919년 7월호 『태양(太陽)』에 「조선자치문제」라는 제목으로, 조선총독을 비판했는데, 스에히로 시게오는 조선인의 민족주의를 이렇게 파악하고 조선문제의 해결책으로서 조선인에게 '자치를 허용하는' 것을 지속적으로 제안했다는 것이다. 여기서 '독립을 허락해도 지장이 없다'는 표현은 언뜻 보기에 진보적이지만, 다시 그 다음 문장을 보면, '독립할 능력이 충분히 되었을 경우'라는 단서를 단 것으로, 결국 일본인의 입장에서 '조선인의 주체성'을 무시한 조건이 있었다는 점이다. 그리고 『계간 삼천리』제36호(1983년, 11월)에 「특집: 관동대지진·조선에서의 반향」이라는 제목의 글을 게재한다. 이 글에서는 관동대지진에 대해 『동아일보』, 『조선일보』, 일본 유학생의 증언 등을 통해 당시 조선에서의 반응과 움직임에 대해 상세히 서술했다. 조선총독부와 일본 총무성이 관동대지진 조선인 학살 사건을 축소하고 은폐하려는 사실이 있었음을 밝히고, 이를 규명하려는 한국 내 운동과 활동가에 대해 서술하였다. 또한 『계간 삼천리』제40호(1984년, 11월)에 「후쿠자와 유키치의 조선론과 개화파」라는 제목의 글을 실었다. 1881년 9월에 간행된 후쿠자와 유키치의 저서 『시사소언(時事小言)』(제4편)에 「국권의 일(国権之事)」을 인용하며, 1875년에 '가령 그들이 찾아와 우리의 속국이 된다고해도 이에 기뻐할 것이 못 된다'라고 말했던 후쿠자와가 '무(武)를 통해 이를 보호하고, 문(文)을 통해 유도하여 발 빠르게 일본의 예(例)를 본받아 근래에 문명에 들어가지 않으면 안 된다'고 말했다고 한다. 후쿠자와 자신은 '서양 제국(諸國)이 위세를 통해 동양을 압박하는 그 모양은 불이 만연한 것과 다를 바 없다'고 비유하며, 동아시아의 정세를 파악했고, 후쿠자와가 주창한 내치우선론의 정체나 서구열강과의 장래 경쟁에 준비하여 조선을 일본의 세력권에 편입시키는 것의 내용을 구체적으로 기술했다.

다카시마 노부요시(高嶋伸欣, 생몰년 미상)

다카시마 노부요시는 쓰쿠바대학(筑波大学) 부속 고등학교 교사이다. 『계간 삼천리』제49호(1987년, 2월)에 글을 게재한다. 이 글은 '교과서 문제'에서는 화제의 『신편일본사(新編日本史)』가 어떻게 일본에 등장했고, 후지오 마사유키(藤尾正行)와 나카소네 야스히로(中曽根康弘) 발언이 이어지는 상황을 분석하여 적었다. 1987년 상황에서 나타난 국제화의 논리를 이해할 수 있게 해 준다. 이를 위해 구체적으로 '국제사회를 사는 일본인을 육성한다는 관점에 서서', '국제사회를 사는데 일본인으로서 자각과 책임감을 함양하는 것에 대한 배려', '말하자면 국제사회의 일원으로서의 자각을 심화하는 관점' 등등을 기술한다. 빈번히 사용되는 국제화에의 대응 시점은, 당연한 것이며 타당한 것처럼 보인다. 그러나 이들 '국제화'에의 논리에는 전후에 '반드시'라고 말할 수 있을 정도로 일본인으로서의 '내셔널리즘이 강조되는 문맥'이 존재한다는 점이다. 특히 '국제사회에 공헌할 수 있는 주체성 있는 일본인을 육성하는 것을 중시한다'라던가, '세계 속의 일본인으로서 자각 등의 내용을 중시한다'는 점을 강조하면서도 그 속에 포함되는 편협한 내셔널리즘 강조 논리를 비평적으로 논하고, 이것이 '학교교육'에 나타나는 점을 기술한다.

다카야나기 도시오(高柳俊男, 1956-)

다카야나기 도시오는 도치기현(栃木県) 출신으로 호세이대학(法政大学) 국제문화학부 교수이다. 전공은 조선근현대사, 재일조선인사이다. 1977년 조선에 관심을 갖는 시민들의 그룹으로 '종성의 모임(鐘声の会)'을 결성하여 활동했다. 금병동(琴秉洞), 다카야나기 도시오의『누구라도 알고 싶은 조선인의 일본인관』(1986년), 『사진으로 아는 한국의 독립운동』(상, 하), (공저, 1988년). 『계간 삼천리』제48호(1986년, 11월))에서 다카야나기 도시오는,『민주조선』,『조선평론』,『새로운 조선』세 잡지의 내용을 요약 발췌하는 형식으로 글을 집필했다. 8·15로부터 1955년까지 10년 간 운동을 전개한 운동실천가의 입장에서 '재일조선인연맹'(조련)의 결성부터 '재일조선인 통일민주전선'(민선), 그리고 '재일본조선인총연합회'(총련)으로의 노선 전환까지의 시기를 역사적으로 설명한다. 그것은 다른 의미에서 재일조선인이 이러한 운동을 통해 신문이나 잡지에 등장하게 된 점을 주목한다. 이들은 당시의 조선인의 사고방식이나 생활상을 이해하는데 있어서, 그리고 일본인과 조선인의 관계가 어떠했는지를 검증하는데 귀중한 자료라고 보았다. 특히『민주조선』의 역할에 대해 주목한다. 일본은 1945년 패전 이후 몇 달 동안 사이에 많은 잡지가 창간되고 복간된다. 그들 대부분은 자신들의 손으로 신일본을 만든다고 하는 의욕이 넘치는 것들이었다. 이러한 전체적인 분위기 속에서『민주조선』도 1946년 4월에 창간된다. 이후 조선전쟁 발발로 인해 1950년 7월호를 마지막으로 정간하지 않을 수 없게 될 때까지 4년여 동안 제33호(병합호가 1번 있어서 제32권)은 당시 조선관계 잡지로서는 이례적인 생명력을 가진 것이이었다고 보았다. 이 『민주조선』에 등장하는 집필자는 실로 다채적이었으며, 내용적으로도 종합잡지로서의 충실감과 신조선 건설을 위한 기운이 담겨져 있었다고 평가한다. 다만 문장들이 읽기 쉽지가 않은데 그것은 당시 조선에 관심을 가진 지식인을 대상으로 한 것이었기 때문이라고 해독한다. 초기에는 이처럼 조선에 대한 관심이 어느 부류였는지도 짐작하게 해 준다. 또한 집필자를 분류해 보면 재일조선인에 의한 것, 일본인에 의한 것, 남조선(한국) 출판물 번역 등 세 가지 층위로 분석했다. 일본인 집필자에 의한 것들은 내용적으로 보면 조선 혹은 조선인과 관련된 추억을 적은 것, 새로운 일본과 조선 관계에 대해 집필한 것, 일본 정치 상황을 비판적으로 분석한 것 등등이 주류를 이루고 있었음을 분석한 글이 많았다고 논한다. 이처럼 『민주조선』은 이후 『조선평론』, 『새로운 조선』이라는 잡지들의 분위기를 기초짓는 잡지였음을 피력했다.

다카하시 신이치(高橋磌一, 1913-1985)

다카하시 신이치는 역사학자이다. 전전(戰前)에는 중학교 교사로 근무했다. 1942년에는 징집되어 전쟁을 경험하였다. 1949년 역사교육자협회를 창립하고 서기장, 위원장을 역임했다. 일본학술회의 회원, 도쿄평화위원회 회장을 맡았고 실천적인 고문서 독해교육에 노력했다. 『계간 삼천리』에서는 1945년 이전 다카하시 신이치 자신이 만난 조선인들의 고통, 삶을 소개하고 전후 방북 경험도 언급하면서, 일본인이 가져야 할 역사 인식에 대해 기술한다. 다카하시 신이치는 소학교 4학년 때 요코하마로 이사했는데, 다음 해에 관동대지진을 겪었다고 한다. 이후 수일간 행해진 조선인학살을 목격했다는 것이다. 그 충격적 기억은 이후 다카하시 신이치의 머릿속에 남았고, 이 기억을 토대로 『역사지리교육』(1963년 9월호)에 「관동대지진 40주년을 맞아-눈으로 본 조선인 학살」이라는 논문을 게재했다고 말한다. 그리고 1960년 재일조선인 귀국선 단장인 이순희는 일본에서의 하루하루를 회고하면서, 자신에게 도움을 준 일본인들에 대해 이야기해 주었다는 것이다. 그녀는 귀국선을 타고, 조선으로 가면서 일본과 조선을 잇는 존재가 되고 싶다고도 말했다는 것이다. 그 이후 다카하시 신이치는 1971년에는 조선민주주의인민공화국의 초대로 일조우호(日朝友好), 일본국민사절단의 일원이자, 사회당 대표, 공산당 대표, 노동자 대표와 함께 학자·문화인의 대표로서 조선을 방문해 김일성 수상과 4시간동안 간담회를 가지기도 했는데, 그 내용을 『역사평론』(1971년 9월호)에 게재한 것을 소개한다. 거기에는 일본의 천황제 군국주의, 식민지 지배의 죄과를 반성하면서 보고 들을 바를 쓴 것으로, 연재 첫회부터 많은 반발들이 있었다고 한다. 그리하여 다카하시 신이치는 자신이 대결해야 하는 것은 '일본의 천황제'라고 느끼며 살게 되었다며, 그 내용을 기술했다.

다케우치 야스히로(竹内泰宏, 1930-1997)

다케우치 야스히로는 소설가이다. 1962년 『파수꾼』으로 문예상(文芸賞)을 수상했고 1967년 『희망의 보루(砦)』로 가와데(河出) 장편소설상을 수상했다. 신일본문학회, 아시아아프리카작가회의에 참가하였고 제삼세계문학을 번역하고 평론하기도 했다. 『계간 삼천리』에서 다케우치 야스히로는 알마티에서 열린 제5회 아시아아프리카작가회의에서 만난 소련적 조선인을 통해 제국주의가 한 인간에게 끼친 영향과 상처 등을 고찰한다. 구체적인 내용을 보면, 아시아아프리카작가회의 5회 대회 참가를 위해 중앙아시아의 카자흐공화국의 알마티에 갔던 기억을 소개한다. 알마티는 소연방의 일국인 카자흐공화국의 수도이며 중소(中蘇)의 국경주위에 위치해 있는 국가이다. 여기에 여러 국가로부터 온 150명 정도의 작가가 섞여 있는 호텔로비에서 나와 비슷한 연배의 작은 동양인이 일본어로 말을 걸어왔다는 것이다. 처음에는 '왜 일본인이 여기 있는 걸까'라고 생각했지만 알고 보니 이 사람은 알마티에 사는 영화카메라맨인 조선인인 것을 알게 되었다고 한다. 그래서 이 조선인에 대해 기술한다. 그는 김종렬이라는 사람으로, 1945년까지 평양 근교에 살았지만 이후 일을 찾아 나선 아버지와 함께 소련으로 이주해 모스크바의 영화대학을 졸업하였다고 한다. 졸업 후 소련 여기저기에서 일하다 결국에는 알마티에 정착한 것이다. 김종렬 씨와 나 사이에는 일본의 식민지라고 하는 과거가 있고 그것이 없었으면 그와 나는 만날 수 없었을 것이라고 생각했는데, 자신이 알마티를 떠날 때 그는 '역시 고향이 있는 사람은 좋군요'라고 말했다는 것이다. 이는 잊을 수 없는 말로, 이를 계기로 식민지주의와 전쟁이 민족과 가족에 부여한 상처가 무엇인가를 생각하게 되었다는 것이다. 그리고 다시 김종렬을 생각해 보면, '고향이란 뭘까?'라는 질문을 되돌아본다는 것이다. 다케우치 야스히로는 고향에 돌아갈 수 없는 아프리카와 아시아의 시인, 고향을 빼앗긴 중동의 작가, 과거 오랜 기간 타인에게 빼앗기고 타인에 의해 분단된 자신의 나라를 새롭게 만들려는 사람들을 만나 조금이나마 그들의 심정을 알게 되었다는 것이다. 그리고 제3세계 사람들과 그들의 고통을 의식하지 않는 일본인들과의 사이에는 큰 거리가 있음을 깨닫게 되었다고 말한다. 그러한 깨달음에 대한 내용을 기술한 것이다.

단토 요시노리(丹藤佳紀, 생몰년 미상)

단토 요시노리는 요미우리신문 기자로 외보부에서 근무하였다. 74년 1년 간 서울 특파원으로 근무하였다. 『계간 삼천리』제22호(1980년, 5월)에 「4·19와 오늘의 한국」이라는 제목의 좌담회를 개최한 내용이다. 단토 요시노리는 74년 박정권의 긴급조치 발동, 민청학력련 사건 이후 수그러들었던 학생운동의 기세가 그해 가을부터 다시 거세지기 시작해 참여세력이 확대되어 방송기자들의 자유언론실천 투쟁을 비롯한 학생 이외의 사람들을 주축으로 한 민주화운동이 일어나는 상황을 설명한다. 그리고 한국의 민주화운동을 보면서 그 역시 4·19 정신이 지속되고 있음을 느꼈다고 설명한다.

데라오 고로(寺尾五郎, 1921-1999)

데라오 고로는, 홋카이도(北海道) 출신이다. 1938년 와세다대학(早稲田大学) 문학부 철학과에 입학한 후 공산주의 운동에 참가했다. 1940년에 치안유지법위반으로 검거되기도 했으며, 1943년에 군에 소집되었었는데, 1945년에 만주 치치하얼(齐齐哈尔) 항공부대에서 반전활동을 하다가 구소괴고 도쿄 헌병대로 송환되었다. 8월 15일 패전 이후 일본공산당 본부에서 활동했다. 1958년에는 북조선 건국 10주년 기념식에 방문사절단으로 선발되어 방문했으며 이후 『38도선의 북』을 저술했다. 1961년에 일본조선연구소를 설립하고, 이사로 취임한다. 1966년 중국에서 일어난 문화대혁명을 지지하고, 1967년 선린학생회관 사건 때에도 중국공산당 입장에 서서 일본공산당에게 항의를 하기도 했다. 1999년에 서거하고, 사후에는 갖고 있던 장서(蔵書)를 농산촌문화협회에 기증하기도 했다.

『계간 삼천리』제48호(1986년, 11월)에는 조선전쟁 시기에 저자가 '미국이 패한다는 내용'의 저서를 집필한 경위에 대해 기술한다. 이 책은 1952년 12월, 고가쓰쇼보(五月書房)에서 간행한 『미국이 패했다-군사적으로 본 조선전쟁』이라는 책으로, 요시타케 요우조(吉武要三)라는 필명을 사용했다. 이 저서에 대한 구상이 나왔을 때는 여전히 미군 점령 하에서 있었고, 저자가 마르크스주의자라는 것을 숨기자는 것, 그리고 정치나 사상의 문제에는 언급하지 말고 단순하게 군사기술에 한정하고, 이름도 필명으로 하자는 조건이었다고 한다. 이를 통해 알 수 있는 것은 당시 일본 내에서 전후 '일본공산당'이 분열되는 상황과 국제파의 입장이 무엇이가를 보여주는 글로, 조선전쟁에 대한 노사카 산조(野坂参三)의 입장 등을 기술하고 있다.

데라우치 마사타케(寺内正毅, 1852-1919)

일본의 육군 군인이며 정치가이다. 군인으로서의 계급은 원수, 육군대장이었다. 백작(伯爵) 작위를 받았다. 한국통감(統監, 제3대), 초대 조선총독을 지냈고, 내각 총리대신(제18대) 등을 역임했다. 제1차 가쓰라(桂) 내각에서 육군대신을 지냈고, 제1차 사이온지(西園寺)내각과 제2차 가쓰라 내각에서도 육군대신을 지냈다. 이후 한국 통감으로 부임하고, 일본으로의 합방을 추진한다. 한국 병합 이후에는 조선총독에 취임했다. 나중에 내지로 돌아가 데라우치 내각을 발족했고, 내각 총리대신을 지냈다. 데라우치 마사타케는 지금의 야마구치현(山口県) 야마구치 시(山口市)에서 태어났다. 1870년 보병성(兵部省)제1교도대(第一教導隊)를 졸업하고, 하사관이 된다. 이후 대위로 승진하고, 1873년에 사관양성소(士官養成所) 육군토야마학교(陸軍戸山学校)에 입학한다. 졸업 후에는 신설된 육군사관학교에 배속되고, 생도사령부관(生徒司令副官)으로 근무했다. 1877년 서남전쟁(西南戰爭)이 발발하자 다하라자카(田原坂)전투에서 참가하여 부상을 입기도 했다. 그 이후에는 군정(軍政)이나 군 교육(軍教育) 방면에 전념하게 된다. 이후 프랑스에 체재하고, 귀국 후 육군사관학교 교장(1887년), 참모본부 제1국장(第一局長, 1892년) 등을 지냈다. 청일전쟁 시에는 병참기지 중 최고책임자인 대본영 운유통신장관을 지냈다. 1900년부터는 참모본부 차장에 취임하고, 의화단 사건 때에는 현지로 부임했다. 제1차 가쓰라 내각에서는 육군대신을 지내고, 러일전쟁에서는 승리에 기여했다. 1906년에는 남만주철도설립위원장이 되었고, 1909년 10월 26일 하얼빈역에서 이토 히로부미(伊藤博文)가 죽자, 제3대 한국통감으로 부임한다. 이후 조선총독이 되고, 헌병에 의한 경찰 통치를 통한 헌병경찰제도를 창설한다. 나중에 이는 무단통치로 불리게 된다. 한국 병합의 공로를 인정받아 백작을 수여받는다. 조선총독 이후에는 내각총리대신으로 취임한다. 제1차 세계대전 시에 1918년 시베리아 출병을 선언했고, 쌀 소동으로 인한 책임을 지고, 총리대신을 사임한다. 이후 다음 해 1919년 병으로 사망한다. 대표적으로 『데라우치 마사타케 일기—1900-1918』(1980년)가 있다. 『계간 삼천리』제49호(1987년, 2월)에 「「한일병합」과 일진회」라는 글에서 논해졌고, 마부치 사다토시(馬淵貞利)가 『계간 삼천리』49호(1987년 봄, 2월)에 「데라우치 다사타케와 무단정치」라는 제목으로 글을 게재하면서 언급되었다.

데라이 미나코(寺井美奈子, 1937-2011)

데라이 미나코는, 베헤렌(べ平連, 베트남에 평화를! 연맹)에 관여했고, 재정·회계를 담당하면서 활발하게 활동했다. 1937년 도쿄(東京) 출생으

로 일본여자대학(日本女子大学) 영문과를 졸업했다. 「사상의 과학연구회」
에도 소속되어 활동했다. 대표 저서로서는 『하나의 일본문화론』 등이
있다. 『계간 삼천리』제17호(1979년, 2월)에 「아득한 어머니의 나라」라는
제목으로 글을 실었다. 이 글은 사투리와 표준어에 대한 이야기를 전개
하면서, 사라진 에도(江戸) 사투리를 이야기한다. 특히 사투리와 연결된
민중이 갖고 있던 문화 상실이 갖는 의미를 기술한다. 일본어의 표준어
라고 일컬어지는 말은 메이지 이후에 생긴 것으로 사람들은 오사카 사투
리와 도호쿠(東北) 사투리와 함께 도쿄 사투리라고 말한다는 비유를 가
져왔다. 표준어는, 공통어라고 일컬어지듯이 일본 전국에 공통되는 말이
기도 한데 도쿄라는 지역에서 옛날부터 사용되었던 것이 아니었다는 점
에 착목한다. 메이지 유신 때에 우연하게 에도(江戸)가 도쿄라는 이름으
로 변했는데, 도쿄에는 표준어와는 별개로 에도 이래의 방언이 있다. 그
렇다고 한다면 그것이 도쿄 사투리라는 것이었다. 따라서 도쿄 사투리와
표준어는 다르며, 현재의 표준어는, 메이지 정부를 만든 사람들에 의해
시작되었다고 논한다. 그리고 특히 학교교육이 표준어로 이루어지고 있
었기 때문에 어릴 때부터 표준어에 익숙해 진 것이라고 논한다. 또한
타현(他縣)에서 도쿄로 이주해 온 사람들은 표준어를 사용하는 것으로서
도쿄에 익숙해지기 위해 에도 이외의 지역 언어는 사라져가지 않을 수
없었다고 보았다. 그리고 표준어는 백 년 동안에 그 땅에 새로 생긴 이름
처럼 도쿄 사투리라고 불리게 되었다는 것이다. 그러나 이 도쿄 사투리
역사는 백 년밖에 되지 않는 것으로, 그 배경을 보면 민중이 민중의 신화
를 잃어버렸기 때문에 불행한 역사를 만들어버린 것이라고 기술한다. 그
러한 의미에서 오늘날에도 과거와는 다른 형태로 국가는 계속해서 신화
를 만들어내고 있는데, 양국 사람들이 연대하기 위해서는 국가의 신화와
는 다른 민중의 신화가 필요함을 보여주는 역설이라고 한다. 신화는 문

화를 낳는 종자이며 그렇기 때문에 고대인들은 자신들의 신화를 소중히 한 것이라고 말하며, 새로운 한일간의 민중 신화를 만들 것을 제안했다.

도미야마 다에코(富山妙子, 1921-)

도미야마 다에코는 일본의 화가이다. 고베시(神戸市)출생이다. 어린 시절을 1930년대의 만주 대련과 하얼빈에서 지냈다. 1938년 하얼빈여학교를 졸업했다. 여자미술(女子美術) 전문학교를 중퇴했다. 전후 1950년대에 들어가 화가의 사회적 참가로, 탄광이나 광산을 테마로 노동자를 그렸다. 1970년대에는 한국의 김지하 시를 테마로 하여, 그림과 시와 음악에 의한 슬라이드 작품을 자체적으로 제작하기 위해 히다네(火種) 공방을 설립한다. 작품 전람회를 한국이나 유럽 각지에서 개최하고 있다. 『계간 삼천리』제8호(1976년, 11월)에, 「시화집(詩畵集)『심야』에 대해서」라는 제목의 글을 게재한다. 이 글에서는 김지하와 관련된 석판화 개인전에 대한 의의에 대해 이야기를 하고 있다. 1974년 9월 옥중에 있던 김지하는 사형을 구형받는다. 그 9월 19일부터 1주일간 도미야마 다에코는 긴자(銀座)의 화랑(畵廊)에서 '네루다와 김지하의 시에 다가가다' 석판화 개인전을 열게 되었다. 그것은 73년 9월 12일 칠레 쿠데타 직후 「나는 침묵하지 않는다」라는 시를 남기고 죽은 네루다(Neruda)에의 추도와 사형이 구형된 옥중의 김지하에 대한 호소를 결합시켜, 이와 같은 정치 폭학(暴虐)에 대해 연대를 호소하는 메시지로서의 전람회를 생각했던 것이라고 논하고, 그 그림에 대해서 기술한다.

도사 후미오(土佐文雄, 생몰년 미상)

도사 후미오는 작가이다. 작품으로는 『인간의 뼈』(1966)가 있다. 『계간 삼천리』제42호(1985년, 5월)에 「「간도 빨지산의 노래」의 수수께끼」라는 제목의 글을 게재한다. 이 글에서는 간도 빨지산의 노래와 마사무로 코와의 관련성에 대해 적었다. 구체적 내용을 소개하면, 1932년에 '간도 빨지산의 노래'라는 장편 시를 발표한 마사무라 코(槇村浩)와 조선의 관계에 대해 생각해 보는 내용이다. '간도 빨지산의 노래'는 조선인민이 일본제국주의에 대한 독립투쟁을 노래한 181행에 이르는 장편 시이다. 그는 이 노래를 위해 조선 역사는 물론이고 지리, 풍토, 풍속, 기후, 새의 이동에 이르기까지 면밀하게 조사했다고 한다. 19살의 그는 이 시점에서 자신이 갖고 있는 재능과 정의감과 사회관 그리고 정열 모두를 쏟아 부어 이 시를 썼다는 것이다. 일본에 의해 짓밟힌 조선민족에 국제 연대의 마음과 스스로의 희망을 가탁하여 완성한 것이 '간도 빨지산의 노래'라고 기술한다.

도요타 아리쓰네(豊田有恒, 1938-)

도요타 아리쓰네는 작가로, 『계간 삼천리』제7호(1976년, 8월)에 「일본인의 조선 이해」라는 글에서는 'NHK 조선어 강좌 개설 요구'와 관련한 자신의 견해를 밝히고 있다. 조선고등학생과 고쿠시칸(国士舘)고등학생들 사이의 충돌이 일어난 사건을 소개한다. 몇 년 전부터 유사한 사건이 잇달아 발생한다는 것이다. 그럴 때마다 신문 투고란에도 일본인의 양심적인 목소리가 나오곤 했다고 그 내용을 소개한다. 투고 취지는 대체로 '조선인을 이지메하지 말자'는 것으로 대부분이 글이 투고되는 것을 보

155

면서, 도요카 아리쓰네는, 조선을 알고자 하는 마음 없이 단순히 일본인으로서 소수민족을 차별하지 말자는 말은 그저 동정심이나 자기만족적인 감정이라고 표현한다. 일본인을 위해 조선에 대해 기본 이해를 키워나가야 한다는 것으로, 정치, 경제, 문화, 역사, 언어 등 모든 분야에서 커다란 공백을 메울 필요성을 논한다. 후쿠자와 유키치(福沢諭吉) 이래의 서구지향, 이 논리에 의해 동아시아 세계를 얕보는 사이에 유난히 이 이웃 나라에 대한 무지와 몰이해가 조장된다는 것이다. 일본인 측에는 일제시대의 속죄감이 항상 따라다니고, 묘한 동정론이 선행하는 경우가 존재하는 것이 많다고 보았다. 그렇기 때문에 일본인을 위해 조선을 안다는 목표가 지금까지는 잊고 지내온 것이라고 논한다. 그로 인해 돌발적 이슈 때만 조선의 존재를 떠올리고, 한일 양 민족은 각각 별개의 문화와 전통을 가진 이민족임을 다시 한번 확인하고, 일본인의 입장에서 조선 이해가 필요하다는 점을 기술한다.

도키야 히로코(土器屋泰子, 생몰년 미상)

도키야 히로코는 삼천리의 편집자이다. 『계간 삼천리』제11호(1977년, 8월)에 「조선어와의 만남」이라는 제목을 글을 게재했다. 이 글에서는 '사람'과 '사랑'이라는 한국어 단어를 처음 접했을 때의 느낌, 야학의 재일조선인 할머니들을 알게 된 이후 한국어 학습의 필요성을 절감했던 일을 이야기하고 있다. 도키야 히로코가 조선어를 배우고 싶다고 느끼게 된 것은 오사카(大阪)의 야간학교에서 일본어를 배우고 있는 조선인 할머니들의 수업을 견학하면서부터였다고 한다. 그녀들은 손자에게 편지를 쓰고 싶은 것이 일본어를 배우게 되는 동기였는데, 그 이외에도 시청이나 은행에서 자신의 주소, 이름을 일본어로 쓰지 못해 어려움을 겪은 이야기, 채소가게 상품의 가격을 읽지 못한 이야기 등을 들을 수도 있었다고 적고 있다. 도키야 히로코는 일본어 수업을 듣고 집으로 돌아가는 할머니들의 모습을 보면서 조선어로 작별인사를 하고 싶은 마음이 들었다고 한다. 그리고 할머니들은 자신을 어떤 사람으로 생각할까를 생각해 보면서, 조선을 알지 않으면 안되겠다고 느꼈다고 한다. 도키야 히로코는 여전히 조선어의 '사람'과 '사랑'에서 'ㅁ'과 'ㅇ'의 차이를 생각하고 있지만, 할머니들과 인사를 나눌 수 있도록 노력하고 싶다는 내용을 기술한다.

마부치 사다토시(馬淵貞利, 생몰년 미상)

마부치 사다토시는 도쿄가쿠게이대학(東京学芸大学) 특임교수를 지냈다. 전공은 조선근현대사이다. 대표 저술로는 조경달 등과 함께 편집한 『조선인물사전』(1995년), 나카쓰카 아키라(中塚明)와 함께 『왜 조선은 식민지화 되었는가:「조선문제」학습·연구 시리즈』제51호(1996년) 등이 있다. 『계간 삼천리』제49호(1987년, 2월)에는 「데라우치 다사타케와 무단정치」라는 제목으로 식민지시기 무단정치가 가진 성격에 대해 기술하고 있다. 무단정치란 무력을 통해 전제적으로 시행하는 정치를 말하는데. 이 용어는 『사기』의 '향곡(鄕曲)에 무단(武斷)한다'는 말에서 그 기원을 찾았다. 그런데 어떤 의미에서 데라우치나 하세가와 총독으로 이어지는 식민지지배가 '무단정치'라고 불리게 된 것일까. 이에 답하기 위해 마붙이 사다토시는, '헌병경찰제도'를 낳은 데라우치의 역사적 역할을 기술한다. 일본이 조선지배에 대해 정당한 것이었다고 주장하거나 찬미하는 사람들은 데라우치를 높게 평가한다. 그 이유를 보면, 당시에는 일반민중이 이해하지 못하는 '조선의 특수한 사정'이 있었고, 이에 따라 '조선만의 독특한 제도'가 실시된 것이라는 논리를 전제로 한다. 그리고 여기서 말하는 특수한 사정이란 무엇인가인데, 여기서 데라우치라는 개인의 '온정'과 '세심함'이 베풀어진 것이라고 논한다. 다시말해서 데라우치의 성정이 강조되고, 무단 정치가 그 때문에 나타난 것이라고 표현한다는 점을 문제삼았다. 마부치 사다토시는 만약 데라우치의 성정이 그러하다 하더라도, 그것을 강조하면서 식민지지배를 정당화 하는 것이 갖는 일방성을 비판적으로 다루었다. 이것이 데라우치의 한국통치를 해석하는 하나의 논리이며, 식민지지배의 논리적 기초를 형성한 근원이라고 해독한다.

마사키 미네오(正木峯夫, 미상)

마사키 미네오는 고등학교 선생님이다. 부락해방동맹의 멤버로 활동했다. 퇴직 수 조선인 유골 발굴과 봉환(奉還)에 관여했다.『계간 삼천리』 제32호(1982년, 11월)에 「'히로시마(広島)'와 교과서 문제의 저변」이라는 제목의 글을 실었다. 이 글은 교과서 검정으로 생긴 문제를 국제화의 시각에서 기술한다. 교과서에 표기되는 표현들이 '진출'이냐 '침략'이냐 라는 종류의 문제로 끝날 것이 아니라, 국제연대의 의미가 무엇인지에 대해서도 논한다. 특히 재한피폭피해자의 문제를 가타카나로서의 '히로시마'와 지명으로서의 '히로시마'의 차이를 통해 국민국가의 문제로 확대하여 기술한다. 즉, '침략'인가 '진출'인가가 단순하게 '언어의 돌림' 논의로 끝난다면 무엇을 말하는가라고 생각할 수 있는데, 그 평계의 예로서 '히로시마(ヒロシマ)'인가 '히로시마(広島)'인가라는 예를 든다. 이 것은 이미 빠져버린 함정이라고 해야 할 것으로, '히로시마'는 국제평화도시, 반핵의 사인 회장(會場)이라는 '히로시마'가 되었다. 그러나 그 국제화를 바란 나머지 군사도시 히로시마, 조선침략의 최전선 기지, 청일

전쟁 이래 대본영 의식, 그리고 그 지역에서 8월 6일을 맞이한 조선인(혹은 그 외의 외국인)을 포함한, 피폭도시 '히로시마(広島)'를 지금까지 언급해 왔다고 생각하지는 않는다고 논한다. 히로시마를 단순한 지명으로 조건반사적으로 사용하는 것을 반성하는 것이다. '히로시마'야말로 재한 피폭피해자 2만명의 존재를 잘라버릴 수 없는 국제연대의 기전이었음에도 불구하고 그를 잊고 있었다고 논한다. 재한피폭자에게 '히로시마(ヒロシマ)'는 '유일한 피폭 국민'이라고 말해 온 일본인에 대해 반발이 존재하지만, '히로시마(広島)'만이 살아있는 것을 문제시 한 것이다. 일본은 '세계 유일의 피폭국이라고 국가 전체가 요란을 피우면서 한국피폭자들에 대해서는 무엇을 했는가를 비판적으로 바라보아야 함을 기술했다.

마쓰기 노부히코(真継伸彦, 1932-2016)

마쓰기 노부히코는 작가이자 히메지도쿄대학(姫路獨協大学)의 교수를 역임했다. 대학에 근무하면서도 지속적으로 창작 활동을 전개했고 1963년에는 봉기(蜂起)를 소재로 한 역사소설을 집필했다. 불교의 본질을 탐구하는 소설가로서 사회문제나 정치운동에서 적극적으로 발언한 것으로 유명하다. 『계간 삼천리』제1호(1975년, 2월)에서 마쓰기 노부히코는 앙코르와트의 천국과 지옥의 부조(浮彫)를 예로 들어가며, 당시의 한일관계를 비롯해 일본과 동남아시아 등 여러 나라의 관계를 설명한다. 일본인의 고통은, 불행한 한국인의 고통과 차원이 다르다고 말한다. 마쓰기 노부히코 자신이 6년 전 오사카로 전근한 후 이쿠노구(生野区)의 재일조선인·한국인 거주지역을 보았을 때, 그리고 2년 전 6월 김지하 석방운동 참석을 위해 한국을 방문했을 때도 그것을 느꼈다고 한다. 조선과 일본의 관계에서도 볼 수 있다. 일본인에게 조선인은 끊을 수 없는 관계, 즉 임진왜란, 36년간에 걸친 식민지 지배, 그리고 한일조약 체결 이후의 경제적 수탈 등 항상 가해와 피해라는 천국과 지옥의 뗄 수 없는 관계에 있었다. 김지하의 말처럼 권력자 속에는 일본인도 포함되어 있다며, 권력자의 의미에 대해서도 기술한다.

마쓰모토 요시코(松本良子, 생몰년 미상)

『계간 삼천리』제13호(1978년, 2월)에는, 「나에게 있어 조선·일본」코너는 편집부가 독자와의 연대를 강화하기 위해 새로 기획했다. 여기에는 마쓰모토 요시코 외 5편의 글이 실렸다. 『계간 삼천리』제13호(1978년, 2월)에 마쓰모토 요시코는 「만남에 부쳐」라는 제목의 글을 집필한다. 이 글에서는 '나에게 있어 조선'을 주제로 역사교과서 속의 조선과 일본을 배우는 사촌동생의 이야기, 이조백자를 통해 조선 문화를 접하게 된 이야기 등을 담았다. 사촌 동생이 수학여행에서 간사이(関西)에 『일본 속의 조선문화』를 여행의 안내서로 삼았다는 내용이었다. 『일본 속의 조선문화』의 독자의 입장에서, 이 책을 통해 '조선과의 만남'이 시작된다는 것을 훈훈한 느낌으로 기술했다.

마쓰무라 다케시(松村武司, 1924-1993)

마쓰무라 다케시는 시인이다. 『계간 삼천리』제21호(1980년, 2월)에 「조선에 산 일본인-나의 「경성중학교」」라는 제목으로 글을 게재한다. 이 글은 마쓰무라 다케시가 1940년대에 식민지 경성중학교에 다녔던 과거를 기술하고 있다. 이 글을 쓰는 시점은 전후 35년이었다. 마쓰무라 다케시는 이 시간은 일본이 조선을 지배한 36년이 그대로 중첩되는 시간 길이라며, 그 길이를 중첩시켰다. 두 개의 시간은 각각 서로 다른 역사이지만, 두 개의 역사를 하나로 본다면(그 상상 가감법은 놀라운 것이 있긴 하지만) 70년이 된다고 논한다. 피지배와 해방이라는 서로 다른 시간이긴 하지만, 그 시간을 살고 기다린 자, 기다리지 못하고 죽어간 자 등, 수많은 사람들의 일생이 존재한 시간이라고 표현한다. 그 시간 속에 마쓰무라 다케시 자신의 개인사를 중첩시켜 회고한다. 그리고『계간 삼천리』제27호(1981년, 8월)에「5월 27일·도쿄」라는 제목으로도 글을 실었다. 이 글에서는 광주에 대한 단상을 떠올리며 식민지 지배자이자 일본인으로서 광주를 묘사했다. 마쓰무라 다케시는 서울에서의 경험과 그리움, 현실적 한계를 극적으로 서술했다. 마쓰무라 다케시가 기술하는 방식은, 광주의 사건이 아니라 사건 이후의 따라서 의연하게 연속하여 멈추지 않는 광주에 대한 '흐름'이었다. 그리고 마지막에는 자신이 일본인이라는 점을 의식하면서, 당사자가 아닌 입장을 어떻게 중첩시킬 수 있을까의 문제였다. 마쓰무라 다케시는 '나는 일본인이다. '나'를 '빈사의 부상자' 광주시민의 한 명인 누군가를 '기다린다'는 설정은 발상의 자유에 근거를 둔다고 하더라도, 지나치게 자의적'이라고 느낀다는 것이다. 그럼에도 불구하고 광주를 기억하는 것은 조선인이든 일본이든 상관없이 '역사 속'에 존재하게 된다는 것을 기술한다.

마쓰바라 신이치(松原新一, 1940-2013)

마쓰바라 신이치는 문학평론가이다. 구르메대학(久留米大学) 문학부 명예교수이다. 고베시(神戸市) 출신으로, 교토대학(京都大学) 교육학부를 졸업했다. 1964년「가메이 쇼이치로론(亀井勝一郎論)」으로 군조(群像) 신인문학상 평론부문을 수상했다. 좌익적인 입장에서, '내향하는 세대'의 논쟁에서는 내향 세대의 자폐성을 비판하는 논조를 보여주었다. 『계간 삼천리』제8호(1976년, 11월)에, 「중국과 일본, 조선과 일본」이라는 제목으로 게재했는데, 이는 일상에 존재하는 차별에 대한 문제를 재일중국인과 조선인을 연관시키면서 다루고 있다. 자신은 차별하지 않는다고 말하는 그러한 사람은 차별이나 편견이 만들어 온 역사의 고통스러움을 알지 못한다고 논한다. 마음속에 각인된 상처는 깊은 것이며, 타인이 중국인에 대한 멸시는 일본사회에는 없다고 말해 본들 당사자는 신용할 수 있는 마음이 들지 않는다는 점을 강조한다. 많은 재일조선인이 차별과 편견을 열거하는 '응석'을 거부하고, 견고하게 스스로 자립하려고 하고 있다고 표현한다. 응석이라는 아날로지는, 일본제국주의 통치의 악(惡)을 책망하는 것으로, 일본인의 원죄의식에 아부하는 것을 스스로 거부하려는, 즉 조선인으로서 자립하는 것이야말로 자기의 과제로 여기며 살고자 하는 것이 재일조선인의 노력이라고 논한다. 그것에 동조하고, 그것은 재일조선인이 재일조선인으로서의 자기를 제대로 응시하는 것이며, 이는 일본인이 아부하는 것이 아니라고 보는 내용을 기술한다.

마쓰시타 아키라(松下煌, 1928-2003)

마쓰시타 아키라는 '동아시아의 고대문화를 생각하는 오사카(大阪)의 모임'의 대표 간사를 역임했다. 『계간 삼천리』제29호(1982년, 2월)에 「조선문화와 나」라는 제목의 글을 실었다. 이 글에서 저자는 일본의 근대교육에서 가장 왜곡되어 최대의 희생이 되었던 것은 조선이라고 지적한다. 조선을 바르게 이해하고 정당하게 평가해야 일본 고대사의 파악은 비로소 정상적인 궤도에 오른다고 말한다. 1974년 4월에는 시작된 '동아시아의 고대문화를 생각하는 오사카(大阪)의 모임'을 소개한다. 이 모임에서는 일본의 고대사상(像)을 동아시아 전체의 지역에서 다시 보고, 이전부터의 일본중심사관(史觀)을 타파하자는 것을 목표로 삼았다고 한다. 학문으로서 역사를 전공한 것도 아닌 자신이 고대사에 마음이 끌렸던 것을 회상하고, 그 이유가 과거의 인간 무대에 대한 동경이 아닐까하고 답한다. 마쓰시타 아키라는 이 모임을 통해서 일본 고대사에서의 조선에 대한 부당한 과소평가의 사례를 수없이 알게 되었다며, 그 내용을 기술한다.

마쓰오카 요코(松岡洋子, 1916-1979)

마쓰오카 요코는 평론가이면서 번역가다. 패전 후에는 「부인민주(婦人民主)클럽」을 창설하고 위원장이 되어 여성해방운동 활동을 활발히 전개했다. 아버지 마쓰오카 마사오(松岡正男)는 경성일보사 사장이었고, 매일신보사 사장, 시사신보사 사장을 역임했다. 『계간 삼천리』제2호(1975년, 5월)에 「조선과 나」라는 글을 게재했다. 마쓰오카가 조선에서 살 때는 일본 조선총독부가 있고, 일본인이 있는 것은 당연한 일상이었다. 그것이 일본의 '상식'이었던 것이었다. 다이쇼기 일본에서 전승(戰勝)을 찬양하며 부르는 노래도 있었는데 조선은 후진국이었기 때문에 일본이 통치하지 않으면 안 된다고 믿도록 세뇌했는데 그것도 현실이었다. 그러면서 마쓰오카 요코는 자신이 본 실제 식민지조선은 후진국이었다고 논한다. 산들은 민둥산이고, 조선인은 자연을 소중하게 생각하지 않아서 이렇게 된 것이라는 설명에서라고 그 근거를 들었다. 경성의 조선인 거리는 일본인 거주지역과 달랐으며, 생활도 일본인과는 다르다고 생각했다고 적었다. 그러나 초등학교, 중학교가 일본인이 조선인과 별개로 되어 있다는 것에 의문을 갖지도 않았다고 한다. 그런데 조선의 일본인 사회는 '내지'에서의 생활체험과는 현저하게 달랐다는 점에 착안한다.

즉 '내지'에서 당연한 것이었는지도 모르지만, 조선에서는 피라미드에 의한 지배정책이 흐르고 있었다고 보았다. 그 후 일본을 미군이 일본을 점령했을 때, 느낌 것을 중첩시킨다. 즉 일본도 먹을 것조차 부족했던 혼란 상태 속에서는 아무리 청결하다고 해도 목욕하지 못하는 날이 많았다. 도쿄 중심가에는 미군병사를 상대하는 여성들이 넘쳐나고 이를 '비국민'이라고 비난하는 남성들에게, '전쟁에서 패한 것은 누구인데, 우리들이 외화벌이를 하는데 뭐가 나빠'라며 반박하는 광경을 목격했다고 적었다. 처음 보는 '일본'에 놀랐고, 불결하고 도덕관념이 없다는 것은 조선인의 민족성이라고 생각하고 있었는데, 반대로 일본도 불결한 사회라는 것을 알게 되어, 그 믿음이 와해되는 감정을 느꼈다고 적었다. 그리하여 도덕이란 무엇인가, 교양이란 무엇인가를 묻고, 그때까지 기대고 살았던 모든 인식의 기반을 되묻지 않으면 안 되었다는 것을 논했다. 맥아더를 우두머리로 한 미국사회는 조선의 일본인 사회를 상기시키는 것이었던 것이었고, 선의를 갖고 리버럴한 미국인이 그 군정(軍政)이 행하는 것에 대해 비판하고 분개하면 할수록 내 기분은 묘하게 깨어났다는 것이다. 그것이 조선에서 선의를 갖고 리버럴 하려고 했던 것의 의미를 다시 상기하게 되었다는 점을 기술한다.

마쓰이 야요리(松井やより, 1934-2002)

마쓰이 야요리(松井やより)는 도쿄 출신으로 도쿄외국어대학(東京外国語大学) 영미과를 졸업하고 아사히신문에 입사하여 사회부 기자로 활동했다. 신문사 재직 중에 1977년 「아시아여성 모임」을 설립하고 퇴직후 1995년 「아시아 여성자료센터」를, 1998년에 「전쟁과 여성에 대한 폭로 일본 네트워크」를 설립하고 대표가 된다. 아사히신문 재직 중 1984년

11월 2일의 석간지상에 강제 군 위안부 문제를 다룬 「일본인 순사가 강제 연행 21세 고국 따돌린다」라고 제목을 붙인 기사를 집필하기도 했다. 『계간 삼천리』제12호(1977년, 11월)에 「어떤 편지」라는 제목의 글을 싣는다. 이 글은, 일본의 사회운동가이자 여성운동가인 마쓰이 야요리가 인혁당 사건으로 사형을 당한 고(故)우홍선의 아내인 강순희에게 보내는 편지의 전문(全文)이다. 구체적으로는, 인혁당 사건의 내용과 강순희의 수기를 읽으면서 저자가 강순희를 위로하며 아시아 여성으로서 연대를 표명하고 있다. 그 중에서도 마쓰이 야요리는, '민족이나 국경을 넘은 우정이 있을 수 있다고 확신'한다며, '여성끼리의 경우'가 그것을 가능하게 할 수 있다는 점을 피력했다.

마에다 고사쿠(前田耕作, 1933-2022)

마에다 고사쿠는 미에현(三重県) 출신으로 1957년 나고야대학(名古屋大学) 문학부 철학과를 졸업했다. 미술사를 전공했다. 1964년 나고야대학 아프카니스탄 학술조사단의 일원으로 바미안(Bamyan)을 방문한다. 이후 아시아·오리엔트 지역을 필드로 삼아 연구하기 시작했다. 1975년부터 와코대학(和光大学)교수로 근무했고, 2003년부터 명예교수를 지냈다. 일본의 아시아 문화연구자이다. 『계간 삼천리』48호(1986년, 11월)에 마에다 고사쿠가 일본 내에서 갖고 있던 원체험으로서 재일조선인 이미지를 소개하면서 실제로 한국을 방문하여 얻은 자료를 통해 새로운 한일관계를 생각하는 내용의 글을 게재한다. '조선은 메이지 43년 8월 29일에 소칙(詔勅)에 의해 일본으로 병합되었다면 그 역사는 곧 신영토의 역사'(임태보, 『조선통사』)라고 기술된 내용으로 공부했는데, 제국대학 모두가 '국사과'로 편성된 것이 가진 문제점을 지적했다. 그것은 전후 40년의 세월이 지났지만, 이러한 역사관에 의해 자타에게 준 상처가 치유된 것이 아니라는 점을 알게 되었는데, 그것은 한국체험을 통해서였다고 기술한다.

마에다 야스히로(前田康博, 1933-2018)

마에다 야스히로는, 『마이니치신문(每日新聞)』 외신부 기자로, 박정희 정권 시절 서울 특파원으로 파견되어 근무했다. 『계간 삼천리』 제1호 (1975년, 2월)에 글을 게재한다. 글에는 '초조함'이라는 단어를 사용하고 있는데, 마에다 야스히로는, 한국에서 반일데모를 취재하면서 바로 이 초조감을 느끼게 되었다고 표현하고, 그 초초함이 무엇인지를 구체적으로 설명하는 방식으로 글을 전개한다. 즉 '초조한 감정'이 조선 문제를 생각할 때 머릿속에 떠오른다며 이 초조한 감정을 설명해 간다. 마에다 야스히로는 한국과 일본의 관계를 밀월시대의 시작이라고 표현한다. '사죄' 특사를 송영하는 두 국가 사이에는, 국가의 국민이 참가하지 않는 장소에서의 벌어진 '결탁'을 볼 수 있는데 그럼에도 불구하고 그 결탁이 삼엄한 상태에서 거행되어도 사상누각이라는 것을 알 수 있다고 비판적으로 논한다. 이렇게 해서는 새로운 시대를 맞이할 리가 없다고 논한다. 일제 36년간의 사죄가 고개를 드는 한편, 그것에 의지하려는 다른 한쪽이 존재하게 되는데 이것은 단순하게 정권과 정권의 유착을 지적하는 것이 아니라 '의존의 구조'를 한발도 빠져나가지 못한 것에 있음을 지적한다. 그리고 『계간 삼천리』 제3호(1975년, 8월)에 「김지하의 요청」이라는 제목으로, 김지하의 사형 판결 이후 죽음과 직면한 김지하에 대해 기술한다. 구체적으로는 한국에서의 김지하의 활동과 공산주의자라는 오명을 쓰고 수인의 모습이 된 김지하를 일본 대중들에게 알리고, 김지하가 일본인들에게 부탁하는 바를 전하며 일본인들의 행동을 촉구하는 내용이다. ① 먼 나라의 시인, ② 석방의 날, ③ 정치적 상상력, ④ 각오하고 있던 수난, ⑤ 커뮤니스트, ⑥ 수갑의 의미, ⑦ 일본인에 대한 요구 등의 7개의 주제로 구성되어 있다. 『계간 삼천리』제4호(1975년, 11월)에는, 「깊은 침묵과 체관의 서울」이라는 제목의 글을 싣는다. 즉 1975년 한국을 방문하여 '김대중 납치 사건', '대통령 저격 사건' 처리 과정을 보면서 느낀 한국의 엄혹한 상황과 한일 관계의 비정상성을 기술한다. 그리고 『계간 삼천리』27호(1981년 가을, 8월)에 「특집: 새로운 '한미일체제'」라는 글을 싣는다. 지속적으로 마에다 야스히로는 신문기자답게, 심화되는 한일 정재계 유착을 비판적으로 기술하는데, 여러 반대들이 있어 한일외상회담은 연기되었으나 양국의 정·재계인의 교류는 6월에 들어서 본격적으로 재개된다. 스즈키 친서를 준비한 아베 신타로 자민당 정조회장 등 9명이 같은 달 중순에 방한하여 수뇌회담을 조정하는 것 외에 10일에는 한일의원연맹의 한국 측의 인사 197명이 결정되어 19일에 처음 대표단이 방일하게 된다. 김윤환 간사장을 적극적으로 대일방문이 추진된다. 이들 대부분 40대 신진의원과 서울의 유력지의 전(前) 주일 특파원으로 일본어를 자유롭게 구사하는 지일파로 구성했다. 그 외 전두환 대통령과 육사동기(제11기)의 권익현 의원, 여당의 유력인사인 전 KCIA 출신의 윤석순 의원, 김대중 재판에서 재판장을 역임한 류근환 의원(퇴역중장)등을 포함하여 전두환 정권과 일본정부당국, 재계, 정계, 언론계, 군부를 연결하는 강력한 파이프 역할을 형성했다고 논한다. 이러한 한일의 새로운 관계는 정당성이 없다고 논하고, 일본의 여론도 군정을 기피를 하고 있는 것이 실정이라고 논한다. 양 국민의 지지를 제외한 정부 간 관계의 회복이나 긴밀화는 뿌리 없는 식물이라고 논한다. 양측의 지도자가 국민의 앞에 당당히 왕래하고 진정한 평화와 안전을 합의해야 할 필요가 있음을 강조한다. 양 국민이 부재한 상태에서 새로운 '한일 유착구조'가 생겨난 것이라며 비판적인 글을 기재한다. 그리고 『계간 삼천리』제32호(1982년, 11월)에 「민족의식의 변혁기를 맞이한 한국」이라는 글을 싣는다. 1982년 여름은, 1945년 여름 이래 전후 일본이 구축해 온 '평화를 희구하는 나라'라는 이미지를 국제적으로 크게 실추시키고 있음을 논한다. 일본의 역사교과서 기술이 태평양전쟁 시기에 아시아 각국 침략 행위를 사실로 인정하지 않고, 비참한 전쟁을 일으킨 책임을 회피하고 있다고 하여 중국이나 조선반도, 아시아 각 민족으로부터 비난을 받고 있기 때문이었다. '역사 왜곡' 문제는 군국주의적인 이념, 국가지도 방침 아래 타민족은 말할 것도 없이 자국민을 전쟁 희생자로 만든 '군국 일본'이 37년간을 거쳐 재등장하고 있다는 전조로서 근린 여러 나라의 강한 대일 경계심을 환기시키는 역할을 한다고 논한다. 전후 전력(戰力) 포기를 근거로 '과거의 잘못을 반성하고, 금후 국가 만들기에서 국제사회의 신뢰를 회복한다'는 것에 전념해 온 일본인은, 아직도 '군사대국으로 걷는 국가'라는 외부의 오해 혹은 의혹을 풀지 못하고 있음을 비판적으로 기술한다. 이러한 면에서 전후 37년 사이에 어딘가에서 '나라 만들기'의 길이 일그러져왔는가가 보인다고 말한다. 그것은 일본의 민주주의 체제 성숙도를 근저에서 다시 물어야 하는 상황으로, 역사 왜곡 문제는 타국으로부터 지탄(指彈)을 받을 필요까지 없고 일본인 스스로가 고발하여 엄연하게 시정해 가야 할 문제라고 말한다. 82년 여름은 근린 여러 나라 특히 조선반도 혹은 중국과 일본과의 관계는 금후 어떻게 될 것인가를 일본국민에게 재고시키는 원점이 되는 시기라고 보고, 이에 대한 내용을 기술했다.

모노노베 나가오키(もののべ ながおき, 1916-1996)

모노노베 나가오키는 수학자이며, 시민운동가이다. 학생시절에는 대학에서 결성된 마르크스주의 연구 서클인 사연(社研)에서 활동했다. 이후 공산당에 입당하는데, 당 중앙부를 비판하면서 탈퇴한다. 이후 '베트남 반전 데모'에 참가하기도 하고, 베헤렌(ベ平連, 베트남에 평화를! 시민연합) 운동을 담당하기도 했다. 모노노베 나가오키가 만난 조선인들을 소개하는 형식으로 전개하고 있으며, 조선어를 공부하게 되는 과정을 소개하고 있다. 『계간 삼천리』제9호(1977년, 2월)에 「나의 조선어」라는 제목의 글을 실었다. 모노노베 나가오키 자신이 닛포리(日暮里)에 살고 있던 조선인들과의 교류하던 추억을 통해 정신상의 평등이 무엇인가를 기술한다. 그 근거의 하나로 조선어가 자신의 입에서 나온 것은 이 평등 관계가 음성(音聲)으로 이행한 것이라는 레토릭을 가져온다. 그리고 형사의 눈을 피해 자신이 함께 했던 조선인과의 교류는 반대로 자유롭고 평등한 것이었고, 그것이 조선어 자습의 원형이 되었던 것이라고 소개한다.

모리 레이코(森禮子, 1928-2014)

모리 레이코는 소설가, 극작가로 후쿠오카시에서 출생했다. 1950년 규슈문학에 참가하여 '레엔느가 있는 풍경'을 발표했다. NHK후쿠오카 방송국 작가 그룹의 멤버가 되어 방송작가로도 활동했다. 『계간 삼천리』제36호(1983년, 11월)에 「오타 줄리아」라는 제목의 글을 실었다. 이 글에서 모리 레이코는 오타 줄리아라는 작품을 쓰게 된 동기와 한국 방문의 경험을 서술하였다. 모리 레이코는 우선 역사적 사실과 함께 조선인과 크리스천을 떠올리며 오타 줄리아를 구상한 이유를 설명한다. 오타 줄리아 이름은 일본에서는 알려져 있지 않은데, 이 ① 오타 줄리아(오타아는 일본에서 부르는 이름. 오타 줄리아는 크리스천이 된 후에 붙여진 이름)는 어린 시절 임진왜란을 만나 조선에서 일본을 끌려왔다. ② 고니시유키나카(小西行長)부인에게 양육되어 그 곁에서 시중을 들었다. ③ 세키가하라 전투에서 고니시 가족이 멸망한 후 1605년 경 도쿠가와이에야스가의 어물꾼으로 일했다. ④ 크리스찬이었기 때문에 이에야스가 기독교 금지를 하게 된 1612년 3월 오시마섬으로 흘러들어왔다. ⑤ 그 후에 니지마섬으로 이송되었다. 이것이 전체 스토리이다. 모리 레이코는 이러한 자료를 통해 오타 줄리아를 분석하고, 그녀의 모습 가운데 사회적으로도 형이상적인 의미에서도 현대를 관통하는 주제가 잠재되어 있는 것은 아닌가를 피력했다.

모리사키 가즈에(森崎和江, 1927-2022)

모리사키 가즈에는 식민지시기 조선 대구에서 태어났다. 1947년 후쿠오카현(福岡県) 여자전문학교(女子專門學校, 현 후쿠오카여자대학) 보건과를 졸업했다. 전시기에는 군대에 동원되었었고, 결핵에 감염되어 전후 요양 생활을 보내게 된다. 이후 1950년 마루야마 유타카(丸山豊)가 주재하는 『모음(母音)』 멤버가 된다. 1958년 다니가와 간(谷川雁), 우에노 (上野英信)과 함께 문예잡지 『써클촌(サークル村)』을 창간하기도 했으며, 여성교류 잡지인 『무명통신(無名通信)』을 간행했다. 이후에는 후쿠오카를 조사 근거지로 삼아 탄광, 여성사, 해외 매춘부 등에 대한 논픽션 글을 집필한다. 『계간 삼천리』14호(1978년, 6월)에 「역사 속의 일본과 조선-어느 조선에의 작은 길」이라는 제목의 글을 개재한다. 사실 이 글은 10년

전에 쓰다가 멈춘 것을 다시 집필한 것이다. 그 일부는『변경』(1971년 1월)에「활자의 앞, 활자의 뒤」로 발표했다. 또『이족의 기원』이라는 단행본에도 수록되었다. 오사카 긴타로(大阪金太郎)에 대해 집필한 것으로, 조선으로 건너간 일본인이었다. 한일병합 전에 도한 한 일본인이었다. 모리사키 가즈에의 선생님인 오사카 긴타로는 메이지(明治) 30년대 아시아의 긴박감과 우치다 료헤이(內田良平) 등에 대해 알려주었다고 한다. 이를 통해 모리사키 가즈에는 일본 민중의 아시아 개안사의 일부라고 해석했다. 일본 민중의 아시아관의 계보와 그 원천을 알기 위한 실마리의 하나라고 소개한다. 오사카 긴타로의 조선관이 갖는 내용의 골자는 다루이 도키치(樽井藤吉)의 '대동합방론'에 가까운 것이었다. 한일병합 이전의 조선은 종주국 청국의 약화에 동반하여 러시아나 일본을 선택할 수 밖에없는 입장이었다는 것이다. 즉 스스로의 입국(立国)적 여지는 없었다고 보았다. 또한 나가노 텐몬도, 우치다 료헤이는 천황제 하에서 평등합병을 바란다는 것이었지만, 군부의 대두에 의해 전적인 식민지화에 내몰렸다고 시대를 해석했다. 그러니까 다루이 도키치, 나가노 텐몬도, 우치다 료헤이 등의 논리 속에 일본 민중의 아시아 개안(開眼)의 논리가 있었고, 그것이 일본 국가의 근대화와 평행적으로 진행했다는 것이다. 물론 그렇다고 해서 사람들의 개안이 반드시 단일한 것은 아니었음은 말할 것도 없다. 이런 점을 들며 모리사키 가즈에는 오사카 긴타로가 가진 조선과 일본의 관계는 지금에서 보면 국가악과 궤도를 같이 한 점에 있었다. 이는 지금 살고 있는 우리들이 그런 것과 마찬가지라며, 그 한계성을 현재적 시점에서 비평적으로 기술했다. 그리고『계간 삼천리』제50호(1987년 여름, 5월)에는, 한국에 시집을 간 일본인 여성에 대해 글을 게재한다. 전전과는 달리 일본 여성이 한국에서 살고 있는 모습과 '가교'의 역할에 대해 적고 있다. 한국에서는 결혼 한 후에도 여성이 옛성을 그대로 사용하기 때문에 그것이 일본과 어떻게 다른지를 설명하는 글이다. 한국으로 시집을 간 일본 여성은 일본에서 사용하던 이름을 그대로 사용하며 결혼 생활하는 점이 흥미로 왔다는 것이다. 문화의 차이가 현실에서 나타나는 방식을 설명한 것이다. 그리고 일본 여성이 한국에서 살면서, 식민지주의에 대해 다시 생각하게 되었다고 논한다. 즉 '옛날 일을 알게 되면서 한층 더 나는 양쪽 문화의 가교가 되고 싶다고 생각하게 되었다. 그렇게 생각하면서 한국의 젊은이들을 교육하고 있다'는 것이다. 이를 두고 '과거의 생활문화에 발목을 잡히지 않고 살 수 있는 시대'라고 말하고, 식민지주의를 만든 것 즉 사물이나 인간의 점령이 전혀 다른 문명이 자라게 한다는 점이다. 뿐만 아니라 국가를 넘어 진행되는 산업구조의 본질적인 변화와 함께 그것에 의해 인간 사회가 고도로 성장하고 있고 변화하는 것으로 오늘날은 어제까지의 사고나 생활 방법으로는 따라갈 수 없는 상황을 노정하고 있는 것으로, 이것이야말로 커다란 동시적 변화의 시대라는 점이다. 그렇게 보면, 과거처럼 타자나 타국을 침공해 얻고 싶은 권력이나 생산력을 통한 역사가 만들어지는 시대는 지났다는 것이다. 따라서 '다른 시각이 필요한 때'가 도래했음을 설명하고 있었다. 그것은 '인간의 생명'이라는 보편적 시각에서의 새로운 시대관이기도 했다. 그리고 『계간 삼천리』제36호(1983년 겨울, 11월)에는 「지구촌의 놀라운 아이」라는 제목으로 글을 게재했다. 이 글에서는 피식민자의 사회에서 식민지 극복을 위해 벌이는 투쟁이 비현실적인 '지식'의 세계에서만 느끼는 것이 과연 현실과 어떻게 다른지를 각성하게 해주는 내용을 적고 있다. 모리사키 가즈에는 자신이 매스컴에 종사하고 있는 관계로 한국의 민족 의식이 강하게 흐르고 있다는 것을 이해하고 있다고 논한다. 그러나 '왜 그것이 발생했는가' 하면 그것은 '조선총독부의 식민지 정부 정책에 저항하여 독립을 염원한 것'이었기때문이라고 해석한다. 독립 운동의 탄압 기록을 본 사람의 입장에서 '그렇다면 당신이 가해자라는 것입니까'라는 질문을 받기도 한다는 것이다. 모리사키 가즈에는 이에 '나는 그렇게 생각합니다. 당신은 어떻게 생각하십니까'라고 답한다는 것이다. 그리고 추가적으로 '식민지 일본인의 아이들이 자신의 세계에서 세상을 객관적으로 볼 수 없었던 것은 그 시대만의 이야기가 아니다. 당신의 아이도, 지금의 나도 조금도 다르지 않다고 생각한다'고 말한다. 그것은 '세계는 지구촌이 되었지만, 인간의 시점은 잠자리의 눈처럼 복안이 되지 않는다'며, 현재 아시아에서도 많은 사람들이 죽어가고 있지만, 그것을 알고 있으면서도 우선은 일본과 일본 국민의 평화가 중요하기 때문'이라며 이에 신경을 쓰지 않고 국가의 정책으로도 반영되지 않는다는 점을 지적한다. 그러한 국가의 문제는 피식민지 경험을 한 한국도 마찬가지로 해방 후 한국 정책이 메이지 유신 이후의 일본처럼 단일민족, 민족의식의 고양이라는 일체의 파편에 의해 이루어지는 것이 걱정이라고 논한다. 즉 한국도 일본을 보는 것만으로는 충분하지 않다는 점과 그것을 극복하고 아시아를 보는 눈으로 다민족이 혼재한 민족국가의 미래를 모색하는 시점이 필요하다고 논한다.

모리타 모에(森田萌, 생몰년 미상)

모리타 모에는 『계간 삼천리』제16호(1978년, 11월)에 「현대어학숙(現代語学塾)」이라는 제목으로 글을 실었다. 이 글에서는 조선어 학습의 효용과 목적을 이야기하고 현대어학숙에서 조선어 학습의 경험 등에 대해 이야기한다. 그 내용을 보면 저자는 조선인을 '적'이라는 표현을 하며, 일본인과 조선인의 차이에 대해 그렇게 시작한다. 즉 적과 같은 책상을 써야 하는 일을 그렇게 표현했다. 첫날은 긴장되었지만 이내 적대관계는 해소되었고 그들과 나는 같은 세계의 사람이 되어 버렸다고 표현한다. 이러한 경험을 통해 자신은 자신의 세계가 넓어지게 됨을 느꼈다는 것이다. 그리고 조선어를 배운 이후에는 자신의 세계가 더 넓어짐을 느꼈다고 말한다. 조선어 학습 시작 이후, 2년 정도 지나서 현대어학숙을 알게 되었고, 동기부여를 받았다고 한다. 그리하여 현대어학숙을 통해서 다시 한 번 나의 세계가 넓어질 수 있었다고 말한다. 이 현대어학숙에는 다양한 사람이 다양한 목적으로 조선어를 공부하고 있으며, 현대어학숙에서 공부를 시작해 서울에 유학가도 될 정도의 실력을 쌓은 사람이 있으며, '현대어학숙은 내 마음의 오아시스'라며 회식에 열심히 참여하는 사람도 있다며 그 다양성을 말한다. 그러면서 자신은 현대어학숙에서 공부하게 된 것을 계기로 현재 일본과 조선의 모순적 관계지만, 그것을 풀어갈 방법의 시작으로 조선어 학습에 있다고 논한다.

무라마쓰 다케시(村松武司, 1924-1993)

무라마쓰 다케시는 시인이다. 일제 식민지시기 조선 경성에서 태어나 1944년 징집으로 경성부 사단에 입대한 경험을 가졌다. 1945년 10월 가족과 함께 야마구치현(山口県)으로 히키아게(引揚)했다. 그 후 일본에서 시인으로 활동하기 시작했으며, 한센병자와 교류했던 문인이나 시인들과 교류하고, 자신도 한센병자와의 만남을 시로 엮어 출판하거나 한센병 관련 문학 서적을 출판하기 위한 출판사도 설립했다. 한일과거사 문제에도 적극적으로 관여했고, 조선인 한센병 환자가 지은 시에 대한 해설 작업을 했다. 대표적인 작품으로는 『조선식민자: 어느 메이지인(明治人)의 생애』(1965년), 『조국을 가진 자와 못 가진 자』(1977년), 『아득히 먼 고향: 나병과 조선 문학』(2019년) 등이 있다. 『계간 삼천리』제47호(1983

년 가을, 8월)에는 나병환자들의 요양시설을 찾아가 거기서 만난 재일조선인들과 그들의 창작 시에 대한 내용을 소개했다.

무라카미 기미토시(村上公敏, 생몰년 미상)

무라카미 기미토시는 『계간 삼천리』제19호(1979년, 9월)에 「3인의 중국계 조선인」라는 제목으로 글을 실었다. 이 글은 저자인 무라카미 기미토시(村上公敏)가 실명을 표기하지 않은 3인의 중국계 조선인(B, D, S씨)을 만나면서 느낀 감정과 그들이 조선에 정착하게 된 배경에 대해서 그들의 입을 통해 설명하면서 아시아의 정치가 초래하고 있는 민족적, 인간적 균열의 넓이, 깊이, 다양함 등을 논한다. 무라카미 기미토시는, 오사카에 살기도 했고 종종 재일조선인과 접할 기회도 많았으며 또 어렸을 때와 성인이 된 후에 각각 한번 조선을 여행한 경험도 있다는 점에서 조선인과 일본인에 대하여 생각할 수 있는 기회가 많은 일본인이었다고 말한다. 그러면서 색다른 경험을 하게 되었는데, 그것을 소개한다. 그 중 하나는 중국계 조선인(한국 국적을 가진 중국인)과의 만남이며, 이하는 그 세 사람과의 교우 기록이었다. 전자의 중국계 조선인과의 만남은 난민 유출의 여부나 반대로 수용, 취급의 시비와 같은 정치적 해결책을 생각하기 이전에 그 아시아의 정치 자체가 초래하고 있는 민족적, 인간적 균열의 넓이, 깊이, 다양함에 대해 생각해 보는 계기가 되었다고 논한다.

무라카미 후사에(村上芙沙江, 생몰년 미상)

무라카미 후사에는 『계간 삼천리』제13호(1978년, 2월)에 「조선어를 배우기 시작하며」라는 제목의 글을 게재했다. 이 글은 독자인 무라카미 후사에가 자신의 조선어 학습과 조선 여행에 대한 꿈을 기술했다. 특별한 계기가 있어서 조선어를 배우겠다고 생각한 것은 아니지만, 해외여행이 유행이기도 하고, 외국어 하나쯤은 해봐야하지 않을까 하는 막연한 생각에서 였다고 한다. 그리고 무엇보다 가장 가까운 나라인 조선이라면 적은 돈으로 해외여행도 가능하지 않을까 생각했다는 것이다. 그런데 막상 한글 공부를 시작해보니 한글만이 아니라 역사나 문학도 알아야겠다는 생각이 들어 난처함을 느꼈다고 한다. 그래서 느낀 것은 한국에 익숙해지는 훈련을 해야겠다는 내용으로, 2년 정도 산다고 해서 한국을 다 알 수 있는 것은 아니라며, 앞으로 한국어를 배우려는 기대감을 피력하고 있다.

무로 겐지(室謙二, 1946-)

무로 겐지는 일본의 평론가로 대학 재적 중 베헤렌(ベ平連)에 참가하였다. 그 후 김지하의 구명활동을 벌였고 김지하의 영어시집을 출판하기도 하였다. 『사상의 과학(思想の科学)』편집대표 등을 역임한 후 80년대 후반부터 미국에 정착, 1998년에 시민권을 취득하였다. 『계간 삼천리』제22호(1980년, 5월)에 「천 엔 지폐 속의 안중근」이라는 제목으로 글을 실었다. 이 글에서는 하세가와 가이타로(長谷川海太郎)가 일본에서는 금기시 되어 있는 안중근을 주인공으로 한 작품을 남겼음을 소개하고 이토히로부미와 일본 근대를 제대로 이해하기 위해서는 안중근에 대한 관심이 필요함도 지적한다. 무로 겐지는, 소설가 하세가와 가이타로의 팬이었는데, 하세가와가 1931년의 『중앙공론(中央公論)』에 다니 조지(谷譲次)라는 이름으로 이토 히로부미(伊藤博文)를 하얼빈에서 저격하여 살해한 안중근을 주인공으로 한 희곡을 게재한 것을 읽었다고 한다. 하세가와 가이타로는 홋카이도에서 자라나 미국에서 소수민족으로 살다가 선원으로 태평양을 넘어 중국, 조선을 거쳐 일본에 돌아온 인물이다. 미국에서는 잠깐 노동운동에 관계하기도 했으며, 그는 일본인이면서도 일본인이 아닌 채로 일본에 돌아와 작품 활동을 한 것이라고 논했다. 이러한 그의 인생 역정으로 인해 안중근을 다룰 수 있었던 것이었는지 모른다고 무로 겐지는 적었다. 하세가와 가이타로 쓴 '안중근'은 러시아 소설에 등장하는 테러리스트와 유사한 부분이 있을 것 같기도 하다. 조선인이 이 소설을 읽는다면 기묘한 기분이 들 것이라고 말한다. 그러면서 무로 겐지는, 천 엔 지폐에는 없지만 이토히로부미 초상의 아래에 안중근의 초상이 인쇄되어 있다고 상상할 때 일본 역사 가운데 이토 히로부미는 우리들의 눈앞에 생생히 드러나고 그때 역사는 정확한 의미를 가질 것이라고 논한다.

문경수(文京洙, 1950-)

문경수는 이와테현(岩手県) 출생으로 동인지『나그네』를 연 1회 발행하고 있으며 '자이니치' 문제에 관해 쓰고 있다. 문경수는 재일한국·조선인 2세로서 정치학자이다. 리쓰메이칸대학(立命館大学) 국제관계학부 교수로 재직 중이다. 전공은 한국정치사이다. 주요 저서로는『제주도 현대사-공공권의 사멸(死滅)과 재생』(2005년),『한국 현대사』(2005년),『재일조선인 문제의 기원』(2007년),『제주도 4·3 사건』(2008년)이 있다.『계간 삼천리』에는, 전후 일본의 고도성장기가 만들어 낸 일본인들의 세계관에 대해 적었다. 그리고 그러한 문제가 배경이 되어 일본인들이 타자와의 교류에서 문제점을 갖게 되었다는 점을 기술했다. 그리고『계간 삼천리』제44호(1985년, 11월)에서는 가나가와현(神奈川県)의 외국인 실태조사(1984년 여름)에 관여한 사람들의 체험담을 기술하는 방식으로 집필했다. 당시 조사 대상이었던 재일조선인 측의 의견을 다루고, 좌담회를 마련하여 실태조사 및 조사결과에 대해 느낌점을 논하면서, 재일조선인의 상황을 기술했다. 그리고『계간 삼천리』제50호(1987년, 5월)에는 고도성장이 가져온 일본인들의 의식변화를 기술하고, 그 특징의 하나로서 나타난 것이 '일본인이 다시 민족적 자신감을 되찾는 계기'였다고 분석했다. 이는『현대일본인의 의식구조』라는 저서에서도 분명하게 나타난 것으로, 실체적인 자료를 근거로 했다. 일본인들은 경제대국의 일원으로서 자긍심을 갖고 행복감이 절정에 다다르고, 외국 특히 가난한 나라들에 대해 멸시와 모멸의 풍조가 눈에 띄게 나타났다고 기술한다. 그렇지만, 그러한 대국의식의 배후에는 일본인들이 개체화 되어버린 개인의 황량한 내면세계의 표출이라고 분석한다. 테크놀로지 세계에서의 소외감, 편차 사회의 경쟁 압박 그리고 과밀 도시에의 불안과 무력감 등등이 그것이다. 그런데 이러한 일본 사회에 사는 재일조선인의 내면도 이것에 영향을 받고 있으며, 재일조선인의 내면을 좀먹고 있다고 보았다. 그 중에서 고도성장에 의해 나타난 것이 '사생활 중심주의'라는 풍조였다. 이를 문경수는 공동체로부터 해방된 개인의 의식이 '사회에의 확대나 사회와의 관계를 단절한' 닫힌 '소우주'에 '매몰'되어 가는 것이라고 표현했다. 달리 말하자면 전전의 '국체'나 공동체로부터 개인의 자립은 '전후 민주주의'가 내건 기치 중 하나인데, 자립한 '나'의 일상적 관심이 '공(公)=사회'와 거리를 두면서 타자와 단절한 '사생활'에 자아를 고정시키는 것이 고도성장 이후 개인의식의 특징으로 나타난 것이라고 분석했다. 그것은 사회적 주체로서의 시민상과는 거리가 먼 것으로, 고도성장은 그런 식으로 사람들의 의식을 '사생활'이라는 좁은 틀 속에 가두는 것이었고, 물질적인 풍족함이 국제화라는 것으로 연결되어 버렸다고 해석한다. 그러나 국제화란 사람들의 생활과 생활이 국경을 넘어 긴밀하게 연결되는 것으로, 함께 손을 잡고 살아가자는 논리가 전지구적으로 확산해 가는 것을 가리키는 것이어야 했다. 다른 의미에서 고도성장은 경제생활의 국제화라는 국경을 넘어 생활자끼리가 넓은 시야에 서서 연대할 수 있는 혹은 연대하지 않으면 안 되는 조건을 만들어 내고 있었다. 그럼에도 불구하고 일본은 '사생활주의'가 풍미하게 되고, 개인은 오로지 생활상의 편리나 쾌적함을 추구하는데 초점이 모아졌다. 그래서 지금은 이러한 상황에 의해 생겨난 괴리를 어떻게 메우고 이웃 사람들 뿐 만이 아니라 눈에 보이지 않는 타자의 역사적 공감에의 상상력을 어떻게 기를 것인가의 문제에 직면해 있음을 논했다. 이후 『계간 삼천리』 제39호(1984년 가을, 8월)에 「'재일'에 대한 의견」이라는 제목으로 글을 싣는다. 이 글에서는 재일조선인의 정주화 현상과 그에 따른 재일조선인이 삶의 방식에 대한 변용에 대한 논점들을 정리했다. 특히 재일조선인의 '정주화'의 진전은 '이념적인 것'과 '생활적인 것' 사이의 괴리를 심화시켜왔다고 보고, 이 괴리의 문제가 역으로 재일조선인의 '정주화' 문제를 자각적으로 논의하게 만들었다고 해석한다. 1970년대 중반부터 나타난 현상인데, 이러한 현상들은 히타치 취직차별 재판, 오사카와 가와사키(川崎)에서 행정차별 반대 운동 전개 등등 기성의 조직적 움직임과는 차원이 다른 생활권 옹호 운동이 구체적으로 나타나는 점 등을 들었다. 문경수는 이러한 현상을 재일조선인의 정주화와 연결하여 해석했고, 정주화라는 현실이 낳은 혼미함이며, 그 속에서 새로움을 찾으려는 모색의 형태라고 기술한다. 전후를 보내면서 한일조약(1965년)과 남북공동성명(1972년)의 시대를 축적했지만, 조국의 통일은 요원하고, 그러는 사이에 '재일'은 '재일' 나름대로의 역사를 축적해 온 왔음을 논한다. 그리하여 재일조선인의 3세, 4세는 교육 문제가 더 심각해지고, '재일'이 가진 종래의 모습에 대해 근본적으로 생각하게 되었다고 보았다. 즉 재일이 '전기'를 맞이하고 있는 시기이며, 재일조선인 운동은 과연 어떤 새로운 방향으로 나아가야 하는지, 논쟁들이 나타나게 되었음을 밝혀냈다. 논쟁의 쟁점이 '정주화'의 인식, 사카나카(坂中) 논문 평가, 민족교육 모습, 일본인의 조선 문제에 대한 관여 방식 등이고, 이러한 문제제기 내용들을 기술했다.

미야가와 도라오(宮川寅雄, 1908-1984)

미야가와 도라오는 일본의 동양미술사가이자 전전부터 일본공산당원으로 활약한 활동가이기도 하다. 전후 일중문화교류협회 이사장, 와코대학(和光大学) 교수를 역임하였다. 『계간 삼천리』제14호(1978년, 6월)에 「조선의 친구들」이라는 제목으로 글을 게재했다. 그 내용은 미야가와가 평생을 살아오면서 만난 다양한 조선인 친구들과의 인연을 회고하면서 자기 속의 조선, 나아가 일본 속의 조선에 대해 생각하는 것들을 적은 것이다. 미야가와 도라오는 자신 내부에 존재하는 조선과 조선인에 대해 글을 집필해 보면서 느끼는 것은, 너무 단순하게 살아 온 것을 느끼게 되었다고 한다. 그래서 이를 반복하지 않기 위해 새로운 과제로 조선을 생각하게 되었다는 것이다. 그리하여 조선의 남쪽에는 김지하만이 아니라 우수한 시인과 작가, 연구자들이 배출되기 시작한다는 점에 주목하고, 동시에 재일이라는 조선의 친구들을 생각한다고 했다. 이를 통해 미야가와 도라오는 자신의 내부에 조선은 새로운 무게를 증가시키며 광채를 더해가는 새로움이라고 적고 있다.

미야다 히로토(宮田浩人, 1942-)

미야다 히로토는 전 아시히신문사 사회부 기자다. 미야다 히로토는

1994년에 아사히신문사를 그만둘 때가지 30년간의 기자생활 대부분을 재일조선인 차별문제를 비롯해 한일관계나 조일(朝日)관계를 취재한 인물이다. 『계간 삼천리』제8호(1976년, 11월)에 「재일조선인의 얼굴과 얼굴」이라는 제목의 글을 게재한다. 이 글은 재일한국·조선인에 대한 현황과 차별에 대해 논의한다. 단체 혹은 개인의 고발, 규탄, 요구의 역사와 운동이 존재하기도 했다. 모두 구일제시대로부터 변함없는 일본정부의 추방과 동화정책, 일본사회의 차별과 억압 체질을 문제로 치부하는 경향에 있다. 이 점은 장래에도 변함이 없을 것이다. 그러나 그것뿐만으로 정리가 가능한 것일까라고 묻고, 빠진 것이 무엇인가를 묻는다. 조선인 측은 의식적으로 피하고, 일본인 측은 보고도 못 본 척하고 있는 것은 무엇인가라는 점이다. 미야다 히로토는 민족이라던가 국가라던가 조직의 스테레오타입적인 슬로건을 높이 치켜들고 그대로 통용되는 상황 속에서 '재일' 조선인의 진짜 얼굴이 점차 잃어버려져 가는 것일 수 있다고 보았다. 즉 그것은, 양가적인 의문 속에서였다. 특히 민족적 자각이라는 것이 과연 1세들의 민족성과 동질적인 것일까. 또한 조국 사람들이 가진 민족성과 동일한 것일 수 있을까. 1세들은 생활, 풍습, 행동에 자연스럽게 조선인의 그것은 베어져 나오는 것일까. 그러나 2세, 3세들의 민족성은 아마도 관념적인 것이 되지 않을 수 없을 것은 아닐까 등등 의문을 제기한다. 일본사회의 차별로부터 민족성에 눈뜨고 반일본인 상태에서 자신을 조선인이라고 자각한다 해도 그것은 자아 확립의 제일보일 뿐으로 태어나면서부터 조선 사람이 본다면 반일본인으로 보이는 것이 갖는 문제는 없는가. 그리고 정주성의 증대와 함께 재류권이나 제(諸)권리 보장을 요구하는 요구도 당연히 높아갈 것인데 이에 대해서는 어떻게 생각하는가. 이미 일부에는 참정권을 부여하라고 주장하는 한국적 사람들로부터 나오기 시작했는데 이 문제는 또 어떤 문제를 파생시키는가. 등등

미야다 히로토 자신은 이전에 대일본제국 황국국민이었던 사람과 그 자손들이 한편으로는 일본국민이 되기도 하고 한편으로는 외국인으로 다루어진다는 것은 알 것 같으면서도, 왠지 외국적인 사람이 일본의 참정권을 가진다는 것은 어떠한 일인가라고 재고하게 되었다는 속마음을 기술한다.

미야시타 다다코(宮下忠子, 1937-)

미야시타 다다코는 대학 졸업 후 고등학교 교사를 거쳐 도쿄도립사회사업학교(東京都立社会事業学校)를 졸업했다. 1975년부터 산야지구(山谷地区)가 속하는 도쿄도 죠호쿠복지센터(東京都城北福祉センター)에서 의료상담원으로 일하면서 알코올 의존증에서 회복한 사람들과 「알코올 문제를 생각하는 모임」, 「커뮤니티워커제도를 생각하는 모임」을 조직하여 활발한 운동을 벌렸다. 센터에서 20년간 근무하고 1995년 퇴직했다. 1996년 「마음의 상(賞)」을 수여 받았다. 현재도 노숙자들을 대상으로 한 순회상담과 자원활동, 그리고 집필활동에 전념하고 있다. 도쿄도(東京都) 정신보건센터 알코올문제 가족교육프로그램 강사, 일본 저널리스트 전문학교 강사, 한센병·국가배상소송을 지원하는 모임 회원 등을 역임했다. 『계간 삼천리』제37호(1984년, 2월)에 「산야(山谷)에서 만난 사람들」이라는 제목으로 글을 게재했다. 그 내용은 미야시타 다다코가 센터에서 상담하러 오는 사람들에 대한 이야기를 소개하는 것이다. 구체적으로는 경제적으로 열악한 일본인 노동자와 사회적으로도 불안한 재일조선인들의 삶에 대한 내용을 주로 다루었다.

미야지마 히로시(宮嶋博史, 1948-)

　미야지마 히로시는 일본의 조선사학자이다. 오사카부(大阪府) 오사카시(大阪市)에서 태어났다. 1972년 교토(京都)대학 문학부 사학과를 졸업했다. 77년 박사과정 동양사학과를 수료하고, 1979년 도카이(東海)대학 문학부 전임강사가 된다. 1981년 도쿄도리쓰(東京都立)대학 인문학부 조교수로 임용되고, 1983년에 도쿄(東京)대학 동양문화연구소 조교수를 거쳐 교수가 된다. 도쿄대학명예교수를 지냈고, 2002년 한국 성균관대학교 동아시아학술원 교수로 부임하여 활동하다가 2014년 정년퇴직했다. 대표 저서로 『조선 토지조사사업사 연구』 등이 있다. 『계간 삼천리』에서는, 세계사적인 흐름과 조선의 갑신정변의 역사적 의의에 대해 논한다. 미야지마 히로시는 19세기 후반에 있어서의 '세계사적 동시성=근대화의 부르주아적 코스'를 실현하기 위한 운동으로서는 개화파의 운동밖에 존재하지 않았다고 말한다. 그것이 자주적 근대화라고 평가되는 것은 어째서인가라고 물으며, 그것은 개화파의 사상이 18, 19세기에 등장한 근대 지향성을 갖고 있었다는 것의 실학사상을 내재적으로 계승한 것이기 때문이라고 설명한다. 그러면서 실학사상의 근대적 지향적 성격이란 무엇인가를 찾으려 한다. 그러면서 서구와 역사적 전통을 달리하는 조선에서 근대 서구사상과 동일한 근대사상이 내재적으로 출현한다는 것은 처음부터 있을 수 없는 일이며 근대 서구사상을 기준으로 하는 한 그것과 개화사상과의 차이는 강재언 씨가 말하듯이 개화사상의 한계성과 취약성이라고 할 수 밖에 없는데 과연 그것은 그것으로 괜찮은가라는 문제를 제기한다. 그리고 강재언과 같은 방법에서는 서구적 근대를 상대화하고 비판하는 시점이 나오지 못하지 않는 것은 아닌가라며, 미야지마 히로시 자신의 근대 문제에 대한 논점을 제시했다.

미야타 세쓰코(宮田節子, 1935-2023)

　　미야타 세쓰코는 일본의 조선사학자다. 와세다대학(早稲田大学) 강사, 가쿠슈인대학(学習院大学) 연구원을 지냈다. 「2015년 한일역사문제에 관하여 일본의 지식인은 성명한다」 등의 성명에 이름을 올리는 등 일본의 조선 식민지화를 비판하는 활동에도 참여했다. 주요 저서로는 『조선근대사 안내』(1966년), 『조선민중과 황민화정책』(1985년), 『창씨개명』(1992년), 『역사와 진실 : 지금 일본의 역사를 생각하다』(1997년) 등이 있다. 2014년 8월 『아사히신문디지털』의 특집 기획 '위안부 문제를 생각하다'를 집필하고, 연 글로 「'정신대'와의 혼동 당시는 연구 부족으로 동일시」(2014.8.15)를 집필했다. 『계간 삼천리』제18호(1979년, 5월)에 「공화국으로 돌아간 김 씨」라는 제목으로 글을 실었다. 이 글은 저자가 조선사 연구와 자본론연구를 함께했던 재일조선인 김종국 씨가 조선인민공화국으로 돌아간 17년 전을 떠올리며, 그가 지녔던 인간적인 매력과 학구열, 조국 사랑에 관하여 적고 있다. 미야타 세쓰코는 강덕상(姜德相), 가지무라 히데키(梶村秀樹), 다케다 유키오(武田幸男) 씨들과 가마타(蒲田)의 아파트에서 매주 토요일 자본론연구회를 가졌다고 한다. 모이면 늘 조선의 역사와 현실, 미래에 대해 얘기하느라 연구회 자체가 진행되지 못했다고 한다. 그리고 미야타 세쓰코는 「이(李)소년을 돕는 모임」의 잡무를 맡고 있었는데, 그것은 '고마쓰가와(小松川)사건'의 범인 이진우(李珍宇)의 죄는 인정하지만 그를 범죄로 내몬 재인조선인 공통의 문제를 생각하자는 구명운동 모임이었다. 미야타 세쓰코는 자본론연구회에서도 「이 소년을 돕는 모임」 얘기를 한 적이 있다고 한다. 그때 김종국이, '아무리 조선 인식 변혁이네 식민지 지배 책임이네 해 봤자 일본인은 조금도 변하지 않으니, 중요한 것은 우리 조선인이 훌륭한 통일 조국을 이루는 것'이라고 했는데 그것을 기억한다고 논한다. 그것만이 일본인의 조선인식에 영향을 줄 수 있다는 것이었다. 이처럼 남북통일이 갖는 의미에 대해 기술했다. 그리고 『계간 삼천리』 제31호(1982년 가을, 8월)에 「「내선일체」·동화와 차별의 구조」라는 제목으로 글을 게재한다. 징병제는 1942년 5월에 공표되고 44년에 첫 번째 징병검사가 실시된다. 조선인에게 총을 건네주며 '황군 병사'로서 전장에 내몰려고 의도한 것이라고 해석한다. 지배자의 위기감이 증대하기 시작했고, 그 위기감은 중일전쟁 하의 조선에서 '최고통치목표'로서 내선일체가 제창되게 되었다고 기술한다. '내선일체'란 미나미 지로가 제창한 것으로, 미나미 지로 자신의 정의를 인용해 보자면, '반도인으로 하여금 충량한 황국신민답게 하는 것'(도지사회의에 있어서의 총독 훈시)(1939.5.29.)이라는 내용으로, 이것은 사상으로서 명확한 체계를 갖는 것은 아니었고, 오히려 정치 슬로건으로 외쳐졌다고 한다. 미야타 세쓰코는 그렇기 때문에 조선에서는 다종다양의 '내선일체'론이 나타났다고 보았고, 당시 쓰여진 저서, 논문, 소설, 시, 수필 등을 보면 그 중에서 내선일체라고 언급하지 않는 것은 없을 정도였다고 해도 과언이 아니라는 점에서 그것이 증명된다고 논한다. 각자는 각각의 입장에서 각각의 생각을 담아 '내선일체'의 주장이라는 것이다. 그래서 미야타 세쓰코는 자신이 이들 잡다하고 방대한 문헌을 정리하고 분석해 보니, 기본적으로, 첫째는 일본인측이 제창한 동화의 논리로서의 내선일체론이고, 다른 하나는 조선인 측이 제창한 '차별로부터의 탈출'의 논리로서의 내선일체론이라는 것이다. 이 둘은 이율배반적인 논리인데, 내선일체 속에 담으려고 했던 것으로, 내선일체론의 본질적인 모순은 바로 여기에 존재한다고 분석한다. 그러나 중일전쟁 하에서 조선인의 '무의식의 구조'까지 황민화 하는 것을 의도한 지배자는 어떤 수단을 이용해서라도 조선인의 황민화에 내발성을 끄집어내기 위해서는 그 모순을 충분히 이해한 후 동시에 조선인이 제창하는 차별로부터의 탈출이 가능하다고 강조하게 되었다는 것이다. 조선인의 '황민화 정도'가 충분하지 않다는 것에 초조감을 느낀 미나미 지로는 마침내 조선총독의 이름으로 공식적인 내선일체의 궁극적 모습은 내선의 무차별, 평등에 도달해야 한다(국민정신 총동원 조선연맹 간부총회 석상)이라고 명언하게 되었다는 점을 설명한다. 그러나 그것은 지배자에게 있어서는 동화의 수단으로서 이 말을 사용했을 뿐이며 그 이상도 그 이하도 아니라고 설명한다. 민족 차별을 겪어 온 일부 조선 지식인은 이 말에 '차별로부터의 탈출'을 기대를 했는데, 비극의 발단은 여기에 있었고, 이를 규명하고자 글을 전개했다고 기술한다.

미야하라 아키오(宮原昭夫, 1932-)

미야하라 아키오는 요코하마 출신의 문학가이다. 와세다대학(早稻田大學) 문학부 노문과를 졸업하고, 동인지 『나막신(木靴)』에 참여했다. 1966년 『돌의 정령들(石のニンフ達)』로 문학계신인상을 수상하며 등단했고, 제56회 아쿠다가와상(芥川賞)후보로 올랐다. 1972년 『누군가가 만졌다』로 아쿠다가와상을 받았다. 미야하라 아키오는 『계간 삼천리』제15호(1978년, 8월)에 「내가 가지 못하는 나라」라는 제목의 글을 실었다. 이 글에서는 김지하의 석방운동으로 인해 한국 방문 비자가 거절된 이후 한국에 갈 수 없는 상황을, 일본에서 한국 민주화운동을 하는데 힘쓰고 있는 재일한국인 청년들의 입장과 병치시켜 그 의미를 설명했다. 미야하라 아키오는 박정희 정권과 대결하는 재일한국인 청년들의 집회에 출석해 인사를 할 기회가 있었다고 하며, 그 소회를 말한다. 그 때 집회장의 청년들의 눈을 보면서 감동을 받았다고 한다. 즉 그곳에 가득 찬 열기와

거기에 모인 사람들의 정연함, 참석자 한 명 한 명의 각오에 찬 얼굴빛 그리고 눈빛을 느꼈다는 것이다. 그것은 지금까지 미야하라 아키오가 일본 젊은이들에게서는 본 적이 없는 것이었다고 말한다. 즉 전후의 일본 청년들이 잃어버린 것, 그것이 그 집회에 충만해 있었음을 느꼈다고 한다. 거기에서 느껴지는 것은 언어 이상의 것이었고, 미야하라 아키오는 젊은이들의 분위기에 호되게 얻어맞은 느낌이라고 표현한다. 참석자 한 사람 한 사람이 자신의 존재를 걸고, 확신을 가지고 커다란 무언가를 향해 대결하려는 자세, 그리고 나날이 구체적인 위협이 되어 다가오는 적을 향해 대항하는 긴장감 등이라는 것이다. 그래서 미야하라 아키오 자신은 자신의 의식이 얼마나 관념적이고 추상적인 단계에 머물러 있는지를 생각하며 반성했다고 한다. 미야하라 아키오 자신이 박정희 정권의 인권 유린에 분개하며, 진정한 한일연대를 희구한다고는 해도, 그런 정념은 젊은이들의 눈빛 속에 깃들어 있는 구체성을 가지고 있지 못함을 느끼는 것이었다. 이처럼 미야하라 아키오는 결의와 진지성에 대해 설명했다.

미즈노 나오키(水野直樹, 1950-)

미즈노 나오키는 역사학자이다. 교토대학(京都大学)에서 현대사학을 전공하고 교토대학 대학원 인문과학연구과에서 박사학위를 취득했다. 1991년부터 2016년에 퇴직할 때까지 교토대학 인문과학연구소 교수로 재직했다. 연구분야는 한반도 근대사와 동아시아 관계사이며, 일본의 식민지지배 정책과 조선인들의 대응에 관한 연구를 이끌어 왔다. 주요 저서로는 『창씨개명』(2008년)이 있고, 공저로는 『근대 일본의 동아시아문제』(2001년), 『생활 속의 식민지주의』(2004년), 『식민지조선에서 살다』

187

(2012년), 『재일조선인: 역사과 현재』(2015년) 등이 있다. 학술 활동과 함께 한일 과거사 문제와 일본 내 외국인 인권문제 해결과 같은 시민사회 운동에도 참여했다. 『계간 삼천리』제47호(1986년, 8월)에 일제식민지 시기인 1925년에 치안유지법이 일본과 다르게 조선에서 어떻게 적용이 되었는지, 그 원인에 대하여 기술했다. 그러면서도 한국에서 여전히 사라지지 않는 치안유지법이 식민지조선에서 어떤 인권억압을 야기했는지, 어떻게 조선인 인간으로서의 권리, 민족으로서의 권리를 짓밟았는지를 고찰해야 한다는 논점을 제시했다. 물론 치안유지법이 일본에서 어떻게 탄생했는지 그 치안유지법의 형성 역사부터 구체적으로 기술한다. 즉 치안유지법은 일본에서 1925년 3월 7일 일본 의회(중의원, 衆議院)에서 가결되고 4월 22일 공포, 5월 12일 시행되었다. 식민지 조선에서도 치안유지법은 적용되는데, 조선에서의 법 운영은 일본의 경우와 달랐다는 점을 지적한다. 즉 조선공산당 및 공산당 재건 운동에 대해 탄압하는 논리가 조선의 독립을 위한 조직이었다는 이유가 보태어져 '국제 변혁' 조항을 적용하여 운영되었다. 이처럼 치안유지법은 일본에서 적용된 것과 또 차이를 가지면서 식민지 조선에서 적용되었는데, 그것이 식민지 지배로부터 해방된 이후 후 신국가 건설 과정에서 '친일파' 처벌의 문제가 부상하는데, 이것은 치안유지법 제체 하에 있었던 전향과 관련되는 문제라고 논한다. 이러한 시점이야말로 전전의 유제의 문제이고, 탈식민지의 문제라는 점을 보여준다. 그리고 『계간 삼천리』제44호(1985년 겨울, 11월)에 「모스크바에서 본 '조선'」이라는 제목의 글을 게재했다. 이 글은 저자가 1985년 소련 모스크바에서 조선사 관계 문헌 및 자료를 조사하기 위해 50일 동안 체류했을 때의 경험을 적은 글이다. 이 글에서는 모스크바에서 도서관, 연구소, 길거리, 매점, 서점, 미술관, 박물관, 그리고 식당과 같은 공간을 다니면서, 조선과 관련한 것들을 찾아 기록한 것으로, 소련

과 조선의 관계성을 파악하는 자료에 대해 소개했다.

미즈사와 야나(水澤耶奈, 1905-1984)

미즈사와 야나는 전후 1947년부터 부인민주클럽의 기관지인 『부인민주신문』의 기자, 편집장, 서기장을 거쳤다. 본래 성은 사사키(佐々木)이지만 혼인 후 남편의 성을 따라 미즈사와로 고쳤다. 저서로 『인연 있는 사람들』이 있으며, 니혼여자대학(日本女子大学) 시절의 동창이자 아동문학가·번역가인 이시이 모모코(石井桃子)와의 깊은 교류로도 잘 알려져 있다. 『계간 삼천리』 제14호(1978년, 6월)에 「고대의 중첩 속에서」라는 제목의 글을 싣는다. 이 글은 부인민주클럽에서 행해진 김달수의 강연, 자신의 어릴 적 체험 등을 토대로 국가, 민족 등에 대해 근본적인 성찰을 시도하고 있다. 미즈사와 야나는 '애국심 자체'는 훌륭한 정신일 수도 있지만, 일본에서 애국심을 총리대신이나 문부대신이 논할 때면, 대일본제국의 국위 발양이라며 타국에 대한 유린도 침략도 천황의 존엄 아래 정당화했던 파시즘의 생생한 기억과 직접 이어진다는 점을 재고해야 한다고 논한다. 히노마루도 기미가요도 거부하는 감정은 여기에 존재하기 때문이다. 그리고 일본인 내부에는 일본열도는 일본인이 사는 곳이라는 당연한 생각에 빠져 살고, 그것에 대해 의아심을 갖지 못할 정도의 '깊숙한 무엇에' 빠져 사는 것은 아닌가라고 말한다. 대륙과 떨어진 섬나라로서 쇄국의 300년 역사가 있고, 아이누인을 쫓아내고 전국을 단일민족의 단일언어, 단일문화로 치밀하게 덮었던 폐쇄된 세계, 그렇게 양육된 일본인의 기질에는 지금도 외래인을 이질분자로 보고 탄압하는 것이 잠재되어 온 것이라고 해석한다. 미즈사와 야나는 『계간 삼천리』 제8호의 「재일 2세의 생활과 의식」이라는 좌담회 기사를 읽고 충격을 받았다고 한다. 서울에 유학한 2세 학생이 '자신은 조선인이기 때문에 서울에 유학했는데 교포라고 알려지면 갑자기 조선의 학생들이 보여주는 거부 반응에 '나는 도대체 무엇일까'라고 자신 속에서 갈등이 부풀어 오른다'라는 구절에서는 숨이 막힐 정도의 감동을 받았다는 것이다. 이어서 '나는 어디까지나 조선인이지만 일본에 있는 조선인에 지나지 않는다'라는 것이다. 재일조선인의 80%는 2세라는 현실을 생각해 보면, 이는 일본인 내부에 존재하는 커다란 문제라고 생각하게 되었다는 것이다. 일본에서 태어나여기에 생활의 근거를 가진 2세들이 그들이 생활하는 일본사회에서 조선민족으로서의 주체적 존재권을 확보하고 있다면 이런 생각은 하지 않을 것인데, 그렇지 않은 문제를 여실히 보여주는 것이라고 보았다. 재일조선인들은, 조국의 사람들과 함께 조국의 통일을 염원하면서, 동시에 일본의 사회시민으로서의 납세 의무도 평등하게 '일본국가'에 대해 수행하고 있는 현실을 지적한다. 그리하여 도대체 '국가(国)란 무엇'인가, '민족'이란 무엇인가를 묻지 않을 수 없다고 말한다. 그러면서 미즈사와 야나는, 일본인은 '그것이 표리일체'로 작동하고 있는 것은 아닌가하고 의심한다. 그것이 역사적으로 '타국으로부터 떨어진 섬나라'에서 해안선으로 둘러싸여 친숙하게 발효한 일본민족, 물론 그것이 근대통일국가 성립후 난폭하게 주입된 국가주의에서 생겨난 것인데, '일본이란 말하자면국가의 이름이며 국토의 이름이고, 거기서 사는 민족의 이름이다'라고당연하게 생각하게 되었다는 점을 지적한다. 미즈사와 야나는, '친숙하도록 강요된 것', '둔한 의식', '무의식에 차별'이 나타나는데 그것은 아이누와 오키나와인들이라는 것도 지적한다. 그리하여 미즈사와 야나는, '국가'라는 것과 주체로서의 민족을 분리해서 생각하는 방법을 생각한다. 미즈사와 야나는, 이러한 생각에 이르게 된 경위를 설명한 것인데, 교과서와 교육, 납세자로서의 시민권 확보와 입관법에 대해 조선인도 일본인도 함께 열어가야 한다고 기술한다.

미즈사와 야나(水沢耶奈, 생몰년 미상)

　미즈사와 야나는 평론가이다. 『계간 삼천리』제23호(1980년, 8월)에「36년의 부식(腐蝕)」이라는 제목으로 글을 실었다. 이 글은 '재일조선인 2세의 생활과 의견'이라는 주제로 이야기를 나눈 내용이다. 미즈사와 야나는, 조선과 일본의 관계 속에서 뒤틀린 양국 인민끼리의 상처는 지금도 아물지 않았고, 게다가 지금은 2세, 3세 문제라던가, 시민권 문제 등등 새로운 문제가 생겨나고 있다는 점을 지적한다. 그리하여 개인적인 일을 소개한다. 미즈사와 야나는, 오늘을 살아갈 때 일본인인 자신에게 있어서 조선 또는 조선인은 고대로부터의 관계를 포함해 역사적, 구체적인 관계 속에서 생겨난 것, 그것의 투영이 나의 일부인데, 그곳에 뭔가 안타까움이나 상처 부스럼이 있는 것을 느낀다고 논한다. 그것은 김달수가 '귀화인'이라는 말에 대해 설명하면서, '오늘날까지 뿌리 깊은 것이 있는 일본인 일반의 조선 및 조선인에 대한 편견, 멸시의 근원이 되었을 뿐만 아니라, 일본인은 그것에 의해 자기를 부식하고 있다'고 말한 부분을 의식해서 였다고 한다. 미즈사와 야나는 이 말을 재해석하여, 근대 한일관계가 만들어 낸 그 부식이 일본인에게 있다고 논한다. 그 부식을 떼어내고 씻어내지 않으면 건전한 자신의 존재를 되찾을 수 없다고 보았다. 이러한 인식을 통해 자신 내부 깊은 곳의 문이 열리는 느낌이고, 전혀 다른 세상을 보게 되었다고 말한다. 즉 조선을 매개로 일본을 본다는 것, 조선인을 매개로 일본인을, 그리고 자신을 보는 것은 지금까지 보이지 않았던 새로운 세계의 발견이라며, 자아 세계의 변화에 대해 설명한다.

미즈하라 하지메(水原肇, 생몰년 미상)

미즈하라 하지메는 저널리스트로 「히로시마 기자와 조선인 피폭자」라는 논문을 작성하기도 하였다. 『계간 삼천리』제33호(1983년, 2월)에 「곤혹스러운 히로시마」라는 제목으로 글을 실었다. 이 글에서 히로시마와 나가사키 원폭에 관한 다큐멘터리 영화를 둘러싼 조선인 피해자와 단체, 감독의 관계를 다루었다. 이들을 둘러싼 갈등을 해결하는 것이야 말로 진정한 시민의 연대와 이해라고 제시한다. 다큐멘타리 '세계의 사람에게' 제작이 진행되었으며 같은 해 11월 2일 도쿄, 6일 히로시마에서 시사회가 개최된 것을 소개한다. 그 장면들은 독특했는데, '세계의 사람에게'는 히로시마시에 있는 히로시마 형무소 장면이 나오고, 치안유지법위반으로 투옥된 일본인이 증언한 '조선독립운동을 기획하여 체포된 조선인이 4명 있다'는 타이틀로 나온 것이다. 이어서 1981년 원수폭 금지 세계대회에서 마샬 미 핵실험 피폭자로부터의 증언, 미쓰비시중공 나가사키 조선소와의 로케이션을 둘러싼 교섭, 댐 건설을 위한 조선인 노동자가 강제 연행된 모습을 촬영한 후 히로시마에 떨어진 버섯구름, 사체, 열상을 입은 얼굴, 화상을 입은 등등이 소개된다. 이 다큐멘타리에 감동에 대해 '일본인으로서의 속죄 의식 그리고 조선인 피폭자를 지원하기 위해 애쓴 것은 알고 있다'고 하면서도 '일본인으로서 감독의 감정을 노골적으로 보여주면서 조선인 피폭자의 감정은 넣지 않고 있다'고 반발하기도 했다는 것이다. 그러나 '침략이나 식민지 지배 아래 피폭의 실상이나 전후의 차별은 보이지 않는다. 무엇보다도 이 영화의 협회장인 나의 의뢰로부터 시작하여 공동으로 제작된 것이다. 우리들에게는 수정을 요구할 권리가 있다'라며 수정할 것을 요구했었다는 내용도 기술했다.

미하시 오사무(三橋修, 1936-2015)

미하시 오사무는 도쿄 출신이며 도쿄대학(東京大学) 문학부 사회학과를 졸업했다. 이후 와코대학(和光大学) 인간 관계학부 교수, 학장을 역임하고 퇴직 후 명예교수를 역임했다. 차별론을 전공했고, 주요 저서로는 『차별론 노트』(1973년), 『메이지의 섹슈얼리티』(1999년), 『일본의 사회과학과 차별 이론』(1994년) 등이 있다. 『계간 삼천리』제39호(1984년, 8월)에 「아틀란타의 이씨(李氏)」라는 제목으로 글을 실었다. 이 글은, 작년 4월부터 1년간 미하시 오사무가 미국에서 머물면서 느낀 것을 적은 내용이다. 미하시 오사무는 자신 내부에 근본적으로 자리 잡고 있는 흑인문제에 그 땅에서 피부로 접하고 싶다고 생각하여 처음부터 동양계미국인이나 멕시코인들과 관련한 문제로 관심을 넓히지 않았다고 말한다. 그래서 미국땅에서는 일본인조차도 최저한도 내에서만 만났다고 한다. 그럼에도 불구하고, 미국 시민권을 가진 조선인과는 공교롭게도 자주 만나게 되었다고 한다. 어느 날 발견한 가게에 대해 소개하는데, 그것은 '흑인 손님을 상대하는 기념품 가게'였다. 가게 주인은 재일조선인의 얼굴과 닮아 있어 조선인인가라고 생각했다는 것이다. 한국말로 인사를 나누었는데 이후 주인은 자신은 '재일조선인'이라고 했다는 것이다. 가게 주인은 일본어를 말 할 수 있는 듯이 '내 일본어를 알아듣겠습니까'라고 말하고, 주인은 '어릴 적에 강요된 것이지요'라고 말했다고 한다. 들어보니 그 주인은 5살 때까지 이카이노(猪飼野)에서 자랐고, 조국에 돌아갔었다고 한다. 미하시 오사무는 미국에서 만난, 한국 사람이면서 일본에서 거주한 재일조선인과의 체험을 기술한 것이다.

박영호(朴英鎬, 생몰년 미상)

박영호는『계간 삼천리』제20호(1979년, 11월)에「재일 2세로서」라는 제목의 글을 게재한다. 박영호는 조국통일과업으로의 참가를 주장한 김석범 씨의 의견에 동조하면서, '남'을 지지하거나 '북'을 지지하는 기성정권의 에이전트와 같은 역할을 지양하고, 재일동포 청년세대에게는 각각의 입장에서 그것을 뛰어넘는 발상으로 기탄없이 자신의 의견을 말하는 자립성과 장(場)이 필요하다고 서술한다. 이전에 비해 귀화신청서의 평균연령이 낮아지고, 대부분을 2세와 3세가 차지하고 있는데, 그에 대한 입장을 어떻게 생각할지에 대한 논쟁이다. '귀화=동화되지 않고 민족적 주체성'을 견지하고 있는 사람들도 남과 북으로 나누어진 것도 문제가 되는 것이다. 그러니까 재일 2세와 3세 '재일'의 '정착화'가 형성되고, 이것이 자명한 것으로 암묵적으로 이해되는 상황이 전개되고 있는 현실이다. '재일'의 생활이 한국이나 북한보다 오랜 기간에 걸쳐서 '양호'하다는 점으로 평가된다. 조국의 분단이 재일동포의 귀국을 주저하게 한 것은 명백하지만, 전후 34년의 일본 체재 기간은 좋든 싫든 '재일' 생활의 성격을 변질시켜 온 것이다. 한반도의 분단 상태가 고정화되어 냉전 상태를 벗어날 수 없는 남북 두 정권의 영향이 강한 기성 재일민족단체가 근본적인 발상의 전환을 할 수 없는 상황에서 2세와 3세의 민족적 아이덴티티는 시련의 시기에 도달해 있다고 논한다. 박영호는 이러한 현실에 대해 2세와 3세의 민족적 아이덴티티가 2개의 단계로 나눠진다고 논한다. 즉 '조선민족으로서의 의식은 갖고 있어도 그것은 어디까지나 기초적인 것에 지나지 않고 차별받기 때문에 스스로가 조선인인 것을 느끼고 의식한다'는 서승 씨의 최종 진술 부분을 참조한다. 말하자면 비적극적 민족주의라는 것이다. 또 하나는 이 두 가지가 혼재되어 있는 것이다. 재일조선인 2세와 3세 개개인이 '조국과 자신의 관계를 그 존재 안에' 확고히 하는 것에 고전을 치른 것이다. 그렇게 의식하고 비로소 '자국의 문화·역사·전통·언어 그 외 모든 것들을 깊이 있게 이해하며 인식하고 그것들을 사랑하며 자부심을 갖는' 행위로 나아가는 것인데, 그것이 쉽지 않은 길이기 때문이다. 한국에 유학하여 조국의 문화와 언어를 배우는 재일 2세와 3세도 있지만, 2세와 3세, 그 중에서도 일본의 학교 교육을 받은 사람은 현실적으로 더 큰 문제를 내포한다. 특히 재일조선인 젊은 세대가 안고 있는 큰 문제로서 민족적 소양·정보·지식의 빈약함을 해결하는 것도 결코 간단한 것은 아니지만, 이른바 재일조선인 문제를 올바르게 해결해 가는 데에도 '재일'의 의미를 창조적으로 파악해서 조국 통일 과업으로의 참가를 주장한 김석범 씨의 의견 「'재일'이란 무엇인가」(『계간 삼천리』제18호)라는 제언이 갖는 의미이다. 그리하여 특히 80년대를 향해, 2세와 3세가 주도적 위치에 서려고 하는 시기에 재일조선인의 민족운동은 지금까지 많이 볼 수 있는 것처럼 분단된 조국의 한쪽이 '선'이고 '악'이라거나, '천국'이고 '지옥'이라는 주장이나, '남'을 지지하자거나 '북'을 지지하자고 하는 기성정권의 에이전트와 같은 역할은 앞으로 지양되어야 한다는 입장인 것이다. 그래서 적어도 재일동포 청년세대에게는 '각각의 입장에서 그것을 뛰어넘는 발상을 하고 토론하는 장'이 필요하다고 논한다. 이것은 '반공'이나 '권위'의 중압 앞에서 자기보전만을 하던가, 타인의 눈을 너무 신경 써서 겉과 속을 달리하게 된 것을 극복하는 길이라고 논한다.

박우련(朴又蓮, 생몰년 미상)

박우련은 『계간 삼천리』제21호(1980년, 2월)에 「저고리와 기모노(着

物)」라는 글을 실었다. 박우련은 자신이 일본에 이주하게 된 역사부터 시작하여 현재의 손자들의 모습까지를 이야기한다. 박우련이 일본에 온 것은 형이 일본에 살고 있어서, 형과 함께 살기위해 일본에 왔다고 한다. 그리고 일본에 온지 얼마 안 된 17살 나이에 결혼했다고 한다. 집은 일본인이 5세대, 조선인이 3세대라는 공동주택에 살았다고 한다. 박우련은 일본에 와서도 조선 전통 옷을 입고 조선식 머리장식을 하고 고무신을 신고 다녔다고 한다. 그렇지만, 처음으로 조선 전통 옷을 벗은 것은 공습이 아주 격해져 방공훈련을 할 때였다고 말한다. 이 훈련에는 조선 전통 옷은 매우 불편했기 때문인데, 그래서 하는 수 없이 훈련 때에는 일본 몸빼를 입었다고 한다. 이전부터 이웃집 사람들로부터 몸빼를 입는 것이 어떠냐고 권장 받았었는데, 그때마다 '몸빼가 조선인에게 무슨 관련이 있는가. 나는 지금은 일본에 살고 있지만, 일본인은 아니다'라고 말하면서 거부했었다고 한다. 그렇지만, 시대에 맞추어 그 옷을 입게 되기도 한다는 것을 말한다. 지금은 시간이 지나 손자들이 있는데, 손자들은 일본 학교를 다니면서도 본명을 사용하고 있다고 말한다. 박우련은 보통 때에도 조선어를 사용하도록 하고 있으며, 손자들도 자연스럽게 '다녀오겠습니다'라던가 '다녀왔습니다'라는 조선어를 말할 수 있게 되었다고 한다. 박우련은 자신이 겪은 일본 생활 속에서 조선적인 것과 시대에 따라 변화하는 것을 고찰하면서, 조선적인 것을 남기고자 하는 마음을 기술했다.

박일(朴一, 1956-)

박일은 효고현(兵庫県) 아마가사키시(尼崎市)에서 태어난 재일한국인 3세이며 경제학자이다. 2001년 오사카시립(大阪市立)대학 대학원 경제학연구과 교수로 취임했고, 재일코리안이나 조일관계에 관한 다수의 저서를 집필했다. 라디오나 TV프로그램에 출연하기도 했다. 2012년 한국 정부로부터 국무총리표창상을 받았고, 저서로는 『월경하는 재일코리안』 (2014년)이 있다. 『계간 삼천리』제42호(1985년, 5월)에 「'개인의 주체'를 서로 존중하자」라는 제목의 글을 실었다. 이 글에서 박일은 지문 날인 거부 운동을 보면서 일본 내에 전개된 재일코리안의 운동이 갖는 내적 특징 변화를 적고 있다. 지문날인 거부운동을 되돌아보면 기존의 재일민족단체가 지문제도에 대해 계속 침묵해 오던 중에 80년 9월, 한종석 씨가 고립무원의 상황 아래에서 투쟁을 시작한 이래 재일동포 중에서 한 사람, 또 한 사람 등 많은 거부자(拒否者)가 나타난 것이 갖는 의미 해석이다. 박일은 이 시기의 지문날인거부운동은 결코 재일의 기존의 민족단체에의 헤게모니 아래에서 전개된 것이 아니라, 말 그대로 재일동포 개개인의 자발적인 의사에 의해 이어져 온 것이라고 평가한다. 그것이 지문날인 거부운동은 전환기라고 표현한다. 1985년이 '외국인등록증' 대량 갱신(약37만명)에 해당하는 해이면서 지문날인 폐지를 요구하는 결정적 고비를 맞이하는 시기와도 맞물렸다고 논하고, 다시 재일민족단체가 대응하기 시작했기 때문이라고 파악한다. 그러나 모든 운동에는 포지티브 측면과 네가티브 측면이 있듯이 지문날인 거부운동이 개인적 레벨이 아니라 조직적 레벨로 전개될 경우 그곳에는 커다란 위험 요소도 내포하게 된다는 말하지 않을 수 없다고 논한다. 당연한 것이지만, 개체(個體)로서의 삶의 방식이 전혀 다르기 때문에 거부자에 의해 지문을 거부라는 동기나 이유도 여러 가지이다. 또한 정치적 입장을 달리하는 단체민족단체가 상호간에 대립하는 '주의, 주장'을 갖는 것도 존재할 수 있다고 한다. 즉 지문날인 폐지를 향해 공동보조를 맞추기 위해서는 종래와 같이 '개 (個)는 민족의 일원'이라고 하는 일체감을 내세우는 조직운동으로는 안

되며, 동시에 제(諸)개인, 제(諸)단체가 상호간에 '개인으로서의 주체'를 서로 존중하는 '공생감'에 뿌리를 둔 '서로 다가가기'가 중요한 잇슈로 등장하고 있음을 기술했다.

빈나카 시게미치(備仲臣道, 1941-)

빈나카 시게미치는 일본의 식민지시기 조선 대전부(大田府)에서 중선일보(中鮮日報)편집장인 빈나카 다마타로(備仲玉太郎)의 장남으로 태어났다. 이후 조선에서 살다가 패전으로 귀국한다. 야마나시현립(山梨県立)고후(甲府) 제일고등학교를 졸업하고, 야마나시시사신문(山梨時事新聞)에 입사하여 기자 생활을 지낸다. 이후 월간신야마나시(月刊新山梨)를 창간하고 편집 발행인이 된다. 2007년까지 고려미술관(高麗美術館)(교토)의 관보에 고려미술에 관한 에세이를 연재했다. 『계간 삼천리』제23호(1980년, 8월)에 「영원한 테마·조선」이라는 제목으로 글을 게재한다. 이 글은 재일한국·조선인에 대한 현황과 차별에 대해 논한다. 빈나카 시게미치는, 일본은 아메리카의 압도적인 군사력 앞에 패했고, 1910년 조선을 병합한 이래 조선반도에 그렸던 일본의 지배자들의 꿈도 사라진 것을 알게 된 것은, 그로부터 20년이 지나고 나서였다고 말한. 그런데 그 시각은, 기존에 알던 것 즉, 정의를 위한 것이라고 하는 것은 물론 아니고, 당시 일본의 지도부가 야만이었기 때문에 벌어진 것도 아닌 것으로, 그 전쟁은 '일본자본주의 구상'이 필연적으로 야기한 것이라고 말한다. 그러면서 빈나카 시게미치는 이 문제를 생각하는데, 조선을 빼놓을 수 없다는 것을 알게 되었다는 내용을 기술한다.

사노 미쓰오(佐野通夫, 1954-)

사노 미쓰오는 시코쿠학원대학 조교수로 교육사학회 이사와 일본식민지교육사연구회 사무국장, 아시아교육학회 연구위원장을 역임했다.『계간 삼천리』제43호(1985년, 8월)에「'풀뿌리' 차별주의 가운데」라는 제목의 글을 실었다. 이 글에서는 시코쿠의 지문날인 사례를 통해 외국인 차별 문제에 대해 지적하고 있다. 사노 미쓰오는 외국인 지문등록법에 대해 일본사회의 문제로 인식하고 대응해 나가야 한다고 논한다. 사노 미쓰오는 '김영자의 지문날인 거부를 지원하는 모암'에 직장 동료의 1/4의 멤버로 조직되어 있고, 학생과 직장 외 시민으로 구성되었다고 말한다. 김영자의 인근에 살고 있는 아주머니들까지 집회에 나가는 현상을 기술하며, 차별 문제의 심각성을 극복하려는 빛을 구하고자 한다며, 글을 실었다.

사사키 기이치(佐々木基一, 1914-1993)

사사키 기이치는 히로시마현(広島県) 출신이다. 도쿄대학(東京大学) 미학과를 졸업했다. 야마구치고교(山口高校) 시절에는 아라 마사히토(荒正人)와 함께 마르크스주의 학생운동에 열중했다. 도쿄대학 졸업 이후에는 문부성 사회교육국에서 근무했다. 전전(戦前)에는『현대문학』동인이었고, 전후(戦後)에는 근대문학(近代文学)』의 창간 멤버로 활동했다. 하나다 기요데라(花田清輝)와 함께『현대예술』을 창간하는 한편, 문예평론, 영화 등에 대한 평론을 집필했고, 게오르크 루카치(Georg Lukacs) 저서를 번역하기도 했다. 주오대학(中央大学) 교수를 역임했고, 1990년에는『나의 체호프(Chekhov)』로 노마(野間)문예상을 수상했다.『계간 삼천리』

에서는 야마구치고등학교 시절에 만난 조선인에 대한 체험을 기술한다. 사사키 기이치는 하 군과 권 군의 이야기를 통해 조선인들의 생활 분위기에 대해 접할 수 있는 기회가 있었다고 논한다. 하 군과 권 군과의 만남을 통해 자신이 우물안의 개구이였다는 것을 느끼게 해 주었다고 한다. 사사키 기이치는 간접적이기는 하지만, 조선인의 만남이 가져온 인식의 변화를 설명하면서, 그 체험을 소개했다.

사와 마사히코(澤正彦, 1939-1989)

사와 마사히코는 오이타현(大分県) 출생으로 도쿄(東京)대학 법학부를 졸업했다. 도쿄신학대학 대학원 재학 중에 한국 연세대학 연합신학대학원에 유학한다. 귀국 후에는 도쿄신학대학 대학원을 졸업했다. 1970년부터는 가와사키(川崎) 사쿠라모토(桜本)교회에서 전도활동을 하다가, 1973년 일본기독교단의 선교사로서 서울의 한국신학대학에서 교편을 잡고, 마쓰이와(松岩)교회의 협력 목사로 근무한다. 1977년 미국 프린스턴 신학교에 유학하고, 1979년에 서울로 돌아갔으니 출국 명령을 받아서 일본으로 귀국하고, 일본기독교단에서 활동하다가 1989년에 별세했다. 『계간 삼천리』제40호(1984년, 11월)에 「개화 사상과 기독교」라는 제목의 글을 게재한다. 이 글은 '개화사상과 기독교'는 어떤 관련이 있을까라는 물음을 세우고, 한국의 개화사상과 기독교의 관계에 대해 적고 있다. 사와 마사히코는 기독교에 조예가 없는 연구자는 개화기의 기독교의 역할을 과소평가하는 경향이 있다는 점과 다른 한편 기독교 측은 개화사상 속의 기독교 위치를 충분하게 파악해 오지 못했고 혹은 설득력 있는 자료적 근거도 없이 일방적으로 기독교의 개화사상에의 공헌을 과대평가한다고 하며 양면을 비판적으로 기술한다. 거기서 어려운 점은 개화사상에 영향을 준 기독교의 기여 부분은 확실하게 존재하기 때문에 기독교 측에서 사실(史實)에 근거하여 개화사상과 기독교 관련을 더 설명할 필요가 대두된다고 말한다. 개화사상은 틀림없이 외부로부터의 충격을 통해 내부에서 전개된 사상이기 때문이다. 그러한 의미에서 개화사상은 외래사상이라는 측면과 지금까지의 조선의 사상적 전통 위에서 구성되는 사상이라는 양면성을 갖고 있다고 논한다. 그리하여 조선사상사에서 개화사상의 단절과 계승의 문제가 여기에 있는 것임을 논한다. 사와 마사히코는 개화사상의 사상으로서의 형성은 서양사상과 유학실학사상이 혼연(渾然)하여 전개된 것으로, 한편으로는 사상이라기보다는 정치 세력에 의한, 일본에 의한 개화라는 흐름이 존재한다고 주장한다. 그리하여 기독교는 외래사상에 속하기는 하지만, 개화기 조선인의 마음, 특히 민중 레벨에 굴절되면서 토착화 해 간 종교로도 간주한다. 그리고 기독교는 개화사상의 전개뿐만 아니라 그 내실을 정치적 중압 속에서 담당해 갔다고 논한다. 조선에서는 기독교가 정치, 사회, 사상 속에서 굴절되면서 우연적이고 간접적, 하향적으로 침투해 갔기 때문에 오히려 민중에의 영향은 크게 주게 되었다고 논한다. 사와 마사히코는 개화사상의 논리를 기독교와 연결하여 독창적으로 그 주장을 기술한 것이다.

사이토 다카시(斉藤孝, 1928-2011)

사이토 다카시는 일본 도쿄 출신으로 역사학자이며 국제정치학자이다. 도쿄대학 대학원 사회학 박사이며, 가쿠슈인대학(学習院大学) 교수를 역임했고, 명예교수이다. 주요 저서로는『국제정치의 기초』(1988년),『역사 감각—동시대사적 고찰』(1990년),『동시대사 단편』(1998년) 등이 있다.『계간 삼천리』제39호(1984년, 8월)에「고바야시 마사루(小林勝)와 조선—

하나의 추억」이라는 제목으로 글을 실었다. 이 글은 고바야시 마사루와 고등학교 동학이었던 추억을 기록한 것이다. 사이토 다카시는 고바야시 마사루와 고등학교 동기였다고 한다. 고바야시 작품집에 적은 년보에 '1년 상급자로 다케이 데루오(武井昭夫), 유치 아사오(湯地朝雄) 등이 재학'이라고 표기한 것이 잘못되었다고 지적한다. 사이토 다카시는 자신이 1년을 유급했기 때문에 고바야시와 동기가 되었는데, 다케이나 유치는 고바야시 보다 2년 이상이었다며, 틀림을 지적한다. 그리고, 사이토 다카시는 고바야시와 같은 기숙사에서 생활했다고 한다, 그러면서 고바야시의 인생관의 변화를 분석하여 소개한다. 그것은 ①화염병사건을 포함한 공산당원으로서의 당(黨)활동, ②폐결핵 등 병상 체험, ③조선에 있어서의 식민자의 아들로서의 체험으로 구분한다. ①은 정치 문제이고, ②는 인간의 생사의 문제인데, 고바야시의 경우 ①과 ②는 그것을 지탱하는 기초적인 체험으로서 ③의 문제가 있었다고 말한다. 말하자면 반성적이면서 자각적인 체험이라고 표현한다. 고바야시가 그 길을 가게 된 뒷배경에는 시류에 편승하는 기회주의적(opportunistic)인 태도가 아니라, 전쟁에 대한 반성이었으며, 조선에 대한 일본의 식민지지배에 대한 반성이기도 했다는 것이다. 그리고 고바야시가 죽을 때까지 일본과 조선 양민족의 연대를 위해 붓을 든 것도 그 자신이 조선에서 자란 경험을 미래로 향하게 하여 살리고 싶어서였다고 사이토 다카시는 논한다.

사이토 요시코(斎藤尚子, 생몰년 미상)

사이토 요시코는 아동문학자이다. 『계간 삼천리』제34호(1983년, 5월)에 「겨울밤 편지」라는 제목으로 글을 실었다. 이 글은 필자가 일제강점기 평안북도에서 생활하면서 동갑내기 신혼 여성과 친구가 되어 나누었던 여러 이야기와 일들을 떠올리며 지난날을 술회하고 있다. 당시 나누던 이야기들 속에 지금 생각해보면, 일본인의 민족 차별의식이 교묘하게 숨겨져 있었던 것은 아닌가하고 말한다. 자신은 2대째 식민자로 오염된 삶 속에서 조선인과 짧은 시간의 교제를 하나의 구원처럼 생각하고 있었는데, 그렇게 생각하는 것조차 오만이라는 것을 알았다고 한다. 일본으로 떠나올때에 조선인들이 조심스럽게 배웅해 주셨던 기억을 기술한 것이다.

사쿠마 히로시(佐久間宏, 생몰년 미상)

사쿠마 히로시는 NHK 방송 디렉터다. 『계간 삼천리』에서는 1976년 7월 NHK 텔레비전 방송 교양특집으로 기획되어 방송된 「관부연락선(関釜連絡船)」의 취재 및 기획에 대한 감상을 적었다. 이 기획은 NHK가 1976년부터 기획한 일본근대사 시리즈 교양방송의 하나였으며, 방송의 목표는 관부연락선을 일본과 조선의 근대사 가운데 위치짓기 위함이었다고 한다. 『계간 삼천리』 제13호(1978년, 2월)에, 「관부연락선의 어제와 오늘」이라는 제목으로 취재의 글을 실었다. 이 글에서는 사쿠마 히로시 자신이 취재한 관부연락선이 나른 승객의 숫자를 이야기했다. 즉 1907년까지 연간 11만 명이었고, 이후 매년 7-8% 씩 늘어났으며, 1929년 세계 불황으로 승객은 일시 줄었다가 1931년 만주사변을 계기로 다시 늘어나 1935년, 연간 80만 명, 그리고 1942년에는 3백만 명으로 정점에 달했던 것을 기술했다. 그리고 태평양전쟁 시기에는 2년 동안 병력증강을 위해 조선인 지원병 이름으로 조선인을 실어 날랐다고 한다. 이 시기의 관부연락선은 '새로운 승객'을 실었고, 그것은 조선에서 일본으로, 전시 징용, 산업 전사라는 미명 아래 강제적으로 연행된 조선인들이었다며 그 내용을 기술했다. 이처럼 사쿠마 히로시는 재일조선인의 역사와 '관부연락선'의 역사를 통해 기술하는 방식으로 글을 실었다.

사타 이네코(佐多稲子, 1904-1998)

사타 이네코는 나가사키현(長崎県) 출신의 소설가다. 한때 남편의 성을 따라 구보가와 이네코(窪川稲子)로 작품 활동을 하기도 했지만, 이혼 후 줄곧 사타 이네코라는 이름으로 활동했다. 어린 나이에 모친과 사별한 뒤 도쿄로 이사했다. 당시 간다(神田) 캐러멜 공장에 근무했던 경험을 바탕으로 『캐러멜 공장에서』라는 작품을 썼고, 이를 통해 등단했다. 생애 초반에는 일본공산당에 소속되어 프롤레타리아문학의 기수로 활약했으나, 중일전쟁, 태평양전쟁, 프롤레타리아 문학의 해체 등을 겪으며 노동문제에서 여성문제로 소설의 주제가 바뀌어 갔다. 작품으로는 『수목의 신록』, 『맨발의 소녀』 등이 있다. 『계간 삼천리』제5호(1976년, 2월)에서 「그 역사의 가운데서」라는 제목으로 글을 실었다. 이 글에서 사타 이네코는 자신이 '조센징(朝鮮人)'이라고 하는 말이 아니라 '조센토히토(朝鮮の人, 조선의 사람)'라는 말을 썼던 연유에 대해 말한다. 그는 그러한 말이 자신으로서는 조심하기 위해서였지만 조선인의 입장에서는 그렇지 않을 수 있음을 알게 된 것이 패전 후였으며, 그 언어의 사용과 감각 자체가 조선과 일본의 관계의 역사 한 가운데서 생겨났음을 이야기하면서 그속에 내재한 역사성을 기술한다.

사토 노부히로(佐藤信淵, 1769-1850)

아키타현(秋田県) 오가치군(雄勝郡)에서 태어났고, 에도(江戸)에 가서

의사인 우다가와 겐즈이(宇田川玄随)에게 수학했다. 동물학·식물학·의학·본초학 등 난학(蘭学)의 여러 학문을 수학하고, 기무라 다이조(木村泰蔵)로부터 천문학·지리학·역산(曆算)·측량술 등을 배웠다. 특히 병학이나 대외 정책에 대해 수학했으며, 농업에 종사하면서 농학을 조사하고 실험하기도 했다. 학문적으로는 농정·산업·해방(海防)·병학·천문·국학 등 광범위했다. 대표 저서로는 『우다이콘도히사쿠(宇内混同秘策)』(1923년)가 있다. 이 저서는 강렬한 민족주의적 입장에서 국내의 자치와 세계정복에 대한 방법에 대해 기술한 저서로 알려져 있다. 히라타 아쓰타네(平田篤胤)의 국학을 학습한 사토 노부히로는 「무스비(産霊)」신의(神意)을 받드는 일본 지상주의의 경제구민론이라고 평가를 받는다. 평화·안전보장연구소 연구원이었던 로버트 엘더리지(Robert D. Eldridge)는 이러한 사토 노부히로를 '대동아공영권 구상의 아버지'라고 평가하고, 그 내용을 『이오지마(硫黄島)와 오가사하라(小笠原)를 둘러싼 미일관계』(2008년)라는 저서에 기록했다. 『계간 삼천리』제46호(1986년, 5월)에서 사토 노부히로 이름이 등장하는 것은, 고토 스나오가 집필한 '알려지지 않은 세계, 장승의 비밀—한국과 일본을 탐색한다'에 대한 감상문에 등장한다. 사토 노부히로가 삼한정벌 등을 정사(正史)로 믿게 된 원인 부분에 등장한다.

사토 분메이(佐藤文明, 1948-2011)

사토 분메이는 평론가이다. 도쿄에서 태어나 호세이(法政)대학사회학부를 다니다가 중퇴하고, 자치제 직원(호적계 담당)을 거쳐 프리 선언을 한다. '한(韓) 씨의 지문날인거부를 지지하는 모임'을 창설하여 활동한다. '여성과 천황제연구회', 자유민권 21에 소속되어 활동했다. 『계간 삼천리』

제42호(1985년, 5월)에 「동정을 넘은 공생」이라는 제목의 글을 게재한다. 이 글은 필자 자신이 학생시절에 겪은 조선인과의 경험을 통해 '조선인관'과의 갭에 대해 적고 있다. 사토 분메이는 자신 속에 인권의 싹은 어딘가에서 확실하게 자라고 있다고 말한다. 그것은 서로 다른 민족이 상호의 역사나 문화에 근거하여 서로 이해하고 함께 살 가능성이 이 아이들에게는 존재하는 가라고 묻는 것에서 출발한다고 한다. 그러면서 교육의 장을 제외하면 인권과 만날 기회가 적은 일본 어린이들에게 인권교육을 어떻게 할 것인지를 고민해야 한다고 기술한다.

사토 에쓰조(佐藤悦三, 생몰년 미상)

사토 에쓰조는 세무사이다. 그렇지만 사토의 사회적 활동에 대해서는 파악이 어렵다. 『계간 삼천리』제26호(1981년, 5월)에 「나와 조선」이라는 제목으로 글을 실었다. 이 글은 식민지 조선에서 태어나고 자란 경험을 기술하고 있다. 사토 에쓰조는 1910년 황해도 해주(海州)에서 식민지 관료의 아들로 태어나 패전 시기까지 35년간 즉 유아기에서 청년기를 조선에서 지냈다고 한다. 기이하게도 이 기간은 한일합방에서 해방까지의 35년과 중첩된다며, 식민지시기와 전후를 함께 이야기한다. 사토 에쓰조는 조선은 자신에게는 제2의 고향이라고 표현한다. 사토 에쓰조 자신의 머릿속에는 조선민주주의인민공화국도 대한민국도 없다고 말한다. 즉 식민지시기이므로 존재하는 것은 어디까지나 통일 조선이라는 관념이라고 말한다. 조선 민족이 있고 조선어가 있을 뿐이며, 지금 한국어라는 호칭이 나에게는 익숙하지 않다고 말한다. NHK에 조선어 강좌 개설 운동이 있었을 때 그 장해의 하나에 조선어로 할 것인가 한국어로 할 것인가 즉 어떻게 다룰 것인가에 대한 문제가 있었는데, 이를 보고 느낀 것은 정치의 세계가 갖는 어려움이라는 점이었다고 한다. 조선어는 전시 중에 당국의 방침에 의해 전장에서는 사용 금지된 언어였다. 언어가 권력에 의해 사멸(死滅)되는 것은 아니지만, 당시는 그러한 바보 같은 일이 통용되는 상황이이기도 했다. 1940년 조선의 황민화 정책 일환으로 창씨개명이 실시된 것도 알려진 일이다. 이것은 다시 북한과는 국교가 없으며 남한과는 한일유착 문제가 발생하는 것을 보면, 정부 레벨의 사고방식이 이전에 식민지시기에 자행하던 것과 동일한 것이라고 느낀다고 논한다. 이를 극복하기 위해서는 스스로의 조선관을 확립하여 독립, 자유, 평등을 기초로 하는 진정한 조선과 일본의 관계 즉 조일(朝日)관계를 모색해야 한다고 기술한다.

사토 요시노리(佐藤喜德, 생몰년 미상)

사토 요시노리는 『계간 삼천리』제15호(1978년 가을, 8월)에 「멀고도 가까운 친구」라는 제목으로 글을 실었다. 사토 요시노리는 식민지 조선에서 지내던 학창시절, 그리고 징병된 후 패전을 맞았던 시기를 이야기하며, 조선을 다시 가지 못하는 것에 대해 적었다. 사토 요시노리는 유년기에 아버지를 따라 조선에 건너가 조선에서 소학교, 사범학교를 졸업하고, 조선에서 교원으로 근무했었다. 따라서 사토 요시노리에게 조선은 자신의 삶의 반생이며 고향이기도 하다고 말한다. 하지만 자신은 종전 후 조선에 가지도 않았고, 조선에 대해 글을 쓰지도 않았었다고 한다. 왜냐하면 사토 요시노리는 자신은 '조선에 '식민'을 한 사람들이 '조선이 그립다', '조선의 산하는 지금도 눈에 아른거린다'고 표현하는 것이 싫었기 때문'이라고 말한(『조선인 속의 일본인』) 오임준(吳林俊)의 글에 공감하기 때문이었다. 사토 요시노리는 자신이 대학을 졸업하고, 취직을 해

207

서 급료를 받았을 때, 조선인과 급료가 다르다는 것을 알았다고 한다. 같은 학력, 같은 차수의 조선인과는 확실히 금액 차이가 있었다는 것이다. 그리고 태평양전쟁 말기인 1944년 4월 징병되어 나남(羅南)의 제19사단의 하사관으로 입대하게 되었는데, 그때 조선인도 많이 입대했다는 것이다. 사토 요시노리는 1944년 12월 말, 필리핀으로 상륙했는데, 미군과 전투를 벌여 부상을 당했지만, 생환했다는 것이다. 물론 죽은 사람도 많았고, 일본군은 포로가 되어 미군수용소에 수용된 사람들도 많았다는 것이다. 이러한 경험을 한 사토 요시노리는 그 이후 조선 땅을 밟지 못했다고 한다. 조선은 가깝고도 먼 나라라고 느끼게 되었다며, '일본과 조선'에 대한 논리를 자신의 경험에 비추어 기술한다.

서용달(徐龍達, 1933-)

서용달은 1942년 일본에 이주하여 1963년 모모야마학원대학(桃山学院大学)에 전임강사로 임용되었는데 이는 외국인이 처음으로 일본의 대학에 전임교원이 된 사건이었다. 이후 그는 국공립 대학에 교원으로 외국인 채용을 요구하는 시민운동을 벌였고, 외국적을 소유하고 있다는 이유로 장학금을 받지 못하는 재일한국인을 위해 '재일한국장학회'를 설립하기도 하였다. 재일한국인의 인권옹호와 법적지위향상에 공헌한 것을 인정받아 2017년에는 한국정부로부터 재일한국인 학자로는 최초로 일등국민훈장인 무궁화장을 수여받았다. 『계간 삼천리』제16호(1978년, 11월)에 「집단 소개(疎開)와 은사님」이라는 제목으로 글을 실었다. 이글에서는 집단 소개(疎開) 때 만난 선생님의 은혜를 소개하고 필자가 장성한 이후의 만남도 설명하고 있다. 소개(疎開)를 마친 후 오사카로 돌아와 중학교에 진학하기 위한 입시를 치렀지만 번번이 실패했고 아버지가 직접 오사카의 한 상업학교에 교섭을 하여 특별입학의 형태로 겨우 입학할 수 있었다는 것이다. 당시 일본에는 진학차별이 있는가하면 따뜻한 배려도 있었다고 한다. 이후 서용달은 입학 때 겪었던 일을 잊지 않고 어떤 일이든 쉽게 포기하지 않았다. 대학원 진학 이후 집단소개 시절의 선생님을 수소문하여, 동포 최대밀집지 오사카시 히가시나리구(東城区)의 이마자토시소학교(今理小学校)에 교장으로 재직하고 계신 것을 알게 되었다고 한다. 그래서 바로 선생님을 만나 뵙고 이후 결혼식에도 초대했다고 한다. 전쟁 때문에 하지 못한 소학교 졸업식을 33년 만에 개최하였는데 이때 선생님은 건강한 모습으로 참석했다고 한다. 즉 서용달은 자신이 일본에서 겪은 학창시절의 '좋은 선생님'에 대한 기억을 회상하는 방식으로 기술했다. 그리고『계간 삼천리』제27호(1981년 가을, 8월)에「아시아와의 가교-하나의 제안」이라는 글을 게재한다. 이 글에서는 국제화 시대일수록 일본과 동아시아 국가들에게 '가교'가 필요하다고 역설한다. 일본의 국공립대학의 외국인 연구자의 차별문제와 처우개선 등에 대해서도 상세히 서술한다. 1975년 문부대신과 공립대학협회장, 국립대학협회장에게 요청한 내용을 소개하는데 그것은 ① 국공립 대학의 전임교원에 아시아인을 채용하는 특별조치를 강구할 것, ② 한국·조선학과의 설치, 한국·조선어 제2외국어의 가입 등 아시아 관계강좌의 개설을 추진하는 것 등이었다 이 두 가지는 '아시아와의 가교'를 위해 공통적으로 중요하다는 점을 가지고 있으나 그 의의에 대해서는 다른 측면이 존재했다. 전자의 ①은 아시아인 연구자에 대한 취직차별의 철폐 내지는 인권상황의 개선=국제교류를 묻는 것이며 후자인 ②는 일본인의 아시아인으로서의 아이덴티티, 즉 메이지 이후 '탈아입구' 노선을 어떻게 전환할 수 있는가=진정한 국제교류의 방식을 묻는 것이라고 논한다. 서용달은 일본인이 진심으로 아시아인으로서의 아이덴티티에 눈을 뜨고 가식이 없는 국제화를 추진하고자 한다면 아시아를 단순한 자원의 공급지, 상품의 판로, 국제정치 무대의 뒤로만 생각할 것이 아니라 일본인·일본 문화를 품은 어머니가 되는 대지로서 아시아, 세계문명의 일약이 되는 아시아에 대해 보다 깊은 생각을 해야 하는 것은 필요하다고 주장했다. 이를 위해서는 아시아 국가들에 대한 멸시, 더 나아가서는 정착 외국인에 대한 차별적 사회구조를 자진하여 개혁하고 국공립대학교수의 문호를 외국인에 개방하여 아시아 제국의 언어, 역사, 철학 등의 관계강좌를 개설하는 등 제도상 '아시아와의 가교'를 만들어야 한다고 논한다. 그 기점은 역사적 차별의 근원·국적을 초월한 인권사상의 정립이 전제가 되어야 함을 논했다.

서정우(徐正禹, 생몰년 미상)

서정우는 민족 차별과 싸우는 오사카 연락협의회 사무국장이다. 대표 저서로는 『보다 좋은 이웃으로서: 재일한국·조선인의 인권을 생각한다』 (1985년), 『재일코리안의 현상(現狀)과 차별어·차별표현』(1999년) 등이 있다. 『계간 삼천리』제50호(1987년, 5월)에, 「물어지는 재일의 자립과 주체」라는 제목의 글을 실었다. 이 글에서는 재일조선인의 법적 지위 처우에 관한 내용으로 채우고 있다. 특히 국제적 상황의 변화에 따른 일본 내에서 국적 제한이 개정되는 흐름에 대해 적고 있다. 1991년에 재일조선인이나 외국인에 대한 일본국적화의 문제가 발생하는데, 이 문제는 한국 측에서 그것을 철폐해달라고 요청한 제안과는 전혀 다른 차원인 '일본국적화' 추진의 문제가 강하게 존재한다는 점을 지적했다. 이것은 1977년 사카나카 히데노리(坂中英德)가(당시 법무성 출입국관리국 참사관) 「금후의 출입국 관리 행정 모습에 대해서」라는 논문을 발표한 것이 계기가 되었다. '사카나카 논문'이라고 불리는 이 논문은, 재일조선인의 장래를 세 가지로 구분했다. 첫 번째는 조국에 귀국하는 것이다. 사카나카는 일본정부가 이를 원조하고, 촉진해야 한다고 주장했다. 그러나 서중우는 이러한 논리는 비현실적이라고 비판한다. 두 번째는 외국적인 채로 일본에 영주하는 것이다. 이것에는 일본이 단일민족 지향이 강한 사회라는 것과 국제 분쟁의 불씨가 될 수 있다는 것에서 어떻게든 이 방법을 피하려고 하고 있다. 그리고 마지막으로 남은 길은 일본에 귀화하는 것이다. 사카나카 씨는 이것이 가장 바람직한 것이라고 논한다. 그러면서 한편으로는 압도적 다수의 귀화를 실현하는 것은 곤란한 것으로 보고 그 원인을 일본사회의 민족 차별에서 찾고 있었다. 따라서 차별을 누그러뜨리면 일본 사회에 대한 반발도 약해져 그 결과로서 귀화에의 저항도 적어진다고 생각하여 사회보장, 취직 등 모든 생활상의 차별을 철폐하고 자치체 선거권을 부여하는 것까지 제언하고 있었다. 당시 이 논문은 동화에의 길로서 오로지 비판의 대상으로 여겨지고 이 이후 재일조선인의 권리 획득, 민족 차별 철폐운동까지도 동화를 촉진하는 것으로 비판되게 되었다. 그러나 서정우는 이처럼 민족 차별 철폐운동이 직접 동화를 촉진하는 것이 아니라 오히려 동화에 저항하는 길이라고 하는 것은 이미 그 후 실천 속에서 검증되어 여기서 논의할 필요는 없다는 입장을 취했다. 그러나 1991년에 불거진 '일본국적화' 추진 문제에 대한 일본 정부의 본심이 '전면 일본국적화'라는 문제로 비춰졌고, 서서히 이를 강화하는 것이라며 문제삼은 것이다. 이는 당시 사카나카가 제언한 국적 인권 규약 비준의 발효는 2년 후 1979년에는 현실적인 것으로 움직이게 되었던 측면들이 삭제되고 있었다. 즉 자치체 직원의 국적조항 철폐에 크게 힘을 얻어 각종 공적 융자제도, 공단, 공영주택, 국민체육대회 등의 문호가 개방되었다. 1982년 국제연합의 난민조약 발효에 맞추어 특례영주 신설,

국민연금/아동 수당관련 법 개정, 국공립대학 외국인 교원채용법 성립 등 제도상의 국적 제한이 계속해서 없어지게 되었다. 이러한 흐름과는 다르게 재일조선인의 전면 일본국적화는 커다란 문제를 내포하는 것임을 기술하고 있다.

손인일(孫仁一, 생몰년 미상)

손인일은 자영업자이다. 『계간 삼천리』제24호(1980년, 11월)에, 「아버지의 얼굴」이라는 제목의 글을 실었다. 손인일은 자신이 태어나고 자란 일본의 '고향'과 무거운 울림이 있는 '조국'에 대해 설명한다. '조국'과 가장 가까운 쓰시마를 여행하며 10살에 일본으로 건너온 아버지의 '조국'과 자신의 '고향'을 이어주는 것은 아버지의 얼굴이었음을 말한다. 손인일은 여하튼간에 자신의 '고향'은 일본의 자연이고, 그에 따른 영위였고, 굳이 말하자면 일본 그 자체라고 딱 잘라 말할 수 있다고 한다. 그에 비해 '조국'이라는 말은 너무 무겁게 느껴진다고 한다. 시비(是非)를 넘어 무거운 울림을 느낀다는 것이다. 물론 어떤 재일동포에게 있어서 '조국'은 반짝이는 희망일지도 모르고, 또한 어떤 재일동포에게는 혐오의 대상일지도 모른다고 적었다. 또한 살아가는 활력이기도 하고 살 길을 막는 두꺼운 벽이기도 하다는 것이다. 그러면서 손인일 자신에게 '조국'은 현실 사회와의 관계 속에서만 말할 수 있는 존재이고 달콤한 감상으로는 결코 도망칠 수 없는 존재라고 말한다. 그래서 '조국'은 자신에게는 무거운 것이라고 말한다. 막연한 저쪽의 '조국'과 나의 '고향'을 이어주고 있는 것은 아버지의 얼굴뿐이라고 논한다.

손제현(孫齊賢, 생몰년 미상)

손제현은 회사원이다. 『계간 삼천리』제24호(1980년, 11월)에 「아버지의 유골」이라는 제목의 글을 실었다. 이 글에서 저자는 위암 적출 수술 후 얼마 되지 않아 임종을 맞이한 아버지의 유골을 보며, 저자의 어린 시절 경륜과 마작에 열중했던 아버지의 모습을 회상한다. 저자 또한 나이가 들어 남자인 아버지를 조금씩 이해하게 되면서 아버지가 근본적으로 나쁜 사람이 아니라는 것을 깨닫게 된다. 어머니는 내가 소학교 6학년 때, 아버지와 이혼하고 우리 형제는 어머니가 맡아 키웠다고 한다. 이혼 후 '아버지는 정말 심한 사람이었어'라고 우리 모자는 뭔가 있을 때마다 생각하며 그렇게 함으로써 쓸쓸함을 달랬다고 한다. 그러나 점점 어른이 되고 남자의 기분이라는 것을 알게 되자, 아버지도 근본이 나쁜 사람은 아니라는 것을 알게 되었다고 한다. 그리고 우정 같은 것을 느낌과 동시에 아버지의 말이 옳은 것이 있었다고 느끼게 되었다고 한다. 아버지에 대한 이해가 새로워진 것을 회고하는 방식으로 기술한 것이다.

스가와라 가쓰미(菅原克己, 1911-1988)

스가와라 가쓰미는 시인으로 1947년 일본공산당에 입당하였으나 1961년 제8회 당대회 전에 당의 규율에 반대해 의견서와 성명을 발표하여 제명되었다. 그 후는 신일본문학회의 주 회원으로서 활동을 이어나가며 작품을 발표했다. 『계간 삼천리』제22호(1980년, 5월)에 「두 조선인과의 추억」이라는 제목의 글을 싣는다. 이 글에서는 공산당 활동을 하며 만났던 두 명의 조선인과 만나게 된 과정, 그들과의 추억을 설명하고 있다. 스가와라 가쓰미는 1933년에는 고엔지(高円寺)에 살았었는데, 이

때 우연한 계기로 당시 공산당 군사부의 기관지 『병사의 친구』 인쇄를 맡았다고 한다. 이때 기관지를 배포하는 일을 맡은 사람이 조선인이었고, 조선인 당원을 만난 것은 그때가 처음이었다고 회상한다. 같은 지하생활을 한다는 연대감으로 알게 모르게 우리 둘은 친밀한 사이가 되었는데, 스가와라 가쓰미는 등사기를 만드는 법을 그에게 가르쳐주었다고 한다. 그리고 기관지 배포를 하러 나갔는데, 그 이후 그는 돌아오지 않았다고 한다. 그 이후 그를 만나지는 못 했다고 한다. 왜 그 조선인이 돌아오지 않았는 지는 상상에 맡기지만, 스가와라 가쓰미는 젊은 시절에 그 사상에 빠졌던 자신과 그것을 함께 했던 조선인의 얼굴이 기억난다는 것을 적었다.

스기우라 민페이(杉浦明平, 1913-2001)

스기우라 민페이는 일본의 소설가이자 평론가이다. 아이치현(愛知県) 아쓰미군(渥美郡) 후쿠에촌(福江村) 출생. 도쿄제국대학(東京帝国大学) 문학부 국문과를 졸업하고 작가, 평론가로 활동하였다. 1952년부터 고향인 후쿠에초(福江町)에서 교육위원, 아쓰미군 정의회 의원 등 지방정치 활동에 본격 참가하였다. 『계간 삼천리』제14호(1978년, 6월)에 「내 주변의 조선인」이라는 제목의 글을 게재한다. 이 글에서는 자신이 정의회 의원 활동 경험 중 겪은 조선인 차별 경험 등을 기술한다. 일본에서는 남자가 외국인이고 아내가 일본인인 경우에는 부부 모두가 국민건강보험에 가입할 수 없는 것이 현실이다. 만약 이 부부 중 어느 누군가가 병원에 입원하게 되는 경우 어느 쪽도 국민건강보험을 이용할 수 없는 것을 지적한다. 단 외국인이라도 '우호' 관계에 있는 국적인은 국민건강보험에 가입하여 이용할 수 있기도 하다. 이 '우호' 관계인 나라는 미국이라는 것이다. 1955년경의 일이기 때문에 재일 미국인이 의료시설이

불충분한 일본의 국민건강보험에 가입하는 것은 생각할 수 없었다. 중국과는 외교관계가 없었고, 동남아 여러 나라에서도 일본에 오는 사람은 적었다. 이 규정은 명백히 조선인을 차별하고 배제하기 위해 만들어진 것이라고 알게 되었다는 것이다. 일본에 살면서 세금과 모든 부담은 일본인과 동등하게 지불하면서 복지로부터는 제외되고 있는 조선인(또는 대만인도)에 대한 노골적인 차별이 존재한다는 것을 지적했다.

스기타니 요리코(杉谷依子, 1933-)

스기타니 요리코는 교토시(京都市)에서 태어났고, 나라여자대학(奈良女子大学)을 졸업했다 오사카시(大阪市) 조요우(城陽)중학교 교원이 되었고, 한국적(韓国籍) 학생에 대한 민족 차별 문제에 대해 관계해 왔다. 1971년에 「일본 학교에 재적하는 조선인 아동/학생 교육을 생각하는 모임」을 결성하고, 오사카시 외국인 교육연구협의회 사무국 전임이 되었다. 『계간 삼천리』49호(1987년, 2월)에 이 글은 전전에 형성된 오사카의, 이카이노 지역을 소개하고, 이카이노에서 사는 재일조선인의 저임금, 가혹한 노동 조건, 교육 문제, 남녀 차별 등등의 문제를 일본 사회의 구조적 차별문제로 설명해 낸다. 이 이카이노는 1923년 2월 제주도와 오사카 사이에 직행 항로가 연결되고, 이 항로로 인해 오사카가 제주도는 아주 가까운 곳이 되었다. 이카이노의 조선인 90%가 제주도 출신자들인데, 제주도는 여성들이 많고 일을 잘한다는 평판이 있었다. 그리하여 제주도 여성들이 많이 이곳에 살았는데, 그런 이유로 일본에 조선을 '가져오고', 조선의 전통적인 생활 습관을 지켜온 것도 여성들이라고 한다. 특히 1세 할머니들은 자식들을 훌륭하게 키웠는데, 그럼에도 불구하고 이카이노를 떠나지 않는다. 만, 게 일하고 있는 자식이 있어도 자립해서 산다.

자립이기도 한데, 그럼에도 불구하고 비좁은 아파트나 가혹한 노동 조건, 남녀 차별 등등 일본 사회의 차별구조가 그대로 표출되고 있는 곳이 바로 이카이노라고 지적한다. 이 이카이노에서 나타나는 문제들에 '답하는 것'이 국제화되는 일본이라고 기술한다.

스도 노부(須藤宣, 194-2013)

스도 노부는 작가이다. 문학계 동인지에 노인과 매화꽃(老人と梅の花)이라는 글이 있다. 『계간 삼천리』제23호(1980년, 8월)에 「36년간의 기억, 추억」이라는 제목으로 글을 실었다. 이 글에서는 식민지기 서울에서 태어나 생활했던 내용을 기술하고 있다. 스도 노부는 1909년 4월 3일 경성 지금의 서울에서 태어나, 36년간을 그곳에서 보냈다고 한다. 패전 후 일본으로 왔는데, 일본에서의 생활은 1년 부족한 35년이었다고 논한다. 그런데 기후, 풍토, 자연, 음식 등등 아직까지 일본의 그것에는 위화감이 있으며 익숙하지 않아 망향(望鄕)을 품고 살고 있다는 것이다. 그렇지만 일본인이 무엇을 했는가를 생각해 보고, 또한 현재의 한일관계를 생각하면 '그립다고 말하는 것'에는 위화감을 느낀다고 말한다. 스도 노부는 조선인은 서사시를 쓸 수 있지만, 일본인은 잘 못쓴다는 이야기를 꺼낸다. 즉 일본인은 사소설(私小說)을 쓰고, 조선인은 자신에 대해 쓴다고 해도 사소설은 아니라고 생각했다는 논리이다. 이것은 좋다거나 나쁘다의 문제가 아니라 국민성을 이야기하고자 해서였다. 즉 조선총독부의 방침으로 조선인은 아무리 우수하고 근면한 사람이라도 학교에서 교장이 될 수 없었다고 한다. 월급도 일본인에게는 60%의 보너스가 있었고 주거수당도 있어 본봉의 배 이상이 되었는데, 조선인 교원은 본봉 뿐으로 차별이 존재했다고 한다. 그런 기억을 가진 스도 노부는 시부야(渋谷)의

근로회관에서 '삼천리 강좌, 조선과 문학을 말한다'가 열렸는데, 이 강좌에서 첫날 고토 메이세이(後藤明生)가 『아사히신문』(5월 28일 조간)에 실린 광주 사건 학생들이 연행되는 사진에 대해 언급한 것을 듣게 되었다고 말한다. 그 이후에도 서울의 헌병대에서 이것과 동일한 광경을 본 적이 있다는데, 말할 수 없는 잔혹함과 짓눌리는 듯한 마음이 되살아났다고 한다. 이를 보면서, 인간이 인간에게 상처를 주는 잔인함은 고래(古來)로부터 지금까지 이어지고 있는데, 이것은 인간이 이 세상에 존재하는 한 사라지지는 않는 것이라고 말한다. 즉 권력을 가진 쪽이 그것을 갖지 못한 사람들을 괴롭히는 것으로, 입장이 바뀌면 언제든지 어느 나라이던지, 마찬가지 행위를 한다고 논한다. 이처럼 일본의 조선 식민지 지배와 한국의 민중지배라는 문제를 권력의 문제로 연결하여 논했다.

스즈키 다케오(鈴木武雄, 1901-1975)

스즈키 다케오는 효고현(兵庫県)에서 태어났으며, 제3고등학교를 졸업했다. 이후 도쿄대학 경제학부에 진학하고 1925년 졸업했다. 그리고 1928년 경성제국대학(京城帝国大学) 조교수로 부임한다. 경성제국대학은 1926년에 설립된 대학(학부 개설 이전에 고등학교 고등과에 해당하는 예과를 1924년에 개설)으로, 스즈키 다케오는 1928년 4월에 법문학부(法文学部) 강사로 부임한 것이다. 1929년에 조교수가 되었고, 재정학(財政学), 경제학 제2강좌 등을 담당했다. 1935년부터는 교수로 승진했다. 이 경성제국대학의 경험이 나중에 무사시대학(武蔵大学) 경제학부를 창설할 때 영향을 주었다고 스즈키 다케오 자신의 회고에서도 밝혔다. 경제학분야 뿐만 아니라 교양과목으로써 우카이 노부나리(鵜飼信成, 법학), 아리이즈미 도오루(有泉亨, 민법), 후나바 교지(船田享二, 헌법), 다카하

217

시 고하치로(高橋幸八郎, 서양경제사), 야마다 후미오(山田文雄, 경제학) 등이 수업을 담당했다. 1945년 패전으로 일본에 히키아게(引き揚)하고, 1949년에 무사시대학 교수가 되어 경제학부 학부장을 지냈다. 1957년에 도쿄대학 경제학부 교수가 되었고, 1961년 경제학 박사학위를 취득한다. 주요 저서로는 『조선금융론 10강』(1940년), 『조선의 경제』(1942년), 『조선 경제 신구상』(1942년), 『조선의 결전 태세』(1943년), 『재건 일본경제 연구를 위해』(1947년), 『새로운 경제 시도』(1948년), 『전후 경제의 이론적 제문제』(1948년), 『시장이론』(1948년), 『사회화』(1949년), 『제국주의 단계에 있어서 국가 가본의 역할과 추이』(1949년) 등이 있다.

스즈키 미치히코(鈴木道彦, 1929-)

스즈키 미치히코는 도쿄대학(東京大学) 프랑스어과를 졸업하고, 대학원을 졸업했다. 히토쓰바시대학(一橋大学) 교수를 역임했다. 젊은 시절 사르트르에 관심을 가지고, 정치참여적 평론을 다수 집필했다. 프루스트(Valentin Louis Georges Eugène Marcel Proust)의 『잃어버린 시간을 찾아서(À la recherche du temps perdu)』를 번역했고, 1992년 간행되었을 때 세간의 평판을 받았다. 일본에서 이노우에 규이치로(井上究一郎)에 이어 두 번째의 개인 번역이었으며, 2002년에는 요미우리(読売)문학상을 수상했다. 1968년 김희로사건이 일어나자, 긴자(銀座) 도큐(東急) 호텔에서 '김희로씨에게'라는 글을 집필했고, 후일 문화인이나 변호사 5명이 그 문서를 녹음한 녹음테이프를 가지고 김희로를 방문하여 회견하기도 했다. 『계간 삼천리』에서는 스즈키 미치히코가 만난 조선인들을 소개하는 형식으로 전개되고 있으며, 조선어를 공부하게 된 과정을 소개하고 있다. 스즈키 미치히코는 자신의 조선 경험이라고 썼지만, 자신은 아직 조선 땅을 밟은 적이 없고, 조선어도 모르고, 조선인 지인도 거의 한정되어 있는 상태에서의 조선 경험이라고 말한다. 게다가 스즈키 미치히코 자신은 서구에만 두고 있었기 때문에 일본도 조선도 나의 시선에는 들어오지 않았었다. 그런 자신이 일본의 민족책임이라는 것에 대해 생각해 보거나, 의견을 발표하게 된 것은 1962년 1963년 때부터라고 한다. 특히 당시는 한일회담반대 운동이 일본민족의 주체를 뺀 채 오로지 죄를 미국 제국주의에 떠맡기려는 형태로 전개되고 있었다는 것이다. 이에 불만을 가진 것이 직접적인 계기가 되었다고 논한다. 그리고 일본 민족책임이라는 표현은 지금까지 주로 중국에 대해서만 사용했던 것은 아닐까하는 점을 재고하게 되었다고 한다. 당시는 아직 조선에 대한 책임을 지적하는 사람은 비교적 적었고, 또한 그것도 화려한 논단이나 유력출판사와는 상관없는 소수파의 사상이었다는 것이다. 그리고 그 책임 내용도 반드시 일정하지 않았고 내용도 정확하지 않았다고 말한다. 스즈키 미치히코는 자신의 입장이 무엇인가를 스스로가 정의하는데, 그것은 첫째 전전, 전후의 일본민족의 범죄를 폭로할 것, 둘째 조선인을 이민족으로 보는 시점을 확립하는 것을 거론하고, 그것과 병렬적으로 문제가 되는 천황 귀일 사상이나 일본의 체제인 이상 체제변혁의 지향과 동떨어져서 민족책임은 있을 수 없다고 주장한다. 스즈키 미치히코는 자신의 의견을 다른 방식으로 말하자면 이것은 일본인이라는 사실을 부정적으로 의식하면서도 그것을 발조(發條)로 하여 전체적 이해나 구체적 행동으로 나아가기 위해 설정한 하나의 틀이었다고 말한다. 요컨대 고발자와 피고발자가 여기서는 거의 동일한 취지의 말을 내놓고 있고, 그 합창이 김희로라는 한 재일조선인의 존재를 점점 더 타자로 만들어 버린 것을 회상한다. 바꾸어 말하자면 민족책임 주장은, 일본의 책임을 강조하는 것에 급급한 나머지 오히려 재일조선인의 주체 상실에 손을 빌려준 격이 된 것이라고 지적한다. 한 인간의 행위가 그 자신이 자유롭게 선택한 것이 아니라 어쩔 수 없이 그런 상황에 빠지게 만든 것이라고 생각하는 것이 중요하다는 것이다. 그것은 그 인간의 주체를 위태롭게 할 위험성을 내포하고 있었다고 논한다. 스즈키 미치히코는 마침내 자신에게 그 함정이 보이게 되었다고 말한다. 스즈키 미치히코는 김희로를 보면서 자신의 주체나 책임을 묻지 않을 수 없었다고 논한다. 이 문제를 그에게 끈기 있게 설득하는 조선인은 없음도 비판하면서, 스즈키 미치히코는 재일조선인의 주체에 대해 문제를 제기했다.

시가 마사루(志賀勝, 1949-)

시가 마사루는 일본독서신문(日本読書新聞) 편집자로 활동한 후 저술 및 번역활동을 하면서 문화학원(文化学院) 강사를 역임했다. 『아무르 중소국경을 달리다』(1986년), 『민족문제와 국경』(1994년)과 같은 저서를 집필했다. 『계간 삼천리』제44호(1985년, 11월)에 「중앙아시아에 쫓겨난 사람들-스탈린주의와 조선인」이라는 제목의 글을 실었다. 이 글은 소련 조선인들의 강제이주의 국제적 요인과 국내 요인을 분석한 글이다. 시가 마사루는 일본의 첩보원으로 이용된 조선인과 중국인에 관한 소련의 공식 정보가 있다는 것을 제시한다. 그러나 시가 마사루 자신이 소련 국내 사정에 눈을 돌려보면, 소련은 국제적인 긴장 속에서 자국을 방위하고 극동 연해주지역 갈등을 폭력적인 방식으로 해결하고 국내의 계급적, 민족적 모순을 해결하기 위해 희생양(scapegoat)으로서 조선인을 탄압한 부분이 있다고 논한다. 오늘날 재(在)소련 조선인들은 독립된 민족 자치단위를 가지고 있지 않은 것을 비판한다.

시라이시 쇼고(白石省吾, 생몰년 미상)

시라이시 쇼고는 요미우리 신문기자이다. 『계간 삼천리』제33호(1983년, 2월)에 「이웃의 냉정한 눈」이라는 제목의 글을 실었다. 이 글은 이어령 씨의 『축소지향의 일본인』에 대한 일본 국내의 반응과 일본인에 대한 고찰하기도 하고, 일본인에게 조선인은 어떻게 바라볼 수 있는가에 대해 정리한 내용이다. 시라이시 쇼고는 이어령이 '축소지향'에서 제시한 일본인의 특징을 제시하는 한편 일본과 조선을 비교적 관점에서 다시 그것을 바라보았다. 특히 부채가 지닌 상징성에 주목하여 이어령이 '일본인의 상상력 속에서 움직임은 자신이 바깥의 세계를 향하여 초월한 신을 향해간다는 것보다 그것을 자신의 내면으로 초대하여 끌어당긴다는 경향이 강하다'는 지적은 핵심이라고 생각한다며, 자신 안으로 불러들여 끌어당긴다는 것의 대상은 자신의 손으로 넣어 가공하여 축소한다는 것인데, 그것은 과거도 미래도 '지금'으로 수렴한다는 내용이라고 소개한다. 서구와 같이 시간은 직선이 아니며 동양과 같이 원형도 아니며, 이것은 모두 자신의 손 가운데 축소하여 집중시키는 경향으로부터 설명할 수 있을 것이라고 이해한다. 시라이시 쇼고는 이어령이 자연에 대해서도 조선인과 일본인과의 차이를 지적한 것도 언급했다. 일본인이 자연을 끌어당겨 정원을 만들거나 분재를 만드는 것으로 '한국인은 자연을 자신의 것으로 부르는 것이 아니라 스스로 밖으로 나간다'고 보았다. 안으로 초대하는 것은 신과도 관련된다. 이러한 현상을 어떻게 설명할 수 있을지 일본인 자신은 알지 못한다는 점을 지적한다. 이것이 '아마에의 구조'로 분석되기도 하지만, 이어령의 분석에 대해 일본인들은 무엇을 답변할 수 있는가를 질문하는 형식으로 마무리한다. 그리고 『계간 삼천리』제37호에 「사물놀이를 보다」라는 제목으로 글을 실었다. 이 글은, 시라이시 쇼고가 처음으로 본 한국의 사물놀이 공연을 보고 다른 나라의 음악과 비교하여 기술한다. 그리고 출연자로부터 사물놀이의 춤, 노래, 음악에 대한 해설을 듣고 필자가 새롭게 느낀 사물놀이의 매력에 대하여 기술한다.

시마모토 겐로(嶋元謙郎, 1927-2010)

시마모토 겐로는 어린시절 식민지 조선에 이주하여 생활하였으며 1960년대, 1970년대 요미우리신문 서울특파원으로 근무했다. 1961년경 부터는 김종필의 요청으로 한일 배상, 이후에는 어업권, 영토문제의 교섭에 적극 관여하였다. 김대중 납치사건 직후 서울로 돌아온 그를 인터뷰하여 한국정부로부터 퇴거 명령을 받고 요미우리 서울 지국이 폐쇄되기도 했으나 이후 요미우리 신문 서울 지국 폐쇄 처분이 취소되어 특파원 생활을 1981년까지 이어갔다. 『계간 삼천리』제16호(1978년, 11월)에 「생활·문화로 보는 조선과 일본」라는 제목으로 좌담회의 글이 실린다. 이 좌담회는 조선을 알기 위해 전전(戰前)과 전후(戰後)에 서울에 거주하여 서울을 잘 아는 언론인 3명을 초대해 과거와 현재 조선에 대한 이야기를 나누는 방식으로 진행되었다. 참가자 시마모토 겐로를 포함해 3명은 우선 각자의 조선 거주 경험을 이야기한다. 시마모토 겐로는 1929년 3살 때 양친과 함께 조선에 이주해 패전까지 살았고 1959년에는 4주정도 북조선을 방문한 적이 있으며 1961년부터 1967년까지는 특파원으로 서울에서 살았는데, 그 경험을 기술했다.

시모타 세이지(霜多正次, 1913-2003)

시모타 세이지는 일본의 오키나와 출신 소설가로 전시기에 징집되어 일본제국의 각지를 경험하고 일본의 패색이 짙어진 1945년에는 호주 군에 투항하여 포로가 되기도 했다. 그의 소설은 '현실 변혁의 입장에 서 있는 리얼리즘'을 추구한 것으로 알려져 있다. 『계간 삼천리』제3호(1975년, 8월)에, 이러한 자세를 알 수 있는 글을 게재한다. 여기에서는 일본인들이 오소독스(orthdox)하게 가지고 있는 역사 인식 논리의 모순을 지적한다. 특히 일본의 왜곡된 고대사 인식에 대한 내용을 다루면서 황국사관에서 시작된 역사인식의 왜곡을 비롯해 보편적인 논리와 역사인식(역사감각)에 무지한 일본인들의 문제를 제기한다. 그 중심에는 일본인의 중앙 지향적 성격이 존재한다는 점을 특히 비판적인 시각으로 논한다. 일본인이 소수자를 바라보는 자세가 필요하다는 의미에서였다. 일본은 고대국가 형성에 주도적 역할을 했던 천황과 호족들이 조선으로부터 왔다는 도래인의 문제를 경시하는 방향으로 나타난 것부터 거슬러 올라간다. 이러한 사고의 바탕에 있는 황국사관은 『일본서기(日本書紀)』부터 시작해 메이지유신(明治維新) 정부의 왕정복고에 의해 널리 국민들에게 강요되었다고 논한다. 후쿠자와 유키치(福沢愉吉)의 '탈아론(脱亞論)'에서도 보이는 바와 같이 동양을 경시하고 서양을 숭배하는 자세가 적어도 문화적으로는 그 후의 일본 지식인의 거의 지배적인 자세였다고 논한다. 이러한 태도로는 『일본서기』를 정상적인 역사 감각을 가지고 과학적으로 연구하는 것은 무리였는데, 심지어 쓰다 소키치(津田左石吉)와 같은 학자도 조선의 역사와 문화에 관해서는 통상의 일본인 학자의 역사 감각을 넘을 수 없었다고 비판한다. 그리고 마르크스주의자는 정치적으로는 식민지 조선의 해방과 일본과 조선 인민의 연대를 강조하기도 했지만, 문화적으로는 역시 탈아적 서구 지향형에서 벗어나지는 못했다고 비판한다. 아시아의 '뒤쳐진 문화'를 도외시 하고, 오로지 선진 유럽 문화를 따르기 위해 노력한 근대 일본의 문화 전통은 쓰다나 마르크스주의자들의 사고에 만연할 정도로 강력한 것으로 그것을 문제시했다. 이는 일본 고대국가의 성립 이래 계속되어 온 전통이라는 점에서 강력한 인식이 되었다고 보았다. 이러한 관계는 국제적으로도 마찬가지로 적용되는 것이며, 문화가 발달 대국(大国)에 대한 지나친 관심은, 반대로 뒤떨어진 작은 나라는 우습게 보는 논리를 내포하고 있다는 점을 지적한다. 시모타 세이지는 이러한 뿌리 깊은 전통이 진보적인 학자들도 황국사관의 굴레에서 쉽게 해방되지 못하게 된 이유이기도 하며, 이것은 중앙 지향형의 사고가 지배적으로 작동하는 풍토에서 생겨난 것임을 기술했다.

시무라 세쓰(志村節, 생몰년 미상)

시무라 세쓰는 『삼천리』의 편집자다. 『계간 삼천리』제11호(1977년, 8월)에 「닮았다고 하는 것」이라는 제목으로 글을 실었다. 이 글에서는 조선어를 학습하면서 느낀 조선어와 일본어의 유사성, 차이를 지적하고 조선어 학습을 통해 일본어에 대한 관심이 증대되었음을 기술한다. 시무라 세쓰는, 만약 영어를 말한다는 것을 좀 극단적으로 표현하면, 영어를 통해 일본인에게서 일본을 분리해 내어, 미국인이나 영국인 같은 발상을 몸에 익히게 하는 역할을 해 주는 것으로, 달리 말하면 미국인이나 영국인처럼 될 것을 요구받는 것이라고 표현한다. 그 정도까지는 아니지만, 조선어 강좌를 통해 나름대로 일본어를 조선어로 의역해 보기도 하고, 직역해보기도 하면서, 공부를 해보면 조선어와 일본어는 구조적인 면에서 아주 가깝고 유사성이 많다는 것을 느낄 수 있다고 한다. 그리고 관용적 표현은 조선어와 일본어 사이에 차이가 존재한다는 것도 알게 되었다고 한다. 이처럼 조선어 학습 이후 일본어와 조선어 사이에 유사성과 차이점을 생각해 보면서, 일본어에 대한 관심이 반대로 증대된다는 것을 역설했다.

시미즈 도모히사(清水知久, 1933-)

시미즈 도모히사는 도쿄 출신으로 도쿄대학 교양학부 미국분과를 졸업했다. 1976년 일본여자대학 강사, 조교수를 거쳐 1979년에 일본여자대학 교수가 되었다. 일본의 미국사 연구자이며 일본여자대학 명예교수이다. 선주민인 미국 인디언의 입장에서 미국사를 연구하고 있으며, 또한 베트남 반전(反戰), 미군해체운동 등 시민운동가로도 활동하고 있다. 저서로는 『아메리카제국』, 『베트남전쟁의 시대』 등이 있다. 『계간 삼천리』 제25호(1981년, 2월)에 「삼 세대가 모여 기도했다」는 제목으로 글을 실었다. 이 글은 일본에서의 '김대중 씨를 죽이지 마라'는 다양한 세대들이 서명운동에 참여하고 의사소통한 시민연대 운동이었음을 서술하고 있다. 시민 서명운동은, 처음에는 1960년 7월에 시작되었고, 도쿄의 사무국과 그 주변에서 직접 담당한 삼 세대의 사람들로 구성되었다. 주창자의 한사람은 이시가와 후사에다(石川房枝)였고, 나카노 요시오(中野好夫), 아오치 신(青地晨) 등은 70대 참여자였다고 소개한다. 그리고 교토에 서는 쓰루미 슌스케(鶴見俊輔)와 히다카 로쿠로(日高六郎)가 참여했고, 가톨릭정의와 평화협의회의 모리타 소이치(森田宗一) 등도 함께 했다고 적었다. 그리고 나카시마 마사아키(中嶋正昭)와 오시오 기요키(大塩清樹), 작가 오에 겐자부로(大江健三郎)도 참여했다고 한다. 이처럼 이 서명운동이 사람들로부터 신뢰를 받았던 이유는 세대가 편중되지 않았다는 점이라며, 참여 인물들을 모두 소개했다.

시바료 다로(司馬遼太郎, 1923-1996)

시바료 다로는 오사카 출생으로 오사카외국어대학(大阪外語大學) 몽고어학과를 졸업했다. 『산케이신문(産経新聞)』 문화부에 근무했는데, 1960년 『올빼미 성(梟の城)』으로 나오키상(直木賞)을 수상하고 이후 역사소설을 화제작으로 발표하게 된다. 1966년에 『료마(竜馬)가 간다』, 1993년에는 문화 훈장을 받게 된다. '시바사관(司馬史観)'이라고 불릴 정도로 명석한 역사에 대한 시선을 갖고 있으며 커다란 신뢰를 받았다. 1971년부터 『가도(街道)를 간다』 등의 연재를 시작했는데 중간에 급서(急逝)했다. 『시바료타로 전집』(전체 8권)이 있다. 『계간 삼천리』제3호(1975년, 8월)에 「대담: 반성의 역사와 문화〈강화도 사건〉과 관련하여」를 게재했다. 편집위원인 김달수가 『언덕위의 구름』과 『료마가 간다』와 같은 일본에서 유명한 역사소설을 쓴 시바 료타로를 초청하여 대담을 진행했다. 이 글에서 개항기 일본과 조선을 비교하며 양국에게 개국의 의미를 설명하고 개국과정에서 상이했던 반응의 배경과 이유에 대해 논의한다. 대담은 크게 ① 개국과 정한론, ② 유가와 법가의 문제, ③ 오랑캐가 사라진 의미, ④ 절대적 가치관에 대한 질문 등 주제로 구분하여 전개되었다. 시바료 타로는 존황양이(尊皇攘夷)의 양이(攘夷)가 조금씩 변질된 채 개국하면서 근대화가 추진된 것이 일본이라고 보았다. 그 과정에서 보편성도 세계성도 없었고, 다른 나라까지 빼앗으려는 편협한 발상밖에 나오지 못했다고 기술한다. 시바료 타로는, 이것은 근대 일본을 체질화 시킬 정도로 선명한 인상으로 남았고, '세상은 그런 것이다'라고 생각하는 논리가 만들어졌음을 기술한다. 『계간 삼천리』제40호(1984년, 11월)에 「개념! 이 격렬함」이라는 제목의 글을 실었다. 이 글은 시바료 다로가 한국과 독일에서 유학한 경험을 바탕으로 새로운 공동체 형성에 대한 이론적 세계를 제시하는 내용으로 채워졌다. 시바료 다로는 개념의 교환이라는 논점을 제시했다. 즉 '개념의 일본인'='시바료 다로' 자신은 임진왜란·정유재란 때 도요토미 히데요시(豊臣秀吉)의 병사로서 조선 전국을 파괴하고 다닌 것이라고 말한다. 그리고 20세기 초까지 살아서 대한제국을 약탈하고 한국을 병합했으며, 더 나아가 15년 전쟁 때에는 조선인의 개인과 존엄의 상징인 성씨를 빼앗고 일본어를 강요하고 강제 노동에 동원하여 많은 사람들을 죽게 만들어가 가족들을 이산(離散)하게 만들었다고 말한다. 이후 재일한국·조선인을 차별하고 취직 기회균등을 부여하지 않고 더 나아가 조선 전쟁에 의해 전쟁 경기(景氣)를 통해 돈을 벌기도 했다고 비유한다. 시바료 다로는 '나는 그런 사람입니다'라고 하는 것이 '개념으로서의 일본인'으로, 물론 자신이 그렇게 한 기억은 없지만, 개념으로서의 일본인은 그러했다 것을 논한 것이다. 개념 앞에서 압살되는 개인적 존재에 대해 경각심을 심어주는 글이다.

시바타 쇼(柴田翔, 1935-)

시바타 쇼는 일본의 소설가이며 독일문학가이다. 도쿄출생으로 도쿄 대학(東京大学) 대학원 독문과를 졸업하고, 그 후 교수가 되었다. 1964년 에 학생 군상(群像)을 그린 소설로 「아쿠다가와상(芥川賞)」을 수상했다. 『계간 삼천리』제2호(1975년, 5월)에는 식민지시기의 추억을 게재했다. 시바타 쇼는 1941년에 조선에서 소학교를 다녔는데, 그러니까 조선이 일본의 식민지시기의 일인 것이다. 당시 일본의 서민이라고 불리는 층까 지도 조선인을 경시 하고 있었다고 한다. 소학교에서도 천황제 이데올로 기의 강요 속에서도 학교 교사들은 조선인 아이들을 그 멸시에서 지키기 위해서 노력을 한 것을 소개한다. 당시 소학교 선생님은 시대의 이데올로기로서의 '내선일체'를 믿고 있었는지 모르겠지만, 그러한 시대의 제약 속에서도 눈앞의 구체적인 조선인 아이들의 마음을 지키려고 노력했다는 것이다. 시바타 쇼는 그것을 '역사 속에 있는 인간이 할 수 있는 최선'이라고 표현한다. 그렇지만 시바타 쇼는 그렇게 생각할 수 없는 부분이 존재함을 논한다. 학교 선생님은, 조선인이라는 본래 아무런 경멸도 포함하지 않아야 하는 말에 일본 아이들이 불어넣은 모멸적 의미를 추인(追認)하고 더 강하게 해버린 것은 아닌가하고 논한다. 선생님이 물론 '조선 사람', '조선인'이라는 애매한 말투가 낮은 목소리로 '조선인'이라고 말할 때의 경멸적인 태도와 표리적인 것으로, 말하는 사람의 애매함을 그대로 나타내는 것이었다고 보았다. 조선이라고 할 때 현재의 윤리로 아무런 주저함도 없이 조선인을 조선인이라고 말할 수 있다고 자신에게 믿게 하려면, 그것은 말에 나타난 역사의 무시이기도 하며 허위라고 논한다. 마음속의 흔들림이나 주저함을 한편에서는 느끼면서도 한편으로는 올바르고 명석하게 조선인이라고 발성하는 그것이 오히려 솔직하게 역사 속에서 살아 있는 것을 발견하는 것은 아닌가 라며, 그 내용을 기술했다.

시오즈카 다모쓰(塩塚保, 생몰년 미상)

시오즈카 다모쓰는 『산케이(産経)신문』 오사카 사회부기자이다. 『계간 삼천리』제49호(1987년, 2월)에는, 실제로 한국에서 어학연수를 받을 때 지냈던 하숙집 추억에 대해 기술했다. 시오즈카 다모쓰는 1986년 김포공항을 통해 입국한 시오즈카 다모쓰는 6개월간 한국에서 살았다. 당시 한국은 서울 올림픽을 앞두고 정치적, 군사적, 경제적 그리고 스포츠 각 분야에 이르기까지 주목을 받고 있던 한국이다. 산케이신문사로부터

서울 유학생 제1호가 되어 파견되었고, 서울 하숙집에서 겪었던 일화를
당시 한국 사회의 정치상황과 연결하여 기술하고 있다.

신기수(辛基秀, 1931-2002)

저자 신기수는 교토(京都) 출생의 사진가며 통신사연구가다. 기록영화
「에도시대의 조선통신사」(1979년), 「해방의 날까지 재일조선인의 발자
취」(1986) 등을 제작했다. 영상문화협회대표, 덴리대학(天理大学) 시간강
사, 청구(青丘)문화홀 대표 등을 역임했다. 조선통신사 연구로 오사카시
(大阪市) 시민문화상을 수상했다. 주요 저서로는 『영상이 말하는 '한일합
병'사 1875년-1945년』(1987년), 『조선통신사: 사람의 왕래, 문화의 교류』
(1999년), 『조선통신사의 여정: 서울에서 에도 '성신(誠信)의 길'을 찾아
서』(2002년) 등이 있다. 『조선통신사의 여정』은 2018년, 국내에서도 번
역·출간됐다. 신기수에 관한 저서로는 기록 작가며 저널리스트인 우에
노 도시히코(上野敏彦)의 『신기수, 조선통신사에 거는 꿈 세계기억유산
으로의 여행』(2018년)이 있다. 『계간 삼천리』제10호에, 「한국은 일본의
쓰레기장인가」는 고도경제성장기의 일본 기업들이 산업폐기물 비용 절
감을 위해 재생 자원으로 사용 불가한 유해 폐기물을 한국으로 수출하는
블랙마켓의 현장을 고발한 내용을 적고 있다. 『계간 삼천리』제35호(1983
년, 8월)에 「박추자(朴秋子) 씨와 본명선언」이라는 제목의 글을 실었다.
신기수는 박추자를 등장시켜 본명 사용에 대한 입장을 소개한다. 박추자
는 '일본인처럼 행동해 온 내가 많은 사람들 앞에서 본명을 선언하면서
느낀 것은 그동안 사람들과의 관계가 거짓이었던 것이 진실한 인간관계
로 변화했고, 심정을 토로할 수 있는 친구가 생겨났다. 민족적 주체 회복
은 일본에 사는 조선인의 증명이다'라고 말했다고 한다. 이러한 김추자

의 이야기를 듣고 있던 김추자의 오빠는 '나는 요시모토(善元)로 괜찮다. 본명인 박으로는 살아 갈 수 없으며 그것은 싫다'고 답한다. 김추자의 오빠의 입장을 듣고, 신기수는 '박 씨 일가의 해체만이 아니라 인간성도 파괴하는 일본사회의 차가운 차별의 심연에 서 있는 오빠의 고뇌에 찬 얼굴에 형제자매가 자란 오타비초(御旅町)가 중첩'시킨다. 스이타시의 오타비초에는 일찍부터 조선인이 살고 동포 촌락이 형성되었다. 그녀가 자란 1950년대 후반부터 1960년대에는 동포들의 생활은 거의 밑바닥이었다. 해방 후 되찾은 본명은 사용하기 어려웠고 창씨개명 때 사용했던 이름인 '요시모토'로 통용하지 않을 수 없었다. 김추자도 독특한 인토네이션을 가진 조선이라고 지칭되는 것으로부터 탈피하기 위해 일본인의 가면을 쓴 생활을 보내지 않으면 안 되었다는 것이다. 동화의 문제를 고민하는 신기수는 이름과 국제성을 고민하면서 「이름」에 대한 고뇌를 피력했다.

신미사(辛美沙, 생몰년 미상)

신미사는 오사타 출생으로 아트 매니지먼트이자 디렉터이다. 1999년 모리미술관 홍보 매니저, 아커스의 디렉터를 역임했다. 2010년 일본 아트페어도쿄의 이그제큐티브 디렉터로 활동했다. 도쿄예술대학에서 아트 어드미니스트레이션 강의를 했다. 『계간 삼천리』제43호(1985년, 8월)에 「재일」 3세로서」라는 제목의 글을 실었다. 이 글에서 신미사는 현재, 재일조선인 사회에서는 2세, 3세가 전체 대부분을 점하고 있으며 재일조선인을 둘러싼 상황이 변화하는 가운데 각각의 가치관도 다양화되고 있다는 점에 착목하여, 3세가 직면한 문제 다룬다. 즉 그것이 '재일'의 의미에 정면으로 마주하는 것이며, 그 하나에 조국은 무엇인가라는 문제라고 지적한다. 일본에 동화하지 않고 순수한 내셔널리스트도 아닌 자신이, 개인과 개인이 인정받으며 살아가는 사회를 만드는 것이 무엇인가라는 것이다. 그것을 신미사는 조선어로 이야기하면서 일본어와 함께 2개 국어를 통해 다른 시점을 갖는 사회를 형성해 나가고 싶다고 말한다. 이처럼 신미사는 새로운 제3세의 입장을 논하는 것으로, 기존에 있었던 사고 봉식과 다른 입장을 제시한다. 즉 신미사의 세대에서 보면, 현재 일본인의 젊은 세대는 재일조선인이나 조선에 관한 문제를 정확하게 인식하지 못한 상황이기는 하지만, 편견도 없는 사람들이 많다는 것이다. 그리고 누군가가 재일조선인에 대한 차별적인 의식이나 편견을 보이더라도 그것이 자의식에 정착하지 않는다는 것이다. 그런 의미에서 일본과의 관계를 새롭게 만들어가는 방식이 기존방식과 다른 것을 논한다. 신미사는 '동화는 확실히 다르다'고 말하고, 이민족과 이민족이 공존하기 위한 개인의 방식을 묻는 시대라고 기술한다.

신바 리카(榛葉梨花, 생몰년 미상)

신바 리카가 『계간 삼천리』 제50호(1987년, 5월)에 「아베 요시시게(安倍能成)의 조선관」이라는 제목으로 글을 게재했다. 신바 리카는 자신이 조사한 식민지시기 경성제국대학(京城帝国大学) 교수 아베 요시시게론에 보이는 조선관에 대해 적고 있다. 철학을 전문적으로 연구하고 교육자로서 15년간 조선생활을 보냈고 전후에는 문부대신(文部大臣), 제실(帝室)박물관장, 가쿠슈인(学習院) 원장을 역임한 자타가 공인하는 리베럴리스트인 아베 요시시게(安倍能成)의 조선관에 대해 기술한다. 신바 리카는 한국 병합 후 위정자들은 식민지지배를 정당화하고 합리화하기 위해 모든 정치 선전을 강화했는데 그 특징들을 논한다. 거기에는 어용

언론인을 사용하기도 하고 국민에게 잘못된 조선 및 조선인 상(像)을 침투시킨 것도 그 일환이었다고 보았다. 그 속에서 생겨난 편견이나 무책임한 차별감정에 의해 국민들은 조선에 관해 올바른 인식을 가질 수가 없었다고 강조한다. 그런 와중에 아베 요시시게는 적어도 편견이나 차별의식을 갖지 않고 조선을 이해하려고 노력했던 한 사람이었다고 보고, 그 아베 요시시게의 조선관을 고찰하고 동시에 그것에만 그치지 않고 일본에서 조선에 이주해 간 일본인의 생활이나 의식, 더 나아가서는 당시 지식인이나 교육자들의 조선관을 추찰하는 단서로 활용해 볼 필요가 있음을 논한다. 아베 요시시게는 조선의 아름다운 자연이 '급속도', '무사려(無思慮)', '무계획'으로 파괴되어 가는 것을 매일 보면서 '이 경성이 우리 일본인의 손에 의해 과연 잘 만들어져 가고 있는가 걱정이 되지 않을 수 없다'고 걱정했다고 한다. 이와 같은 글에서 나타나듯이 아베 요시시게는 자신이 경성대학교수로서 지배자 측의 한 사람이라는 점을 각성하고 있었고, 그러면서 경성이 파괴되는 것을 걱정하는 형태로 고뇌했다는 내용을 기술한다.

쓰루미 슌스케(鶴見俊輔, 1922-2015)

쓰루미 슌스케는 도쿄 미나토구(港区)에서 태어났다. 성장 후 아버지와 지인으로 미국 하버드대학 역사학자인 아서 슐레진저(Arthur Meier Schlesinger)교수를 통해 하버드대학의 쓰루 시게토(都留重人)를 알게 되고, 평생 은사로 모셨다고 한다. 쓰루미 슌스케는 매사추세츠주(Massachusetts)의 명문 미들섹스 스쿨(Middlesex School)에서 공부했다. 그러나 1942년 대학 3학년 전기를 마칠 즈음에 미국 FBI에 체포된다. 5월에 전쟁포로로서 메릴랜드 주(State of Maryland)의 수용소에 보내어졌다. 이후 일본으로 보내졌고, 귀국했다. 그리고 1942년 징병검사를 받고 해군 통역병으로 지원하여 1943년 2월에 자바 섬에 부임한다. 자카르타 해군무관부(勤海軍武官府)에서 2년간 근무했는데, 주로 연합국으 라디오방송을 듣고 정보를 정리하여, 부외비(部外秘)의 신문을 작성하는 업무에 종사했다고 한다. 이후 싱가포르 수송선단(輸送船団) 통신대에서 근무하고 1944년 12월에 연습순야함(練習巡洋艦)으로 일본에 귀국했다. 전후에는 마루야마 마사오(丸山眞男), 다케타니 미쓰오(武谷三男), 다케다 기요코(武田清子) 등과 함께 「사상의 과학연구회」를 결성하고 『사상의 과학』을 창간했다. 그리고 1954년부터 「전향(転向)연구회」를 만들고, 『공동연구 전향』을 간행했다. 1962년에는 『공동연구 전향』전3권을 출간했다. 1948년 구와바라 다케오(桑原武夫)의 추천으로 교토대학(京都大学) 강사가 되고, 1949년 4월에 인문과학연구소 조교수가 된다. 이후 1954년 도쿄공업대학(東京工業大学) 조교수가 되었다. 이후 베헤렌(ベ平連) 기자회견을 통해 베트남전쟁 반대운동에 참여한다. 오다 마코토(小田実), 오에 겐자부로(大江健三郎) 등과 함께 구조호(九条の会)의 멤버가 된다. 이후 왕성한 집필활동을 전개했으나 2015년 폐렴으로 사망한다. 일본의 철학자, 평론가, 정치운동가, 대중문화연구자로 알려져 있다. 주요 저서로는 『전시기 일본의 정신사』(1982년), 『미국철학』(2008년) 등이 있다. 쓰루미 슌스케의 방대한 저술은 『쓰루미 슌스케 저작집』(전5권, 1975-76년), 『쓰루미 슌스케집』(전12권+5권, 1991-2001년), 『쓰루미 슌스케 강좌』(전10권, 1996년), 『쓰루미 슌스케 콜렉션』(전4권, 2012년) 등이 있다. 『계간 삼천리』제11호(1977년, 8월)에 「암묵(暗黙) 전제 한 묶음에서」라는 제목으로 글을 싣는다. 일본이라는 나라에는 일본인만이 살고 있다는 암묵의 전제, 그리고 이 일본이라는 나라에는 일본인만이 살아야 한다는 판단 자체, 이러한 전제들이 일본인 사이에 널리 퍼져 있다는 점을 지적한다. 이는 일본인 사이에서는 서로 돕는 것은 바람직하지만 그 밖의 사람들에게는 그럴 필요 없다는 암묵의 전제로도 연결되어 버리는 점에 그 위험성이 존재한다고 논한다. 신문 지상에의 글 중에서 '조선인들이여 차별이 싫으면 자신의 나라로 돌아가면 되는 것 아니냐'라는 내용이 게재되었었는데, 이러한 감각은 이 일본인 투고자만이 아니라 소극적 다수의 일본인 사이에 만연되어 있는 암흑의 전제성 노출이라고 분석했다. 이는 60만의 재일조선인이 이 나라에 머무는 이유를 전혀 알지 못하기 때문만이 아니라 일본인에 대한 지식도 없기 때문에 만들어지는 판단이라고 지적한다. 그리고 『계간 삼천리』제31호(1982년, 8월)에 「대담: 15년 전쟁 하의 일본과 조선」를 게재한다. 쓰루미 슌스케(鶴見俊輔), 강재언(姜在彦)와의 대담이다. 마침 쓰루미 슌스케가 『전시기일본의 정신사』라는 책을 간행했는데, 그 내용 중에서 중일전쟁 혹은 태평양전쟁이라는 구분법이 아니라, 1931년부터 시작되는 '15년 전쟁'으로서 이 전쟁을 이해해야 한다고 적고 있다는 것의 의미를 논한다. 즉 193년 사변이 있은 후 대동아전쟁으로 이어지게 되었다는 점에 주목한 것이다. 이것을 하나의 연결로서 보는 시점을 갖지 못한 것은 왜인가를 묻고, 그것이 역사를 보는 역사인식의 주관인데, 그 주관은 주관으로 생각하면서 왜 이러한 주관이 우리들 속에 만들어졌는가라고 묻고, 그 이유는 '만든 자가 있는 것'이라고 논한다. 그 이후 이와나미서점(岩波書店)으로부터 『소화사(昭和史)』(도오야마 시게키, 遠山茂樹), 이마이 세이치, 今井淸一), 후지와라 아키라, 藤原彰)의 저서가 간행되었는데, 이 책의 띠글에 '우리들은 불과 30년 동안에 두 번의 전쟁을 체험했다'라고 적고 있다는 것이다. 그것을 보고 쓰루미 슌스케는 이것은 안 되겠다는 생각이 들어서, 그 띠글에 대해 비판을 '일본 지식인의 아메리카 상(像)'(『중앙공론』(1956년 7월호)에 게재했다고 한다. 그리하여 제안한 것이 바로 '만주사변'을 기점으로 1945년 8월에 이르는 이 기간에서 눈을 떼지말고 '15년 전쟁'이라고 하는 것이 어떤 가라는 논리였다는 것이다. 그러니까 쓰루미 슌스케는 자신의 주관 속에서는 별개의 사건이지만, 그것은 그자체로 보기도 하면서, 더 큰 눈으로 보는 의미에서 15년 전쟁이라고 해석한 것이었다. 그것은 현실 인식을 패전 후에 미국이 시키는 대로 하는 주관과 인식을 걷어치우고 '그 전쟁은 미국에 대한 전쟁이었다' 혹은 '일본은 미국에 패했다'고 하는 전후 지배층이 논하는 하나의 전쟁관을 다시 논의하는 것으로 연결한다. 쓰루미 슌스케는 희미해져 가는 전후의 전쟁 기원을 각성시키는 논리를 기술하고 있다. 그리고 『계간 삼천리』제50호(1987년, 5월)에서는 「『계간 삼천리』 13년」이라는 제목의 좌담회에 참석하여 발언한 내용이 게재되어 있다. 좌담회의 멤버는 이누마 지로(飯沼二郎), 쓰루미 슌스케(鶴見俊輔), 이진희(李進熙)였다. 『계간 삼천리』 종간을 앞두고 이 잡지가 걸어온 길과 역사적 의미를 기술한다.

쓰루조노 유타카(鶴園裕, 생몰년 미상)

쓰루조노 유타카는 역사학자이다. 가나자와대학(金沢大学)에 재직했고, 일본사, 동아시아역사, 전근대 한일관계사, 근세 일본문화를 연구해왔다. 김용섭의 『한국 근현대 농업사 연구: 한말·일제하 지주제와 농업문제』를 번역하고 공저로 『동아시아공생의 역사적 기초: 일본·중국·남북코리아의 대화』(2008년)를 집필했다.

쓰부라야 신고(円谷真護, 1930-)

쓰부라야 신고는 오사카 출생으로 문예평론가이다. 『빛나는 거울-김

235

석범의 세계(光る鏡─金石範の世界)」 등을 집필하였다. 『계간 삼천리』 제30호(1982년, 5월)에 「귀와 눈」이라는 제목으로 게재한다. 이 글은 고대한국의 금관을 보면서 느낀 경탄의 경험을 통해 예술을 평가하는 데 있어 무엇보다 중요한 것은 편견 없는 순수한 감정임을 설명하고 있다. 그리고 이러한 순수한 감정이 인간사 모든 관계의 기본이 되어야 한다고 덧붙여서 설명하고 있다. 말하자면 감수성으로부터 느껴진 진실이야 말로 예술작품을 감상하는 출발점이 된다고 강조한다. 이처럼 우수한 예술작품은 국경을 초월한 것이기에 그것을 그대로 느끼면 눈은 우수한 귀를 존중하고, 귀는 우수한 눈을 존중하게 된다고 말한다. 순수한 감수성의 진실에 기초한 관계가 다른 모든 조건에 우선해야 함을 지적한 글이다.

쓰지무라 다쿠오(辻村拓夫, 생몰년 미상)

쓰지무라 다쿠오는 아마가사키시(尼崎市) 시청 광보과(広報課) 소속이다. 재일조선인 단체를 통해 시에서 지급하는 아동수당에 차별적 요소가 있다는 것을 알게 된 저자는 시의 조례 개정을 시도한다. 또한 민족 차별을 없애기 위한 시민의식의 계몽활동을 위해 시 광보지에 연재시리즈를 게재하였다. 『계간 삼천리』 제20호(1979년, 11월)에 「민족 차별을 없애기 위하여」를 연재한다. 그 내용은, 민족 차별을 없애기 위해서 싸우는 여러 단체로부터 받은 요망서의 내용을 소개한다. '우리는 아마가사키시에 사는 재일한국인이다. 시내에 사는 사람의 의무로서 시·현민세를 비롯한 세금은 일본인과 똑같이 납부하고 있는데 권리에 관해서는 외국인이라는 점에서 굉장히 납득하기 힘든 차별을 받고 있다'라며, 헌법이 보장하고 있는 기본적 인권, 시민으로서의 권리 보장을 요구한다는 것이었다. 그와 동시에 ① 공영주택의 입주 권리 ② 아동수당의 지급 ③ 노인 무료

패스와 입욕권 교부 등을 요청하였다고 한다. 이 요청을 받은 시는 "역사적 배경 등을 감안하여 특히 배려할 필요가 있다"고 생각하여 아동수당과 시영주택 입거신청 등을 실시하기로 하였다고 한다. 그 중에서 아동수당 지급액은 "4번째 자녀부터 월액 1500엔"이라는 것이었는데, 일본인에게는 "3번째 자녀부터 월액 4000엔"이 지급되고 있었다. 이것은 명백하게 민족 차별이고 차별행정이라고 하며 「민족 차별과 싸우는 효고현 연락협의(兵庫県連絡協議会)」(이하 민투련(民闘連)으로 약칭)를 비롯한 여러 단체로부터 강한 항의를 받았다고 한다. 이후 시는 이 요구가 당연한 권리이고, 제도에 차별이 있었다는 것을 인정하고 아동수당을 일본인과 동등하게 지급하도록 시 조례를 개정하는 취지의 회답을 하였다는 것이다. 그리고 더 나아가 민투련 측은 민족 차별의 본질은 일본인의 잠재적인 차별의식에 있는 것을 지적했다고 한다. 이러한 움직임을 보면서 쓰지무라 다쿠오는 자신이 민족 차별이 무엇인지를 알고, 이제까지의 역사적인 경과란 도대체 무엇인지 공부해야 한다고 생각했다고 한다. 뿌리 깊게 정착되어 있을 차별 개념을 없애는 것은 쉬운 일은 아닌데, 그만큼 일반시민에 대한 계몽활동은 큰 과제로 남게 되었다고 논한다. 부락문제 등 1년간 캠페인을 계속했지만, 민족 차별 문제는 말하자면 완전히 새로운 '문제'임을 느끼게 되었다는 심정을 토로한다.

아리미쓰 교이치(有光教一, 1907-2011)

아리미쓰 교이치는 후쿠오카현(福岡県) 출생으로 1931년 교토(京都)대학 문학부 사학과 고고학전공과를 졸업한다. 졸업 후 동방문화연구소(東方文化研究所)에 들어갔다가 조선총독부 촉탁으로서 조선반도 고분조사에 종사한다. 1941년부터 1945년 종전(終戦) 때가지 조선총독부 박물관 주임을 맡았었다. 1957년에 교토대학 교수가 되고, 우메하라 스에 나오(梅原末治)의 후계자로서 문학부 고고학 연구실의 제3대 주임이 된다. 저서에는 『조선고고학 75년』(2007) 등이 있다. 『계간 삼천리』제42호 (1985년, 5월)에 「나의 조선고고학」이라는 제목의 글을 실었다. 이 글은 아리미쓰가 조선총독부에서 근무하던 때 종전을 맞이한 상황에 대해 기록하고 있다. 아리미쓰 교이치는 패전을 조선에서 맞이했는데 그때 당시의 심정을 구체적으로 기술했다. 자신은 당시 '일본은 어떻게 되는가', '일본인은 어찌하면 좋은가'라고 생각했다고 한다. '총독부'가 소멸된 후자신이 근무하던 총독부박물관은 어떻게 되는가, 그 관리나 책임은 당장 어떻게 되는가 등등 여러 가지 일들을 생각했다는 것이다. 그것은 개인의 힘으로는 어떻게 할 수 없는 변화에 대한 불안과 초조함이었다는 것이다. 그 이후 서울은 '조선건국준비위원회'의 여운형 위원장의 조치로 경성 서대문 형무소에서 조선인 정치범 전원이 석방되고, 조선인 사상가 제 단체는 혁명동지 환영이라는 플랜카드를 내걸고 형무소 앞에서 민중을 규합하여 종로 거리로 나아가 시위를 진행하는 것을 보았다고 한다. 국면 수습과 질서 유지를 위해 위원회 소속 경위대를 설치하고 정규병 군대를 편제하여 총독정치를 끝내고 신정부가 수립된다는 취지를 발표한 것을 들었다며, 아리미쓰 교이치는 실화로서 8.15에 대한 기억을 기술했다.

아리요시 가쓰히코(有吉克彦, 생몰년 미상)

아리요시 가쓰히코는 아시아인권센타 사무국장이다. 『계간 삼천리』제 34호(1983년, 5월)에 「재일조선인과 국적법 개정– '중간시안(中間試案)' 으로 보는 국적법개정의 동향」이라는 제목으로 글을 실었다. 이 글에서 필자는 재일조선인과 일본인의 국제결혼이 증가하고 있는 것은 '재일=자이니치'와 함께 살아가는 이상 부득이한 일이라고 논하면서도, 하지만 태어나는 아이의 국적 결정은 아이의 장래, 민족의 아이덴티티 등과 불가분의 관계로 피할 수 없는 문제로 간주되어야 한다고 기술한다. 그리하여 이번에 개정된 '국적법 개정'은 단순히 일본인만의 문제가 아니라 재일조선인 장래에 미치는 문제를 내포하고 있어 일상생활에 매우 중요한 영향력을 행사하는 현실과제라고 말한다. 그래서 국적법개정에 대한 진지한 논의가 필요하다고 견해를 밝힌다. 구체적으로 보면, '시안'의 국적선택 제도는 이중국적의 발생을 극도로 경계해서 '국적취득=이중국적의 해소'에 역점을 둔 결과 '국적취득(선택)의 자유=개인 의사의 존중'에 충분한 배려가 되지 않았다고 논한다. 만약 '시안'대로 제도운영이 이루어진다면 부모에 의한 자녀의 국적선택이 (그것도 유아 시기에) 이루어질 가능성이 농후하고, 자녀의 의사가 반영되지 않을 수도 있다며 경계한다. 오히려 이중국적자의 국적선택은 국적이탈의 자유를 완전하게 보장하고 있는 현행의 국적법 제10조를 운용하는 것으로 충분하므로 새로이 국적선택제도를 도입할 필요는 없다고 생각한다고 논한다. 아리요시 가쓰히코는 원래 국적이란 '일정한 국가의 소속회원 자격'(『広辞苑(고지엔)』)이라고 되어 있는데 일본에서 생활하는 조선인에게 그 국적은 전혀 다른 의미의 기능을 가진다고 논한다. 출생하면 취학·취직 등의 기회, 사회보장 가입·수급의 자격, 결혼과 같은 다양한 장면에 반드시 등장하게 되는 것이 국적이라는 것이다. 그리고 16세가 되면 지문날인을 한 외국인등록증명서를 소지해야 하고, 등록증명서의 국적을 보고 비로소 자신이 조선인이라는 것을 알게 됨으로써 조선 민족의 일원으로 자각하는 일도 있는 점에서, 국적이 가진 양가성을 기술한 것이다.

아사카와 다쿠미(浅川巧, 1891-1931)

1901년에 아키다(秋田) 심상고등학교(尋常高等学校)에 입학하고, 1907년에는 야마나시현립농림학교(山梨県立農林学校)에 들어갔다. 고후교회(甲府教会)에서 세례를 받았다. 1914년에 형을따라 조선반도에 간다. 그리고 조선총독부 농상공부 산림과 임업시험장에 취직하고, 양묘(養苗)와 조림(造林) 연구에 종사한다. 1915년에는 야나기 무네요시(柳宗悦)와 알게 된다. 아사카와 다쿠미는 조선의 공예(工芸)에 주목하는데 도자기와 가구·민구(民具) 등을 수집하는데 열정을 쏟았다. 1924년에는 야나기 무네요시의 제안으로 경북궁내에 조선민족 미술관을 설립하는데 조력했다. 주요 저서로는『조선의 선(膳)』(1926년),『조선도자기고』(1931년)을 간행했다. 조선의 민예 및 도예(陶芸)연구가이기도하며 평론가로 알려졌다. 아사카와 다쿠미의 묘는 서울 교외의 망우리라는 곳에 묘지가 있는데, 이 내용에 대해 이진희(李進熙),『계간 삼천리』49호(1987년, 2월)에「서울에 잠든 두 명의 일본인」이라는 제목의 글에서 소개되었고 여기에 아사카와 다쿠미가 거론된 것이다. 아사카와 다쿠미에 대해서는『민족의 벽을 넘어 시대의 벽을 넘어 산 사람, 길·백자(白磁)의 사람 아카사와 다쿠미의 생애』(2012년)가 있다.

아오치 신(青地晨, 1909-1984)

아오치 신은 전후『세계평론(世界評論)』편집장을 맡아 평론 활동을 했고, 48년 '김대중 사건' 이후 한일 문제에 깊이 관여했다. 1974년에「한일연대연락협의회」 대표를 역임하기도 했다. 『계간 삼천리』제3호(1975년, 8월)에는「격해지는 것」이라는 제목의 글을 집필했다. 이 글은 일본에서 조선인에 대한 차별을 언급하며 피억압 민족으로서, 또 피차별 민족이 가지는 분노와 격해지는 감정에 대해서 자신의 조선인들과의 교류 경험을 통해 알리는 내용이다. 전후에는 김달수의『현해탄(玄海灘)』이라는 소설을 읽으면서 '시모노세키 등 조선으로 출항하는 관부연락선 안에서 조선인 학생들은 특별히 일본형사로부터 모욕적인 취조를 받은 것'을 알았다고 한다. 일본인과 조선반도 사람 사이에는 모든 면에서 심한 차별이 존재하는 것, 아니 현재형이라고 논한다. 재일조선인들은 항상 신분증을 소지하고 다녀야 하며, 경찰이 요구하면 즉각 제시해야 하는 것 등이 전전의 논리와 동일한 것은 아닌가하며, 그 차별에 대해 기술한다.

아카네 후미아키(茜史朗, 생몰년 미상)

아카네 후미아키는,『계간 삼천리』20호(1979년, 11월)에,「조선과의 만남」이라는 제목으로 글을 게재했다. 아카네 후미아키는, 다카사키철학당(高崎哲学堂) 설립준비를 통해 일본과 조선의 역사에 관해 비판적 사고를 길렀다고 한다. 이 글에서는 고대조선사, 고대일본사, 언어의 표현법에 이르기까지 깊이 있는 연구의 필요성을 제기하며 두 민족의 연대의 기반을 더욱 강고히 할 것을 말하고 있다. 아카네 후미아키는, 일본 근대 백년 역사의 산증인이라고도 할 수 있는 재일조선인과 중국인의 역사와 존재를 거의 알지 못했음을 고백한다. 그리고 또한 일본사 서술의 밑바닥에 흐르는 조선 멸시의 역사관을 의심의 눈초리로 총체적으로 보지 못했음을 반성한다. 그리하여 문제는, 재일조선인에 대한 민족 억압의 강화와 새로운 조선침략의 태동에 대한 "대결"이라는 형태로 제기되었지만, 그러한 문제를 물을 수 없는 형해화 한 '전후민주교육'의 모범생으로서 초·중·고교 시절을 보낸 자신이 이러한 형태로 문제가 다가올 때, 어떻게 생각하고 어떻게 행동하면 좋을지 판단할 수 없었다는 점이 더 문제였다고 논한다. 그리하여 참 연대는 타민족=조선과 조선인에 대한 깊은 외경과 이해 없이는 있을 수 없다고 논한다. 동시에 서로 외경과 이해를 갖고 어두운 부분을 비판할 수 있는 민족만이 연대할 수 있다고 논한다. 일본인은 너무나도 조선과 일본의 역사에 관해서 잘 모른다고 말하고, 이제부터는 '정치'에서 문화로 크게 다시 선회한 것을 논한다. 그리하여 아카네 후미아키는, 자신이 직접 시민의 실감(實感), 생활의식으로서 뿌리를 내려가자는 철학당 설립운동. 그 안에서 열린 강연회에서 비판적 정신을 기른 자신에게 이노우에 후사이치로(井上房一朗)와 만나 운동을 도울 수 있었다는 것에 대해 감사해 하는 내용을 적었다.

아키야마 슌(秋山駿, 1930-2013)

아키야마 슌은 문예평론가이다. 도쿄부(東京府) 출신으로 구제(旧制) 제2와세다고등학원(第二早稲田高等学院)을 거쳐 신제(新制) 와세다대학 제일문학부로 진학했고 불문과를 졸업했다. 평론으로『내부 인간(内部の人間)』,『상상하는 자유』등을 발표했다. 도쿄농공대학(東京農工大学) 교수, 무사시노여자대학(武蔵野女子大学) 교수를 역임했다.『계간 삼천리』제23호(1980년, 8월)에「조선-단편적 만남」이라는 제목의 글을 실었다. 이 글은 이름을 둘러싼 해석과 의식의 자각성에 대해 논하고 있다. 아키야마 슌 자신은 사실 조선에 대해 잘 알지 못했다고 한다. 자신의 인식 내부에 '집착'이 존재했는데, 그 집착이 자신의 의식 하에 잠자게 해 오던 것 즉 조선에 대한 자신의 무지(無知)에 대한 집착에 눈을 뜨게 되었다고 말한다. 이것은 조선과 마찬가지로 중국, 프랑스, 아메리카에 대해서도 무지하다는 것, 일본 내의 동북지방, 관서지방에 대해서도 무지하다는 것과 동일한 것이다. 그렇지만 조선에 대해서만은 글을 써 본다는 것, 그것을 자신만의 집착이라고 표현한다. 그 후 아키야마 슌은 자신이 새롭게 조선에 대해 알게 된 것은 고마쓰가와(小松川) 여고생 살인 사건과 김희로 사건이라는 재일조선인의 범죄사건을 통해서 였다고 한다. 당연히 살해된 사람들 즉 피해자들을 생각하면 마음이 아프지만, 그럼에도 불구하고 그 범죄는 일어나지 않으면 안 되는 부분이 있었다고 논한다. 달리표현해서 범죄만큼 한 사람의 인간이 현실을 살 때 갖는 생존의 조건을 날카롭게 조사(照射)해주는 것은 없다고 보았기 때문이다. 그것은, 그들에게 비참한 삶의 의식밖에 주지 못한 전후 일본 사회의 생존 조건이라는 것을 느끼게 되었기 때문이라고 논한다.

안경환(安慶煥, 생몰년 미상)

안경환은 『계간 삼천리』 제15호(1978년, 8월)에 「부모님의 묘소」라는 제목의 글을 실었다. 이 글은 독자인 안경환 씨가 식민지 시절 일본으로 건너왔다가 돌아가신 부모님과 형의 유골을 제대로 안치하고 있지 못한 이유에 대해 이야기하는 내용이다. 구체적으로 내용을 보면, 1975년 여름, 누님이 한국에 다녀오겠다고 해서, 본 고향도 다녀오라고 했다는 것이다. 그런데 가보니 백부는 이미 3년 전 돌아가셨는데, 백모가 말하기를, 살아 있는 동안 한 번이라도 좋으니 만나고 싶어 했다는 것이다. 부모님이 태어나서 자랐던 땅, 또 여러 가지 전설을 남기며 만주로 가셨던 조부의 땅, 그리고 부모님의 결혼자금을 조달하기 위해 마음을 쓰셨던 연로하신 백모가 일일천추(一日千秋)와 같이 우리를 기다리는 조선이지만, 자신에게 조국은 방문의 자유도 주지 않았었다고 말한다. 일본인도

마음대로 왕래할 수 있는 조선에, '조선인'인 자신은 국적 문제로 왕래할
수 없다고 말하며, 국적에 의한 문제점을 지적한다.

안우식(安宇植, 1932-2010)

안우식은 문예평론가이다. 도쿄에서 태어나 와세다대학교(早稻田大
學)을 중퇴하고 조선대학교에서 가르쳤다. 그 후 문예평론가, 번역가로
활동하면서 오비린대학교(桜美林大学) 교수를 역임하고 명예교수로 재
직했다. 그리고 『계간 삼천리』37호(1984년, 2월)에 「잘못된 한일문화 교
류론」라는 제목의 글을 싣는다. 안우식은 한 일본인 서울특파원이 『아사
히신문(朝日新聞)』에 게재했던 한국과 일본의 문화교류 촉진에 관련한
논고 내용이 갖는 문제점을 비판적으로 지적한다. 그 내용을 보면 특파
원은 한국 민중이 '일본의 문화침략'에 '경계심을 가지고 있는 것'은 부
정할 수 없는 사실이라고 이해한다. 그것은 새삼스레 말할 필요도 없이
'과거의 쓰라린 경험' 즉 '식민지지배라는 불행한 역사'를 끌고 있기 때
문이라는 점을 잘 인식한다. 그러나 한국 민중의 경계심을 안우식은 고
바야시 특파원처럼 과거 '식민지지배라는 불행한 역사'가 낳은 '반일감
정'에 뿌리를 내린 것으로 받아들인다고 한다면, 그것은 역시 피상적이
라고 평가한다. 표현을 달리 하면 '과거의 쓰라린 경험'과 함께 현재 쌍
방의 입장 차이 때문에 한국의 민중으로 하여금 필연적으로 일본에 대한
'필요 이상의 경계심을 가질' 수밖에 없는 것이다. 또한 이렇게 '필요
이상의 경계심을 가지는 것'이야말로 고바야시 특파원의 말을 빌리면
'서구는 종교를 지렛대로 문화 전파를 노리고 미국은 경제, 군사원조,
종교를 통해 미국문화권을 구축'해 온 역사의 교훈에서 배워야 하는 것
이 제3세계에 속하는 민중이 취해야 할 태도라고 할 수 있다. 역설적으로

'과거의 쓰라린 경험'의 입장차이를 고려해야 하고, 그것은 일본과 한국 모두가 미국문화권의 영향이라는 것도 함께 고려되어야 한다는 점이다. 그리고 한일관계를 논할 때 강조된 '동문동종론(同文同種論)'에 대해서도 재고해야 한다고 논한다. 마치 상대에 대하여 숙지하는 것처럼 착각하고 정확하게 이해할 노력을 소홀히 하고 응석(甘え)을 부린다는 논리이다. 상대를 존중하고 대등한 입장에서 상호이해를 위해 노력해야 한다는 점을 강조한다. 한국에게 일본이 독자적인 문화를 가진 타자인 것처럼, 일본에게 한국 역시 그러한 존재이다. 즉 고바야시 특파원이 '동문, 동종의 나라한테 이해를 받지 못하는 한 다른 나라들에 문화침투를 시도하는 것은 절망'이라고 생각하는 일은, 한국을 독자적으로 문화를 영위해 온 타자로 보지 않는, 응석일 뿐이라며 비판적으로 글을 전개했다. 그리고『계간 삼천리』제50호(1987년, 5월)에는, 「보내지 못한 원고」라는 제목의 글을 싣는다. 이 글은 8·15 해방 특집호 원고청탁을 받은 것에 대해 답변하지 못한 입장을 적고 있다. 일본 내에서 생겨난 '일본 속의 한국 붐'이 과연 식민지배에 대한 문제를 어떻게 연결시켜 해결해 가야 할지를 고민하는 글이다. 이전에는 없었던 한국에 대한 관심의 고양에 대해 안우식은 '일본 속의 한국 붐'을 수용하기에 꺼려진다고 표현했다. 그것은 그러한 현상이 '정상'이라고는 말하기 어려운 양자 관계를 상징하는 것으로 파악했기 때문이다. 말할 것도 없이 그것은 1910년부터 45년에 걸쳐 양자가 식민자와 피식민자의 관계에 있었던 점을 잃게 하기때문이라는 것이다. 그렇기 때문에 전후는 일본인의 경우는 식민자였던 것에서 생겨난 피식민자에 대한 죄의식이나 꺼림칙함이 있고 반면 조선인의 경우에는 피식민자 체험이 가져온 식민자에의 혐오나 반감, 콤플렉스 등이 개개인의 내면에 그 심리에서 갖가지 작용을 미치고 있는데, 이 차이를 소거시킨다는 것을 우려한다.

안추령(安秋玲, 생몰년 미상)

안추령은 『계간 삼천리』13호(1978년, 2월)에 「재일조선인으로서」라는 제목으로 글을 실었다. 이 글에서 안추령은 일본인도, 조선인도 아닌 '재일조선인'으로써의 자기 정체성을 찾아가는 내용을 적었다. 안추령은 '대한민국'이나 '조선민주주의 인민공화국'이 아닌 곳 '일본'에서 살아가는데 그렇다고 일본인도 아니고, 조선인도 아닌 '자이니치(在日)'로서의 자신의 현재를 담담하게 그려낸다. 안추령은 자신 내부의 조선을 볼 때 자신은 그것을 자신의 주체가 아니라 '정도 거리를 두고 있음'을 느낀다고 했다. 조선인이라는 자랑스러움, 자각을 가지려 하지만 아무리해도 조선인이 될 수는 없다. 안추령은 조선을 느낄 수가 없다고 논한다. 그리고 오히려 자신 내부에서 비굴함과 오만함으로 소멸되어 버릴 것 같은 느낌도 생긴다는 것이다. 자신 내부에 있는 것 그것은 일본에 가까운 것인데, 그것은 외형적으로는 일본인처럼 보이지만 절대 일본인이 될 수는 없다는 것을 동시에 느끼게 한다는 것이다. 안추령은 조선과 일본 사이에서 오가는 진자(振子)같은 마음의 상극이 자신을 '반쪽바리'로 만드는 것을 부정하지 않는다고 말한다. 그렇지만 그런 일본과 조선 사이에 크게 다른 것 하나는 주체적으로 우리의 생활에 관여해오는 것은 일본이라는 것을 명확하게 제시한다. 즉 대한민국, 조선민주주의인민공화국의 정치보다도 일본의 정치·사회정체 쪽이 확실히 우리에게 영향을 주고 인간의 성장 과정이나 인격형성에도 작용한다고 보았다. 안추령은 이전에 자신은 일본에 동화되는 것을 저항하며 조선인을 집착한 적도 있는데, 그렇지만 지금은 내면에 일본인이 있고, 조선인이 있으며, 재일조선인도 존재한다고 논한다. 이러한 삼자는 각각 다른 존재임에도 불구하고, 그것을 오히려 알아가게 되었다고 기술한다. 그런 의미에서 안추령은 자신이 '일본은 나에게 재일조선인'이라는 것을 가르쳐 주고 있다고 논하고, 그 심리상태를 표현했다.

야마나카 히사시(山中恒, 1931-)

야마나카 히사시는 일본의 아동문학 작가이다. 홋카이도(北海道) 오타루시(小樽市)에서 자랐고 1944년에 구제(旧制) 오타루중학교(小樽中学校)를 졸업했다. 전쟁 중에는 황민화 교육을 받았는데, 그것을 지도한 교원들이 일본 패전 이후에는 정반대의 교육을 실시하는 것을 보고 위화감을 느꼈다고 한다. 이 체험을 통해 어른들이나 교원에 대한 불신감이 생기고, 그의 작품에도 영향을 미쳤다고 한다. 와세다대학(早稲田大学) 제2문학부 연극과에 진학하였고 졸업했다. 재학 중에 아동문학 창작을 시작했다. 1960년에 『붉은 털의 포치(赤毛のポチ)』라는 작품으로 아동문학자협회 신인상을 수상하고, 아동문학작가로 데뷔한다. 『우리들 소국민』 시리즈를 1974년부터 간행했다. 전체 5부와 보충권(補巻)이었다. 1980년 가을에 세상을 떠났다. 『계간 삼천리』제31호(1982년, 8월)에 「반도의 소국민 체험에 대해」라는 제목으로 글을 실었다. 이 글은 『반도의 소국민』 시리즈와 관련된 내용과 함께 조선인의 체험에 대해서도 이야기한다. 야마나카 히사시는 조선인의 소국민 체험은 일본인 일반의 소국민 체험에 추가적으로 언어나 생활 습관까지 억압하는 민족 차별이 보태어진 것이라고 논하고, 그러한 의식을 가진 일본인 교사들의 멸시적 연성(練成)은 매우 심한 것이었다고 논한다. 야마나카 히사시는 자신이 『우리들 소국민』시리즈에서 그 문제를 언급하지 않은 것은 첫째로 그것들을 증빙하는 당시의 자료가 입수되지 못했던 것도 있었는데, 그것과는 별개로 동일한 조선인의 소국민 체험자라 하더라도 일본 내지에 거주해 있던 사람

247

과 조선 현지에서 초등학교를 다녔던 사람의 체험은, 차이가 있었다고 여겨지기때문이라고 했다. 야마나카 히사시가 보기에 동일한 소국민 체험이라 하더라도 자신처럼 일본으로서 전쟁에 협력하여 연성된 어른들 고발 방식과는 다른 것이며, 억압민족에 의한 피억압 현상으로서의 소국민체험이라는 시점을 취하지 않으면 안된다고 논한다. 그렇기 때문에 고발 측면에서도 차이가 존재할 것이라고 상상된다고 말한다. 야마나카 히사시는 이외에도 『감격 미담: 상급용』(1942년)에 「눈 내리는 밤의 수박」, 『우리들의 애국 경쟁』(1941년)에 「반도 소년의 군인 지원」, 『군인 후원 교육 자료』(1941년)에 「나이 먹은 상이군인을 위로하는 반도 출신의 소년」등 실화내용담이 게재되었는데, 이것도 '일시동인, 내선융화'라고 소개하며, 그 내용들을 기술했다.

야마노 사다코(山野貞子, 생몰년 미상)

야마노 사다코는, 『계간 삼천리』제19호(1979년, 9월)에 「조선과의 만남」이라는 제목의 글을 싣는다. 이글은 고대사를 전공한 저자가 김지하의 특집호에 들어갈 원고를 청탁받고 조선에 대한 생각을 정리하면서 김지하와 관련된 문제 뿐 아니라 김대중 문제와 재일 조선인에 대한 차별을 언급하며 조선은 일본에게 언제나 원죄와 같은 존재라고 설명한다. 야마노 사다코는, 국가에 대해 '그 땅에 사람이 살았다는 원(原)풍경을 국가라 하지 않는다. 국가의 성립은 무엇을 말하나'라는 질문을 설정한다. 이러한 물음을 갖게 된 것은 '일본이 전전에 성전(聖戰)이라고 선전한 거을 믿었던 것'이 나중에 알고보니 사실은 침략을 위한 것이었음을 알았을 때였다고 한다. 그래서 고대국가 성립의 알기 위해 역사책들을 보게 되었는데, 고대의 일본과 조선의 관계를 알게 되었다고 한다. 그리하여 원(原)일본인도 잘 모르고 '우리'라는 개념도 확실치 않게 되었다고 논한다. 즉 천년 이상 전의 고대국가 형성 시기, 즉 7세기에 백촌강에서 패하여 왜를 일본이라고 개정한 것인데 그것은 일본이 조선으로부터 독립한 것이라고 해석한다. 일본은 새로운 국가건설을 위해, 그 전처럼 백제계다 혹은 신라계다라는 말을 금지시키고, 『고사기』와 『일본서기』를 집필하여, 조선 문제를 감춘 것이라고 논한다. 그러나 실제로는 조선이 가진 지식이나 문화나 기술을 함께 활용하지 않으면 새로운 국가를 건설할 수 없는 실정이었다고 상상한다. 그리하여 7세기 후반부터 8세기에 걸쳐서 야마토 조정의 권력 조직이 형성되고, 『기(記)』『기(紀)』 상에서 분명히 말할 수 없었던 상황이 존재했다고 논한다. 그리하여 야마노 사다코는, 국가란, 지배조직이 있고, 지배되는 사람들이 있어 성립하는 것임을 알게 되었다고 논한다. 그래서 국가권력과 인민의 이익은 일반적으로 항상 어울리지 않는다는 사실도 동시에 알게 되었다는 것이다. 조선에 대한 일본적 이미지의 형성을 고대사로 거슬러 올라가 기술한 것이다.

야마다 쇼지(山田昭次, 1930-)

야마다 쇼지는 릿쿄대학 교수로 일본사학자이다. 1930년 사이타마현에서 출생했다. 『계간 삼천리』제36호(1983년, 11월)에 「관동대지진과 조선인 학살」이라는 제목으로 글을 실었다. 이 글에서는 관동대지진 당시 발생한 조선인 학살에 대해 사료와 출판된 연구서를 통해 상세하게 소개한다. 조선인 학살 문제를 민중과 민족 연구와 연계해 나가야 한다고 강조하고 이를 위해서는 지역사회에 착목한 연구가 필요하다고 서술한다. 관동대지진에서 조선인 학살사건을 조사하고 추적하는 것은 최근에 들어서야 겨우 일본인 대중 운동으로 확산되었다고 보았다. 그 역사를 되돌아보면, 이러한 움직임은 관동대지진 50주년 전후에 시작되었다고 한다. 그 성과는 조일협회(日朝協会) 도시마(豊島)지부의『민족의 가시-관동대지진과 조선인학살의 기록』(1973년)이나 관동대지진 50주년 조선인 희생자 조사 추모사업실행위원회의『숨겨져 있던 역사-관동대지진과 사이타마의 조선인 학살사건』(1974)로 결실을 맺었다고 이 저서를 소개한다. 그리고 그 후 60주년을 향한 현재의 운동은 그 주체가 변화했다는 점에 주목하고 그것을 설명한다. 1978년 6월 24일 '치바현 관동대지진과 조선인 희생자 추도·조사실행위원회'의 발족이나 1982년 12월 3일 '관동대지진 시 학살된 조선인 유골을 발굴하는 위령의 회' 발족(준비회는 같은 해 7월 18일 결성)으로 나타났다고 논한다. 즉 50주년 운동의 중심이 조일협회였다면 '추도·조사실행위원회'와 '발굴하는 위령의 회'의 회원의 대부분이 조일협회나 그 외 조선·한국 문제의 운동단체, 연구회와 관계없는 완연한 아마추어 지역 주민이었다는 점을 강조한다. 야마다 쇼지는 관동대지진에 대한 관심의 주체 변화에 대해 설명한 것이다. 그리고 이에 보태어 조선인 학살을 둘러싼 민중의 의식과 행동에 대해 강덕상의 말을 빌려 설명하다. '관헌은 민중의 불만을 살짝 애국심으로 전환하여 권력의 풍압을 다른 곳으로 돌린다고 말했다'며, 민중의 '애국심'에 대해서 언급한 부분에 착목한다. 조선인을 살해한 일본인의 기저에는 탈아입구관에 입각한 대국적인 우월의식이 청일, 러일 전쟁의 승리, 조선 합병에 의해 일본 민중에 깊이 침투한 것의 표출이라고 말했다. 민중의 입장이 갖는 이중성에 대해 기술한 것이다.

야마모토 리에(山本リエ, 1963-)

야마모토 리에는 평론가이며 강사로 활동했다. 1982년에『김희로와 어머니』라는 저서를 간행했다. 야마모토 리에는 『계간 삼천리』제9호 (1977년, 2월)에는, 스마타쿄의 조선인 김희로 사건을 통해 조선인과 일본인의 연대가 어떠한 모습으로 가능할지에 대한 내용을 적고 있다. 일본 패전 2, 3년 전에 스마타쿄에 많은 조선인들을 화물열차에 태우고 들어와 도망치지 못하게 철망을 쳤다고 한다. 많은 조선인들이 산 속에 나무를 베러 들어갔기 때문이다. 그러나 이에 대해 야마모토 리에는 조선인들이 이곳에 들어간 것은 댐이나 발전소 작업이 아니었을 것이라고 추측한다. 일본은 패전 때문에 조선인들을 조금씩 산속에서 내보냈다고 한다. 한 번에 다 나오면 폭동을 일으킬 것이라고 보았기 때문이라고 한다. 야마모토 리에는 이러한 이야기를 듣고, 천황제 아래에서 자행한 일본제국주의 범죄 행위의 어두운 부분에 분노가 치밀어 올라옴을 느꼈다고 한다. 야마모토 리에는 민족 차별과 싸우고, 일제의 동화정책 속에서 민족의 혼까지도 빼앗기지 않으려고 투쟁한 청년들의 피맺힌 외침이 스마타쿄의 댐 속에서 파문을 일으키듯이, 그 아픔을 호소하면서 고발하는 것 같다며, 그에 대한 감상을 기술했다.

야마모토 마유미(山本真弓, 1958-)

야마모토 마유미는 아시아지역을 연구하는 문화인류학자다. 오사카외국어대학(大阪外国語大学) 인도·파키스탄어학과에서 힌디어를 전공하고 오사카대학(大阪大学) 대학원 법학연구과에서 석사를 수료했다. 그 후 자와할랄·네루대학(Jawaharlal Nehru University) 대학원 남아시아연구과를 중퇴하고 고베대학(神戸大学) 대학원 문화학연구과를 중퇴했다. 1995년부터 1997년까지 네팔의 일본대사관에서 전문조사원으로 근무하다가 일본 야마구치대학(山口大学) 인문학부 교수를 역임하고 2010년에 퇴직했다. 주요 저서에는 『네팔인의 삶과 정치』(1993년), 『수소(牡牛)와 신호이야기로서의 네팔』(2002년) 등이 있다. 공저로 『언어적 근대를 넘어』(2004년), 『유동하는 네팔: 지역사회의 변용』(2005년), 『문화와 정치의 번역학』(2010년)과 같은 저서를 집필했다. 『계간 삼천리』제44호(1985년, 11월)에 「재일조선인과 언어문제」라는 제목의 글을 실었다. 이 글에서는 저자가 '모어(母語)'란 무엇인가라는 질문으로부터 출발하여 국가와 언어의 관계, 나아가 근대 국민국가가 지니는 민족의 문제를 재일조선인과 일본의 관계를 바탕으로 비판적으로 분석한다. 이에 보태어 재일조선인이란 조선반도의 한쪽 국가의 국적을 가지는 사람만을 말하지 않는 점을 지적하며, 재일조선인이라는 말이 의미 속에는 다양화의 문제가 있다는 것을 강조한다. 그리고 현실에서는 다양한 인간의 존재 방식이 있다고 말하며, 조선어가 국적을 대체하는 것으로 '삶의 방식'에서 중요한 역할과 상징성을 갖고 있다고 기술한다. 『계간 삼천리』제36호(1983년, 11월)에 「재일조선인과 국가」라는 제목으로 글을 실었다. 이 글에서 야마모토 마유미는 재일조선인 친구의 결혼과 취직 활동을 통해 재일조선인으로 차별을 자각하게 되었다고 서술한다. 국가와 민족이 관점에서 조선인 차별 문제를 지적하였으며 이는 현대 일본국가에서 나타나는 왜곡된 문제라고 논한다. 모국어라는 일본어가 재일조선인의 언어에 대한 인식을 상징적으로 보여주는 것인데, 반대로 모국어의 지위를 따른다는 것이 일본어라는 언어의 배경에 일본이라는 국가의 존재를 이야기 할 수밖에 없게 만든다고 논한다. 일본이라는 국가는 다양한 형태로서 그들의 일상생활 가운데 상당히 구체적으로 존재하고 있지만, 조선어는 그런 가운데 그들에게 '잃어버린 언어(lost mother tongue)'의 지위를 유지하고 있다고 논한다. 그러면서 현대는 지구 전체가 국가라는 행정 단위를 바탕으로 편성되어 지구상 구석구석까지 어디든 국가 권력이 미치지 않는 곳이 없는 시대라고 표현하고, 이와 같은 '세계 국가 차원에서 구성'을 강화하기도 하는데, 그것과 모순되는 개인의 존재 즉 무엇보다 국가에도 소속되지 않는 개인의 존재의 방식을 다시 물어야 하는 것도 과제라고 논한다. 다시 말해서 '세계의 국가 차원에서의 구성'이 '인간 역사의 오늘날 특색'이라면 재일조선인의 존재 또한 그와 같은 현대사회의 왜곡을 나타내고 있다는 의미에서 '오늘날의 특색'이 된다고 지적한다. 그러면서 야마모토 마유미는 국가를 절대시하는 세계관에 대해 새로운 시점을 마련해야 할 시대라는 점을 피력했다.

야마모토 후유히코(山本冬彦, 생몰년 미상)

야마모토 후유히코는 '재일조선인문제연구회' 사무국 소속이다. 야마모토 후유히코는 재일조선인문제연구소에서는 이번에 『재일조선인과 주민권운동』이라는 책을 사회평론사에서 간행하였다. 이것은 『재일조선인과 사회보장』, 『재일조선인의 생활과 인권』 등 공동연구의 성과라고 제시한다. 『계간 삼천리』제29호(1982년, 2월)에 「조선과의 두 번의 만남」이라는 제목의 글을 게재한다. 이 글에서 저자는 재일조선인의 생활권 획득 운동은 일본인에 대해 일본 사회의 비뚤어진 유대를 끊어버리고 새로운 유대를 만들어내어 인간적인 주체성을 확립하자고 하는 데 있다고 말한다. 야마모토 후유히코는 자신은 조선을 두 번 만난 것이라고 표현한다. 첫 번째는 1세와의 만남이고 두 번째는 일본인화 했다고 하는 2세·3세와의 만남이라고 소개한다. 그러면서 1세의 사람들은 나에게 좋든 싫든 차별과 동시에 계속 유지한 조선이라는 강한 인상을 남겼다고 논한다. 그러나 2세·3세 사람들로부터는 그러한 인상을 받지 않는다는 것이다. 그러나 그 대신에 그들은 '생활에 기반을 둔 투쟁'을 계속해 오고 있다고 기술한다. 그리고 그들이야말로 1세가 이룬 불굴의 생활에다가 한층 더 새로운 자이니치(在日)의 문화를 창조해 가는 기수라고 논한다.

야마시로 도모에(山代巴, 1912-2004)

야마시로 도모에는 작가이다. 마르크스주의 입장에서 글을 집필하고 있으면 운동가이기도 하다. 대표작으로『짐수레(荷車)의 노래』가 있으며, 농촌 여성을 주인공으로 그려 인기를 얻은 작품이다. 야마시로는 전후 민중문화사 연구의 문맥에서도 주목을 받았다. 주요 저서로는『연대의 탐구-민화를 낳는 사람들』(1973년),『당신은 지금 어디에 있는가』(1975년) 등이 있다.『계간 삼천리』제48호(1986년, 11월)에서는 일본 고보(高暮) 댐에 동원된 조선인의 상황을 기술하고, 이를 주도적으로 동원한 일본 발송(發送)전기주식회사나 하청 업자들의 횡포를 기술했다. 공사를 발주한 것은 일본발송전기주식회사(현재의 중국전력 전신)였고 하청을 받은 것은 오쿠무라구미(奧村組) 건설회사였다고 논하고, 이 회사에는 조선인 노동자가 일하고 있었다는 점을 폭로한다. 노동자 합숙소 관련 우두머리격 일본인이 "고보(高暮) 댐은 조선인이 만든 댐이다. 그 댐 뿐만 아니라 전쟁 중에 일본에서 만든 댐은 전부 조선인이 만든 것이라고 해도 과언이 아닐 정도이다. 일본인은 회사 간부와 하청 업자의 우두머리, 기능공 뿐이었다. 나머지는 모두 조선인이었다"는 증언을 수록했다. 그러면서 한편으로는 일본인도 노동자로서 끌려가 댐을 만드는 일에 동원되어 전쟁 피해자가 되었듯이 한일 간의 '민중' 연대를 어떻게 생각하고 어떻게 구축되어야 하는지 그 고민을 기술했다.

야마시타 하지메(山下肇, 1920-2008)

야마시타 하지메는 도쿄대학교수로서 독일문학 전공자이다. 저자는 『계간 삼천리』제24호(1980년, 11월)에 「조선인과 유대인」이라는 제목의 글을 실었다. 이 글에서는 독일사회에 동화된 유대인과 일본사회에서 살고 있는 조선인의 공통점과 상이점에 관해 언급하며, 그것은 고난과 역경을 이겨낸 특성이야말로 유대인과 조선인의 공통점이라고 소개한다. 야마시타 하지메는, 자신의 전공이 18세기 이후, 근대 독일사회에 동화된 유대인의 현대에 이르기까지의 내부 심층의 정신사적인 과정을 연구하는 것에 있다고 한다. 유대인들은 자신들의 근대화와 해방을 찾아 독일에 동화된 것이지만, 동시에 또한 군국주의 독일의 지배 하에서 결국 히틀러 나치의 반유대주의로 인해 대량학살의 운명을 맞이하기도 했다. 유대인에 대한 독일인의 책임은 조선인에 대한 일본인의 책임과 공통된 무게를 갖고 있고, 문학이나 사상 문제로서도 여러 공통된 조건이나 성격을 갖고 있다고 논한다. 그래서 독일인과 유대인의 관계를 알아보는 것이 일본인과 조선인의 관계를 생각하는 경우에도 해결할 수 있는 열쇠와 조명을 어느 정도 제공할 수 있지 않을까라고 말한다. 타민족으로의 동화, 차별, 박해, 거기에서 생기는 강렬한 보편성 지향과 뿌리 깊은 민족의식, 역사의식, 다중언어에서 연마된 언어 감각의 중층성과 다의성, 중앙권력에서 격절된 「주연(周緣)」, 「변경」의 「경계인」의 지적 에너지, 이단과 비일상과 허망과 가교 매개의 예능 문화적 존립구조, 「유대」원리의 궁극에 있는 「포인(捕囚)」과 「탈출」에 통저하는 아이덴티티를 향한 「희망」의 근원적인 테마 등은 재일조선인이 유대인과 공유하는 강인한 골격이라고 논한다. 물론 그것은 배타적이고 독선적인 내셔널리즘도 아니고 뿌리 없는 풀뿌리 망명자의 허무주의도 아니라고 강조한다. 특히 중요한 것은 그들은 모두 사회 안에 있음과 동시에 타관 사람이라는 점이다. 모두 사회 내부에 속해 있지만, 그 사회에서는 받아들여지지 않는 입장이라는 점을 기술한다.

야마즈미 마사미(山住正己, 1931-2003)

야마즈미 마사미는 도쿄도(東京都) 출신으로 일본의 교육학자이다. 도쿄대학(東京大学) 교육학부를 졸업하고 도쿄도립대학(東京都立大学) 교수를 지냈다. 음악교육 전문가이지만 히노마루(日の丸)·기미가요(君が代) 문제에 관심을 갖고 시민운동에도 참여하였다. 주요 저서에는 『교과서문제란 무엇인가』, 『히노마루·기미가요란 무엇인가』, 『학교와 히노마루·기미가요』 등이 있다. 『계간 삼천리』제34호(1983년, 5월)에 「교과서 문제에 대한 책임」이라는 제목으로 글을 실었다. 이 글에서 야마즈미 마사미는 국민학교 교과서에 실린 전전(戰前)의 역사에 대한 잘못된 기술이 지금의 일본 교과서 문제를 초래했다고 지적하고, 이를 극복하기 위해서는 검토가 필요하다고 논한다. 문부성은 사회과 교과서 검정기준을 개정하고, 이웃 국가와의 근현대 관계에 대해서는 국제이해와 국제협조의 입장에서 배려해야 한다는 것을 첨가한다. 하지만 문제는 근현대사에만 있지 않다는 점에 주의해야 한다고도 지적한다. 1982년 여름에 있었던 교과서 문제는 검정기준의 개정으로 결말이 난 것으로 보이지만 아시아 사람들에게 있어서는 아무것도 해결이 되지 않았다고 논한다. 1983년 1월 18일에 나카소네 야스히로(仲曾根康弘) 총리가 백악관을 방문한다는 소식이 전해지자 백악관 앞에 영하의 추운 날씨에도 30명 정도의 아시아 사람들이 '역사 교과서의 개찬(改竄)에 반대'하는 플래카드와 난징대학살 패널 사진을 손에 들고 나카소네 수상에게 항의하려고 기다리고 있었던 일들을 상기해야 한다고 논한다. 그리고 나카소네 수상에게 보내는 공개장에는 '우리는 제2차 세계대전 때 아시아 · 태평양지역에서 일어난 역사적 사실을 개찬한 일본 문부성의 고등학교 교과서 검정에 강한 관심을 표명한다'는 내용을 시작으로 '역사 교과서는 젊은 세대를 교육하고, 미래의 일본을 올바른 과제로 이끌기 위해 과거의 진실을 기록해야 한다'고 하며 나카소네 총리에게 왜곡을 중단하는 노력을 하도록 요구하였다고 한다. 그리하여 야마즈미 마사미는 교과서 개찬에 대한 항의가 아시아 여러 나라뿐만 아니라 미국에 거주하는 아시아 사람들에게까지 확대되어 가고 있음을 지적하면서 교과서 문제는 해결되지 않았다는 점을 명심해야 함을 피력했다.

야마카와 아키오(山川暁夫, 1927-2000)

야마카와 아키오는 후쿠오카현(福岡県) 출생이며 일본의 정치 평론가이다. 1948년에 도쿄대학 경제학부에 입학하고 1948년 10월에 일본공산당 본부의 청년학생 담당부원이 되었다. 공산청년동맹에 가입한 것이다. 1960년대 후반부터는 일본공상당 당원평론가「가와바타치(川端治)」로서 활약하고 오키나와 문제를 논했다. 야마카와 아키오는 주로 Japan Press Service 즉 일본공산당의 신문 적기(赤旗) 편집국이 발행하는 기관지 · 서적 · 팜플렛 등을 영어로 번역하는 일에 종사했다. 그러나 1972년 신히요리미주의(新日和見主義, 신기회주의) 사건으로 일본공산당을 떠났다. 일본공산당 중앙위원이었던 히로야 슌지(広谷俊二)와 민주청년동맹(民主青年同盟) 중앙상임위원이었던 가와카미 도오루(川上徹) 등이 중심이 되어 민청동맹 중앙위원회를 거점으로, 당의 공식노선에 반대하기 위한 당내비밀조직(분파)을 조직한 사건이다. 이를 두고 신히요리미주의라고 불렀다. 일본공산당은 규약에서 분파를 금지하고 있는데, 히로야 슌지와 가와카미 도오루가 만든 분파 조직이 당중앙에 적발되면서, 분파활동에 관여한 당원들이 처분되는 사건이었다. 1975년에는 '인사이다'를 창간하고 편집장을 맡았다. 1989년에는 오사카경제법과대학의 객원교수가 되었다. 주요 저서에는 『미국의 세계전략-일본은 그 타겟인가! 가담자인가』, 『80년대-그 위기와 전망 기술과 인간』 등이 있다. 『계간 삼천리』제48호(1986년, 11월)에 「한국전쟁과 일본」에서는 일본자위대의 실체, 한미일 군사일체화의 관계가 아시아와 일본의 평화를 위협하고 있다는 점을 기술했다. 1984년 말에는 한반도를 작전지역으로 하는 '미일공동 작전계획서'가 조인되었는데, 이러한 일련의 '단계'들이 일본은 각성하지 못하는 사회를 갖게 되었다고 보았다. 따라서 이러한 단계에 이르는 지금까지의 전후 평화관을 극복하고 보편적인 평화의 실현과 제국주의의 타도를 향한 노력이 필요한데, 이는 일본 인민에게 부과된 과제라고 논했다.

야마키 사다에(八巻 さだえ, 생몰년 미상)

야마키 사에다는 자영업자이다. 『계간 삼천리』제11호(1977년, 8월)에 「내 눈으로 조선을 보다」라는 제목으로 글을 실었다. 이 글에서는 조선어 학습을 통해 조선과 재일조선인에 대한 지식을 증대시키고 자신만의 조선관을 가질 수 있게 되었으며, 이로 인해 조선과 조선인에 대한 차별 의식을 줄여나갈 수 있었으면 좋겠다는 내용을 적고 있다. 야마키 사에다는 강덕상의 『도항사(渡航史)』를 통해 조선인이 일본에 60만이나 거주하는 이유, 재일조선인이 고통스런 생활을 강요받는 이유, 조선인에 대한 차별을 통해 이득을 보는 사람들은 누구인지 등을 알 수 있었다며, 강덕상의 저서 내용을 인용한다. 그리고 이 차별이 권력에 의해 만들어지는 것이라는 점을 재확인한다. 야마키 사에다 자신은 조선어를 3년간 배운 것으로 조선에 대한 차별의식을 완전히 떨쳐냈다고 할 수 없지만 그럼에도 조선에 대한 태도가 많이 바뀌었다는 것을 느낀다고 했다. 그 이유로서 조선어를 학습함에 따라 자신의 눈으로 조선을 보는 힘이 생겨났기 때문이라고 한다. 조선어를 학습하여 '모두가 그렇게 말하기 때문에 나도 그렇게 생각한다'라는 것으로부터 '모두가 그렇게 말하지만 나는 이렇게 생각한다'라는 방식으로, 조선을 보는 눈이 변하게 되었다고 논한다. 일본인이 자기 자신의 눈을 통해 조선을 보는 날이 오기를 고대한다는 내용을 기술하고 있었다.

야스오카 쇼타로(安岡章太郎, 1920-2013)

야스오카 쇼타로는 고치시(高知市)에서 태어났고, 게이오대학(慶應大学) 재학 중에 군대에 입대했다. 그 후 결핵으로 고생하면서도 소설을 썼고, 1953년에 아쿠다가와상(芥川賞)을 수상한다. 약자의 시점에서 일상에 잠재된 허망함을 주제로 그려내는 특징을 갖고 있다. 1981년에는 일본문학대상을 수상하고, 1991년에 가와바타 야스나리상(川端康成賞)을 받기도 했다. 『계간 삼천리』제2호(1975년, 5월)에 「약자의 편견-S상병의 기억」이라는 제목의 글을 게재한다. 야스오카 쇼타로가 경험한 여순(旅順) 육군병원에서 있었을 때의 기억을 적은 것이다. 이름이 기억나지 않아 S상병이라고 표기하면서 함께 생활했던 이 상병에 대한 기억을 기술한다. 함께 근무하던 S상병이 조선인이라는 소문은 근거도 없는 소문임에도 불구하고 묘한 실감으로 다가온 것, 그런데 이 실감은 어디에서 오는가의 불확실성이 갖는 배경의 문제를 파악하는 글이다. 실은 S상병이 조선인인가 여부는 관계없는 것이었고, 그게 아니라 우리들 자신

속에 있는 조선인에 대한 편견, 그것이 이 근거도 없는 소문을 들었을 때부터 갑자기 의식의 표면에 떠올라 S상병에 대한 악의가 결합되어 버리는 곳에 '실감'이 생긴 것을 기술한다.

야하기 가쓰미(失作勝美, 1928-)

야하기 가쓰미는 야마가타현(山形県) 출생의 작가다. 니혼대학(日本大学) 예술학부를 졸업하였으며, 명조활자 연구자이기도 하다. 일본출판학회 상임이사 및 부회장을 역임했으며, 저서로는 『명조활자(明朝活字)』, 『유히가쿠 100년사(有斐閣百年史)』, 『활자=표현 · 기록 · 전달한다』 등이 있다. 『계간 삼천리』제5호(1976년, 2월)부터는 「NHK에 조선어강좌를」이라는 제목으로 글이 실린다. 『계간 삼천리』제4호에서 이루어진 구노 오사무(久野收)의 제안에 따라 시작된 「NHK에 조선어강좌를」 운동의 사무국장으로 활동한 야하기 가쓰미의 이 글은 이 운동의 초창기 모습을 잘 보여준다. 구노 오사무와 김달수의 대담(「상호이해를 위한 제안」)에서 NHK에 조선어강좌를 개설하게 하자는 서명운동이 제안되었다. 이를 실현시키기 위해 구체적인 방안을 마련해야 하기위해서 일본에서의 조선어 학습상황을 소개한다. 구노 오사무의 입장은 민족과 언어는 불가분의 관계로, 민족이 가진 사상이나 감정은 그 언어에 의해 배가된다는 점을 강조한다. 언어를 통해 창조된 사상이나 문화에 대해 배우고 그것을 섭취하려고 한다면, 우선 그 언어를 존중하고 습득하여 말이 통하는 것이 기본이어야 한다는 내용을 기술한다. 『계간 삼천리』제6호(1976년 여름, 5월)에 「NHK에 조선어강좌의 조기 개설을 요망하다」라는 글을 게재한다. 삼천리사 사무국이 NHK에 조선어강좌 개설을 요망하는 성명문과 모임 발기인 40명의 명단을 싣고 있으며, 일반인들의 서명운동 참가를 독려하는 당부의 말을 곁들인 내용이다. 「NHK에 조선어강좌 개설을 요망하는 모임」 발족과 서명운동은 1961년 이래 조선어 교육을 실시하는 대학의 증가(1961년 5개교, 1977년 29개교, 1984년 47개교)에 크게 기여했다. 조선어 학습뿐 아니라 양국 상호이해의 심화를 위한 NHK 조선어강좌 개설을 요청한다는 요망서의 내용이다. 『계간 삼천리』제7호(1976년 가을, 8월)에도 NHK에 조선어강과 개설을 요망하는 시민운동이 생긴지 3개월이 경과하면서 진행된 현황을 보고하고 있다. 야하기 가쓰미는 『계간 삼천리』에 운동 경과를 기술한 것이다.

양손 유미코(ヤンソン由美子, 1943-)

양손 유미코는 이와테현(岩手県) 출신으로 조치(上智)대학 문학부 영문학과를 졸업했다. 스톡홀롬대학(Stockholms University) 스웨덴어학과를 수료했다. 1996년에는 「FGM폐절(廃絶)을 지원하는 여성들의 모임(Women's Action Against FGM, Japan 약칭 WAAF)을 설립했다. 이 활동을 통해 1998년 상을 수상한다. 번역가와 평론가로 활동했다. 『계간 삼천리』제42호(1985년, 5월)에 「생활 주변에서」라는 제목의 글을 실었다. 이 글은 『보라색의 떨림』 저자가 퓰리처상 수상을 했을 때 미국에서 보도된 내용을 통해 사회적 인식이 갖는 문제에 대해 적고 있다. 양손 유미코는, 흑인 영혼이 말한 말들은 아메리카의 또 하나의 진실이기도 하다며, 흑인의 목소리에 대해 주목한다. 미국은, 미국 백인에 의해 말해지는 미국이라고 논한다. 미국 독립선언도 경제번영도 미국 백인들의 손에 의한 것이었는고 자유와 평등도 번영도 백인들이 먼저 향유해 왔다는 점을 지적한 것이다. 그렇다면 흑인들은 어떻게 살았을까 라는 시점이 결여된 점을 논한다. 그리고 그것은 '역사에 기록되지 않았기 때문'

에 알지 못했음을 강조하면서 흑인 자신들의 체험이나 주장을 들어야 한다고 기술한다.

양용자(梁容子, 출생년 미상-2020)

양용자는 재일 2세이며, '여성으로서의 문제의식'을 재일의 문제와 연결하여 자신만의 독자적인 길을 개척했다고 평가를 받는다. 지문날인을 거부했으며, 오사카의 히가시요도가와구(東淀川区)에서 경찰서에 체포되었는데, 그럼에도 불구하고 굴복하지 않았다고 한다. 이러한 내용들은 신문지상에서도 소개되었다. 이러한 투쟁은 지문날인 제도에 대한 법률적 논의를 만들어내는 계기가 되었다고 한다. 그리고 여성의 사회적 진출에 대해서도 관심을 갖고 행동에 옮겼다고 한다. 또한 목공 기술을 배워 그릇을 만들며 칠기에도 흥미를 가졌으며 오키나와의 류큐 칠기에도 관심을 가졌고 실제로 목공 칠기 작품을 전시하기도 했다. 양용자의 청춘 시기는 당시 우먼리브(woman lib)라는 말이 유행했는데, 양용자는 여러 가지 사회적 틀이 자신을 가둔다는 것을 각성하고, 자기 자신의 고정관념을 떨쳐내기 위해 노력했다. 지문날인 거부 운동도 그 실천의 일환이었고, 이를 노래로 호소하기도 했다. 취직차별, 지문날인 거부 운동을 지속적으로 실천했는데 이는 고정관념과의 투쟁이기도 했다. 양용자는 『계간 삼천리』제46호에 「나의 재일」이라는 제목으로 글을 실었다. 자신의 삶의 방향성을 ①여자라는 삶의 위치가 '피차별'의 입장에서 모든 계급을 관통한다고 보는 입장, ②민족 차별과 성차별이라는 이중지배 하에서 고통 받는 여성들이 짊어진 것들을 어떻게 하면 극복해 갈 수 있을지를 고민하는 것이었다. 이를 통해 전체 여성들과의 교류를 중시했고, 그것은 제3세계 여성 및 흑인여성들, 그리고 식민지지배 하에 있는 여성들의 공통된 과제라고 여겼다. 이에 보태어 양용자는 '일본인 여성'들과도 교류하고 함께 할 것을 제안했다. 그것은 재일조선인 남성들이 정치적인 대립과 국가의식에 동조하는 상황을 초월하고, 낡은 습관과 관례를 타파하면서 강렬한 '자이니치'의 아이덴티티를 '여성'이라는 입장에서 확립할 수 있다는 시각을 바탕에 두고 있었다.

양징자(梁澄子, 1957-)

양징자는 일본군'위안부'문제해결 전국행동의 공동대표이다. 1991년 재일동포 여성이 중심이 되어 일본군 '위안부'문제 해결을 위해 발족한 「우리여성 네트워크」 활동에 참여해 왔고, 「재일 위안부재판을 지원하는 모임」의 중심적 역할을 해 왔다. 재일 일본군'위안부'피해자 송신도의 일본정부를 상대로 한 사죄 및 보상재판에서도 활동했다. 『계간 삼천리』 제37호(1984년, 2월)에 「'해녀'의 기록을 시작하며」라는 제목의 글을 실었다. 양징자는 '제주도,' '해녀'와 인연을 가지게 된 계기와 고향인 제주도에서 여성들의 이야기를 듣고 쓰는 작업을 진행하게 된 과정 그리고 자신이 겪었던 변화에 관한 내용을 기술했다. 양징자는 '제주도의 해녀'에게 새로움을 배웠다고 한다. 해녀는 제주도 바다에서 물질을 배우고 타도(他道)나 일본에서 벌이를 하고 출산하고 아이를 키워 온 여성들로 상징된다. 이 해녀들의 이야기를 들으면서 양징자는 자신도 뿌리를 찾아 보고자 하는 생각이 들었다고 한다. 그러면서 자신이 정신의 균형을 가지고 개인적인 구제방법을 찾는 일에만 집중하는 편협한 습성으로부터 나온 행동이기는 하지만, 그것에 대해 의식이 변화가 일어났다고 논한다. 즉 양징자는 해녀와의 인터뷰를 통해 자신의 인식세계를 바꾸는 방법을 설명하고 있었다.

양태호(梁泰昊, 1946-1998)

오사카 출신이며 간사이대학(関西大学) 문학부를 졸업했다. 프리작가로 활동했다. 대표저작으로는 『조선인 강제연행 논문집성』(1993년), 『알고 있습니까 재일한국·조선인 문제, 일문일답』(1991년), 『부산항에 돌아갈 수 없다―「국제화」속 재일조선·한국인』(1984년) 등이 있다. 『계간 삼천리』제42호(1985년 5월)에 개재된 강상중의 「「재일(在日)」의 현재와 미래 사이」에 대해, 제43호에 「사실로서의 「재일」―강상중 씨에의 의문」을 게재하면서 논쟁이 시작된다. 이에 대해 『계간 삼천리』제44호(1985년, 11월)에 강상중이 「방법으로서의 「재일」―양태호 씨의 반론에 답한다」는 논고를 게재한다. 『계간 삼천리』제45호(1986년, 2월)에 다시 양태호는 「공존·공생·공감―강상중 씨에의 의문(2)」를 싣고, 당시 시대적 담론으로서 재일의 공생문제를 한반도와 연결하여 논의하면서 재일, 자이니치는 사실로서의 현실과 방법으로서의 삶의 방식을 새롭게 열었다. 이 강상중 씨와 양태호 씨의 '재일'논쟁은 당시의 재일론에 커다란 영향을 미쳤고, 이에 대해서 『계간 삼천리』에도 여러 반응들을 게재하기도 했다. 『계간 삼천리』제45호(1986년, 2월)에는 「편집을 마치고」라는 제목의 글을 게재하고, 『계간 삼천리』에서 「재일조선인」에 대한 특집을 꾸민 것을 소개한다. 특히 2, 3세의 사고방식이나 삶에 주목해 왔다는 점을 제시하면서, 최근 강상중(姜尙中), 양태호(梁泰昊) 논쟁을 다루어 준 것에 대해 독자들의 소감이나 의견을 기다린다고 광고했다. 그리고 실제로 『계간 삼천리』제44호(1985년, 11월)의 「온돌방」에는, 다시 강상중의 논문과 양태호(梁泰昊)의 논문을 읽은 것에 대한 독자의 글이 실렸다. 그 내용을 보면, 세대교체의 목소리가 들리는 상황에서 왜 2세나 3세의 재일조선인론이 등장하지 않는지 마침 생각하던 때에, 재일조선인의 삶도 다양해지고 일본사회에 휩쓸리지 않고 살기 위해서도 자신의 삶을 비추는 여러 각도에서 바라보는 재일론이었고, 더 많은 의견이 나왔으면 하는 내용이 소개된다. 그리고 『계간 삼천리』제48호(1986년, 11월)에 전후의 재일조선인 운동을 논하는 「좌담회 '해방 후 10년의 재일조선인 운동'」이나 양태호의 「'해방후 민족 교육의 형성'」 등이 게재된 것을 언급하는 내용과, 양태호의 논문 마지막에 나온 '정주 의식이 정착' 하고 있는 재일동포는 '재일'로서 민족교육을 바라고 있다는 부분이 인상적이었다고 논하는 독자가 있었고, 여기서 말하는 민족교육 형성 경험은 '재일'의 주체를 키우는 '교육을 창조'해 가는 자료가 될 것이다라는 의미였다. 이러한 일반인들의 반응을 『계간 삼천리』는 게재하고 있었다.

에바시 다카시(江橋崇, 1942-)

에바시 다카시는 도쿄대학 법학부를 졸업하고, 호세이(法政)대학 법학부 조교수, 교수를 역임했다. 호세이대학 현대법현구소 글로벌 콤펙트연구 센터 센터장을 지냈다. 평화포럼 대표를 지냈고, 시민입법 기구 운영위원, 한일시민사회 포럼 운영위원도 지냈다. 『계간 삼천리』제42호(1985년, 5월)에 「지문제도로 보는 국가의식의 암부(暗部)」라는 제목의 글을 게재했다. 이 글은 지문날인 제도가 갖는 비인격적인 논리에 대해 적고 있다. 에바시 다카시는, 지문날인은 전후 일본의 자기의식의 자화상이라고 표현한다. 신생국가나 사회로부터 누군가를 배제할까라는 형태로 그곳에는 일본인 사회의 사고방식에 존재 양상에 민족, 국가의 모습이 네거티브하게 그러나 적나라하게 나타나고 있으며 그 저류에는 타 여러 선진국과 비교해 본다면 기묘한 자기의식이 존재하고 있다고 ssh한다. 그렇기 때문에 지문날인 문제를 생각하고 그 법 제도 변경을 요구하는 작업은 전후 일관하여 끌어안고 온 스스로의 국가의식의 암부를 직시하고 그 절개를 촉진하는 논리가 필요하다고 논한다. 지문날인은 배외주의적인 국가상 혹은 국민상으로, 일본이 국제화의 시대에 과연 어떻게 대응할 수 있을까를 묻지 않을 수 없다고 말한다. 에바시 다카시는, 지문날인 문제는 일본인에게 있어서는 자신의 특수성을 인식하고 자기 고유의 가치관과 국제사회에 있어서의 보편적인 가치 체계와의 거리를 자각해야 할 관계성을 모색하는 작업이라고 지적한다. 지문날인은 그러한 의미에서 일본인의 자기 의식개혁의 일환으로 재고 대상이 되어야 한다고 기술한다.

에토 요시아키(江藤善章, 1949-)

에토 요시아키는 1949년에 출생하였으며 와세다대학(早稻田大學) 교육학부에서 지리역사를 전공했다. 사이타마시립오미야키타(さぃたま市立大宮北) 고등학교 사회과 교사를 지냈다. 저서에는 『무슨 일이 있었는가, 필리핀 · 일본점령하』가 있다. 『계간 삼천리』제13호(1978년, 2월)에 「침잠(沈潛)된 차별의식」이라는 제목의 글을 실었다. 독자이자 고교 교사인 에토 요시아키는 자신이 탄광촌에서 자란 어린 시절을 회상하며, 이웃에 살던 조선인들의 이미지, 그들과 마주쳤던 일화를 소개한다. 1960년의 거리 풍경으로, 미이케(三池) 투쟁이 있었고, 곧이어 석탄에서 석유로 에너지가 전환되는 시기로, 거리의 풍경이 바뀌는 시기였다고 한다. 바라크 집들이 사라지고 거대한 화학공장 부지가 조성되게 되었다는 것이다. 그래서 그곳에 살던 조선인을 다시 볼 수 없게 되었다는 내용이다. 그리하여 에토 요시아키는 자신이 조선을 말할 경우 이런 이야기밖에 할 수 없다고 말한다. 그런데 반대로 이것을 빼고는 생각할 수 없는 것이 재일조선인의 기억이라고 했다. 그때 조선인들의 얼굴을 떠 올리며,

에토 요시아키는 자신이 조선과의 관계를 생각하게 하는, 조선어를 배우게 하는 것이 되었다고 논한다. 그리고 이후 다시 그곳에 가보았다고 한다. 10년이 지난 시점이지만, 기억을 거슬러 올라가 조선을 생각해보고 싶다며, 그것을 통해 다시 '나에게 조선'이란 무엇인가를 생각한다고 적고 있다. 『계간 삼천리』제41호(1985년, 2월)에 「역사의 공백을 메우다」라는 글을 게재한다. 이 글에서 에토 요시아키는 1945년에 건설된 사이타마현(埼玉県)에 있는 요시미하쿠아나(吉見百穴)의 지하 동굴에 있는 군수공장을 고등학생들과 조사하면서 알게 된 역사적 사실을 기술한다. 그 내용을 보면 에토 요시아키는 사이타마현 요시미마치(吉見町)에 있는 국가지정 유적인 요시미하쿠아나(吉見百穴)의 지하에 만들어진 군수공장을 3년 정도 조사했다고 한다. 그 군수공장은 조선인 노동자가 동원되어 단기간에 만들어진 것이라고 한다. 당시 그곳에서 일한 사람 대부분은 귀국하고 몇 사람만이 생존했는데, 전체적인 상황에 관해서는 여전히 분명하지 않다고 한다. 요시미하쿠아나(吉見百穴)의 지하 군수공장과 관련되어 신문에서도 보도되었는데, 공사내용은 현지에서도 극비여서 무엇이 만들어지는지 전혀 몰랐고 8월 15일 이후에 알게 되었다는 것이다. 에토 요시아키는 요시미하쿠아나 지하공장 조사를 통해서 우리는 귀중한 것을 알게 되었는데, 그것은 조선인뿐만 아니라 요론토(与論島) 출신자가 있었다는 사실이라는 것이었다. 에토 요시아키는, 이런 점들을 기술하면서 지금 해야 할 일은 이와 같은 역사의 공백을 스스로 채우는 것이라고 강조한다. 즉 이러한 역사를 공백으로 두는 것은 전쟁 책임을 애매하게 하고, 가해자의 책임을 포기하게 하는 것이라고 논한다.

오구리 게이타로(小栗敬太郎, 1941-미상)

오구리 게이타로는 1964년 아사히신문사(朝日新聞社)에 입사했다. 이후 서울특파원으로 근무하고 논설위원을 역임했다. 그 후 정치부 부장, 상무위원 중역·총무노무 담당을 지냈고, 2001년에 퇴사했다. 저서로는 21세기 신문기자상(新聞記者像)이 있다. 『계간 삼천리』 제23호(1980년, 8월)에 「남북조선의 통일과 민주주의」라는 글을 실었다. 이 글은 일본 식민지로부터 해방된지 36년이 지난 시점에 조선반도의 통일에 대한 문제점을 이데올로기의 문제 해방과 연결하여 기술하고 있다. 여기서 등장하는 것은 36년이라는 숫자의 감각이다. 역사 속에서 '일제 36년'이라는 말이 있는데, 이는 일본의 조선식민지 지배는 36년이라는 표현이다. 그 해방으로부터 이미 동일한 세월이 흘렀는데, 그렇지만 민족분단의 비극은 계속되고 있다고 논한다. 일제로부터의 해방은 독립지사들의 운동과 저항의 투쟁이 그 나름대로 역할을 다했지만, 결정적인 역할은 미소 양대국의 군사력에 의해 달성된 것이라고 말한다. 식민지지배로부터의 해방이 분단의 시작으로 연결된 원인은, 바로 이곳에 있었다는 점을 강조한다. 지금은 고전적인 동서 냉전 이데올로기 대립의 도식은 미국과 소련의 핵 균형, 중국과 소련의 대립, 그리고 미국과 중국, 일본의 대 소련 축 형성에 의해, 과거의 일이 되었다. 그 결과 남북조선이 현재도 대립을 이어가고 있는데, 통일에의 전도를 내다볼 수 없는 최대의 이유는 '민족내부'의 사정에서 찾을 수밖에 없다고 논한다. 그런데 남북분단이 동서 이데올로기 대립의 부산물로서 시작되었다는 역사의 각인은 현재도 조선문제를 다루는 방식에 독특한 '뒤틀림'을 남기고 있으며, 그것이 내정(민주화), 외교(대화나 통일) 문제에 특수한 곤란함을 따라붙게 한다고 분석한다. 1945년에 일본의 식민지 지배로부터 해방된 조선(아직 남북으로 분단되지 않았다)은, 개발도상국이었고, 최대의 과제는 민족국가의 형성이었을 것이다. 여기서 민족국가 형성이라는 것은 대의명분론으로서의 '독립주권국가'의 간판을 내거는 것에 만족하는 것이 아니라 ①대국 의존의 사대주의나 '지방할거주의'를 극복하고, 충성심과 에너지를 민족을 단위로 국가에 집중한다. ②민족 경제를 성립시키기 위한 인재, 기술, 자본을 육성한다는 실질적인 기반형성에 전력을 기울이는 것을 의미한다. 그러나 현실은 조선은 남북으로 분단되었고, 미소의 동서 이데올로기 대립의 첨병 역할을 맡게 했다. 그 때문에 개발도상국으로서의 공통성보다도 이데올로기 대립 측면이 과대평가 된 사회체질이 되어 버렸다. 그러면서도 분단과 특수성을 가진 토양을 말하지 않고, 보편적 가치로서의 통일, 민주주의가 홀로 걷는 논리들이 많은 것을 비판적으로 다룰 것을 기술한다.

오기다 후미오(扇田文雄, 생몰년 미상)

『계간 삼천리』제12호(1977년, 11월)에 「본명을 쓰는 것의 의미-일본 학교의 조선인 아이들」이라는 제목의 글을 게재한다. 이 글은 먼저 재일 외국인 중 조선인의 규모에 대해서 통계를 보여주면서 재일조선인이 일본사회에서의 의미를 생각하게 하고, 재일조선인들이 자신들의 정체성을 숨기는 이유와 구체적인 사례를 소개함과 동시에 재일조선인 학생들이 쓴 글들을 구체적으로 기술하는 방식으로 전개한다. 그러면서 결론적으로는 '민족학급의 필요성'을 역설한다. 본문은 크게 ①본명을 쓰는 것, ②어머니, 원지점(遠地點, apogee)의 것, ③민족학급의 필요성으로 구분된다. 이는 일본에 거주하는 재일 외국인 74만 명 중에 조선인이 약 64만 명(약 86%)이라는 현상을 제시한다. 특히 오사카부(大阪府)에는 재일조선인이 약 18만 명, 그 중 오사카시(大阪市)에 약 11만 명이 살고 있다고 설명한다. 이는 오사카시 전 주민의 약 28명 중 한 명에 해당하는 숫자이다. 그리고 재일조선인 학생 재적률이 40%를 넘는 학교가 2곳이고, 30%를 넘는 학교가 5곳, 20%를 넘는 학교가 11곳, 10%를 넘는 학교가 21곳에 해당한다고 논한다. 반대로 조선 학생이 재적하지 않는 학교는 불과 9곳뿐이라는 데이터를 제시한다. 물론 이들은 모두 1977년 5월 1일 조사 자료이기는 하다. 이와 같은 상황을 제시하면서, 재일조선인들이 본명을 사용하지 않는 것은 일본인의 무의식적인 차별을 폭로하는 것이라는 점을 기술한다.

오노 도자부로(小野十三郎, 1903-1996)

오노 도자부로는 오사카(大阪)의 부유한 상가(商家)에서 태어난 아나키즘 시인이다. 시인 하기와라 교지로(萩原恭次郎), 쓰보이 시게지(壺井繁治), 오카모토 준(岡本潤) 등이 발간한 잡지 『적과 흑(赤と黒)』의 영향을 받았다. 주요 시집으로는 오사카중공업지대를 취재한 『오사카』(1939년) 외에 『풍경시초(風景詩抄)』(1943년)』 등이 있다. 전시기에는 요시모토흥업(吉本興業) 문예부 소속으로 만자이(漫才) 대본을 집필하며 대중오락 창출에도 주력했다. 재일조선인 시인 김시종(金時鐘)이 도일 후 오사카의 고서점 천우(天牛)에서 오노의 『시론(試論)』(1947년)을 읽고 충격을 받았다는 일화(김시종, 『조선과 일본에 살다』, 2015. 참조)로도 유명하다. 그의 시에 조선인이 등장하는 것은 네 번 째 시집 『오랜 세계 위에』(1934년)부터다. 전 작품은 『오노 도자부로 전시집(小野十三郎全詩集)』(1979)으로 간행됐다. 1999년에는 시인 및 시평론가를 대상으로 한 '오노 도자부로상'이 창설됐다. 『계간 삼천리』에는 저자가 재일조선인을 소재로 한 자신의 시를 성찰한 글로, 중일전쟁기의 방관자적 시선과 '풍경'에 머문 재일조선인 묘사의 한계, 아시아 · 태평양전쟁기에 조선인 강제징용 노동자들과 함께 했던 후지나가타(藤永田)조선소 징용체험 등을 적고 있다. 특히『계간 삼천리』창간호(1975.봄)부터『계간 삼천리』제10호(1977.여름)에 연재된 김시종의 장편시집『이카이노 시집(猪飼野詩集)』에 대해서도 구체적으로 분석하면서 기술한다. 오노 도자부로는 정주자의 시선이라는 표현을 사용하며, 일본의 대도시에 사는 사람들의 시선으로 조선인을 바라보고 풍경 속의 하나로서 점경(點景) 인물로 묘사하는 한계를 극복하지 못할 것이라는 의견을 제시한다. 그리하여 이를 극복하기 위해 자신은 다시 '요도강의 북쪽'으로, 김시종 씨의『이카이노 시집』에 나오는 이카이노의 묘마강(描間川)의 풍경으로 '이동'함을 그려낸다.

오노 세이(小野誠之, 1942-)

오노 세이는 도쿄 출생이며 도쿄대학(東京大學)을 졸업했다. 재일한국 · 조선인의 지문날인 문제에 관여했고, 연속 살인사건의 변호인을 맡기도 했다.『계간 삼천리』제40호(1984년, 11월)에「등록 지문쯤이야…」라는 제목의 글을 게재한다. 이 글에서 오노 세이는 지문날인 거부 운동에 대한 직선적인 비판이라기보다는 역설적으로 밀입국자의 입장에서 송환을 피할 수 있는 방법에 대해 논의를 전개한다. 오노 세이는 역사적으로 거슬러 올라가 보면, 일본은 재일조선인으로부터 일률적으로 일본국적을 박탈했다고 논한다. 그 이후 재일의 지위는 일반외국인의 그것과 동일하게 국가가 관여하고 결정하는 자유재량 범위에서 인정된다는 불안정한 것이 되어 버렸다고 기술한다. 국가에 대치하고 국가를 구속하는 인권으로서의 재류권은 인정되지 않기대문이다. 외국인의 출입국, 재류는 살생 박탈의 국가주권이 부여한 특권이며 권리라기보다는 은전(恩典)

을 받아들일 수밖에 없고 어쩔 수 없이 비합법의 재류에 몸을 움츠리고 있는 사람들의 존재는 조선인에 대한 일본의 과거 그리고 현재의 국가정책이 배경에 있음을 지적한다. 바로 그 역사성과 내용을 기술하여, 그것들이 개인 사정을 넘는 세계에서 전개되고 있다는 것을 피력한다.

오누마 야스아키(大沼保昭, 1946-2018)

오누마 야스아키는 야마가타현(山形県) 출신이며 일본의 법학자이다. 도쿄대학(東京大学) 법학부 정치코스를 졸업, 도쿄대학 법학부 교수와 도쿄대학 대학원 법학정치학연구과 교수를 역임했다. 도쿄대학 법학부 재학중에는 전공투운동(全共鬪運動)과 베트남반전운동의 영향을 받아 재일한국·조선인의 지문날인철폐와 사할린잔류 조선인의 귀환운동 등에 참가했다. 전후책임 문제 추궁과 관련하여 알려졌지만, 일본국헌법 제9조에 관해서는 개정을 용인하고 있어 종래의 좌파세력과는 입장을 달리하고 있다. 주요 저서에는 『재일한국·조선인의 국적과 인권』, 『사할린기민-전후책임의 점경』, 『단일민족사회의 신화를 넘어서-재일한국·조선인과 출입국관리체제』 등이 있다. 『계간 삼천리』의 정담에서는 과거 일본은 1895년에 대만을 영유(領有)하고 1910년에는 조선병합, 그리고 1930년대부터 15년의 전쟁 동안 널리 아시아를 침략한 내용에 대한 논의를 기술한 것이다. 아시아 침략이 1945년 8월 15일로 종지부를 찍었지만 '8·15'로 40년이 된 전후에도 아시아에 대한 책임이 어떠한 형태로 이루어졌는지, 혹은 이루어지지 않았는지를 논의해야 한다는 취지로 진행한다. 구체적으로 일본군 병사였던 대만인에 대한 보상문제와 사할린 잔류 조선인의 귀환문제에 초점을 맞추고 전후책임을 논했다. 오누마 야스아키는 전전 아버지 세대가 한 일에 대해서 같은 일본인이니까 책임을 지라고 하면 아직 자신들이 태어나지도 않았으니 책임을 질 수가 없다고 핑계를 대는 일본인이 있다는 것을 지적하며, '책임'을 넘어 더 보편적인 감각을 가져야 한다고 논했다.

오누마 히사오(大沼久夫, 1950-)

오누마 히사오는 동아시아현대사연구자이다. 호세이대학(法政大学) 대학원 박사과정을 수료했다. 재단법인 일본 미크로네시아 협회 오세아니아 연구소에 근무했고, 군마대학(群馬大学) 시간강사를 지냈다. 저서오는 『조선분단의 역사』(1993년), 『조선전쟁과 일본』(2006년), 『이 나라의 행방』(2006년) 등이 있다. 『계간 삼천리』제32호(1982년, 11월)에 「이시바시 탄잔(石橋湛山)의 조선독립론」이라는 제목의 글을 실었다. 이 글은 이시바시 탄잔의 조선관에 대해 역사적 배경과 함께 기술한 것이다. 전후 정치 무대에 단명의 내각을 조직한 이시바시 탄잔은 메이지말기부터 전후 정계입문까지의 30수년 간, 경제잡지 『동양경제신보(東洋経済新報)』(이하 『신보』라고 약칭)에서 일관되게 일본군국주의, 파시즘에 반대한 논진을 편 소수의 자유주의 언론인의 한 사람이었다. 당시의 대표적 민본주의자인 요시노 사쿠조(吉野作造)의 조선론과의 비교고찰에 의해서도 이시바시 탄잔의 조선독립론은 더 높은 평가를 할 수 있다고 논한다. 요시노는 3·1운동에 즈음하여 일본국민에게 '대외적 양심 발휘', '자신의 반성'을 요구하고, 일본정부에 대해 조선식민지통치 정책의 최소한도의 개혁(조선인에 대한 차별적 대우 철폐, 무인정치의 철폐, 불철저한 동화정책의 포기, 언론의 자유)을 요구한 것이기는 했지만, 조선의 독립을 명확하게 주장한 것은 아니었다고 분석했다. 이시바시의 조선독립론은, 일본의 조선, 중국에 대한 군사적, 정치적인 지배, 종속적 관계의 강화, 그것에 동반된 일본인의 대외의식 아시아관의 변화(차별적 민족의식, 우월의식의 형성)라는 당시의 시대상황, 대외관에 비추어 검토해보아도, 그것은 특필한 만한 것이었다고 논한다. 조선독립론, 중국영토보전·비개입론에 보이는 이시바시 탄잔의 아시아론에는 아시아 제(諸)민족과의 연대에의 의지(지향, 의식)가 내재해 있었다는 것이다. 이를 두고 다케우치 요시미(竹內好)는 이시바시 탄잔을 '자유주의자로서 아시아주의자'라고 평가했다고 소개한다. 이시바시 탄잔의 아시아론의 중요성을 다시 한번 상기시키는 내용이다.

오다기리 히데오(小田切秀雄, 생몰년 미상)

오다기리 히데오는 도쿄출신으로 호세이대학(法政大学) 국문과 졸업하고, 1941년 출간한 『만엽(万葉)의 전통』으로 주목을 받는다. 민주주의 문학 건설을 테제로 하여 프롤레타리아 문학가들이 조직한 「신일본문학회」의 일원이자, 잡지 『근대문학』의 창간을 주도했던 7명의 문학자(비평가) 중 한명이다. 호세이대학 교수를 지냈고 총장대행을 하기도 했다. 『계간 삼천리』제12호(1977년, 11월)에, 「『심야』관련, 『나의 조선』관련」이라는 제목의 글을 싣는다. 제목에서 알 수 있듯이 이 글에서는 2권의 책을 소개하고 있다. 먼저, 김지하와 김대중 문제에 대해 운동의 일환으로 판매되고 있는 김지하 시인의 시를 포함한 『심야(深夜)』라는 작품과 베이징을 지나 평양에 들어간 오다 마코토(小田実)가 '북조선'에서 김일성과 회담하고, 또 각지를 보고 돌며 이곳에서 생각한 것을 돌아가면서 내놓은 『나와 조선』이라는 책이 그것이다.

오무라 마스오(大村益夫, 1933-)

　　오무라 마스오는 와세다대학(早稻田大学) 명예교수며 일본을 대표하는 한국·중국문학연구자다. 『조선 근대문학자와 일본』(2003년), 『김종한전집(金鍾漢全集)』(2005년), 『한국·조선을 아는 사전』(2014년)을 비롯해 다수의 저역서가 있다. 2017년, 저자가 번역한 이기영의 「고향」은 해외에서 출판된 최고의 한국문학 번역서에 수여되는 한국문학번역상을 수상했다. 『계간 삼천리』제6호(1976년, 5월)에는 「대학의 조선어강좌」라는 제목의 글을 실었다. 이 글에서는 일본과 일본 대학의 조선어 교육 및 조선어강좌의 현황을 개괄하면서 이웃나라 언어인 조선어 교육의 양적 확대 및 질적 제고의 필요를 주장한다. 대학에서 조선어 강좌는 한계가 있으며, 조선어를 배우고 싶어도 쉽게 배울 수 없는 형편이라는 상황을 논하고, 대학 밖에서 열리는 다양한 강습회에는 열기가 넘친다는 것을 소개한다. 수강생은 대개가 사회인이기도 한데 3분의 1가량은 학생이라는 점에 주목한다. 다른 외국어들과 달리 조선어·한국어 강습회들은 회화보다 강독을 중심으로 진행되는데, 그것은 상대 국가와 문화, 사람들에 대한 이해가 실용적 목적에 앞서기 때문임을 피력한다. 그러면서 현재는, 세계사를 움직이는 중심축은 중국, 조선, 베트남과 같은 동아시아로 옮겨가고 있다며 아시아의 트랜드를 논했다. 그러나 대학들은 새로운 시대적 요구에 부응하지 못하고 있는 것이 현실이며, 교육의 방향성 문제, 교원 확보 문제, 관련 강좌들의 문제, 대학 재정 문제까지 더해 일본의 대학에서 조선어 교육의 확장과 재고가 필요하다고 논한다. 그리고 『계간 삼천리』제43호(1985년 가을, 8월)에 「시인-윤동주의 무덤을 참배하며」라는 제목의 글을 싣는다. 이 글에서는 한국이라기보다 조선의 민족적 시인으로 불리는 윤동주의 무덤을 찾아내어 그 영전에 참배하는 것이 이번 길림성 연변 조석족 자치주에 온 목적 중 하나라며 여행목적을 소개한다. 오무라 마스오는 대학의 재외연구원이 된 것을 계기로 길림성 연길시의 연변대학에 적을 두고 지난 4월 초순부터 체류한 경험을 기술한 것이다. 연변에서 조선문학과 중국의 조선족 문학의 자료수집을 하고 있었고, 연변대학에 계신 부교장인 정판용 선생, 민족연구소 소장 권철 선생, 조선문학 좌장 이해산 선생 등의 도움을 얻어 윤동주 묘비와 중학교 당시 학적부 겸 성적표, 당시 재학생 명단을 찾아낸 것을 기술한다. 일본에서도 윤동주 전 시집 「하늘과 바람과 별과 시」가 번역되는 등 윤동주에 대해 관심이 높아지던 시기와도 맞물리고 있었고, 이러한 점은 한국사회에서도 관심을 갖게 되는 계기를 만들었다.

오시마 고이치(大島孝一, 1916-2012)

오시마 고이치는 일본의 생물학자, 평화운동가로 알려져있다. 구마모토시(熊本市) 출신으로, 1940년 도호쿠제국대학(東北帝国大学) 이학부 물리학과를 졸업했다. 1941년 소집되어 육군 기상반원(気象班員)으로 근무했다. 패전 후 원자폭탄으로 불타버린 히로시마(広島)를 보고 충격을 받고, 평화운동가의 길을 가게 되었다고 한다. 이와테대학(岩手大学) 학예학부 물리학과 조교수가 되고, 『전몰(戦没)농민병사의 편지』(1961년)의 편집을 담당한다. 1966년 여자학원(女子学院) 학장에 취임했고, 학제제도 개혁을 단행했고 특히 제복식 복장 규정을 폐지하기도 했다. 일본 전몰학생기념회 상임이사, 일본 기독교협회 야스쿠니신사(靖国神社)문제 특별위원회 위원장을 역임했다. 평화운동, 천황제문제, 야스쿠니신사 국유화 문제 등에 관여하고 있다. 『계간 삼천리』제31호(1982년, 8월)에 「나의 한국 경험」이라는 제목으로 글을 실었다. 이 글은 필자가 한국에 모임에 참석하여 발언한 내용을 통해 한일 양국의 '상호이해'의 방법에 대해 기술한다. 오시마 고이치는 자신이 출석한 학술회의 발언에서 '재일조선인'이라는 용어를 사용했는데, 이것이 문제가 되었던 것을 기술한다. 일본인인 자신이 '조선'이라고 말한 것이 문제가 되었다는 것이다. 오시마 고이치 자신은 본국이 남북으로 분단되어 있어도, 아직 일본에서의 재류 자격이 한국과 조선으로 나누어져 있는데, 역사적인 사실로서 '재일조선인'이라는 범주가 있다는 것을 보여주고 싶었기 때문에 사용한 것이라고 한다. 그런데 이 발언자인 자신을 제쳐두고 이것을 문제 삼은 한국인과 자신을 대변해 준 재일조선인 사이에 격렬한 논쟁이 전개되었던 것을 논한다. 이 회의에서 가장 인상 깊었던 것은 일본인의 발언이 한국 실정을 인식하지 않은 채 자신의 의견을 강요한다는 비난의 목소리가 한국 측에서 일어난 것이라고 나중에 알게 되었다는 것이다. 이를 통해 오시마 고이치는, 한국에서 유신체제에 비판적인 입장을 취하면서도 안이하게 일본 측의 의견에는 동조하지 않는 자세를 읽을 수 있었다고 기술한다.

오시마 유키오(大島幸夫, 1937-)

오시마 유키오는 1937년 도쿄생이며, 『마이니치신문(每日新聞)』 사회부 기자, 편집위원, 특집판 편집부장 등을 거쳤다. 저서로 『오키나와의 일본군—구메지마의 학살』, 『인간기록·전후 민중사』, 『도큐멘트 일한 루트』 등이 있다. 『계간 삼천리』 제14호(1978년, 6월)에 「학살된 망자와의 만남으로부터」라는 제목으로 글을 게재한다. 그 내용은 태평양전쟁 직후 오키나와에서 자행된 학살을 취재하던 중 알게 된 다니카와 노보루(본명 구중회) 일가 살해 사건을 추적, 고발하는 글이다. 구체적인 내용을 소개

하자면, 오시마 유키오는작년 봄 한국 서울을 방문했을 때 우연히 『주간
조선』과, 1976년 8월 22일호의 특집기사를 보게 되었다고 한다. 그 속에
서 「구메지마섬 한인학살사건」이 있었는데, 이것은 다니카와 씨 일가의
이야기라는 것을 알게 되었다는 것이다. 한국 신진여류작가의 신작이라
고 되어 있었고, 참고자료는 적혀 있지 않았지만, 자신의 르포를 보고
쓴 것임을 확신했다고 한다. 그렇다고 해도 학살사건의 진실이 한국에
널리 알려지는 것은 다니카와 씨도 바라는 일이기 때문에 이에 대해서는
동의했다. 오히려 흥미로웠던 것은 『주간조선』 지상에 다나카 가쿠에이
(田中角栄)가 체포된 시점에서의 록히드 의혹 특집이 배치된 것이라고
논한다. 구메지마 학살사건과 록히드 의혹 사건이 하나로 묶인 것은 편
집자의 사전 의도에 따른 것은 아닌가라고 생각한다. 물론 우연일 수도
있지만 일본인에 대한 상징적인 의미가 있다고 논한다. 즉 구메지마 학
살은 전쟁 중 군국천황제에 뿌리를 둔 전쟁 책임과 얽혀 있는 사건이다.
그리고 록히드 의혹사건은 그 전쟁 책임을 애매하게 해버린 전후 일본의
전범 뇌물정치에 뿌리를 둔 구조지배와 얽힌 사건이다. 두 개의 사건은
별개의 것이 아닌데, 이것은 또한 조선의 민족적 비참함과도 관련된 내
용들이었다. 바로 그 내용들을 기술하고 있었다.

오쓰 가즈코(大津和子, 생몰년 미상)

오쓰 가즈코는 고등학교 교사이다. 『계간 삼천리』제11호(1977년, 8월)
에, 「나의 꿈」이라는 제목으로 글을 실었다. 이 글에서는 오쓰 가즈코
자신이 재일조선인 학생들을 이해하기 위해 조선어를 배우게 되었다고
하면서 고베학생·청년센터의 조선어 초급강좌 상황을 기술한다. 아쉽지
만, 학생들 사이에서 프랑스어 등은 인기가 있지만 조선어는 관심의 대

상이 되지 못하는 상황도 언급한다. 그럼에도 고베학생·청년센터 조선어초급강좌 학생들은 연령도 직업도 다르지만 같은 언어를 배운다는 공통점으로 서로 친근감을 느끼며 함께 노력하고 있다며, 구체적으로 강좌학생들 중에는 재일조선인이 4명있는데, 아직 그들과 이야기를 나누지 못하고 있음을 아쉬워한다. 오쓰 가즈코는 고등학교에서 초급조선어를 개설하고 싶다는 기대를 기술한다.

오쓰보 가즈코(大坪かず子, 생몰년 미상)

오쓰보 가즈코는 아동문학자이다. 『고타로(コタロ—) 일기)』(1984년), 『수우봉의 피리』(1985년) 등의 아동문학, 그리고 『가와시마 요시코 (川島芳子)』(1989년)와 같은 전기를 집필했다. 『계간 삼천리』제47호(1986년, 8월)에 「파란가시」라는 제목으로 글을 게재했다. 일본군이 본토 결전을 대비하여 마쓰모토시(松本市)의 스스키가와(薄川) 강 상류에 있는 하야시죠(林城) 성 터 일대 지하에도 군사공장을 건설하려고 계획하고, 그 노동력으로서 7천 명에 이르는 사람들을 조선반도에서 강제연행한 것과 노동으로 죽어간 사람들에 대해 기술한다. 그것은 순난자(殉難者)의 위령비 건립과 연결하여 제1세인 아버지의 조국에 대한 마음을 헤아려보려는 논리로 기술했다.

오야 소이치(大宅壮一, 1900-1970)

일본의 저널리스트이며 논픽션 작가 및 평론가로 알려져 있다. 1919년 제3고등학교에 입학하고, 변론부(弁論部)에 소속하여 활동했다. 그리고 이때부터 교우회 잡지인 『악수회잡지(嶽水会雑誌)』에 글을 투고하는 등

글쓰기에 관심을 가졌다. 또한 재학 중에 오야 소이치는 마르크스주의에 경도했다고 한다. 1932년 도쿄제국대학 사회학과에 입학하고, 2학년 때 관동대지진을 경험했다. 태평양전쟁 시기인 1941년에는 해군 선전반으로서 자바섬 전투에 배속되었다. 오야 소이치는 나중에 이데올로기에 대해 비판적이고, 이데올로기적인 표현을 싫어했다고 한다. 1955년 독창적인「무사상인(無思想人) 선언」을 발표하면서 유명해 진다. 주요 저서로는『오야 소이치 선집(選集)』(전12권, 1959-1960년),『오야 소이치 전집』(전30권, 1982년)이 있다.『계간 삼천리』에는 제47호에 우쓰미 아이코가「쟈카르타 마을에서」라는 글을 게재했을 때 그 글 속에서 오야 소이치와의 만남을 적는 부분에서 등장한다.

오에 겐자부로(大江健三郎, 1935-)

오에 겐자부로는 일본의 대표적인 작가 중 한명으로 노벨문학상을 수상하기도 했다. 그는 일본의 전후 세대를 대표하는 인물로 평화주의 사상과 민주주의 사상을 적극적으로 언급하고 있다.『계간 삼천리』에서 오에 겐자부로는 장-폴 사르트르(Jean-Paul Sartre)와 노만 메이라(Norman Mailer)가 사형을 언도 받은 김지하(金芝河)의 구명을 위해 쓴 글의 논지를 분석하면서 이를 정치적 사회적 활동의 연대로 정의하고, 김지하를 살리는 것이 한국 뿐 아니라 아시아와 인류의 미래와 같다고 강변하며 그를 살려야 한다고 주장하는 내용을 싣고 있다. 아시아에서 가장 흥미진진한 문학적 성과를 내고 있는 것이 김지하라고 소개하고, 김지하의 문학적 자질은 물론 그것이 사회·민중·권력과 어떻게 관련되어 있는지, 어떻게 사랑할지 장-폴 사르트르와 노만 메이라가 보내온 메시지는 비교하여 설명한다. 사르트르도 메이라도 김지하의 문학적 특질을 바르게 보고 있다고 논하고, 그들의 눈은 바로 그들 자신의 문학적 특질에 깊이 뿌리내린 것이라고 해석한다. 사르트르도 메이라도 그들 자신의 문학 뿐 아니라 김지하의 정치적·사회적 활동의 연대의 목소리를 낸 점을 기술한다.

오에 시노부(大江志乃夫, 1928-2009)

오에 시노부는 역사학자이다. 1945년 육군항공사관학교에 입학하여 재학 중 패전을 맞이한다. 1953년 나고야대학(名古屋大学) 경제학부 졸업 후 1954년 히로시마대학(広島大学) 조교수로 임용된다. 이후 도쿄교육대학(東京教育大学)에서 박사학위를 받고 이바라키대학(茨城大学) 인문학부 교수가 된다. 전공은 일본근대사이고 메이지유신 연구로 명성을 얻었다. 『계간 삼천리』제16호(1978년, 11월)에 「육등식의 가운데 : 구마모토 K 씨」라는 제목의 글을 실었다. 이 글에서 그는 대학재학 시절 노동조합 대회에 참가했다는 이유로 구류에 처해졌을 때 형무소의 같은 방에서 생활한 재일조선인과의 만남, 열악한 식사로 인해 그와의 사이에서 생긴 에피소드를 이야기하고 있다. 그리고 그에 대한 인품에 대해서는, '재일조선인으로써 인생을 살아오면서 만들어진 것'이라고 기술한다. 이후 그를 다시 만난 것은 1954년 8월, 오에 시노부가 히로시마대학에 채용되어 기차를 탔을 때라고 한다. 이후 그와 조선요리를 먹게 된 것은 그로부터 15년 후인 1969년의 일이었다고 말한다. 연구회 모임이 구마모토에서 열렸고, 이때 지역 방송국에 내가 출연한 것을 알고, 그 재일조선인 친구가 찾아와서 성사되었다고 말한다. 조선식당에 둘러앉아 조선음식을 먹으로, 지난날의 추억을 이야기했다는 회상을 기술했다.

오오카 신(大岡信, 1931-2017)

　　오오카 신은 시즈오카현(静岡県) 출신의 시인이자 평론가다. 도쿄대 문학부를 졸업하고 『요미우리신문(読売新聞)』 보도 기자 생활을 하던 중 시집 『기억과 현재(記憶と現在)』로 데뷔했다. 메이지대학(明治大学) 교수로 시 창작 활동을 지속하는 한편, 1979년부터 2007년까지 『아사히신문(朝日新聞)』에 『그때그때의 시』를 연재하는 등 평론가로도 활동했다. 일본펜클럽 회장과 히토쓰바시(一ッ橋)종합재단 이사를 역임했고, 일본의 전후 시대를 대표하는 시인으로 꼽힌다. 『계간 삼천리』에서 오오카 신은 『출판사전(出版事典)』에 기록된 구리활자 항목을 소개하면서, 조선의 인쇄술이 일본 인쇄술의 발달에 미친 영향에 대해 이야기하고 있다. 오오카 신은 구리활자는 조선에서 발명되어 일본의 에도시대 활판인쇄술 발달에 심대한 영향을 미쳤고, 당시 일본에서 도서의 급속한 보급을 촉진해 준 것이라고 보았다. 그런데 그것이 도요토미 히데요시(豊臣秀吉)의 조선침략으로 생겨난 점에서 야만적이고 강제적인 것이라며 역사의 아이러니컬함을 기술했다.

오자와 노부오(小沢信男, 1927-)

　　오자와 노부오는 도쿄시 출신이다. 니혼대학(日本大学) 예술학부에 재학 중에 「신일본문학」에 참가했고, 「신도쿄감상산보(新東京感傷散歩)」가 하나다 기요데루(花田清輝)에게 인정을 받아 졸업 후 소설·시·희곡·평론·하이쿠(俳句) 등 다기에 걸친 집필활동을 전개했다. 저서로는 벌거벗은 대장(裸の大将) 일대기로 구와하라 다케오(桑原武夫) 학예상을 수상했다. 그리고 천황제와 공화제의 사이에서(天皇制と共和制の狭間で)

를 집필했다.『계간 삼천리』제39호(1984년, 8월)에「평양의 간판 문자」라는 글을 실었다. 오자와 노부오는 자신이 조선민주주의인민공화국을 방문한 경험을 회상하며, 일본이 선진국인지에 대해 묻는 글을 기술한다. 오자와 노부오는 평양에 갈 기회가 있었고, 평양에서 대외문화연락협회의 일본어 가능자의 안내로 연일 이곳저곳을 견학했다고 한다. 김일성 생가를 비롯해 박물관, 기념관, 학생소년궁, 공동 농장, 댐, 제철 공, 대학, 산부인과 병원, 근로자 주택 등등을 둘러보고, 판문점에도 가고 서커스나 영화를 관람했다고 말한다. 평양 시내에 대해 소개하는 글로 채우면서도, 오자와 노부오는 일본도 식량문제로 한국에서 쌀을 수입하려고 하는 것을 예로 들면서, 일본은 풍요로운 선진국인가라고 의문을 제기한다. 일본인은 자신들이 풍요로운 나라라고 간주하고 있는데 그것이 국민 각자에게 통념이 되어 이제 아무도 그것을 의심하지 않는다는 점을 지적한 것이다. 일본을 '풍요롭다'라고 생각하는 것은 일본 국민의 상상력의 빈곤이라고 비판하고, 이 상상력의 빈곤이야 말로 이전에 일본민족의 팽창을 막지 못하고 이웃나라를 침략하게 만든 의식의 원흉이라고 논한다. 오자와 노부오는 통념에 대한 각성과 그것에 휘말리지 않는 의식의 각성이 필요함을 피력했다.

오자와 신이치로(大沢真一郎, 1937-2013)

오자와 신이치로는 도쿄대학 문학부 사회학부를 졸업하고 1972년부터 교토세카단기대학(京都精華短期大学) 영어영문학과 강사로 일했다. 해당 대학에서 인문학부장까지 지내고 은퇴하였다.『계간 삼천리』14호(1978년, 6월)에「대학의 조선어강좌를 생각한다」라는 제목의 글을 게재한다. 이 글은 자신이 가르치고 있던 대학에서의 경험을 토대로 재일조선인에게 모국어가 지니는 의미를 성찰하는 내용이다. 오자와 신이치로는 자신이 다니던 학창시절 2학년 때 총 13명 중 2명이 재일조선인이었고, 모두 한국적이었다고 말한다. 또 1학년을 주체로 한 기초 수업의 총수 10명 중 조선적, 한국적, 한일 혼혈이 포함되어 있었다고 말한다. 그런 학창시절을 보내고 오자와 신이치로는 자신이 대학에서 근무하게 되는데, 그것이 6년 전 1972년 봄부터라고 했다. 그 시기를 말한 이유는, 그때까지 '일본명'으로 불리는 재일조선인이 많았으며, 본명으로 불리는 학생은 거의 없었다는 점을 강조하기 위해서이다. 그런데 최근에 보면 '일본명'으로 입학하였다가 중간에 본명으로 전환하는 학생이 있고, 본명을 사용하는 조선인 학생이 늘어나고 있음을 알 수 있다고 논한다. 오자와 신이치로는 이러한 본명 사용이 어떻게 해서 일어났는지를 궁금해 했다. 그리고 그것이 '일본어를 매개'로 하여 발생한 것인가라고 물었다. 일본어가 재일조선인을 일본화하고 일본적인 것에 동화시키는 경향을 내재하고 있을 텐데, 그것을 극복한 것처럼, 오자와 신이치로 자신은 반대로 일본어에 의해 조선인을 이화(異化)하는 길을 찾아야 한다고 논한다. 그러면서도 그것이 불가능할지도 모르지만, 일본인인 자신에게는 다른 방법이 없다고 논한다. 물론 이것이 재일조선에게서의 조선어의 의미를 부정하는 것은 아니며, 오히려 일본어의 의미에 대해서 생각하면 할수록, 재일조선인에게 조선어가 얼마나 큰 의미를 가지고 있는지 보이는 역설이라고 주장한다. 조선어를 모르는 2세, 3세 재일조선인이 조선어를 획득하는 것은 자신의 내적인 장애를 극복하고 조선인으로서의 자기를 되찾는 가장 중요한 계기이며, 그 내실을 이루는 것이라고 피력한다.

오자와 유사쿠(小沢有作, 1932-2001)

오자와 유사쿠는 교육학자이다. 일본조선연구소(日本朝鮮研究所) 연구원을 거쳐 1967년 도쿄도립대학(東京都立大学)의 조수로 임용된다. 1968년 박사학위를 취득하여 도쿄도립대학 조교수가 되고 1982년 교수가 된다. 교육학 분야 가운데서도 주로 재일조선인 교육문제를 연구했다. 『계간 삼천리』제4호(1975년, 11월)에, 「일본인의 조선관」이라는 제목의 글을 집필한다. 이글에서는 1945년 이후 30년의 시간이 흘렀음에도 여전히 일본인 사이에는 제국주의시기 만들어진 왜곡된 조선인관이 공유되고 있음이 지적되고 있다. 이는 한국을 객관적이며 이성적으로 사고하기 어렵게 만들며 재일조선인에 대한 폭력을 정당화하는 것으로 연결된다고 설명하고 있다. 과거 침략자의 관점으로 구성한 조선관으로 인해 조선은 독립 능력이 없다고 보며 이것이 현재 조선반도의 통일을 불가능하게 하는 이유라는 것이다. 일본인과 조선인은 상하관계로 구분되어 있다고 보는 일본인들은 항상 "조선인이니까 안된다"라는 논리를 동원하기도 하는데 바로 이점들을 비판적으로 기술한다. 이러한 조선관은 서민층에서도 견고하게 뿌리내리고 있으며 이는 재일조선인 차별을 당연시 하는 논리로 연결되고 있음을 지적한다. 이러한 차별적 인식 속에서 재일조선인들은 조선인으로서의 정체성을 숨기며 살아갈 수밖에 없는데 이러한 일본인의 왜곡된 조선관에 대한 큰 책임은 교육에 있다고 지적한다. 학교 교과서만 보더라도 조선은 개성을 가진 독립된 존재로 등장하지 않고 있으며, 조선을 통해 인간과 민족, 문화의 고유성을 발견하려고 하는 휴머니즘적 시선은 발견되지 않는다고 논한다. 이러한 교육 때문에 조선인을 차별하지 않는다고 말하는 사람들의 내면에도 조선인은 약자, 열등한 자라는 일본인의 전통적 조선관이 내재되어 있음을 비판적으로 기술한다. 『계간 삼천리』제11호(1977년, 8월)에 「좌담회 우선 말로부터」라는 제목으로 글이 실린다. 오자와 유사쿠(小沢有作), 하타다 다카시(旗田巍), 김달수와 대담한 내용이다. 오자와 유사쿠는 일본 전국의 학교에서 재일조선인 학생이 재학하고 있지 않는 경우는 거의 없다고 하면서 재일조선인이 '차별'받지 않으며, 일본인에 동화되지 않고 '구별'되어 자신들의 정체성을 지키게 하기 위해서라도 학교에서 조선어 교육은 반드시 필요하다고 말했다. 조선어 교육을 통해 일본인 학생은 급우 중 조선인이 있다는 것을 인식해야 하고 재일조선인 학생은 자신이 조선인임을 밝힐 수 있어야 한다고 말한다. 또한 조선어 교육을 통해 재일조선인 학생은 자신의 조선어 본명을 떳떳하게 사용해야하고 일본인은 조선인이 한국어를 말할 때 알아듣지 못해도 민감하게 반응하지 말아야 한다고 설명하는 취지로 발언했다.

오자키 호쓰키(尾崎秀樹, 1928-1999)

타이완 타이페이(台北)에서 출생한 저자 오자키 호쓰키는 귀환 후 신문기자를 거쳐 문예평론가, 소설가, 조르게사건 및 대중문학 연구자로 활동했다. 일본에서 소련 스파이조직원이 발각되는 조르게사건에 연루되어 사형된 오자키 호쓰미(尾崎秀実)의 배다른 동생이다. 『살아 있는 유다 : 전후를 향한 나의 증언』(1959년), 『루쉰(魯迅)과의 대화』(1962년), 『조르게 사건 : 오자키 호쓰미의 이상과 좌절』(1963년), 『근대문학의 상흔 : 대동아문학자대회·그 외』(1963년), 『대중문학론』(1966년), 『대중문학의 역사』(1989년) 등 다수의 저서가 있다. TV나 강연으로도 활약했다. 『계간 삼천리』제18호(1979년, 5월)에 「국어라는 이름의 수탈」이라는 제목의 글을 게재했다. 이 글은 패전과 함께 타이완에서 일본으로 귀환한 저자가 어린 시절 타이완에서 경험한 일본어 상용화에 얽힌 기억을 떠올리면서 전후 문학 연구의 방향을 논한 글이다. 오자키 호쓰키는 1960년 안보운동 때에 전시기 일본 문학을 연구했었다고 한다. 일본의 식민지였던 타이완과 조선, 괴뢰국 '만주국'에서의 문학이 어떻게 왜곡됐는지 역사적으로 검증하기 위해서 그것을 공부했다는 것이다. 『국민문학』(최재서 주관)은 일본어판(연4회)과 조선어판(연8회) 발행이라는 당초 계획과 달리 1942년 2, 3월 이후 전면 일본어판으로 간행됐다. 1943년 1월, 『국민문학』에 도키에다 모토키(时枝誠記)의 「조선에서의 국어」와 모리타 고로(森田梧郎)의 「국어교육의 변천」이 게재되었는데, 도키에다는 한일합병은 반도인이 조선어를 버리고 '국어'=일본어로 귀일함으로써 완성되며, 이중언어생활을 탈피해 '국어생활'을 매진하는 것은 조선통치가 반도인에게 부여하는 이상적인 복리라고 주장했다는 내용을 소개한다. 그리고 모리타는 조선의 국민학교 취학 아동 1,667,000명 중 내지인 아동이 96,000명이던 1942년 5월, 「조선교육령」(1911년 공포)은 충량한 국민 육성과 보통학교의 '국어(일본어)' 교육 중점화를 명시함을 내세웠다고 소개한다. 이러한 상황에서 일본어 사용의 거부는 '국어'라는 이름의 문화파괴와 식민지 통치에 대한 비판이 되는 것으로 작동했다는 점을 강조했다. 그리하여 일본과 조선 문학의 대응관계, 일제강점기의 문학과의 비교 연구를 시도해 보는 것이 필요하다고 기술한다.

오자키 히코사쿠(尾崎彦朔, 1929-2002)

오자키 히코사쿠는 오사카시립대학(大阪市立大学) 경제연구소 교수로 근무했다. 『새로운 인도: 경제발전을 중심으로』(1957년), 『반 내셔널리즘의 시대』(1974년) 등 다수의 저서를 집필했고, 『저개발국 정치경제론』

(1968년), 『제3세계와 국가자본주의』(1980년) 등을 펴냈다. 『제3세계와 국가자본주의』는 1984년에 국내에도 번역·출간됐다. 『계간 삼천리』제6호(1976년, 5월)에, 「중앙아시아의 조선인」라는 제목의 글을 싣는다. 이 글에서는 저자가 1975년 외국인으로서는 처음으로 소련 내 한인 콜호스 시찰허가를 받아 방문한 한인 콜호스 시찰에 대해 적은 것이다. 이 시찰기의 다이제스트는 이미 「소련 내 한인꼴호즈 방문기」(『북한』52호, 1976.4.)라는 제목으로 국내에서도 발표한 내용이기도 하다. 재소한인의 경우, 젊은 세대는 계속해서 조선의 성(姓)을 포기하는 경향에 있다고 논한다. 러시아화의 경향이다. 이주세대는 생활의 편의나 문화적 영향으로 점차 조선 이름 외에 러시아식 호칭을 제2의 이름으로 사용하게 되었다는 것이다. 현지에서 출생한 경우는 전통적 이름(아명)과 러시아식 이름을 이중으로 사용하는게 특징이었다. 1960년대에 들어서면, 반대로 신세대는 동족의 편의를 위해 조선 이름을 사용하고 공식적으로는 러시아 이름을 본명으로 사용하게 되었다고 한다. 중앙아시아 한인의 세대교체가 이름에서도 분명하게 드러나는 것이라며, 이를 일본과 비교하는 문제를 남겨둔다. 『계간 삼천리』제25호(1981년, 2월)에 「많은 후회」라는 제목의 글을 싣는다. 이 글에서 저자는 일본이 과거의 전쟁에 대해 무책임한 자세를 보인다고 언급하면서 이러한 무책임이 현재의 일본 사회로 이어져 민족 차별이 나타나고 있음을 지적했다. 오자키 히코사쿠는 '민족문제=민족 차별과 어떻게 싸워야 할까'를 대학 교양강좌에서 이야기할 기회가 주어졌었다고 한다. 전문가도 아니지만, 그것을 해야만 하는 경위는 차치하더라도, 스스로가 그 과정에서 어김없이 직면해야 하는 하나의 사고패턴에 자신은 당황했다고 한다. 틀에 박힌 리포트를 앞에 두고 머리를 감싸고 눈을 감는 자신의 모습이다. 오자키 히코사쿠는, 하나의 사고패턴을 극복하기 위한 논리로서, 그 중에 하나인 조선 인민에게

자행한 침략행위를 두 번 다시 하지 않겠다고 맹세할 경우 거기에는 객관적인 체제적 보호가 필요함을 논한다. 그것은 첫째 일본의 과거 침략행위는 제국주의 정책을 추진했던 당시의 지배층이 자행한 일이어서 일본인, 일본민족이 한 일이 아니라는 것으로, 침략정책은 일본인 또한 제국주의의 희생자였다고 주장하는 부분이다. 이것을 제대로 짚고 넘어가지 않으면 진짜 억압자의 죄를 애매하게 할 위험성이 있다고 말한다. 둘째는 현재 일본의 독점자본주의가 아시아 여러 나라에 제국주의적 침략을 시작하고 있다는 논리에 대해서이다. 즉 침략정책은 과거의 문제가 아니며, 일본인의 투쟁대상은 일본의 독점자본인 것은 자명하다고 하는 유형의 문제이다. 이 둘을 해결해야 하는데, 특히 '제국주의의 희생자'로 규정되는 일본인이 차별과 만행의 직접적인 당사자였다고 한다면 그 책임은 어디로 가는 것인가를 묻지 않을 수 없는 것이다. 관동대지진 때 일본적 포그롬(pogrom 조선인 대량학살)은 일상생활에서 선량한 서민의 손에 의해 감행되지 않았는가를 알아야 한다고 주장한다. 민족억압·민족적 차별은 당연하게도 차별 주체인 일본인 한 사람 한 사람이 민족적으로 서로 의지하는 것과는 반대로 독립한 인격화·개체의 존엄을 자각하는 것에서 깨어나지 않으면 문제에 다가가는 것도 불가능하다고 강조한다. 오자키 히코사쿠는 '억압위양(抑壓委讓)의 원리(原理)'(위에서 차례로 아래로 책임을 전가해 가는 일본형 무책임 체제—마루야마 마사오, 丸山真男)를 떨쳐버리는 데는 자신이 도립(倒立)해야 한다는 마루야마의 말을 다시 한번 상기시킨다.

오치아이 히사오(落合尚朗, 생몰년 미상)

오치아이 히사오는 이전에 회사원이었다. 『계간 삼천리』제28호(1981

년, 11월)에 「회한(悔恨)과 회구(懷旧)의 조선」이라는 제목의 글을 실었다. 이 글에서 자신의 이름과 생일에 얽힌 얘기를 소개하며 어린 시절 아버지를 무책임하고 도움이 안되는 사람이라고 인식했지만, 조선어(한국어)를 배우면서 조선에서 태어난 아버지와 일본에서 태어난 자신과의 사이의 낙차를 메울 수 있는 공통의 토양이 조선어라는 것을 깨닫고 아버지를 이해하게 되었음을 말한다. 오치아이 히사오는 자신이 평양 교외의 J.T 보통학교에 부임한 것부터 시작해 그 일화를 소개한다. 부임하기전해 7월에 노구교의 총성을 계기로 발발한 일중전쟁은 확대일로를 걷고 있었고, 그 해 4월에는 조선인지원병제도가 시행되었다고 한다. 오치아이 히사오는 아이들에게 어른이 되면 훌륭한 병사가 되라고 말하고 매일 아침 큰 소리로 「하나, 우리는 천황폐하에게 충의를 다한다」고 제창했다고 한다. 그런데 자신은 징병검사는 현역면제되었다고 한다. 패전후, 오치아이 히사오는 고등학교에서 근무하게 되었다고 한다. 그 학교에는 항상 십 수 명의 재일조선인 2세와 3세가 있었다고 한다. 오치아이 히사오는 교장에게 한국적·조선적 생도의 취직에 관해 더 적극적으로 행동해달라고 호소했다고 한다. 그것은 전전 일본의 행동에 대해 속죄하기 위해서라도 지금 그것이 필요하다고 말했는데, 교장은 곤혹스러워했다고 한다. 오치아이 히사오는 이러한 전전과 전후의 일화를 소개하면서, 변하지 않는 일본 사회를 비판적으로 기술한다.

오카 요시아키(岡義昭, 생몰년 미상)

오카 요시아키는 자치체 노동자 회원이다. 1987년 여름(5월) 50호에 일본에서 정주외국인으로서 재일이 공무원 등에서 배제된 취직 차별에 대한 문제점을 기술한다. 주요 저서로는 『외국인이 공무원이 되는 책:

재일외국인의 지방공무원·교육공무원 취직 데이터북』(1998년)이 있다.
『계간 삼천리』제50호(1987년, 5월)에, 「재일 정주외국인의 생활실현」이
라는 글을 게재한다. 일본에 정주하는 조선인에게 문제가 되는 것이 '공
무원채용의 국적조항'이었는데 이 조항 철폐를 목표로 '재일외국인의 공
무원채용을 실현하는 도쿄연락사무소'가 준비 모임으로 활동을 개시한
것을 기술한다. 이는 인사위원회 및 총무국 직원과(職員課)와의 교섭을
통해 구체적인 운동을 전개해 온 성과로 만들어진 점을 강조하고, 그
내용을 소개한다. 즉 '국민의 개인적 이익에 대립하여 이것에 우월한 국
익을 추구하는 국가지배'를 위한 작용이거나 사회통치 작용이 아니라
국민의 신탁(信託)에 기초한 '헌법 전문', '국민 한 사람 한 사람을 위한
공공의 임무를 제공하는 서비스 활동'이라는 방향으로 전환해 가야할
필요성을 논하는 행정관 및 그러한 활동의 담당자로서 '공무원' 관(觀)에
서 이 공무원채용의 국적조항이 갖는 문제점을 지저한다.

오카베 가즈아키(岡部一明, 1950-)

오카베 가즈아키는 「지문날인거부자의 해외추방을 용서하지 않는 국
제감시위원회」 위원이다. 미국 캘리포니아대학교(버클리) 자연자원보호
전과를 졸업하고 일본과 미국에서 저널리스트로서 활동하면서, 환경문
제, 시민 운동에 참여해왔다. 아이치도호대학(愛知東邦大学) 경영학부 지
역비지니스학과 교수를 역임했으며 퇴직 후에도 미디어를 통해 세계 각
지의 사회문제를 알리고 있다. 주로 시민사회 거버넌스를 연구하고 미국
의 인종문제에 관한 저서를 집필했다. 주요 저서에는 『다민족 사회의
도래』(1990년), 『닛케이 미국인』(1991년), 『시민단체로서의 지자체』
(2009년) 등이 있다. 『계간 삼천리』에서는 나카소네(中曾根) 수상이 미국

사회에 대하여 말했던 인종주의적 발언과 그에 대한 미국사회(정치인, 시민사회, 소수민족)의 반응에 대하여 집필했다. 특히 나카소네 수상의 인종주의에 대해 어떻게 이해하고 있는지, 무엇이 문제인지를 설명하기 위해 발언의 본질을 지적하고, 그 속에 내재된 일본의 '단일민신화'의 허구성을 지적한다.

오카베 이쓰코(岡部伊都子, 1923-2008)

오카베 이쓰코는 일본의 수필가다. 1954년부터 라디오 프로그램에 투고했던 수필이 인정을 받았고, 미술·전통·자연·역사·전쟁·오키나와(沖縄)·차별·환경문제 등 여러 장르에서 저서를 남겼다. 『계간 삼천리』 제1호(1975년, 2월)에서 「나의 의식」이라는 제목의 글을 게재한다. 오카베 이쓰코는 의식이라는 용어에 의미를 부여하면서 '깨어나는 의식'의 경로를 중시했다. 오카베 이쓰코는 『세카이(世界)』의 대담에서 정경모의 「한국 제2의 해방과 일본의 민주화」라는 대담과 그의 저서를 통해 새로운 것을 배우게 되었다며 그 내용을 소개한다. 여기서 그가 주목한 것은 혁신이라는 말이다. 원래 혁신이라는 말은, 물을 필요도 없이 빛나는 것의 하나인데, 지금의 혁신 정신은 완전히 더러워졌다고 비판한다. 바로 혁신계 속에 비혁신성, 비인간성이 너무 많이 눈에 띄게 되었기 때문이다. 조직이라는 것이 개인을 '충실한 개인'으로 만들어가고 있으며, 이때 만들어지는 조직은 역으로 개인을 짓밟고 살해해 간다고 보았다. 그렇다고 해서 지배 권력에 들어가는 것도 아니다. 의식이라는 것이 없어진 이유는, 침략 국가 일본의 인민으로서 차별과 수탈에 익숙해져 버렸기 때문에, 일본인은 민중의 자산으로서의 저항시, 저항가를 거의 갖고 있지 않았기 때문이라는 것이다. 일본에는 김지하의 시처럼 고발이나 결의

를 의미하는 시가 없다. 저항의 영혼을 담은 노래 앞에서 감탄이나 애수
로 끝나는 일본 노래는 부끄러워서 부를 수가 없으며, 부끄러움에 얼굴
이 달아오를 정도라고 표현한다.

오쿠무라 가즈히로(奧村和弘, 생몰년 미상)

오쿠무라 가즈히로는, 자유업에 종사하고 있다.『계간 삼천리』제23호
(1980년, 8월)에 「어느 르포를 보고」라는 제목의 글을 실었다. 이 글은
일본에서 방영된 조선 르포를 보고 느낀 소감을 기술한다. 즉 엔카와
뽕짝의 관계나 조선에 항복한 일본인 장수와 그의 후손에 대한 내용을
적었다. 오쿠무라 가즈히로는 일본의 엔카의 원류가 조선에 있다는 설을
자주 들었는데 이에 관해 한국 국적 작곡가인 요시야 준(吉屋潤)가, '나
는 뭔가 잘못 생각하고 있다고 생각한다. 엔카의 원류가 한국에 있다고
하는 것은, 한국의 엔카라는 것은 일본 통치하의 부산물이며, 당시 동일
한 것을 만들기도 하고, 강요된 유산'이라고 했다는 것이다. 그리고 고가
마사오(古賀政男)가 한국에서 소년시절을 보냈고 선린상고를 졸업하고
메이지대학에 가서 '술은 눈물일까 한숨일까'를 비롯해 갖가지 노래를
발표했다고 논한다. 이것은 한국에 온 것이라고 여겨지게 되었다는 것이
다. 누군가 한 사람이 그렇다고 하면 그것이 퍼져나가던 풍조는 어느
나라든지 있는 것으로, 이러한 사고방식을 깨야 한다는 것이었다. 요시
야 준의 논리는 단순하게 엔카의 원류는 조선에 있다고 믿고 있었던 나
에게는 큰 공부가 되었다며, 다수 논리에 추종하는 것에 대한 반성을
적은 것이다.

오타 테쓰오(太田哲男, 생몰년 미상)

『계간 삼천리』제29호(1982년, 2월)에 「조선인과 일본의 좌익」이라는 글을 실었다. 이 글에서 오타 테쓰오는 '주체적인 일본인과 주체적인 조선인과의 사이에만 성립하는' 관계, 즉 '일본과 조선의 정상적인 관계'를 생각하려면 '종주국의식'이라는 '병리'를 도려내야 할 것이라는 내용을 기술한다. 그 내용을 보면, 공산주의자로서 비전향을 관철한 철학자인 고자이 요시시게(古在由重)는 15년 전쟁하에 치안유지법 위반으로 옥에 갇힌 인물인데, 그때의 일을 고자이는 마루야마 마사오(丸山真男)와의 대담 중에 '전향시키기 위해서는 고문 등으로 괴롭히는 것에는 그다지 방법이 없다. 가장 참혹한 꼴을 당한 것은 조선인이다'라고 말했다고 한다. 그리고 '그때 조선인은 우리를 육친처럼 생각해 주었지만 아마 당시의 일본인 중에 조선인에 대해서 어떤 편견을 갖지 않았다는 것은 거의 대만, 조선의 해방을 외친 공산주의 계통의 사람들뿐이었던 것은 아닐까. 그래서 저희를 유일한 자기편이라고 생각하고 있었던 것은 아닐까'라는 것이다. 이와 같은 고자이의 회상 중에 '종주국 의식은 인정되지 않은 것처럼 생각된다. 고자이는 가혹한 신체검사와 방 안 검사하는 사이에 몰래 빠져나가 '옥중메모'를 썼다. 이 메모를 지금, 「전중일기」에 수록되어 있으며, 「조선의 이야기」라는 메모도 있다고 논한다. 지극히 가혹한 조건 아래 작성한 '옥중메모'에 같은 내용을 조선인에게 들은 구비(口碑)를 적지않이 기록했다고 한다. 그리고 조선연구에 대한 의욕을 표명했다는 것은 고자이씨가 '종주국의식'에서 완전히 벗어나 있었기 때문이라며, 이것은 15년 전쟁 하의 대표적인 지성인 저항자 한 사람의 조선인관이라고 기술한다.

와다 요이치(和田洋一, 1903-1993)

와다 요이치는 독일문학자, 신문학자이며 교토 출신으로 교토제국대학(京都帝国大学) 문학부 독문과를 졸업했다. 도시샤대학(同志社大学) 문학부 사회학과 교수와 명예교수를 역임했다. 주요저서로는 『전시하 저항의 연구(戦時下抵抗の研究)1·2』와 『니이지마죠(新島襄)』등이 있다. 『계간 삼천리』제29호(1982년, 2월)에 「다이쇼기의 '불령 조선인'」이라는 제목으로 글을 실었다. 저자는 다이쇼기의 '불령 조선인'이라는 말을 같은 반 조선인 학생들의 태도와 성향을 살펴보면서 판단하고 있다. 다이쇼기의 일본인이 '불령 조선인'이라는 말을 할 때, 신문의 기사로 사용할 때, 그것은 조선인에 대한 경멸, 혐오, 비난 이외의 것을 포함하지는 않았다고 말한다. 물론 '불만을 품고 잘 순종하지 않는, 괘씸한, 뻔뻔스러운'(『고지엔(広辞苑)』) 조선인도 있겠지만, 선량한 즉 '불령'하지 않은 조선인도 많이 있다는 그러한 분류 방법이 문제라고 논한다. 다이쇼기 또는 전전(戦前)의 조선인은 모두 '불령 분자'였는데, '불령'이 눈에 띄었던 것은 민족적인 소영웅이었던 것이고, 인간적이었다는 면이 존재한다는 것을 기술해야 한다고 주장한다.

와다 하루키(和田春樹, 1938-)

와다 하루키는 일본의 역사학자이자 도쿄대학(東京大学)의 명예교수로 소련사와 남북한 현대사를 연구했다. 일본의 대표적인 진보지식인으로 유명하며 북한연구에도 영향을 끼쳤다. 이 글은 『계간 삼천리』 제1호(1975년, 2월)에 실린 다나카 아키라(田中明)의 「'경(敬)'과 '편견(偏見)'」이라는 글을 읽고, 그에 대한 감상을 기술하는 것이다. 그 글을 통해

1970년대 한·일간의 관계를 관조하면서 진정한 의미에서 편견 없이 한국을 바라보고 존경할 수 있는가 하는 질문을 하면서, 일본인과 한국인의 관계가 분리되어 있을 뿐 아니라, 상하관계처럼 여겨지는 것에 문제를 제기한다. 그리고 1970년대 일본을 배워 공업화를 추진하는 한국이 근대화를 추진하기 위해 일본을 배우려고 했던 1880년대 김옥균과 같다고 생각되며 진정한 의미에서 한일관계에서 편견 없는 상호 존중을 고찰해 나간다. 그러면서 한국 사회도 비판한다. 한국인들은 일본 제국주의는 싫지만, 과거의 일을 말하지 않고, 일본의 힘을 빌려서 한국의 공업화를 추진하려는 사람들이 있고, 그 사람들이 지금은 정권을 잡고 있는 자들이라고 비판한다. 일본 정부·재계는, 그러한 한국인과 함께 손을 잡고, 한국에의 재진출을 도모하고 있다. 과거 불행한 역사가 있으니 민족감정을 자극하지 않고 협력해야 한다고 할 정도라며 시대의 이익자들이라는 비판이었다. 김대중이나 김지하는 일본 정부·재계의 이러한 정책에 대해, 어려운 비판을 가지고 있어 이러한 구조를 바꾸기 위해서 일하고 있다는 점을 강조한다. 그리고 『계간 삼천리』제44호(1985년, 11월)에 「소련의 2명의 김 씨」라는 제목의 글을 실었다. 이 글은 저자가 생각나는 소련의 조선인 2명- 막심 바블로비치 김(Максим Павлович Ким)과 유리 김(ЮлийКим)-에 대한 글이다. 김 씨는 교육, 연구의 면에서 인정을 받아 정치적으로도 공산당에 특별히 충실했기 때문에 제2차 세계대전이 끝난 다음 해 공산당 중앙위원회 소속 사회과학대학의 교수로 임명된 인물이다. 이 시기는 북조선의 국가건설에 참여하기 위해 소련 각지에서 여러 분야에 있는 조선인들이 귀국한다. 김 씨한테도 귀국의 이야기가 있었다는 것이다. 38살이었던 김 씨는 자신이 젊지 않고 귀국하더라도 제대로 공헌할 수 있을지 몰라 이주하지 않았다고 한다. 당시 귀국하고 김일성대학의 교수가 되었던 사람들을 보면, 김

씨 정도의 지위에 있는 사람은 없을 정도였다. 북한으로 귀국하지 않은 김 씨는 이미 소련에서 성공하기 시작했다. 1950년부터 과학아카데미 역사연구소로 옮겨 1953년에는 부장이 되었고, 1957년 창간한 소련 제2의 역사잡지의 편집장에 취임했다. 1979년 김 씨는 드디어 과학아카데미 회원으로 선출되었다. 준회원에는 조선현대사를 전공하는 동양학연구소 부소장인 김 씨가 선출되었지만 조선인으로 정회원이 된 사람은 김 씨가 처음이고 단 한 명이었다. 이것을 일본 상황에서 보면 놀라지 않을 수가 없는 것으로, 일본 전후사를 연구하는 지도자급 역사학자가 조선인이고 학술회의 회원 혹은 학사원(学士院) 회원으로 선출되는 것은 차별 구조를 이어가는 일본사회에서는 찾을 수 없다는 내용으로, 일본의 한계성을 비판하는 글을 실었다.

와카모리 다로(和歌森太郎, 1915-1977)

『계간 삼천리』제7호(1976년, 8월)에서는, 역사민속학자인 와카모리 다로를 초청하여 편집위원인 김달수가 진행했다. 고대의 일본과 조선-한일 관계사의 재검토, 대담자인 와카모리 다로는 일본 민중사와 종교사를 전공한 역사학자이자 민속학자로 1939년 도쿄문리과대학(東京文理科大学) 국사학과를 졸업했다. 역사학자 마쓰모토(松本彦次郎), 히고 가즈오(肥後和男), 니시다 나오지로(西田直二郎)로부터 역사학을, 야나기타 구니오(柳田国男)의 민속학 연구의 영향을 받아 종래의 문헌자료에 민속자료를 결합한 역사민속학적 연구를 개척한 학자다. 도쿄문리과대학 및 도쿄교육대학(東京教育大学) 교수를 역임했으며, 쓰쿠바대학(筑波大学) 구상에 반대해 동대학을 떠나 1976년부터 1977년 서거할 때까지 쓰루문과대학(都留文化大学) 학장을 역임했다. 대담은 크게 ① 고대 일본의 도래문화,

② 고대 일본어와 조선어, ③ 민족과 인종이라는 것, ④ '거쳐 온 문화'와 도래문화, ⑤ 불교와 도래와 미륵신앙, ⑥ 스모에 대해, ⑦ 신궁과 신사의 기원, ⑧ 곰 신앙과 구마노(熊野)신사 ⑨ 동아시아의 시점 등 여덟 개의 주제로 나누어서 진행되었다.

와타나베 히데오(渡辺秀夫, 생몰년 미상)

와타나베 히데오는 고등학교 교사이다.『계간 삼천리』제16호(1978년, 11월)에「고교생의 조선사상」이라는 제목의 글을 싣는다. 이 글에서는 와타나베 히데오가 '조선사에 대한 이미지와 인식'을 알아보기 위해 고교생을 대상으로 행한 설문 조사의 결과에 대해 분석하는 내용이다. 세계사와 일본사를 배우고 있는 고교생을 대상으로 조선사에 대한 이미지, 인식을 알아보기 위해 설문조사를 행했다고 한다. 그 조사 내용을 구체적으로 설명하는 방식으로, 그 내용을 소개한다. 조사 대상자는 3학년생 110명, 2학년생 90명이다. 3학년생은 세계사 과목을 이미 이수했고 현재는 일본사를 이수중이다. 2학년생은 세계사를 이수하고 있는 중이다. 조사방법은 조선사에 관한 질문 25개를 제시하고 이에 대해 "맞다", "아니다", "모르겠다"로 답하게 했다. 그 중에서 질문 내용을 하나 소개하면, '일전쟁에서 일본의 승리로 인해 조선은 청 속국의 지위를 벗어나 독립국이 되었다. 일본의 조선 진출은 순조롭게 진행되어 조선민중도 일본과의 관계강화를 환영했다'라는 것이다. 그리고 이에 대한 답변 결과로서 '맞다(28%), 아니다(57%), 모르겠다(15%)'였고, '당시 조선인이 일본을 환영했다'고 답한 비율이 30% 가까이 되었다고 한다. 그나마 3학년은 맞다고 답한 비율이 24%였는데, 이는 수업 시간에 공부를 한 효과라고 말한다. 와타나베 히데오는 이러한 설문조사를 설문조사를 통해 얻은 학생들의 의식을 참고하면서 다음에는 학생들이 바른 조선인식을 가질 수 있도록 하는 '실천의 기록'을 제시하는데 활용하겠다고 논했다.

요네다 가즈오(米田和夫, 생몰년 미상)

요네다 가즈오는 이바라키(茨城)문예협회 간사를 역임했다. 『계간 삼천리』제30호(1982년, 5월)에 「샹고리에게 가는 길」이라는 제목으로 글을 실었다. 이 글에서는 식민지 조선의 평안도 성천에서의 유년시절과 전후 그 유년시절을 떠올리게 하는 성천과 관계된 만남을 설명한다. 실은 이 『샹고리에게 가는 길』은 필자가 1974년 출판한 책의 제목이다. 출판 이후 조선문학연구자에게서 이 책에 대한 지적사항을 듣게 되었는데 그것을 기술한 것이다. 조선인의 이름인 '샹고리'라고 하는 발음은 한국의 한자음에는 없는 것으로 "상걸(尚杰)"이라고 표현하는 쪽이 좋지 않을까하는 내용이었다. 지적을 받고 보니 식민자의 아들로서 사려깊지 못한 것이라는 생각이 들기도 했다고 한다. 한편으로는 부모님의 발음 그대로를 표현한 것이어서 실증적 접근으로 당시를 재현해 내고자 했음을 설명했다.

요시노 고조(吉野広造, 생몰년 미상)

요시노 고조는 『계간 삼천리』제11호(1977년, 8월)에 「어느 조선인과의 만남」이라는 제목의 글을 실었다. 요시노는 자신이 군복무시절 동료였던 한 조선인이 처한 상황을 통해 일본사회의 뿌리 깊은 조선인 차별, 조선 멸시에 대해 이야기하고, 조선어 학습이나 조선어 교육을 통해 조선인에 대한 차별과 멸시를 줄일 수 있는 방안이 될 수 있다고 제언했다.

편견과 멸시는 어린 시절부터 받은 왜곡된 역사교육이 큰 이유라고 보았고, 상대를 열등한 존재로 인식하고 나를 우월한 존재로 정립하는 교육이 일본인 사이에서 조선 편견과 멸시를 본질화해 왔다고 지적한다. 이러한 편견과 멸시를 극복하는 방법은 조선어 교육이 유일한 방법이라고 제안한다. 그런 이유를 포함해 요시노 고조는 오사카외국어대학(大阪外国語大学)의 조선어강좌를 3년간 수강하고 있다고 고백한다. 이 강좌는 10년 동안 지속된 강좌로, 이는 학생의 정열이 배경에 있었다고 보았다. 그 연장선 상에서 "NHK에 조선어강좌를"이라고 하는 목소리가 높아져 가고 있는 것도 매우 중요한 일이라고 논한다. 요시노 고조는 상호이해는 언어로부터 시작해야만 한다고 강조하며, 일조우호(日朝友好)를 조선어 학습이라는 방식으로 실천해 갈 것을 제언하고 있었다.

요시다 긴이치(吉田欣一, 1915-2009)

요시다 긴이치는 시인이다. 기후현(岐阜県) 출신으로, 고등소학교를 졸업했고 이후 건축노동자로 일했다. 저서로 『보조(步調)』, 『나의 이별』, 『요시다 긴이치 시집』 등이 있다. 『계간 삼천리』제21호(1980년, 2월)에 「기후(岐阜)·조선문제를 생각하는 모임」이라는 제목의 글을 실었다. 이 글은, 기후현에서 운영하는 '조선 문제를 생각하는 모임'에 대해 기술하고 있다. 이 '조선문제를 생각하는 모임'이 만들어진 것부터 설명한다. 원래는 문학집단 「환야(幻野)의 모임」이 중심이 되어 1974년 11월 16일에 '김지하와 연대하는 강연과 시 모임' 행사를 갖고, 여기에 재일조선인 작가 고사명을 초빙하여 모임을 가졌던 것이 계기가 되었다고 한다. 그리고 같은 해 12월 22일에 「조선문제를 생각하는 모임」 첫 번째 회합이 개최했는데 여기에 20여명이 참가했다고 한다. 이때 확인한 것은 지금까지 자신의 신변에서 일어난 민족 차별의 실태와 자신의 개인사를 통해 본 조선인의 관계를 한 사람 한 사람이 정리해 보는 것이 필요하다는 것이었다. 그리하여 자신이 지역에서 또는 직장에서 가정에서 무엇을 할 수 있는가, 무엇을 하지 않으면 안 되는가를 생각했다는 것이다. 그래서 금후 학습회에서는 각자가 주체적인 테마를 가져와서 논의를 해 보는 방식으로 진행하여, 단순한 학습회로 끝내는 것이 아니라 자신의 삶의 방법 자체를 고민해보는 시간을 갖자고 했다. 그리고 '강제연행'의 현지조사도 병행하기로 했다고 한다. 결국 이 모임에 참가한 사람은 '자기 자신의 삶의 방식'을 묻는다는 점에도 공통점을 갖고 있었다고 기술한다. 『계간 삼천리』제20호(1979년, 11월)에「세 권의 시집」이라는 제목의 글을 실었다. 이 글에서 시인 요시다 긴이치는 만해문학상을 받은 신경림 시집『농무(農舞)』, 김수영(金洙暎) 시집『거대한 뿌리』, 신동엽 시집『껍데기는 가라』, 이렇게 세 권의 시집을 읽고 그의 감상을 적고 있다. 요시다 긴이치는 이웃나라 한국에 대한 역사와 풍속은 알지 못하지만 이를 통해 조선에 대한 공부의 장이 될 것을 기대한다고도 말했다. 신경림 시집『농무』는 제1회 만해문학상을 받았는데 만해문학상이란, 민족주의자이자 불교도이며 3·1독립운동의 중심인물이었던, 한국 근대사의 아버지라고 불리는 한용운의 호 만해에서 따온 문학상이라고 소개한다. 자신은「『농무』에 관해서」라는 김광섭의 문장을 보면서, 이 시집을 일본 민중이 이해할 수 있도록 하는, 실로 친절한 편집의도가 담겨 있어서 기뻤다고 논한다. 구체적으로는 '시의 리얼리즘에 입장을 두고 리얼한 곳에서 시의 감동을 구하고 있다. 진실로 리얼하다면 산문에서도 시와 똑같은 감동이 있다. 툭 터놓고 말하자면 우리 민족의 정서는 어촌에 있는 것도 아니고, 도시에 있었던 것도 아니고, 실로 농촌에 있는 것으로 현대의 물질문명으로 약화되어 우리는 그것을 가난 때문이라고만 생각한 나머지 잊고 있었던 것이다. 중요한 것은 시가 건강한 의미에서 생활을 되돌려 놓아야만 한다는 것'이라고 한 문장을 가져온다. 그리하여 신경림의 시는 농촌의 이미지를 우리에게 쉽고 명료하게 보여준다고 설명한다. 그리고 시집『농무』의 작품을 생각할 때, 긴 역사가 빚어낸 오늘날의 애사가 담겨있다는 것에 공감한다고 말한다. 또한 신경림의「문학과 민중」이라는 평론에 대해 소개한다. 그 내용은 해방 후의 한국의 문학과 민중에 관해서 비판을 하는 것이며, 이러한 것을 통해 한국 문학 상황을 이해하게 되었다고 논한다. 그 중에서도 "그 뒤를 잇는 조태일, 김지하를 우리들은 크게 주목하는데, 이 사람들은 민중의 시인, 민중의 생활감정에 뿌리를 내린 시인으로 불리는 것이 당연할 것, 김지하의 경우는 본질적으로 민중을 아는 시인이라 보았고, 민중의 생활과 감정을 알고 기쁨과 슬픔을 함께 할 수 있는 시인"이라고 말한다. 또한 김수영(金洙暎) 시집『거대한 뿌리』는 그 작품을 통독한 바, 언어구조를 세움에 있어 독특한 에 있다고 논한다. 결국 민중에 대한 자각이라는 저변에 확고한 자아의 자세가 담겨져 있다는 점에서 그러하다고 말한다. 그 후 신동엽 시집『껍데기는 가라』를 읽었고, 시의 저항성, 비판정신은 높게 평가해야 할 것이라고 적었다. 이를 통해 '자신이 알지 못하는 역사 속의 이야기, 풍속 등이 아무렇지 않게 말 속에서 나오는 것은 나의 조선관'을 새롭게 생각하게 해 주었다고 논한다.

요시토메 로주(吉留路樹, 1925-1997)

저자 요시토메 로주는 신문기자를 거친 르포르타주, 논픽션 작가이자 평론가다. 조선인, 정치, 철도업계, 노동운동, 일본사에 이르는 저술 활동을 지속했다. 주요 저서로『일본인과 조선인: 일본인의 피 속에 숨은 멸시와 차별』(1972년), 『박정권의 민낯: 그 공포정치·부패정치의 실태』
(1974년), 『오무라(大村)조선인수용소』(1977년), 『한일병합의 진상』
(1988년) 등이 있다. 『계간 삼천리』제10호(1977년, 5월)에는, 「일본인의
역할은 무엇인가」라는 제목의 글을 실었다. 일본 정부의 대남 경제원조
가 경제적 침략이자 박정희 정권의 자금줄이며, 한반도 분단을 고착화하
고 박 정권의 민중탄압에 적극 가담하는 것이라고 비판적으로 기술하고
있다.

요코야마 사다코(橫山貞子, 1931-)

요코야마 사다코는 군마현(群馬県) 출신의 영문학자다. 도시샤여자대
학(同志社女子大学) 영문과 졸업 후 게이오대학(慶應義塾大学) 영문과
석사, 일리노이대학 매스커뮤니케이션학과에서 수학했다. 1958년, 그리
스도교교육센터 연구원으로 근무하면서 쓰루미 슌스케(鶴見俊輔)와 결
혼했고, 이후 교토세이카대학(京都精華大学)에서 교수로 임용되었다.
『계간 삼천리』에서 요코야마 사다코는 조선과 일본은 공통으로 신발을
벗는 문화가 있다고 말하며, 상호간의 이해의 출발점에 대한 이야기를
적었다. 요코야마 사다코는 마에바시(前橋)의 교아이여학교(共愛女学校)
에 다녔는데, 1945년 8월초, 공습으로 불탄 기억부터 기술한다. 기독교
학교였기 때문에 여기서 매일 아침 예배를 했는데, 학교 교장은 대만인
이었다는 것이다. 군국주의에 굴하지 않는 강한 신념을 가지고 정면 돌
파하는 성품을 가지고 있어서였는지, 지방도시의 학교로서는 드물게 조
선이나 대만에서 온 유학생이 많이 있었다고 기억했다. 패전 되기 1년
전, 이 학교의 기숙사에 신입생으로 들어간 요코야마 사다코는 거기에서
상급생들이 이전에 본 적 없는 사복을 입고 있는 것에 놀랐다고 한다.

국민복이나 표준복이 유행했는데, 이 학교는 저고리였다는 것이다. 하지만 조선이나 대만의 유학생들은 전쟁이 격심해지면서 부모들과 귀국했다고 한다. 기숙사에서는 저고리의 유행만이 이어졌었다고 한다. 그러면서 조선의 아이들과 일본의 아이들이 같이 추억을 만들었더라면 '똑같은 즐거움'을 나눌 수 있었을텐데라고 회상한다. '똑같은 즐거움'이라는 평등의 추억을 만들지 못한 것에 대한 아쉬움을 기술한 것이다.

우미노 미네타로(海野峯太郎, 생몰년 미상)

우미노 미네타로는 기행 작가이다. 『계간 삼천리』제40호(1984년, 11월)에 「우수리(Usuri) 지방 조선인 이민사」라는 제목의 글을 실었다. 이 글은 러시아의 우수리 지방에 거주하는 한인들에 대해 적고 있다. 우미노 미네타로는 일본제국주의의 조선 침략에 의해 1910년 식민지화 직후 1개월간에 5만 명이라는 이민자가 생겨나기 시작했고 이는 정치적인 소산이었다고 논한다. 그 역사를 보면 처음에 이민의 주체는 함경북도 출신자를 중심으로 한 사람들이었고, 두만강 반대편 기슭의 간도, 화룡 지방을 향해 갔다고 말한다. 1869-1870년에 유명한 대흉작이 함경도에서 일어났고, 그와 연동되어 초기이민의 사유는 홍수나 기아, 흉작, 혹은 농업으로는 먹고 살 수 없는 경제적인 것이었고, 이조(李朝)의 폐정(弊政)이 중첩된 것이기도 했다고 논한다. 우미노 미네타로는 이주자 조선인은 전체적으로 19세기 중반을 기점으로 형성된 역사적 존재라고 생각되어 왔는데, 그 이후 얼마나 더 많은 사람들이 시대적 수용돌이 속에 놓이게 되어 이주하게 되었다고 논한다. 그리고 이민사가 1세기 가까운 스케일로 전개해 온 것을 생각해 보면 민족의 서사시라고 부를 정도의 드라마를 생각하지 않을 수 없다고 말한다. '삶의 총체'와 연결하여 기술하면서도, 이민자들의 탄생 역사를 일본제국과 이씨조선과도 연결하여 논했다.

우미지 마코토(海地信, 생몰년 미상)

우미지 마코토는 서점에서 근무하는 일반인이다. 『계간 삼천리』 제40호(1984년, 11월)에 「나와 조선」이라는 제목의 글을 게재했다. 이 글에서 우미지 마코토는 야마시로 도모에(山代巴)와 김시종의 작품을 읽고 일상에서 인지한 재일조선인에 대한 새로운 자각의 논리가 무엇인지를 설명하고 있다. 우미지 마코토는, 일본인에게 있어서 재일조선인 문제는 역사적으로도 사회적으로도 깊은 관계가 있으며 피할 수 없는 것인데, 그것을 이해하려고 노력하는 사람은 거의 없다며 이에 대해 비판한다. 그러면서 이해하고 있다고 생각하고 있는 사람도 상대방의 신경을 거슬리게 하는 경우가 종종 있으며 알지 못하는 사이에 상대방에게 상처를 주는 경우가 있다고 지적한다. 우미지 마코토는 자신에게 이러한 점을 깨닫게 해주고 인간 상호간의 신뢰를 가르쳐주고 희망을 부여해 준 것은 야마시로 도모에였다고 한다. 야마시로의 『붙잡힌 여자들』에 주목하게 되었고, 그 내용은 반전 활동으로 투옥된 주인공 미쓰코가 많은 여자 죄수나 간수와 접촉하면서 저변의 인간이 사는 모습을 알게 되는 것을 소개한다. 전에서 전중(戰中) 시기에 반전 활동에 몸을 바친 저자의 체험에서 생겨난 작품이라고 우미지 마코토는 평가한다. 우미지 마코토는 야마시로 도모에, 김시종 등의 작업을 통해 추체험(追体驗)을 하고, 조금이라도 이런 것들을 자신의 것으로 만들어 가고자 함을 기술했다.

우부카타 나오키치(幼方直吉, 1905-1991)

우부카타 나오키치는 아이치(愛知)대학 교수이다. 주요 저서로는 『재일조선인 · 중국인의 귀화와 이에제도』, 『일본인의 조선관』, 『민족권리와 교육권』 등이 있다. 『계간 삼천리』 제40호(1984년, 11월)에 「계속(継続)은 힘이다」 라는 제목의 글을 게재한다. 이 글은 재일조선인의 특수한 위치에 대해 언급하면서 정주외국인의 권리 문제에 대해 적고 있다. 우부카타 나오키치는 『계간 삼천리』 제39호(1984년, 8월)에 게재된 정담(鼎談) 주제 「외국인등록법을 둘러싸고」 에서 김달수가 말한 부분을 다시 가져온다. 김달수는 '오늘날은 재일조선인도 세대가 바뀌어 와서 앞서 다나카가 말한 것처럼 70년대에 들어 인권의식에 대해 눈 뜬 사람들이, 2세 3세 사이에서 나오고 있다. (중략) 즉 발을 땅에 딛는 생활이 시작됨과 동시에 권리 의식이 생겨난다는 관계로 되었다. 마찬가지로 일본인과의 연대가 새롭게 생성되고 자주성을 가진 실속 있는 운동으로써 지금 일어나고 있다고 생각한다'는 대목이다. 우부카타 나오키치 역시 이미 재일조선인의 대부분을 차지하는 2세, 3세의 의식변화가 1970년대 초기부터 보여지고 있는데, 그것은 서유럽의 정주외국인에 상당하는 경우가 일본에서 보인다고 말한다. 다만, 양자에는 역사적 전제가 크게 상이한데, 서유럽의 정주외국인은 자주적으로 재류국에 온 것이지만, 재일조선인 1세의 대부분은 강제연행의 결과로서 재일하게 된 사람들이라는 점이다. 그러면서 『계간 삼천리』가 창간된 것이 1975년인데, 그것은 재일조선인의 의식의 변화와 거의 연관되어 이어져 온 것이라고 말한다. 즉 1970년대 초기부터 재일조선인 및 그들의 협력하려고 한 광범위한 일본인의 의식 변화를 일찍이 다룬 것이라고 평가한다. 1975년의 창간사는 그 후 10년이 지났고 『계간 삼천리』 편집으로 구체화되었고, 1984년 오늘에 이르게 된 것이라고 설명한다. 그러나 정주외국인의 권리를 침해하고 그것을 공문화(空文化)시키려는 세력은 아직도 저지 않음을 우부카타 나오키치는 지적한다. 그러면서 『계간 삼천리』에게 기대한다는 내용을 기술한다.

우스키 게이코(臼杵敬子, 1948-)

우쓰키 게이코는 프리 저널리스티이다. 1948년 가가와현(香川県) 출신으로 니혼대학(日本大学) 예술학부에서 연극·영화를 배웠다. 그러나 중간에 중퇴하고 여성잡지 계약기자로 활동하기 시작한다. 텔레비전 구성작자로 데뷔하고 매스컴에 관계한다. 1982년 한국에 유학을 했는데, 유학 당시 한국에서 여성문제나 사회문제, 재일외국인 지문날인문제를 취재했는데, 이는 일본의 전후 처리문제가 방치되고 있다는 것을 자각하게 해주는 계기가 되었고, 1990년에 친구와 지인들을 모아 「일본의 전후 책임을 확실하게 하는 모임」을 발족했다. 전국으로 확대되는 회원들과 함께 한국의 원일본군인 군속이나 유족, '위안부'의 보상청구 재판(91년 12월 제소)를 지원했다. 일본의 전후처리 전후책임을 묻는 활동을 적극적으로 전개했다. 『계간 삼천리』제39호(1984년, 8월)에 「영화에서 보는 80년대의 '고래사냥'」이라는 글을 실었다. 이는 한국영화의 변화와 그 특징에 대해 논하고 있다. 이장호가 감독의 '바람불어 좋은 날'과 '어둠의 자식들'이 대표적인데, 이 작품들은 박정권 하의 4년 동안 활동 금지로 영화를 찍지 못했던 이장호 감독의 작품이라고 설명한다. 즉 이러한 작품을 통해 급격한 근대화가 진행되고 어지럽게 변해가는 시대에 대한 메시지가 드러나는 것이라고 소개한다. 한국 사회의 1980년대를 보여주는 영화 분석이다.

우시미 노부오(牛見伸夫, 생몰년 미상)

우시미 노부오는 1979년에 『다섯명의 교사』를 집필했다. 우시마는 초등학교 선생님이었는데, 1938년 조선 강원도에 근무하게 되었다. 그 경험을 적은 것이 이 글이다. 『계간 삼천리』제21호(1980년, 2월)에 「제2의 고향·강원도」라는 제목으로 글을 실었다. 이 글은 우시미 노부오가 식민지시기 조선 강원도에서 살았던 경험을 회상하는 내용이다. 우시미 노부오는 1938년 4월, 야마구치현(山口県)에서 조선 강원도로 발령을 받아 식민지 조선으로 가게 되었다고 한다. 강원도의 월정, 통천, 영랑 등의 초등학교에서 근무했고, 마지막에는 강릉농학교 교사로서 7년 5개월간 근무했다고 한다. 우시미 노부오는 28살의 나이에 속초시 영랑초등학교 교장이 되었는데, 당시 초등학교 교장은 현재로서는 상상도 못하는 권력을 갖고 있었다고 말한다. 그렇지만, 그러한 권력을 가진 교장을 그만두고, 이후 1944년 10월 초등학교 교장에서 농학교의 말단 교사로 부임했다고 한다. 이를 두고 주변의 많은 사람들은 의아해했다고 한다. 그러나 우시미 노부오는 양심의 가책에서 해방되어 오히려 즐거운 마음으로 근무했다고 한다. 이 학교에서는 총 10개월 밖에 근무하지 않았지만, 47년간 근무한 16학교 중에서 가장 인상 깊었고 추억이 많은 학교였다고 말한다. 그 이후 1945년 10월 6일 일본으로 돌아오게 되는데, 조선인들과 작별인사를 나누었다고 한다. 그리고 1978년 10월 이 학교는 개교기념 50주년 축하회에 우시미 노부오는 초대를 받았고, 학교를 방문했다고 한다. 그때 졸업생들로부터 '우시미 노부오 선생님은 한국인도 일본인도 관계없는 것'이라는 말을 들었다고 한다. 식민지의 경험이 식민자와 피식민자를 넘는 방식을 기술한 것이다.

우쓰미 아이코(内海愛子, 1941-)

　우쓰미 아이코는 역사학자이다. 와세다대학(早稲田大学)을 졸업하고
1975년부터 1977년까지 인도네시아 국립대학에서 일본어교사로 강사를
역임했다. 그 후 게이센여학원대학(恵泉女学園大学) 인문학부 교수로 재
직했고 명예교수이기도 하다. 또한 현재 오사카경제법과대학(大阪経済法
科大学) 아시아태평양센터 소장 및 특임교수이다. 연구 분야는 조선인
군속 문제, 전쟁포로, 재일조선인, 일본의 전후보상과 과거사청산문제 등
이며 일본평화학회 회장을 역임하기도 했다. '연구'와 '시민운동'을 함께
하는 학자로서 연합국군포로를 연구하는 「전쟁포로 연구회」, 「강제동원
진상규명 네트워크」 공동대표로 활동하고 있다. 주요 저서에는 『조선인
BC급 전범의 기록 일본군의 포로정책』(2015년), 『조선인 전후보상으로
생각하는 일본과 아시아』(2002년), 『김은 왜재판을 받았는가: 조선인 BC
급 전범의 궤적』(2008년) 등이 포함된다. 그 외 공저로 『조선인차별과
말』(1986년), 『도쿄재판핸드북』(1989년), 『글로벌시대 평화학3, 역사의
벽을 넘어서』(2004년) 등이 있다. 『계간 삼천리』제12호(1977년, 11월)에
「인도네시아 독립영웅이 된 조선인」이라는 제목이 글을 게재했다. 이 글
은 인도네시아 공화국 독립영웅으로 선정된 세 명의 일본군 병사 중 코
마루딘(양칠성)에 대해 적은 것이다. 우쓰미 아이코는 코마루딘을 생각
하며 패전 후 전범으로 옥사한 주변 인물들을 상기시킨다. 군투르(Guntur)
산에 있는 독립영웅묘지에는 인도네시아 재침략을 노렸던 네덜란드군과
의 전투 중 순국한 독립영웅들이 모셔져 있다. 1975년 11월 18일, 새로운
인도네시아 공화국 독립영웅으로 선정된 세 명의 유골이 엄숙한 진혼
나팔과 예포 소리와 함께 그곳에 안장되었다. 이들 중 일본군 병사는
서(西)자바에서의 게릴라전에 참가했다가 네덜란드군에 잡혀 총살되었

다. 세 명은 원래 일본군 병사였고, 그중 두 명은 일본인이고 한 명은 조선인이었다. 일본의 패전과 함께 이 수용소에서 일본인 군인, 조선인 군속 중 몇 명이 탈영하고, 인도네시아 군부대에 투신했던 역사를 소개했다. 특히 코마루딘(양칠성, 梁川七星)과 함께 독립영웅으로 간주되는 일본인 아오키 세이시로(靑木征四郞, 인도네시아 이름, 아브바카루)도 함께 소개한다. 그리고 자바 포로수용소에 조선인 전범 숫자는 148명 중 두 세 명이 있었는데, 옥사하기도 했다는 것이다. 우쓰미 아이코는 포로로 잡힌 코마루딘이나 조선인 양칠성은 총살되면서 어떤 생각을 했을까라고 상상해 본다. 그들은 조선인으로서 인정받을 수도 없는 일본인의 전쟁 책임을 짊어진 채 자바에서 일본인에게 그 영예를 도둑맞은 채 독립영웅으로 자바에 머무르고 있다며, 일본제국주의가 남긴 조선인 문제를 기술했다. 이후 『계간 삼천리』제17호(1979년, 2월)에는 「양칠성(梁七星) 그 이후」라는 제목으로 글을 게재한다. 이 글에서는 재일조선인이 인도네시아에서 활동한 것을 알게 된 경위와 전후 일본정부의 역할이 없는 것에 대한 비판적인 기술을 전개한다. 즉 한국에 유족이 건재하고 있음에도 불구하고 그 존재에 대해 조사하는 노력조차 하지 않는 일본정부의 태도는, 단순한 태만으로 끝나는 문제가 아니며 역사적 제국주의의 연속선 상이라고 비판한다. 인도네시아 독립영웅이 된 두 명의 일본인은 조사하는 노력을 했음에도 불구하고, 양칠성은 누구 하나 그 본명도 알려고도 하지 않은 채 인도네시아 땅에 묻힌 것이라고 논한다. 이처럼 일본정부의 차별적 자세에 대한 비판적 견해를 기술한 것이다. 그리고 『계간 삼천리』제27호(1981년, 8월)에 「조선인 BC급 전범의 전후 36년」이라는 제목의 글에서는, 조선인 BC급 전범 문제에 대하여 법적 투쟁과 당사자 증언 등을 통해 그 실상을 공개한다. 특히 일본인으로서의 전쟁 참여와 전범으로서 재판, 조선인으로서의 보상을 요구하는 과정을 구체적으로 설명하고 있다. 문제의 시작은 1965년 12월 18일 '재산 및 청구권에 관한 문제의 해결 및 경제협력에 관한 일본국과 대한민국과의 협정'이 발효되어 청구권에 관해서는 '완전하며 최종적으로 해결되었다'는 태도에서부터였다. 이후 '모두 해결되었음'으로 이 문제에 대해 일본은 대응하지 않게 되었다는 것이다. 그리고 보상은 한국의 국내 문제이므로 불만이 있으면 자국의 대사관으로 가도록 하였다. 그러나 한국 국내에서는 한일조약에 의해 '대일민간청구권'의 대상은 1945년 8월 14일 이전에 사망한 자에 한정하였다. 전쟁 재판의 형사의 경우와 같이 전후의 사망은 청구 대상으로부터 제외하게 되었다. 조선인 범죄자들의 전후 고독한 전쟁은 무엇보다 일본인의 전쟁책임에 대한 무자각을 대변하고 있는 것이라고 우쓰미 아이코는 비평한다. 그리고 『계간 삼천리』제47호(1986년, 8월)에는 조선인 영화감독 히나쓰 에이타로(日夏英太郎)에 대하여 글을 집필했다. 자바에서의 히나쓰 감독의 작업 중 『호주에 외치는 소리』라는 작품이 있었다. 태평양전쟁 시기 선전반에 소속하고 있었던 히나쓰는 참모부 별반(別班)이 기획한 영화를 제작하게 된다. 그것은 히나쓰가 영화를 만들고 싶은 마음에서 결국 일제 협력자의 길을 걸었던 것을 역설적으로 각성하게 해주는 것으로서 그 내용을 소개했다.

우쓰키 슈호(宇津木秀浦, 생몰년 미상)

우쓰키 슈호는, 우쓰키문화연구소(宇津木文化硏究所)에 근무한다. 『계간 삼천리』제35호(1983년, 8월)에 「폭로하고 싶은 '다치소작전'」이라는 제목의 글을 실었다. 이 글에서는 전전에 있었던 '다치소작전'에 대해 적고 있다. 우쓰키 슈호는, 1944년 10월부터 1945년 8월 천황이 패전을 방송하던 날까지 일본군은 다카쓰키 시역(市域)에서 '다치소작전'이라는

311

비밀 작전을 전개했는데, 그 내용을 소개한다. 그 중심이 된 것이 나리아이의 계곡에서의 대규모적인 지하 터널망 만들기였는 것이다. 이를 위해 군인, 징용공, 근로동원 학생 등 조선인 작업원은 7천명 정도를 모았다고 한다. 그 중에서는 강제로 조선반도에서 연행되어 온 집단이나 가족이 모두 이주해 온 여러 형태의 조선인 집단이 있었고, 그 가족까지 포함하면 2만 5천명 정도로 추정된다는 것이다. 다카쓰키에는 공병대 제4대대 병사(兵舍)가 있었고 헌병대도 있었는데, 이 다치소작전의 방계인 다른 작전도 있었던 모양으로 시내 타지구에서도 군인이나 조선인 작업원이 터널 공사를 하고 있었다고 말한다. 토목공사가 리드하는 다치소작전은 전쟁 상황의 추이에 대응하여 지하공장이 되어 갔고, 만약 미군이 상륙해 오면 군사령부나 군대의 본거지로 사용하여 주변이 전쟁터로 변하는 것은 당연한 것이었는데, 이곳에는 일명 다치소작전으로, 조선인들이 징용되었다고 기술한다.

우에노 기요시(上野淸士, 1949-)

우에노 기요시는 사이타마현(埼玉県) 출신의 저널리스트다. 『계간 삼천리』제 13호(1978년, 2월)에 「전후세대의 개인적인 인식」이라는 제목의 글을 게재한다. 이 글은 1997년 8월말 기타사이타마(北埼玉)에 있는 현(県) 경계의 작은 마을, 진보하라(神保原)에서 일어난 관동대지진 당시 조선인학살사건 취재를 이야기하며, 전후 세대의 조선인 인식을 쓰고 있다. 일본인에게 '조선' 문제는 거리를 둘 수 있는 기회가 어떻게 가능한가를 논한다. 즉 이미 여러가지 형태로 일본인 자신들이 '조선' 문제에 대한 관심을 보이고 있는데, 그 일본인에게 눈앞에 '공(公)'적인 것에 이끌려 간다는 것이다. 그러나 그것은 자가당착의 안위의 길이라고 논한다.

일본 지식인이 '조선' 문제에 대해 발언할 때 종종 '실어증'에 걸린다고 하는 예를 든다. 예를 들어『내 안의 조선인』이라는 책을 저술한 혼다 야스하루(本田靖春)는 "김대중 사건에 나타난 우리 일본인의 분노는 요컨대 차별감정이 나타난 것은 아닐까. 조선 식민자 2세로 태어난 나는 그것을 달리 묻지 않고 자신의 내부를 파헤치는 것으로 확인하려 했다. 그것이 이 책이다. 그 과정에서 나는 몇 번이고 '실어증'에 걸렸다. '정의'를 말하는 것은 아름답지만, 안에서 '부정의'를 묻는 것은 매서운 법이다"라고 논했다. '실어증'이 말의 '표현'이라고는 하지만 실어증이라는 형용은 자신에게 여러 가지를 생각하게 했다는 것이다. 우에노 기요시는 자신의 내부에 살아 있는 차별감정을 파헤치는 과정에서 실어증이 된다는 혼다의 감수성은 받아들이게 된다. 하지만 그 치유과정, 방법이라는 것에 비중을 두면 거기에서 말이 막히는 고통이야말로 말해야 한다는 의미에서 실어증을 극복하고자 한다. 내부의 차별감정이라는 것은 그 말의 맥 속에서 비로소 필연성을 갖는 것이라고 우에노 기요시는 해석한다. 그래서 역으로 한 번도 '실어증'의 징후조차 느낀 적이 없었던 자신을 대상화 해 본다. 즉 말을 잃을 정도로 풍부한 '조선'에 관한 어맥을 가지고 있지 않다는 증거라고 분석한다. 그것은 한정된 읽을거리와 한정된 보도 등등 그러한 빈곤함일 것으로 파악하고, 그러한 지식의 집적에 급급했다고 논한다. 그것을 구체적으로 설명하는데, 그것은 바로 1969년의『또 다시 이 길에』로 이회성(李恢成)이 군조(群像) 신인상을 수상한 작품이었다. 이회성의 문학평론과 작품이 아니었다면 우에노 기요시 자신은 '조선'을 마주하지 못했을 것이라고 한다. 물론 이회성의 작품을 말하는 것에서 "반쪽바리"상도 유형화하는 것은 안되는데, 이 시기 재일 조선인문학자의 활동이 시작된다고 논한다. 김석범(金石範), 고사명(高史明), 김학영(金鶴泳), 정승박(鄭承博)의 소설, 오임준(吳林俊), 김시종(金

時鐘), 강순(姜舜)의 시가 주목을 받고, 김달수, 허남기를 읽게 되었다고 한다. 또한 김사량의 존재도 사회적인 인식용어로서 '재일조선인문학'이 정착되기 시작한 것이라고 보았다. 그리하여 재일조선인문학은, 이론사(理論社)의 『김사량 작품집』이 재간행된 것이 1972년 4월이고, 그보다 조금 일찍 안우식(安宇植)의 『김사량-그 저항의 생애』가 이와나미신서(岩波新書)에서 한 권으로 간행되었음을 소개한다. 그리고 『계간 삼천리』30호(1982년, 5월)에 「영화 「세계의 사람들에게」」라는 제목의 글을 실었다. 이 「세계의 사람들에게」라는 영화는 약 10인의 조선인 피폭자를 취재한 내용이었다. 일본신민으로 피폭되었으나 전후 그들은 외국인으로 취급되어 피폭자로서의 재정적, 의료 지원을 전혀 받지 못한 채 생활고와 정신적 고통을 받아야 했음을 지적한다. 이를 널리 알리기 위한 목적으로 영화를 제작했으며, 이 영화를 통해 피폭의 참상과 함께, 근대 일본의 역사가 이웃한 아시아 국가 침략의 역사임을 보여주는 것으로서 가치가 있다고 논한다. 히로시마와 나가사키에서의 재액은 일본이 아시아 전역에 걸쳐 행한 전쟁의 결과임을 이 영화의 관객들은 느낄 수 있을 것이라고 논한다. 히로시마와 나가사키의 비극을 통해 일본이라는 국가는 가해 책임에서 벗어나려 하지만 피폭조선인의 존재 때문에 그것은 불가능하게 되고, 지금까지 연합국과의 이항대립구도 속에서 전쟁 책임을 논했던 일본인들은 이를 통해 자성해야 함을 기술하는 내용이다.

우에다 마사아키(上田正昭, 1927-2016)

우에다 마사아키는 일본의 역사학자이다. 전공은 일본고대사이며, 교토대학 명예교수이다. 1927년 효고현 기노사키군(城崎郡)에서 태어났고, 중학생 시절에 우에다(上田) 집안에 양자가 되었고, 대학시절부터 신사의 궁사(宮司)를 맡기도 했다. 중학교 2학년 때에 발행금지 도서가 된 쓰다 소키치(津田左右吉)의『고사기 및 일본서기의 신연구』를 읽고 학교에서 배우는 고대사와의 차이를 깨달았다고 한다. 태평양전쟁 중인 1944년에 국학원대학(國學院大學)에 들어가 오리구치 시노부(折口信夫)를 스승으로 모셨다. 재학 중에는 쓰다 소키치의 저서를 입수하여 읽었는데,『고사기』·『일본서기』에 대한 문헌비판에 충격을 받았다고 한다. 패전 때까지 학도동원이 되어 이시카와지마(石川島) 조선소에서 근무했다. 1947년 니시다 나오지로(西田直二郎)를 동경하여 교토대학 문학부 사학과에 입학한다. 그러나 니시다는 전시기에 전쟁 협력자였다는 이유로 공직에서 추방되었기 때문에 지도를 받지는 못했다. 1950년 교토대학을 졸업했는데 졸업 논문이「일본 고대사에서 씨족계보의 성립에 대해서」였다. 졸업 후에는 고등학교 교원을 지내다가 1963년 10월에 교토대학 교양학부에 조교수로 취업했다. 1971년에는 교수가 되었고, 1978년에는 교양학부 학부장을 지냈으며, 매장문화재연구센터 센터장을 역임했다. 퇴직 이후에는 오사카여자대학(大阪女子大學) 교수가 되고, 학장을 엮임했다. 주요 논문들은『우에다 마사아키 저작집』(전8권, 1998-1999년)으로 간행되었다.『고대국가론』제1권,『고대국가와 동아시아』제2권,『곤국가와 종교』제3권,『일본신화론』제4권,『동아시아와 해상의 길』제5권,『인권문화의 창조』제6권,『역사와 인물』제7권,『고대학의 전개』제8권, 등이 있다.『계간 삼천리』제25호(1981년, 2월)에「대담일본인의 조선관을 생각한다」라는 제목으로 강재언과의 대담을 나눈 글이 소개된다. 우에다 마사아키의 발언을 보면, 우에다 마사아키는 1977년 10월 21일『아사히저널』에 실린 다카마쓰시(高松市) 고교생 의식조사를 참고하면서 이 내용을 보면 9할을 넘는 고교생이 조선 또는 조선민족에 대해 왜곡된 인식을 하고 있다는 것이다. 반드시 전전(戰前) 내지 전중파(戰中派)의 사람들뿐 아니라 새로운 민주교육을 받았을 고교생 경우에도 여전히 왜곡된 인식을 갖고 있음을 보여주는 것이라고 보았다. 그것은 학교 교육뿐 아니라 가정교육, 사회교육, 또는 직장 등에서 여전히 생산되고 있으며, 그 점에서 일본인으로서 밝혀야 하는 문제가 많다고 발언했다. 그리고 우호라는 것도 역시 민중 상호 간의 우호여야지 국가가 만드는 우호가 아니라고 논한다. 동시에 인간이라는 입장에서 상호비판도 필요하다고 논한다. 즉 국가의 정권이 어떻게 바뀌더라도 인간끼리 혹은 민중끼리 우호라면 일시적인 것이 되지 않을 것으로 믿으며, 한일관계사에서도 권력자들끼리의 우호만 중요한 것이 아니라 그 속에서 얽혀 펼쳐진 민중의 상호교류가 오히려 중요하다는 입장에서 논의를 전개했다. 그리고 『계간 삼천리』제42호(1985년, 5월)에, 「대담: 호태왕비와 근대사학」이라는 제목의 글을 싣는다. 이 글은 우에다 마사아키와 이진희가 호태왕비문을 둘러싼 역사학계의 해석에 대해 심포지움에서 나왔던 이야기를 정리하고, 역사관에 대해 이야기한 것이다. 이진희가 『호태왕비의 수수께끼』가 고단샤(講談社)에서 재판되었는데, 여기에서는 참모본부가 조선 연구에 가담한 것을 보여주고 있음을 보여주는 자료라고 강조한다. 사코 가게아키(酒匂景信)가 '쌍구가목본(雙鉤加墨本)'-이는 흑수곽전본(黑水廓塡本)이라고 하는 쪽이 좋을지-를 갖고 온 이전해 1882년에 참모본부 편찬과는 『임나고(任那考)』, 『임나국명고(任那國名考)』 등을 저술했는데 이것이 역사관을 만들었다는 것이다. 이진희가 반복해서 지적하듯이 비밀탐정이었던 사코 가게아키가 탁본을 갖고 돌아오자 곧바로 참모본부 편집과가 해독에 전념하게 되고 1888년에 말하자면 『일본서기』의 기년을 둘러싼 논쟁과의 관련하면서 그 해석이 뒤틀려왔다는 것이다. 1895년 이와자키(岩崎)가 『신공황후 정한 연대고(神功皇后征韓年代考)』를 집필하고, 임나일본부 문제를 다루었던 것은 큰 역사적 사건이었다. 다시말해서 임나일본부를 방증하는 자료로서 비문이 사용되어지게 된 것이다. 1971년 나카쓰카 아키라(中塚明)가 사코 가게아키를 둘러싸고 지적한 내용이 있었고, 그 이후 1972년에 이진희가 호태왕비는 이미 학문적 해결이 끝났다고 하는 태도나 선학 연구의 안이함에 의존하는 일본 측 연구자의 자세를 날카롭게 비판했음을 논한다. 그래서 호태왕비의 재검토가 본격화되었고, 문제는 비문의 개잔 뿐만이 아니라 그 이상으로 동아시아적 시야에서 연구를 진행해야 할 필요성까지 대두되었음을 논한다. 그리고『계간 삼천리』제50호(1987년 여름, 5월)에 히가시 헤이스케(東平介)가「고대 조선과의 만남」이라는 제목으로 글을 게재했는데, 히가시 헤이스케가 사가현(滋賀県)의 조선문화사 주최의 유적 순방에 참여했을 때 우에다 마사아키(上田正昭)와 이진희의 강좌를 들은 것을 소개하는 내용에서 그 영향력에 대해 논의되는 것으로 등장한다.

우에하라 다다미치(上原淳道, 1921-1999)

우에하라 다다미치는 도쿄대학 교수이다. 1942년 제1고등학교를 졸업하고 도쿄대학(東京大学) 문학부 동양사학과에 입학한다. 이후 1943년부터 1945년까지 학도병으로 종군했다. 1948년 도쿄대학을 졸업하고 대학원에 진학했다. 1953년 도쿄대학 교양학부 전임강사에 임용되고 1955년 조교수를 거쳐, 1967에 교수가 된다. 이후 간토가쿠인대학(関東学院大学) 교수를 역임했다.『계간 삼천리』제26호(1981년, 5월)에「김 씨의 눈물」이라는 제목으로 글을 실었다. 이 글은 전쟁 시기 군부대에서 만났던 '김 씨'라는 조선인의 일을 소개하는 내용이다. 구체적으로 김 씨와 우에하라 다다미치 자신이 함께 생활한 것은 1945년 4월부터 8월까지로 일본의 패전까지 약 5개월 정도였으며, 장소는 '대일본제국 육군'의 한 부대였다고 한다. 흔히 말하는 학도병 출진으로, 1943년 12월부터 시코쿠의 가가와현의 한 보병부대(연대)에 있었다고 한다. 김 씨와는 서로 다른 부대에 있었는데, 부대가 같더라도 서로 다른 중대에 있었다고 한다. 1945년 4월부터 고치현 해안을 방어하기 위해(미군의 상륙이 예상되었다) 새로 편성된 사단 속에 같은 연대에 전속(轉屬)되어, 김 씨와 같은 대대 본부에 들어가게 되었다. 그 이후 일본은 패전이 결정되자 조선인 병사를 가장 먼저 귀향시켰다고 한다. 그것은 보복을 두려워한 조치라는 것이다. 조선인 병사들이 연대본부에 모여 제대 귀향을 건네받았을 때 '젊은 병사들은 모두 함성을 지르며 기뻐했는데, 김 씨 만이 울고 있었다'고 했다는 것이다. 김 씨는 지금부터 조선에 돌아가, 조선인 사회로 돌아가는데 제국주의 일본의 군대에 징병되었다고 한다면 다르지만, 지원해서 들어왔다고 한다면 그것은 뭐라 해도 민족의 배신인 것이다. 자신은 혼자서 레지스탕스를 레지스탕스라고 여겨지지 않는 교묘한 레지스탕스가 되어, 일본인 병사 몇 명을 조선인 측으로 끌어들였는데, 그것은 조선인에게 이해받지 못할 것이다. 레지스탕스의 투사의 한사람이면서 배신자라는 오명을 뒤집어쓰고 살아가지 않으면 안 된다고 김 씨는 생각한 것은 아닐까라며 그 이율배반성을 기술한 것이다.

우에하라 도시코 (上原敏子, 생몰년 미상)

우에하라 도시코는 저널리스트로 활동하면서, 피폭조선인 문제에 대해 관심을 가지고 취재했다. 『계간 삼천리』제15호(1978년, 8월)에 「히로시마 주재히로시마의 조선인 피폭자-사라진 아이오이도리」라는 제목으로 글을 실었다. 이 글은 히로시마원폭돔 근처에 존재했던 '원폭슬럼'이라 불리는 '불법임시거주지'와 '피폭조선인의 실태'에 대해 소개한다.

구체적인 내용을 보면, 1977년, 히로시마에는 피폭자건강수첩을 가진 조선인이 약 600명 거주하고 있었다. 다만, 피폭자건강수첩을 가진 사람(공적으로 피폭자라고 인정된 사람)으로부터 유추해보면, 조선인 피폭자와 조선인 거주 구역은 오버랩 된다. 히로시마의 모토마치의 아이오이도리는 통칭 '원폭 슬럼'이라고 불리는 주택밀집지역이었다. 히로시마시가 히로시마현과 함께 이 모토마치 지구의 재개발을 계획한 것은 1968년의 일이다. 1969년부터 8층-12층의 고층 아파트 건설이 추진되어 1977년 가을의 공사로 주택 건설은 일단 종료. 주변의 정비와 일부 공적 시설의 설립을 남겨두었을 뿐이다. 아이오이도리에 거주하던 사람들의 대부분이 1971년 가을부터 고층주택으로 이전하기 시작해 1978년 현재 '히로시마의 전후'라고 불려온 집락은 거의 자취를 감추었다. 우에하라 도시코는 1969년부터 1972년, 1973년에 걸쳐 '청취조사기'를 위해 이곳을 지나다녔다고 한다. 이곳 지역 형성과 그 실태, 그리고 사라져가는 과정은 피폭후의 재일조선인이 놓여온 위치의 일단을 축적한 형태로 보여주는 것이었다. 조선인 피폭자의 경우, 조선인이라는 것과 피폭자라는 이중의 무게를 견뎌야 했다. 피폭에 의한 가족과의 사별, 이별, 육체적인 후유증 등을 껴안고 살았다. 이러한 '조선인'과 '조선인 피폭자'의 삶의 무게를 기술했다.

우치야마 가즈오(內山一雄, 미상, -2007)

우치야마 가즈오는 덴리대학(天理大学) 교수를 역임했고, 오랫동안 부락해방, 인권연구소 식자부회(識字部会) 부회장을 지냈다. 부회장으로서 식자(識字) 교재만들기 등에 노력했다. 우치야마 가즈오는 전국재일조선인교육연구협의회의 대표도 지냈다. 재일조선인교육의 이론적 지주의

한사람으로서 70년대 이후 재일조선인교육운동을 견인한 중심인물이었다. 생애를 교육운동에 바쳤다. 1990년대에 들어서자, 전국재일조선인교육연구협의회 전국운영위원회가 노선 대립으로 분열을 겪게 된다. 재일조선인교육운동은 혼돈의 시대를 맞이했던 것이다. 노선대립 배경에는 재일조선인의 당사자 운영에 대한 평가의 차이에 있었다. 오사카 이외의 전국운영위원회원들 중에 「민족학급(民族学級)」 실천이 오사카의 일부만으로 가능한 실천으로 타지역의 참고에는 안된다는 풍조가 있었다. 이에대해 우치야마를 비롯한 전조교(全朝教) 오사카멤버는 어린이들의 많고 적음의 문제가 아니라 어린이들의 정신적 충족감을 유지하기 위한 민족 강사 지도에 의한 「민족학급」 실천은 효과적이라고 보았고, 이것은 충분히 전국에서 참고할 만하다고 주장했던 것이다. 대표저서로서는 인권교육의 기초이론 , 재일조선인과 교육, 현대의 차별과 인권 (공저) 등이 있다. 『계간 삼천리』제35호(1983년, 8월)에 「재일조선인 교육과 나」라는 제목으로 글을 실었다. 우치야마 가즈오는 "조선이라는 말을 듣는 것만으로 내 자신은 조선민족에 대해 왜 조선인이 이 세상 생겨났는가, 왜 나는 일본인으로 태어나지 못했는가라고 생각하며 몹시 분개해 했다." 즉 출생기를 '무거운 짐을 지고'라는 제목으로 한 아이가 이야기한 내용으로 글을 시작했다. 이는 우치야마 가즈오가 최초의 저서인 『부락어린이 모임-현상과 과제』(1972년 오사카시 교육연구소)의 한 소절이기도 하다. 처음으로 재일조선인 어린이들의 생각을 접했을 때의 충격이 지금도 선명하게 남아 있다고 한다. '부락어린이 모임'이란 피차별부락의 어린이들 모임이었는데, 우치야마 가즈오 자신과 조선인의 만남도 지금 되돌아보면 피차별부락을 통해서였다고 한다. 우치야마 가즈오는 학회에서 '민족 차별을 극복하는 교육내용을 생각한다'는 주제의 사회를 맡았는데, 여기에는 일본인 교사와 재일조선인 교육 관계자들로부터 새롭게 민족 차별 실태를 보여주는 사례가 보고되는 기회였다고 하난. 여기서 인상 깊었던 것은 꺽쇠(「」)를 붙여 한국을 표기한 것을 두고 벌어진 논쟁을 소개한다. 분과회 보고자의 문제 제기 속에 한국을 괴뢰정권이라고 정의하고 「한국」이라며 꺽쇠 괄호를 붙여서 표기한다고 했는데, 재일조선인 관계자들을 중심으로 반론이 이어졌다고 한다. 꺽쇠를 붙인 것은 독립국가라고 인정하지 않는 표현이라고 하는 등 반론이 나왔다는 것이다. 우치야마 가즈오는 이 논쟁을 통해 다시 남북통일 시점에 서야 하는 것의 중요성과 끊임없이 문제를 눈앞의 어린이들의 교육실천에서 새로 보아야 한다는 것의 소중함을 배우게 되었다고 한다. 그래서 '조선'이라는 용어를 둘러싸고도 벌어진 논쟁도 함께 소개한다. 조선은 조선인민공화국 즉 북측을 가리키는데, 조선이 아니라 '한국, 조선'이라고 해야 한다는 것이다. 주체 측에서 스스로를 어떻게 부를지는 타인이 개입할 문제가 아니라는 의견도 내놓았다고 한다. 우치야마 가즈오는 자신이 만약 호칭을 선택하라고 한다면 남북통일이 입장에서 '조선, 조선인'이라고 하고 싶다고 의견을 밝혔다. 그것이 조선 전체의 총칭(總稱)으로서 종래부터 정착해 온 것이라는 것도 있다는 점, 무엇보다도 일본인이 조선, 조선인이라는 호칭과 부즉불리(不卽不離)의 관계로서 차별적으로 몸에 베인 뒤틀린 민족관이 일반적으로 현존함을 버릴 수 없다는 것을 이유로 들었다. 또한 그 극복을 위해서 일부러 조선, 조선인 호칭에 구애를 받지 않을 수 없다는 것이다. 다시 말해서 호칭의 문제라기보다는 우리 일본인의 조선 인식의 문제라고 논했다. 1983년 4월 24일 한신(阪神)교육투쟁의 날, 전국재일조선인 교육연구 협회가 발족했다며, 이 글에서 언급한 '무거운 짐'을 일본인 스스로의 것으로 하여 짊어지고 갈 것을 결의할 것을 기술한다.

원성진(元省鎭, 생몰년 미상)

원성진은 프리라이터이다. 원성진은 『계간 삼천리』제37호(1984년, 2월)에 「'민족적 적극론'과 재일세대」라는 제목의 글을 실었다. 이 글에서 원성진은 여전히 구조적으로 취업차별이 존재하는 일본사회에서 취직을 할 때 걸림돌이 되는 '민족론'을 검토한다. 재일조선인 1세가 말하는 민족론의 문제를 지적하고 앞으로 일본사회에서 살아갈 젊은 세대가 '민족'이나 일본사회와의 관계를 생각할 때 기존의 '민족적 적극론'의 한계가 있음을 지적한 것이다. 이른바 재일조선인은 소비생활이 일본 사회구조와 너무나 연결되어 있는데, 노동생활에서는 민족공동체적인 협소한 세계에 밀려나고 사회성이 지극히 부족하다고 지적한다. 원성진은 개인적 의견이라고 하면서도 이것이 재일 2, 3세의 소외감을 가져다주는 최대의 원인이라고 분석한다. 구체적으로 보면 재일조선인의 삶의 방식론에서는 '민족성'이 최대의 소외요인이었다는 것이다. 삶의 방식론은 항상 '민족성'을 매개로 2가지의 갈래로 나누어지고, 서로 대치되어 왔다는 것이다. 즉 재일조선인은 확고한 민족의식이 뒷받침되는 자랑스러운 삶의 방식을 지향해야 한다는 민족적 적극론과 일본에 살고 있기 때문에 일본에 동화하고 살아야 한다는 민족적 소극론이다. 그러나 여기서 말하는 '민족성'의 내실이 전후 40년 가까이 지난 오늘에 이르기까지 심각한 점검을 받지 않고 온 것이 아닌가라고 지적한다. 동시에 민족적 적극론은 우선 도일 1세의 일부 사람들이 형성했으며, 그들은 일본명을 사용하는 동포를 경시하게 되었다고 한다. 그러면서 김달수에게 본국의 생활경험이 없는 2, 3세의 심리상태를 어떻게 분석하고 있는지 의문을 던진다. 원성진은 2, 3세가 일본명을 사용함으로써 만들어진 2개의 인격은 어느 쪽도 다 그 본인 자체에 귀속되는 것이라고 논한다. 일본에서 태어나 일본에서 자란 2, 3세의 '본질'이 복합적인 점에 대한 연구는 없는 것이 문제라는 것이다. 그리고 '동화'라는 것은 민족적 적극론에서 가장 부정적으로 사용되는 말이지만 김일변(金一勉)의 지적에 비추어 보면 언젠가 '동화'는 항상 주변에 존재한다. 일본에서 많은 것을 받아들이려고 하기 때문인데, 그것은 조국은 나에게 '관념'이고 대립물로 나타나는 것이기도 하기 때문이라고 한다. 그러면서도 한국 민중과 관계를 가지면서 만들어 가는 '조국관', 이러한 조국관을 가지면서 다시 그러한 조국관을 갖지 못한 사람들과 어떻게 '민족적 적극론'을 전개할지 그것에 대한 고민을 기술했다.

웨인 패터슨(ウェイン・パターソン, 생몰년 미상)

웨인 피터슨은 『계간 삼천리』제22호(1980년, 5월)에 「조선인의 하와이 이주와 일본」이라는 제목으로 글을 실었다. 이 글에서는 20세기 초반 일본의 조선합병 과정에서 일본이민자들의 이익을 보호하고 일본의 국격을 지키기 위해 조선인 이민자들의 하와이 이민을 금지하는 과정을 설명하고 있다. 조선인의 하와이 이민에 대한 역사를 소개하는 글이다. 그 역사를 보면, 1900년 전후 일본은 조선에 대한 내정 간섭 준비에 착수하여 이후 미국으로의 조선인 이민 문제에도 적극적으로 간섭하게 되고, 1903년 1월 최초의 조선인 노동자 65명이 하와이 사탕수수 농장에 보내졌다. 1903년부터 1905년 사이 약 7000인의 조선인이 하와이에 이주하였는데, 이는 사탕수수 농장 노동에서 일본인 노동자의 독점권을 상실하게 하는 것이었다. 그래서 조선인의 하와이 이주는 일본정부에 의해 봉쇄되었다. 그러나 1903년 당시 조선조정에 대한 일본의 영향력은 완전한 것은 아니어서 일본이 조선인의 하와이 이주를 막는 것이 쉽지만은 않았

323

다. 그럼에도 일본의 외무성은 조선인 해외이민에 대한 감시하고 있었다는 것이다. 일본은 조선인의 하와이 이주를 금지시킴으로서 하와이에서의 일본인 노동자의 독점적 지위를 강화하여 이것이 하와이에서 이주 일본인의 임금을 인상시키고 노동조건을 개선하게 해 일본인이 캘리포니아로 이주하려고 하는 유인요소를 줄이고자 했다고 한다. 하와이에서 조선인 이민의 감독을 일본영사가 맡고 있었던 것도 조선인의 하와이 이주를 막을 수 있는 좋은 조건이었다. 그후 1904년에는 한일의정서가 체결되게 되고, 조선정부가 자주적으로 행동하는 것은 어렵게 되어 조선인 이민문제의 결정권은 일본 정부의 손에 넘어갔다고 기술한다.

위량복(魏良福, 생몰년 미상)

위량복은 『계간 삼천리』 편집위원 및 『청구』의 편집위원을 지냈다. 주요 논고로는 「재일 세대에게 있어 지문날인은」 등이 있다. 『계간 삼천리』 제42호(1985년, 5월)에 「지금 재일 2세의 어머니들은」이라는 제목의 글을 실었다. 이 글에서 밝히고 있듯이 재일조선인 2세, 3세로서 아이들을 키우고 있는 어머니들을 인터뷰한 내용을 정리하여 소개하고 있다. 위량복은, 작년 봄부터 가을까지 나는 재일조선인 2세, 3세 청년들이 지문날인거부 문제를 어떻게 받아들이고 있는가, 함께 생각해 보고 싶어서 각지역을 취재하여 『계간 삼천리』 제39호(1984년, 8월)에 정리하여 게재한 내용을 소개했다고 말한다. 그리고 그로부터 1년 지문날인 문제가 문제로서 확대되어왔다며 그 의의를 기술한다. 지문날인 거부자는 이미 2백명을 넘었고 현재 5천명이 넘는 거부예정자가 있다고 한다며, 그 운동의 확산을 말했다. 특히 외국인등록증 갱신이 대량으로 이루어지는 시기에 '재일'을 사는 여성들이 이 문제를 어떻게 받아들이고 있는지 알기 위해 다시 각지를 다녀보았다고 한다. 대표적으로 히가시오사카(東大阪)에 사는 외국인도 1981년 11월 외국인등록법에 나타난 일본의 대 외국인 정책 즉 동화정책이 얼마나 비인도적인가를 밝혀내기 위해 지문날일을 거부하고 재판을 통해 싸우고 있다는 것을 알게 되었다며, 그 내용을 기술한다.

유효종(劉孝鐘, 생몰년 미상)

유효종은 정치학으로 비교사회학적 관점, 민족관련론을 전공했다. 도쿄(東京)대학 대학원 박사과정을 수료했으며, 2006년부터 2007년까지 홋카이도(北海道)대학 슬라브연구센터 객원교수를 지냈다.『계간 삼천리』49호(1987년, 2월)에서는, 헤이그 밀사 사건과 고종의 퇴위로 이어지는 역사적 경과를 구체적으로 소회했다. 구체적으로 내용을 보면, 잘 알려진 것처럼 1907년 6월 15일부터 네덜란드의 헤이그에서 제2회 만국평화회의가 열렸다. 이름은 평화회의였지만 주로 육지 전쟁 규칙이나 해전 규칙 및 분규에 있어서의 평화적 조정 등을 심의하기 위한, 말하자면 식민지 쟁탈 관계의 국제법 회의였다. 이 회의에는 대한제국 황제인 고종의 밀사를 받아 3명의 조선인이 찾아갔다. 이상설(李相卨), 이준(李儁), 그리고 이위종(李瑋鐘)이었다. 6월 24일 헤이그에 도착한 밀사들은 회의에 참가하기 위해 우선 회의 의장이 된 러시아의 대표 네리도프(Nelidoff)를 만나 협조를 구했다. 그렇지만, '보호조약에 의한 일본에의 외교권 이양을 각국이 인정하여, 2년간이나 단교하고 있었다'는 것에서 자신으로서는 어쩔 수가 없다며 거절당했다. 그래서 밀사들은 언론과 비공식 루트를 통해 선전활동을 시작했는데, 밀사들은 구미의 여론에 조선에 대한 새로운 관심과 동정을 불러일으켰지만, 결국 당초의 목적을 이루어내지는 못했다. 이후 고종은 밀사 파견에 대한 책임을 물어 왕좌에서 물러나고 말았던 사건이었다.

윤학준(尹学準, 생몰년 미상)

『계간 삼천리』제2호(1975년, 5월)에 「온돌방」에 글을 싣는다. 편집위원인 윤학준은 매호 마다 다 유익한 내용을 전달하기 위해 「온돌방」이라는 코너를 마련한다고 하면서, 온돌방을 소개한다. 온돌방이란 조선 가옥의 독특한 난방장치로서 따뜻한 방을 가리킨다. 편집자와 독자가 자기가 말하고 싶은 것을 이야기하기도 하고 때로는 즐겁게 대화하는 장이 되길 바라고, 이를 위해 '독자들의 투고'를 기대한다는 내용을 기술하고 있다. 『계간 삼천리』에 「온돌방」 코너가 출발한다는 내용이다.

이경자(李敬子, 생몰년 미상)

이경자는 회사원이다. 『계간 삼천리』제24호(1980년, 11월)에 「아버지의 재일·나의 재일」이라는 제목으로 글을 실었다. 이 글에서는, 자신의 이름과 생일에 얽힌 얘기를 소개하며 어린 시절 아버지를 무책임하고 도움이 안 되는 사람이라고 인식했지만, 조선어(한국어)를 배우면서 조선에서 태어난 아버지와 일본에서 태어난 자신과의 사이의 낙차를 메울 수 있는 공통의 토양이 조선어라는 것을 깨닫고 아버지를 이해하게 된 것을 소개한다. 이경자는 아버지가 이해할 수 없었는데, 나이가 들어서 아버지의 삶을 알게 되었다고 논한다. 그것은 조선어를 배우게 되면서 아버지에게 익숙했던 가치관을 막연하지만 이해할 수 있게 되었기 때문이라고 논한다. 조선이라는 토양에서 자란 아버지와 일본이라는 토양에서 자란 자신과는 커다란 낙차가 있었다고 말한다. 그 낙차를 메울 수 있는 공통의 말을 상호간에 갖지 않았던 것이라고 분석한다. 그러면서 이경자가 보기에 아버지는 마지막까지 일본이라는 토양에는 뿌리를 내리지 못한 것 같다고 표현한다. 그러나 자신이 조선어를 배우기 시작하고, 자신의 삶이 낙관적으로 보여짐에 따라 발상법도 바뀌기 시작했다는 것이다. '어째서 난 조선인인 것일까'라는 의문에서 출발하는 것이 아니라 '나는 조선인이다'라는 사실에서 출발해야 한다는 것을 알게 되었다는 것이다. 내 자신이 조선인이라는 것을 납득하기에는 상당히 멀리 돌아온 것 같은 느낌이지만, 조선인으로서 한 발을 내민 자신을 기술한 것이다.

이규석(李圭錫, 생몰년 미상)

이규석은 학생으로 지문날인 거부 운동에 참여했다. 『계간 삼천리』제43호(1985년, 8월)에 「지문을 거부하여」라는 제목의 글을 실었다. 이 글에서는 지문날인 거부 운동에 대한 본인의 생각과 일본사회에 대한 외국인 차별 문제에 대하여 서술한다. 그리고 재일조선인으로서의 자각과 조국의 분단 상황에 대해서도 차별문제와 관련하여 제기한다. 이규석은 조국이 남북으로 분단되어 40년이 되었는데, '조국'이라는 글자를 글자 그대로 읽더라도 한국과 조선으로 나눌 수 밖에 없는 것은 슬픈 현실이라고 말한다. 이는 '당신은 한국적, 조선적 중 어디인가'라고 말하는 '단일민족'사관의 일본인은 전혀 알지 못할 것이라고 말한다. 이규석 자신은 재일 3세로 사실 조국도 알지 못한다고 말하면서 그럼에도 관념상으로 알고 있는 조국에 대한 느낌은 무척이나 무겁다고 말한다. 게다가 일본사회에서 조선인인 것으로 차별을 받는다면 조국이란 무엇인가라는 주제 앞에서 탄식할 것이라는 내용을 기술했다.

이노시타 하루코(井下春子, 생몰년 미상)

이노시타 하루코는 『계간 삼천리』제29호(1982년, 2월)에 「조선어와 나」라는 제목으로 글을 실었다. 이 글에서 저자는 최근 10년 동안 조선어와 조선사를 배우면서 재일조선인에 대한 인식을 새로이 하고, 타문화에 자신의 가치관을 무리하게 적용하는 과정에서 차별감정이 생겨난다고 말한다. 1967년에 일본기독교단은 제2차대전에서의 전쟁책임에 대한 고백을 표명했다. 이러한 움직임 속에서 아시아국가에 대한 일본의 전쟁책임에 관해서 본격적으로 배우지 시작한 것이 1979년 일이라고 적고 있다. 이노시타 하루코는 개인적으로, '이웃과 함께 살아가다'라는 주제로 재일대한기독교회의 목사를 초청하여 연수회를 기획했던 것이 자신이 조선과 직접 관계하는 첫걸음이었다고 말한다. 1973년에 '조선어를 배우지 않겠습니까'라는 전단지에 이끌려 잠깐 들러본 것이 계기가 되어 조선어를 배우게 되었다고 이노시타 하루코는 말한다. 그 이후 1978년과 1980년에 현지에서 조선어를 배우는 프로그램에 참석하여 민박과 일상생활을 함께 하는 가운데 사람들과의 접촉을 통해서 새로운 통해 조선에 대해 풍속·관습을 조금씩 알게 되었다고 한다. 이노시타 하루코는, 타국문화를 접할 때 자신이 가지고 있는 가치관을 기준으로 정하고, 그것에 적용하려고 하면 차별감정으로 이어진다는 점을 깨닫게 되었다고 기술한다.

이노우에 아키히코(井上昭彦, 생몰년 미상)

　이노우에 아키히코는 아시아에 대한 전쟁책임을 생각하는 모임 사무국 소속이다. 필자는『계간 삼천리』제41호(1985년, 2월)에「사할린잔류 조선인에게 귀환의 길을」이라는 제목의 글을 실었다. 이 글은 주로 사할린에 남아 있는 조선인에 대한 자료는 많지 않은 점, 소련·일본·한국·북한·미국과의 광범위하고 복잡하게 얽힌 사안으로 사할린잔류 조선인 귀환문제의 해결을 곤란하게 하고 있다고 지적한다. 역사를 되돌아 보면 1975년 12월 1일에 사할린잔류자의 귀환을 요구하는 소송이 제기되었는데, 흔히 말하는 '사할린재판'에 대해 기술한다. 제2차 세계대전 중에 일본 정부에 의해 노무동원이라는 이름 아래 강제적으로 사할린에 연행되었던 조선인이 있었고, 그들 대부분은 당시 남조선(현재의 한국)에서 연행되었던 사람들로 전후 40년이 지난 지금도 여전히 귀환의 기회가 주어지지 않아 사할린에 살고 있다는 것을 소개한다. 재판을 제소한지 10년을 맞이하지만 그들의 희망은 이루어지지 않았으며, 현재 사할린에는 소련 국적, 조선 국적, 무국적의 사람을 포함하여 4만 명 이상의 잔류조선인이 있다는 점을 지적한 글이다.

이노우에 준코(井上純子, 생몰년 미상)

　이노우에 준코는『계간 삼천리』13호(1978년, 2월)에「본명을 쓰는 것의 의미-이 씨의 경우」를 집필했다. 다만, 이노우에 준코의 이 글은 오사카시 외국인교육연구소협의회 선생님들이 직접 만들어 발행한 소학생용 부교재『사람(ひと)』(생활편Ⅰ)에 실린 글을 전재(転載)한 것이다. 이노우에 준코는 자신의 학교에는 일본인도 한국인, 조선인도 다니기 때문에

각자의 입장에서 이 학교가 어떻게 되었으면 하는지 말할 필요가 있다고 주장했다. 일본인의 입장, 한국인, 조선인의 입장에서 자유롭게 희망을 말하는 학교를 만들자고 제언하는 것이었다. 기본적인 민주주의의 근본이 소수의견을 존중하는 것이라고 했는데, 한국인, 조선인의 기분을 받아들여야 한다고 논한다. 일본인은 자신의 조국 말을 배우고 싶다는 생각이나 한국인, 조선인의 친구들이 희망을 말할 수 있는 모임도 만들고자 했다. 그리고 본명을 사용하도록 하는 사회를 만들어 가는 것이 중요하다고 강조했다.

이누마 지로(飯沼二郎, 1918-2005)

이누마 지로는 도쿄도(東京都) 출신으로, 1941년 교토(京都)대학 농학부 농림경제학과를 졸업했다. 1948년에 국립국회도서관 주사(主事)를 거쳐 1951년에 농림성 농업기술연구소 기관(技官)이 되었다. 전후에는 정부의 농업정책을 비판하는 입장이었다. 그리고 농업 관련 이외에도 재일한국·조선인 문제와 관련한 글을 집필한다. 1954년 교토대학 인문과학연구소 조교수, 교수를 역임하고 1981년에 퇴임했다. 교토대학 명예교수이다. 주요 저서로는『보이지 않는 사람들 재일조선인』(1973년), 『가교-나에게 있어서 조선』(1984년), 『재일조선인을 말한다』(전3권, 1984-1985), 『일본제국주의 하의 조선 전도(朝鮮伝道): 노리마쓰 마사야스(乗松雅休)·와타제 쓰네요시(渡瀬常吉)·오다 나라지(織田楢次)·니시다 쇼이치(西田昌一)』(공저, 1985), 『전도(伝道)를 살면서: 재일 대한기독교회와 오다 나라지(織田楢次)』(1986), 『재일한국·조선인: 그 일본사회에서의 존재가치』(공저, 1988년), 『발밑의 국제화: 재일한국·조선인의 역사와 현상(現狀)』(1993년) 등이 있다. 『계간 삼천리』에는 식민지 조선의 소작인과 소작료의 문제를 통해 '봉건제 문제가 무엇인가'에 대해 기술했다. 『계간 삼천리』제4호(1975년, 11월)에는 「조선인의 상냥함」이라는 제목의 글을 게재했다. 이 제목처럼 조선인의 상냥함은 외국을 무력으로 침략한 적 없는 조선 민족의 휴머니즘적 민족성에서 기인한 것이라고 논한다. 식민지로 전락한 근대조선의 비극은 무단주의 일본과 인접했기에 발생한 것이며 그 비극은 현재까지 지속되고 있다며 끝나지 않은 식민지 비극이라고 논한다. 이누마 지로는 인류의 평화, 행복이라는 관점에서 무단주의적 일본과 문치주의적 조선민족 중 어느 쪽이 높은 평가를 받을지는 생각할 필요도 없는 문제라며, 일본의 무단주의를 비판한다. 그러면서 오다 나라지(織田楢次)가 조선에서 기독교를 전도한 내용을 소개한다. 오다 나라지는 기독교 목사로서, 조선인에게 기독교를 전도할 것을 결심하고 1928년 조선에 입국하여 농촌을 순회하면서 전도사업을 벌였다. 이때 경찰에 고문을 당하기도 하였다. 1937년 중일전쟁 발발 이후 신사참배가 강요되는 상황에서 그는 조선인에게 신사참배 거부를 권하기도 했다는 것이다. 이 때문에 경찰에 체포되어 조선에서 추방되었다. 일본에 돌아와서는 재일조선인 전도에 헌신했다며, 오다 나라지의 문치주의적 성격을 기술했다. 그리고 『계간 삼천리』40호(1984년, 11월)에는 「10년이 지나면 강산도 변한다」는 제목으로, 『계간 삼천리』의 10년간의 성과를 기술했다. 이누마 지로는 1975년 2월에 창간한 『계간 삼천리』가 '7·4공동성명에 의거하여 통일된 조선을 실현'하기 위해 창간했다고 창간사에 적고 있는 것을 가져오면서 그 의의를 평가한다. 이누마 지로는 특히 창간호에 '남북 어느 쪽에도 경사'되지 않고 '편향적'인 정치성을 배제한다는 것은 결코 박정희를 반민족적으로 보는 관점을 잃는 것이 아니라 '한국의 민주화를 바란다면 역시 반박정권 노선에 서서 싸울 필요가 있다'는 주장을 내걸었다는 점(예를들면 김석범, '당파가 싫다는 것의 당파적인 것) 등『계간 삼천리』가 조선총련으로부터 비난을 받은 이유를 기술한다. 그 이유로서 '이전에 총련'에 속해 있다가 그 관료적인 것에 견딜 수 없어 탈퇴한『계간 삼천리』편집위원에 대한 감정적인 조롱, 보여주기식 징벌이었다는 점을 간파해냈다. 그리고 그것에 대해『계간 삼천리』편집위원은 엄연한 자세로 대응한 점을 평가했다. 그것은『계간 삼천리』제10호와 20호의 편집위원 전원이 참여한 좌담회에서 잘 나타났다고 보았다. 그 이성적이고 논리적인 반박에 의해 총련의 감정적 비논리적 비난은 완전히 논파(論破)되었다고 평가한다. 그리고 강재언 씨가 「연대의 일」(『조선연구』1977년 7월호)이라는 글에서 한국에 꺽쇠를 붙여「한국」이라고 표기하는 것을 보고, 꺽쇠를 빼자고 주장한 것에 대해, 총련의『조선신보』(1977년 7월 26일호)는「한국」에 꺽쇠를 붙이는 것은 정당한 이유가 있어서라며 논박한 내용을 소개한다. 다시말해서 총련과 거리를 두기도 하지만, 그렇다고 남한 즉「한국」에 대해서도 독자적 국가로 인정하는 것이 아니라, 미국의 식민지주의에 놓여있다고 비판했다. 그리하여 민족의 진정한 삶, 민족의 진정한 자유와 권리를 빼앗기고 있다고 논했다. 그래서「한국」이라는 말에 이러한 미일 양국의 이중의 멍에가 씌여진 운명에 놓인 것을 의미하고, 남한의 역대 '정권'은 매국적이고 노예적이었으며, 반인민적인 '정권'이었기 때문에 여기에 꺽쇠를 붙여 표현한다고 기술했다.

이다 모모(いいだもも, 1926-2016)

이다 모모는 작가이자 평론가이다. 일본공산당에 입당하였으나 강령 논쟁으로 제명되고 이후 신좌익진영에 들어간다. 사상의 과학연구회에서 활동하였고『계간크라이시스』를 창간하여 편집대표를 맡게 된다.

『계간 삼천리』제16호(1978년, 11월)에「「나의 조선」이 상연되지 못한 이야기」라는 제목의 글을 실었다. 이 글에서는 자신이 집필한「나의 조선」의 한 대목에서 과거 제국주의화 되어 간 일본에 대한 표현방식을 설명하고 있으며 아울러 김지하 문학의 가치도 언급하고 있다. 이다 모모는 이전에「나의 조선」이라는 작품을 집필했는데, 그것은 1965년『신일본문학』(9월호)에 실렸었다. 그 내용을 다시 소개하는데, 그「나의 조선」에는, '외침에 의한 역사 도해 및 시사 강연'이라는 긴 부제를 붙인 뮤지컬 대본이었다는 것이다. 결국 상연하지는 못했는데, 이「나의 조선」에서는 이야기가 진행되는 배경 음악을 사용한 것을 소대한다. 즉 제국주의화 되어 가는 일본의 농민 병사와 식민지화해 가는 조선의 농민 병사의 불행한 엇갈림을 표현한 것으로, 이때 음악은 천황 군대의 진군나팔을 사용해 보았다. 일종의 타임래그였다. 엇갈림은 극에 달해 조선민중은 8·15 해방에 기뻐한다. 만약에 세계자본주의가 제국주의 단계로 전환하는 세계사적 전환기에서 반제국주의 투쟁을 수행한 갑오농민군이 이왕조와 결탁한 일본군에 승리했다면 일본민중은 완전히 다른 모습으로 전개되었을 것이다. 이러한 내용의 대본을 완성하고 얼마 지나지 않아 바리케이트전이 도쿄대학 야쓰다(安田)강당 공방전의 낭독극을 보고, 마음의 약동을 느꼈다고 한다. 그리고 김지하의 옥중작 장편 발라드『장일담』 구상을 접하게 된 것은 1974년이었는데, 이다 모모는 김지하의 옥중의 메시지에 파블로 프레이리, 프란시스 파농의 이름과 함께 최수운, 전봉준, 임꺽정, 홍길동, 동학란, 활빈당의 이름을 떠올렸다는 내용을 보았고, 이를 통해 김지하를 자신의 은사적 시인이라고 기술한다.

이데 마고로쿠(井出孫六, 1931-)

　　이데 마고로쿠는 소설가이다. 나가노현(長野県) 출생이며 도쿄대학 불문과를 졸업했다. 1958년부터 1969년까지 중앙공론사에 재직하며 『중앙공론(中央公論)』편집을 담당했다. 1974년 『아틀라스 전설』로 제72회 나오키상(直木賞)을 수상했다. 인물평전으로 정평이 나있다. 『계간 삼천리』제9호(1977년, 2월)에서 전전(戰前)에 돌아가신 할아버지가 남긴 김옥균의 서액(書額)에 대한 설명을 통해 한일 간의 비극적 역사를 조명하고 있다. 김옥균 생애에 각인된 조선근대사의 서막의 비극은, 메달 한 쪽 면만을 보여주는 것에 지나지 않고 메달의 다른 한 쪽에는 일본근대 초기의 뒤틀림이 짙게 드러나는 것이 아닌가 생각한다. 조선반도와 일본열도 사이에 놓으려고 하는 가교가 상호간의 근대가 내포하고 있던 두 개의 뒤틀림이 증폭되어 비극적 결말로 끝나버린 것이라고 말할 수 있지 않은가라며, 가교의 의미를 기술한다.

이데 카즈코(井手和子, 생몰년 미상)

　　이데 카즈코는 『계간 삼천리』제19호(1979년, 9월)에 「지난 10년」이라는 제목의 글을 싣는다. 이 글은 저자가 '따님(お嬢ちゃん)'이라는 호칭으로 불릴 때 여성으로서 받게 되는 차별적인 감정을 느낀다는 것을 말하면서 신문기자로서 재일조선인 문제를 다루면서 재일조선인들이 과거에 겪은 차별적인 모습을 반추하고 스스로 주체적이 되고 주체성이 구체화되지 않으면, 차별을 극복하는 운동으로서의 역할을 할 수 없음을 담담히 기술한다. 말투의 하나로서 「따님」이라는 소리를 들을 때마다 이데 카즈코 자신은 은근히 상처받았다고 한다. 「따님」이 현실화 되어 버린다

고 했다. 그렇지만, '그것은 모멸적인 말투'라고 시인 구라하시 겐이치(倉橋健一)와 모모야마 학원대의 무라카미 기미토시(村上公敏)가 대신 항의를 해 준다고 한다. 그 이후 이데 카즈코는 몇 번인가 집회에 참가했는데, 마침 사야마 사건(狹山事件)으로 이시카와(石川) 청년이 얼울함이 강하게 주장되기 시작 될 무렵이었다고 한다. 그중에서 지금까지도 잘 기억하고 있는 것은 일본인의 책임이라는 문제가 나왔을 때, 발표를 듣고 있던 한 사람이 "나는 일본인이라는 자각도 없고, 일본의 아시아 침략에 대한 책임도 느끼지 않는다"라고 했던 것을 기억해 낸다. 그리고 자신도 일본인이라는 말의 내용을 묻지도 못하고 있었다고 회고한다. 그와 동시에 조선에 대해서도 알지 못했다고 한다. 물론 근래에는 조선 문제에 관한 언론이나 세상의 대응도 바뀌어 출판물은 증가하고 각종 조선어 강좌, 조선 문화 강좌도 성행하게 되었다고 했다. 문학, 역사, 고고학 등 조선의 문화에의 관심은 십년 전에 비해서 놀라울 정도로 높아지고 있으며, 한국어 강좌에는 영어나 프랑스어를 배우는 것처럼 간편하게 교재를 신청하는 일본인이 늘고 있다고 논한다. 그것은 따님들까지 관심을 끌면서 말려들어 가는 길일 수도 있는데, 자신과 같은 '따님'까지도 주체화를 지향하지 않으면, 그러한 운동은 운동이 아니라고 논한다.

이리베 고지로(入部皓次郎, 생몰년 미상)

이리베 고지로는 출판사 직원이다. 『계간 삼천리』제23호(1980년, 8월)에 「곱창을 먹는 것」이라는 제목의 글을 실었다. 이 글에서는 소년기를 보내면서 만난 김 씨와의 식사 경험을 통해, 음식 문화에 대한 편견을 이야기한다. 이리베 고지로는 호르몬 요리에 대한 개인적 경험을 이야기하면서 '요리문화'에 대한 고정관념을 깨우치게 되는 경위를 기술한다.

이리베 고지로는 우메다(梅田)역 부근에 '호르몬 요리점'을 갔는데, 당시 곱창을 먹어본 적이 없었는데, 이곳에 안내한 것은 재일조선인이었다고 한다. 이후 단순하게 '조선인은 곱창을 먹는다'라는 고정관념을 '갖게 되었다'. 그런데 이 고정관념은 수년 전 일 때문에 알게 된 한 조선인과의 교류 속에서 깨지게 되었다는 것이다. 조선인으로부터 들은 이야기는 '호르몬 요리는 일본의 조선요리'라는 것이었다. 조선인에게 원래는 호르몬을 구워 먹는 습관은 없었다고 한다. 전후 재일조선인이, 자신들이 처한 극한 생활 속에서 할 수 없이 도축장에서 폐기처분 되던 내장을 받아서 먹게 되었다고 한다. 호르몬 요리의 기원을 알게 되었다는 것이다. 이처럼 '음식'에 감춰진 역사성에 다시 한번 자각을 갖게 되었다며, 음식에 대한 무의식성을 기술했다.

이마다 요시히코(今田好彦, 1940-2003)

이마다 요시히코는 나가사키현(長崎県) 출신으로 와세다대학(早稲田大学) 정경학부를 졸업하고 『마이니치신문(毎日新聞)』 학예부에서 활동하였다. 이후 1980-1985년에 걸쳐 베이징특파원, 베이징지국장을 역임했다. 이후 도요대학(東洋大学) 교수로 활동했다. 『계간 삼천리』제10호(1977년, 5월)에, 「새로운 한일 문화교류」를 게재했는데, 이 글은 마이니치신문 학예부 기자였을 때 집필한 것이다. 이 기사는 「NHK에 조선어강좌 개설을 요망하는 모임의 일원으로 참여했던 NHK와의 회담 상황을 전하면서, 일본의 조선어 교육 상황과 일본인으로서 조선어를 배우는 것에 관한 저자의 체험과 생각을 얘기하고 조선어강좌 개설을 위한 노력을 피력하는 내용이다. 『계간 삼천리』제14호(1978년, 6월)에, 「조선어강좌가 가진 의미」라는 제목의 글을 게재한다. 이 글은 이마다가 직접 조선어를 수강한 경험을 토대로 일본 내에서 조선어를 배울 수 있는 기회의 부족을 비판하면서, NHK 조선어 강좌의 설립 필요성을 강조한다. 이마다 요시히코는 예전에 비해 조선어 강좌가 '많이 늘었다'고 평가를 받지만 이전과 비교의 문제일 뿐 절대수는 극히 적다는 입장이다. 그럼에도 불구하고 전진하고 있는 것은, 조선어 학습 환경이 갖추어져 가는 상황에 있다고 보았다. 우선 그 예로서 대학이 강좌를 늘리고 있다는 점이다. 『계간 삼천리』제12호에 와세다대학의 오무라 마스오(大村益夫) 교수가 보고한 내용을 참조하여 그 대학을 소개한다. 오무라 교수는 그래도 16년 전의『일본의 조선어 교육의 현상과 그 전망』에서 금석지감(今昔之感)이라고 표현했다. 당시 조선어 교육은 덴리대, 교토대, 오사카외대, 도쿄교육대(東京教育大), 와세다대 등 불과 다섯 곳이었다는 것이다. 한편 조선어를 배우고 싶어 하는 사람들은 갈수록 많아지는 것을 긍정적으로 평가했다. 한일유착이라는 '정치 과제'로부터 관심을 가지는 사람도 있고, 김지하로 시작하는 사람도 있으며, 언어, 역사 등 상호간에 영향을 미친 문화교류 측면에서의 관심으로 조선어에 입문하는 사람들도 많다는 것을 지적한다. 이것은 이전에 없었던 현상이라 고무적이라고 보았다. 그러면서도 여전히 남아 있는 많은 편견과 차별 속에서 이러한 관심이 혼재하는 것으로, 이는 문화라는 총체적 관심사에 대한 하나의 현상으로 이해하고자 한다. 이러한 움직임의 배경에 김달수의 '일본 속의 조선문화' 발굴작업이 중요한 역할을 했다고 소개한다.

이모토 요시로(井本意朗, 생몰년 미상)

이모토 요시로는『계간 삼천리』제13호(1978년, 2월)에「시베리아 여행과 조선」이라는 글을 게재했다. 이 글은 독자인 이모토 요시로가 시베

337

리아 여행 중 견학한 하바로브스크에서 만난 조선인 혁명 영웅의 모습에 대한 감흥과 조선과 재일조선인에 대한 자신의 인식을 쓰고 있다. 이모토 요시로는, 고대의 일본과 조선반도를 언급하며 한일관계는 고대부터 형성된 것으로, 일본의 제도나 문화 그리고 그뿐만이 아니라 일본 사회의 원형 그 자체가 조선에서 들어온 것이라 논한다. 그렇지만 일본은 메이지유신 이후 급속히 서구문화를 받아들이고, 그것을 기준으로 하여 하루아침에 조선을 경시하게 되었다고 말한다. 서구인에 대한 열등감을 다른 아시아인에게는 우월감으로 대체한다는 심리적 조작이 이루어진 것이라고 표현한다. 그리고 역사의 흐름은 남북조선을 분단하고, 재일조선인을 만들어내면서 일본인에게 그러한 편견은 더욱 강화되게 되었다고 말한다. 그럼에도 불구하고 이모토 요시로는 자신이 본 하바로브스크의 조선인 혁명 영웅 같은 인물들을 보면 조선인의 불굴의 투쟁을 알 수 있어, 과거와는 달라질 것이라고 논한다.

이상호(李相鎬, 1956-)

이상호는 기타큐슈 시(北九州市) 고쿠라(小倉)에서 재일 1세 아버지와 재일 2세의 어머니 사이에서 태어났다. 초등학교에서 고등학교까지 통명을 사용하며 여러 차별을 마주하면서 스스로의 루트에 대해 언급하지 않으려고 했다고 한다. 1970년 14살 때 처음으로 지문날인을 경험했고, 이상호는 성장해 가면서 재일로서의 아이덴티티를 각성하게 되었다고 밝혔다. 1977년 메이지대학에 입학한 이후부터는 본명을 사용한다. 그리고 1981년 가나가와현(神奈川県) 가와사키 시(川崎市) 사회 복지 법인인 청구사(青丘社)에 주사(主事)로 취직하고, 1982년 8월에 가와사키 시청 다지마(田島)출장소에서 지문날인을 거부하자 1985년 5월 외국인등록법

위반으로 체포되기도 했었다. 일본이 국제연합 난민조약에 가입하자 「내외인(內外人)평등원칙)」에 의해 사회보장 등의 차별이 조금씩 철폐되어 갔지만, 마지막 남은 것은 외국인 지문 날인이었다. 이상호는 '함께 살기 위해서는 이 제도는 없어져야 한다'고 주장했고, 이러한 의견에 대해 일본인의 지원도 획득하면서 지문날인 철폐를 위한 운동에 주도적 역할을 담당했다. 1986년 『계간 삼천리』제46호(1986년, 5월)에 「매일 매일의 생활 속에서」라는 제목으로 기존에 활동하던 지문날인 철폐에 관한 글을 실었다. 특히 도쿄(東京) 지역의 지문날인 거부 예정자와의 릴레이 단식 투쟁에 참가하는 활동 내용을 기술하고, 이것이 재일이 만드는 새로운 일본사회의 실천이라고 논평했다. 그것은 재일조선인뿐만 아니라 다양한 형태로 소외된 사람을 만들어내지 않는 사회를 위한 논리로 연결되는 길이라는 입장이었다. 그리고 『계간 삼천리』제39호(1984년, 8월)에 「함께 산다」라는 제목의 글에서는, 청구사의 역사를 소개한다. 청구사는 재일대한기독교 가와사키교회를 모태로 하여 보육원운영에서부터 시작했다. 그때는 법인으로서 인가된 것이 아니었고, 교회 예배당을 사용하는 보육원이었다. 그로부터 5년의 노력 끝에 법인인가를 받았고, 건물도 바꿀 수 있었다. 처음에는 조선인이 운영하는 보육원이라는 이유만으로 거리가 아무리 가까워도 아이를 보육원에 맡기지 않는 일본인 부모도 많았다. 그리고 보육원에서 '본명을 사용하고 서로 본명으로 부른다'라는 것에 대해 동포 부모로부터는 아이들을 퇴원시키는 경우도 있었다. 일본인뿐만 아니라 동포부모로부터도 소외되던 보육원은 그럼에도 불구하고 이해해주는 사람들이 지역 속에 확대되어 갔다. 보육원의 운영에서 학동(學童)보육 노바(당나귀) 모임, 단포포(민들레) 모임(소학교 고학년), 중학생부, 고교생부, 개나리 클럽(민족 클럽)처럼 청소년이 모이는 장소를 만들어 확대해 갔다. 이러한 노력의 결과 매일 150명이 넘는 아이들이 왕래하게 되었다. 그리고 많은 자원봉사자들의 협력으로 조선인과 일본인이 하나가 되어 함께 살아가는 길을 모색하고 있다. 이러한 사례는 재일동포가 일본 사회의 변혁의 담당자가 되어 가는 것을 실천한 사례가 되는 것이다. 그리고 『계간 삼천리』제42호(1985년 여름, 5월)에 「끈기 있고 유연하게」라는 제목의 글에서는, 가와사키 시에서 발표한 '지문날인 거부자'를 고소하지 않는다는 내용이 갖는 의의에 대해 적었다. 가와사키 시 시장은, '16세의 어린 소녀까지도 이 지문날인 제도 개선을 요구하고 있다. 가와사키에 재주(在住)하는 조선·한국인 여러분, 전전·전중·전후에 걸쳐 많은 고통을 겪었고, 가와사키 시민으로서 함께 생활해 왔으며, 가와사키에서 태어나고 자란 2세, 3세가 점차 늘어나고 있다. 이러한 시민 여러분이 범죄자처럼 지문을 채취당한다. (중략) 이번 조치는 인도적 입장에서 출발한 것'이라며, 지문날인제도는 철폐할 뜻을 시사했다. 가와사키 시 시장이 이러한 답변을 행한 배경을 이상호는 기술한다. 시장은 경찰에 압박을 받기도 했겠지만, 사회적으로 재일조선인문제에 관한 인식이 깊어졌다는 점을 보여주는 것이라고 보았다. 가와사키 시에서는 10년 동안에 민족 차별에 의한 행정차별 철폐에 대한 조치나 행정시책 요구운동이 있었고, 그것들의 축적이 시나 시장의 자세에 크게 반영된 것이라는 점이다. 지문날인 문제뿐만 아니라 교육 면에서도 재일조선인 교육기본방침(시안)이 가와사키 시 교육위원회로부터 제시되는 등 시민계발 면에서도 다양한 부문에서 대응이 나타나게 되었다고 설명한다. 이처럼 이상호는 일본사회의 변화를 일본인과 재일한국조선인의 협력에 의해 착실한 움직임이 나타나고 있었던 것을 그 배경과 운동의 축적에서 찾고 설명했다. 그리고 향후 발전에 대해서도 조금씩이지만 그 인식의 변화를 공유하는 것이 중요하다고 논했다.

이소가야 스에지(磯谷季次, 1907-1998)

이소가야 스에지는 흥남의 조선질소비료회사에서 노동자로 일하면서 태로(太勞)사건에 연루되어 조선에서 감옥생활을 하는 동안 감옥 안의 조선인들을 제국주의의 피해자로 인식하게 되었다. 이러한 역사 인식을 바탕으로 저자는 『계간 삼천리』제25호(1981년, 2월)에 「민족과 은수(恩讐)」라는 제목으로 글을 실었다. 이 글에서는 일본 제국주의에 대한 비판적인 시각으로 일본 사회가 간과하고 있는 과거사에 대한 책임과 반성이 필요하다고 논한다. 이소가야 스에지는 자신이 조선에 건너간 것은 1928년 군대에 징용되었기 때문이라고 적고, 함경북도의 19사단 산하의 한 부대에 배속되어 1930년까지 군대 생활을 했다고 기술한다. 그리고 군대를 제대하고, 흥남(興南)으로 직행하여 조선질소비료회사(朝鮮窒素肥料会社)의 노동자로 들어갔다고 한다. 그것이 조선에서의 사회생활의 출발이자 사회주의사상을 처음으로 접하게 된 시기라고 한다. 그러나 불과 2년 만에 공장에서 검거되고, 이후 10년 간, 즉 1942년까지 흥남경찰의 유치장, 함흥형무소, 서대문형무소, 그리고 다시 함흥형무소로 장기간 구류되었다고 한다. 이소가야 스에지는 자신이 검거된 이유는 공장에서 우연히 조선의 젊은 사회운동활동가들과 알게 되어 그들의 생활을 통해 그 사상에 공감하고 점차 그들과 공동행동을 취하게 되었기 때문이었다고 한다. 이러한 내용을 기술하면서, 이소가야 스에지는, 과거 조선 민족에 대해 저지른 죄를 일본은 전후 조선 민족의 행복과 번영을 위해서 모든 원조를 해야 했지만, 일본은 그것을 위해 전혀 노력하지 않았고, 지금도 하지 않고 있다며 비판적 의견을 제기한다. 그리고 일본이 만약 조선 민족의 행복과 번영을 생각한다면 조선 민족이 누구에게도 간섭받지 않고 자기 자신의 의사로 통일국가를 건설할 수 있도록 일본의 경제력, 정치력, 그리고 예지(叡智)를 제공해 주어야 한다고 논한다. 그래야 비로소 양 민족은 은수(恩讐)를 초월한 진정한 새로운 관계가 만들어진다고 기술한다.

이소가이 지로(磯貝治良, 1937-)

이소가이 지로는, 아이치현(愛知県) 출신이다. 아이치(愛知)대학 법경제학과를 졸업했고, 1977년부터 나고야(名古屋)에서 「재일조선인 작가를 읽는 모임」을 주재하면서 문예지 『가교(架橋)』를 발간한다. 대학 강사를 지내면서 신일본문학회, 마당극 그룹, 외국인등록법 반대운동을 전재하고 재일한국인에 대한 참정권 부여 운동에 관여했다. 2006년에는 전체 18권에 이르는 『재일〉문학 전집』을 편집했다. 『계간 삼천리』제40호(1984년, 11월)에 「식민지체험과 전후 의식」은이라는 제목으로 글을 실었다. 이 글은 일본 작가들이 기록한 식민지 지배 하의 조선에 대해 적었다. 이소가이 지로는, 다나카 히데미쓰(田中英光)가 조선체험에 대해서 쓴 몇편의 작품 중의 대표적인 것은 「취한 배(酔いどれ船)」(1970년)를 보면, 부서지기 쉬운 순수한 감수성을 내포하고 있었기 때문에 데카당스를 위장하고 있던 것을 엿볼 수 있다고 말한다. 그러면서 이 「취한 배」에 대해 소개한다. 「취한 배」는 전후 일찍이(1948년 발표) 조선이 그려진 소설로, 그것과는 별도로 귀중한 의미를 갖고 있다. 작가자신이 피식민지 조선에서 '내선일체'화의 문학운동을 추진한 체험을 그려낸 소설 작품은 전후 일본문학 속에서 진귀한 것이라고 평가한다. 다나카 히데미쓰가 두 번째 조선에 건너간 것은 1940년대 이후라고 한다면 창씨 개명이나 일본어 사용의 강요, 조선문인협회 설립 등, 문화침략의 양상이 점점 노골적으로 나타난 시기로, 막 작가로 데뷔한 다나카 히데미쓰는 시

대의 바람을 타고 국책의 앞잡이와 비슷한 역할을 담당하게 된다고 논한다. 이소가이 지로는, 다나카 히데미쓰 자신의 체험을 생생한 사실과 픽션으로 그려낸 것이「취한 배」라고 평가한다. 그리고『계간 삼천리』제41호에「전후 일본문학 속의 조선-연재를 끝내고」라는 제목의 글을 실었다. 이소가이 지로는, 자신이 보기에 역사를 다룬 작품 대부분은 식민지 지배 시대의 종주국의식, 내셔널리즘, 민족적 편견의 잔재가 보인다고 논한다. 구체적으로 단어 하나를 보더라도 '선인(鮮人)' '선어(鮮語)' '선인부락(鮮人部落)' '반도인' '3·1 폭동' 등이 자주 등장하는데 이러한 용어들이 작자의 인식과 의식 그 자체가 단어를 통해서 표현되고 있는 점은 간과할 수 없기때문이라고 논한다. 또한 반대로 일본이 조선을 '병합'한 요인을 탈아입구(脫亞入口)=아시아침략이라는 역사적 맥락과는 분리해서 조선 민족의 배일적(排日的) 동향에 있었다는 관점에서 쓴 작품이 있다는 점을 지적한다. 이것은 반대로 한층 조선을 식민지화한 그 자체를 용인하고 황민화 정책을 예찬하는 작품들인 것이라고 비판한다. 그러나 이러한 잔재를 불식하고 두 민족 사이에 가교역할을 하려는 시도도 있다. 고바야시 마사루(小林勝)와 이노우에 미쓰하루(井上光晴) 등의 문학작품, 야마시로 도모에(山代巴)『도라지 노래』, 세도우치 하루미(瀬戸内晴美)『여백의 봄』, 쓰노다 사부로(角田三郎)『황야의 무지개』등을 거론한다. 이 작품들은 일제 강점기를 배경으로 하지만, 단순한 소재로서가 아니라 일본의 침략=조선 민족의 저항이라는 역사의 실상을 확인하고 일본인과 조선인의 관계를 묻는 것이라고 평가한다. 그러면서 문학영역에서 조선과 일본 사이의 가교를 하는 일은 한정되어 있지만, 자이니치(在日)를 살아가는 사람들의 현재와 우리들의 현재와의 관계를 주제로 하는 작품을 쓰는 일에서 시작되는 것이라고 말한다. 그 계기가 되었던 것은 고바야시 마사루라며 고바야시 마사루를 구체적으로 소개한다.

이소가이 지로는, 일본인의 전후의식 속에서 불식해야 하는 것은 무엇인가, 계승해서 육성해 나가야 할 것은 무엇인가를 문학작품 속에 묘사된 조선을 통해서 검증하는 것이 중요하다고 논한다. 그 검증을 통해서 '전후'에 채워져 있던 족쇄로부터 해방되는 실마리를 찾고자 했다고 강조한다. 그러면서 문학작품에 나타난 조선관에 대해 '비평의 기준'이 편향되어 있어서는 안되고, 문학작품 그 자체를 이야기하는 논의 즉 내재비평적인 문학론으로 성립되어야 한다고 논했다.

이시자카 고이치(石坂浩一, 1958-)

이시자카 고이치는 릿쿄대학(立教大学) 교수이며, 한국사회론 연구자이다. 주된 저서 및 번역서로 『이와나미 소사전(岩波小辞典)현대 한국 · 조선』(공저, 이와나미쇼텐, 2002년), 『현대 한국을 알기 위한 60장』(공편, 2014년), 『조국이 버린 사람들—재일한국인유학생 스파이사건 기록』(감역, 2018년) 등이 있다. 『계간 삼천리』제20호(1979년, 11월)에 「운동 가운데」라는 제목의 글을 싣는다. 이시자카 고이치는 고등학교 때 급우였던 친구의 아버지를 위한 구명운동에 참가한 것을 통해 조선인과의 만남이 시작된 것을 회상한다. 같은 시기 일본인 친구가 자살을 하지만 그의 아픔과 상처를 피상적으로만 알고 있던 것을 깨달으며 일본인과 조선인에 대한 입장차이가 아닌 깊이 있는 이해를 동반한 공통항목에 대해 생각해 볼 것을 말한다. 이시자카 고이치는 현실의 운동 가운데에서 일본인과 조선인의 관계를 생각하게 되었고, 일본 근대사의 양자의 관계에 관심을 갖게 되었다고 논한다. 그러던 중 고등학교 3학년 때 재일조선인 친구의 자살을 보면서, 재일조선인에 대해 새로 알게 되었다고 한다. 그를 이해하기 위해서는 일본인과 조선인이 각각 살아가는 장을 깊이 있게 이해하는 가운데, 입장의 차이를 넘어선 공통항목을 찾아가는 것이 필요한 것이 아닌지를 논하고 있었다.

이양수(李洋秀, 생몰년 미상)

이양수는 『계간 삼천리』 제42호(1985년, 5월)에 「국적(国籍)」이라는 제목으로 글을 실었다. 이 글에서 이양수는 동일하게 일본에서 태어나 자랐어도 '외국인' 경우도 있다며, 그것은 혈통적으로는 순수하게 일본인인데 무국적자로 취급되거나 외국인으로 다루어지기도 하는 경우가 존재한다는 것을 지적한다. 그리고 일본 내에서는 입학, 취직, 결혼, 참정, 보험, 연금, 거주 등등 여러 가지 차별을 법률에서도 사회에서 받고 있다고 말한다. 뿐만 아니라 지문날인 굴욕을 맛보고, 상시 휴대 의무 위반에 대한 중벌, 강제 추방이라는 그림자가 따라 다니는 존재가 있다고 말한다. 그것이 바로 재일조선인이었다. 미국 국무성에서 간행한 『인권백서』에 '일본은 타민족에 폐쇄적으로 재일조선인에 대한 편견은 조금도 개선되고 있지 않고 있으며, 여성차별도 계속되고 있다'고 지적했다며, 일본 사회의 차별 내용에 대해 기술했다.

이양지(李良枝, 1955-1992)

이양지는 재일한국인 2세의 소설가이다. 일본식 이름은 다나카 요시에(田中淑枝)로 초등학교 때 부모님이 일본국적을 취득했기 때문에 이양지도 일본국적을 취득하게 되었다. 와세다대학(早稲田大学) 사회학부에 입학했다가 중퇴한다. 1980년 5월 처음으로 한국을 방문했고, 이후 무속(巫俗) 무용, 가야금, 판소리를 배우게 된다. 1982년에 서울대학교 국어

345

국문학과에 입학하고, 유학 중에 집필한 「나비타령」을 『군상(群像)』에 발표하면서 아쿠타가와상(回芥川賞) 후보에 오르게 되었다. 1989년에 『유희(由熙)』를 발표하고 제100회 아쿠타가와 상을 수상한다. 그러나 이후 급성폐렴에 걸려 37살의 나이에 세상을 떠났다. 『계간 삼천리』제35호(1983년, 8월)에 「내 손안의 우륵(于勒)」이라는 제목의 글을 실었다. 이 글은 서울에서 유학 중에 배운 가야금, 무속 무용 등에 대한 잔상을 기록한 것이다. 이양지는 가야금을 배우면서 선생님이 하는 대로 흉내를 내는 자신을 새로운 자아로 각성해 가는 프로세스를 논한다. 이양지는 반세기동안 판소리를 계속해 온 선생님의 낮고 두터운 목소를 직접 가까이에서 듣고, 레코드로는 느낄 수 없는 자력(磁力)과 같은 것 앞에서 정체불명의 무엇인가가 내 목청을 할퀴는 느낌을 느꼈다고 한다. 그런데 그것은 노래를 너무 불러서 그런 것이 아니라는 것을 알았다고 한다. 즉 어린이 노래자랑에서 어른들 흉내를 내고 있는 어린이들의 모습이 떠올랐고, 이양지는 선생님을 흉내 내어 똑같이 노래를 부르면 된다고 생각해도 왠지 자신이 어린이로 보이고 동시에 그렇게 보이는 것에 대해 부끄러움을 의식하게 되었다는 것을 논한다. 그러던 중 살풀이의 자력, 선생님의 멋을 느끼며 그것에 대해 자신이 얼마나 집중할 수 있을까를 시험하고 있었는데, '소리 저편에 우륵이 있다' 는 일순간의 환상을 보았고, 가야금을 켜고 있는 사이에 자신의 몸을 관통해 지나가는 무엇인가를 느꼈다고 한다. 그것이 바로 자아를 갱신하고, 진정한 가야금의 세계를 느끼는 것이었다며, 자아 탄생의 '순간'을 기술했다.

이인하(李仁夏, 1925-)

이인하는 한국 경상북도 출신으로 1941년 도일(度日), 1952년 도쿄신학대학을 졸업하고, 캐나다 유학 후. 재일대한기독교회 가와사키교회(川崎教会)의 목사를 역임하였다. 히타치제작소(日立製作所) 취직차별투쟁과 같은 민족 차별철폐운동에도 관여하였다. 저자는『계간 삼천리』제24호(1980년, 11월)에「민족 차별과 싸우면서」이라는 글을 게재한다. 이 글에서 민족 차별 문제가 일본인 문제라는 것을 언급하며, 동시에 재일동포 스스로가 일제가 쌓아놓은 식민지 사관에서 아직 탈피하지 못한 것은 아닌지 질문을 던진다. 이인하는, 전전과 전후 70여 년을 거치는 동안 재일동포의 인구동태는 격변했고, 2세·3세, 더욱이 4세도 태어나 인구 표 피라미드의 저변의 두께와 폭은 그들이 점하고 있으며, 20%를 밑도는 1세는 겨우 그 정점부를 차지하고 있다며, 현재를 진단한다. 일본의 조선지배 프로세스에서 만들어진 민족 차별은 일본인의 의식구조에서 불식되지 않은 채, 전후로 계승되어 그것이 제도화됨으로써 더욱 심화되었왔다고 논한다. 그러면서, 이인하는 전전에 행해진, 천황의 적자(赤子)로 했던 일시동인(一視同仁) 동화정책도 민족지배의 한 형태인 것을 잊어서는 안 되고, 그것이 형태를 바꾸어 오늘날에도 재일동포를 괴롭히며 인격 파괴가 그치지 않는다며 그 문제성을 지적한다. 전후 36년을 맞이하여 새로운 시기에 생각되는 것은 민족 차별이 지극히 재일동포 당사자의 문제라는 입장을 제기한다. 재일동포 문제의 근원에 있는 것은 민족적 주체가 아직 확립되지 않은 채로 있다는 것, 그리고 재일동포는 광복절을 맞이하기까지 일제가 허구 위에 쌓아놓은 식민지사관과 그것이 준 가치의식으로부터 탈피하지 못한 채로 있는 것에 대한 문제를 제기한다. 그러면서 이인하는, 자기의 민족적 주체를 발견하는 재일동포의 자각은 동시에 일본인의 주체성에 대한 질문이 되는 것과 연동되는 것이라고 논한다. '기로에 선 재일조선인'이라는 말이 유행했는데, 그것은 위기감 같은 것이었다는 것이다. 즉 어떤 길을 선택하더라도, 시류에 떠밀

리지 않고, 그것을 거스르면서, 재일동포의 민족적 주체를 확립하는 것이 선결이라는 입장이다. 그리고 그렇게 하는 것이야말로 「재일」에 의미를 찾는 것이라고 논한다.

이정순(李貞順, 1942-)

이정순은 효고현(兵庫県)에서 태어났다. 리쓰메칸대학(立命館大学)을 졸업하고 오사카대학(大阪大学) 대학원에서 석사과정을 마치고 미국 미시건주립대학(Michigan State University) 박사과정을 졸업했다. 1976년 「우리집 3대기」가 계간 삼천리제1회 입선작품으로 선정되기도 했다. 1979년에 남편과 함께 미국으로 건너가 현재 미국 워싱턴에서 살고 있다. 『계간 삼천리』제35호(1983년, 8월)에 「「재미(在米)」에서 「자이니치」를 생각한다」라는 제목으로 글을 실었다. 이 글에서 이정순 본인이 미국에 건너가 정착하는 과정을 설명하면서 재일조선인을 미국인에게 어떻게 설명해야 하는가에 대한 고민을 적었다. 자신이 겪은 일화를 소개하면서도, 외국에 나갔을 때 재일조선인에 대해 설명할 때 부딪치는 '자기소개'의 어려움을 토로한다. 즉 이정순은 자신이 재일조선인이 미국을 여행할 때 겪은 경험인데, 미국인은 일본에서 태어나고 자란 재일조선인을 일본인이라고 본다는 것이다. 그래서 '아니다. 틀리다. 조선인이다'라고 말해도 한국에서 와 있는 '진짜 조선인'에 비하면 재일조선인들은 일본인이라는 기분이 든다는 것이다. 그것을 설명하면 미국인은 '그럼 너는 조선 루트를 가진 일본인으로, 이탈리아계나 독일계 미국인과 같은 것'이라고 말한다. 그렇지만 또 이것과도 다르기 때문에 '아니 그렇지 않아. 나는 조선계 일본인이 아니라, 재일 즉 일본에 사는 조선인이다'라고 말한다고 한다. 즉 국적을 물었을 때 조선인 앞에 '재일(자이니치)'를 붙이지 않으면 자신의 아이덴티티를 설명하는 유일한 말인 '재일조선인'이, 미국인이나 그 외의 외국인들에게는 이해받지 못하는 표현이며 조건이라는 것을 안다고 한다. '재일' 하는 재일조선인의 이 조건은 세계에서 이해하기 힘들 정도 복잡하고 특이한 것임을 기술한다.

이종웅(李宗雄, 생몰년 미상)

이종웅은 학원의 교사이다. 『계간 삼천리』 제28호(1981년, 11월)에 「나의 구애」라는 제목으로 글을 실었다. 이 글에서는 이종웅 자신이 어릴 때의 추억부터 시작해 성인이 된 이후의 조선인에 대한 입장 변화를 기술하는 내용이다. 이종웅은 자신이 조선인이라는 것에 구애를 받았지만, 대학에 입학하면서부터 조선의 이름을 사용하고, 조선인 문학서클에 가입하여 동포작가의 문학에 심취하게 되었다고 한다. '조선의 물을 마시고, 조선의 땅에서 자라 머리끝에서 발끝까지 조선인'이라는 어느 한 작가의 표현처럼, 새로운 형태로 조선에 계속 구애받고 싶다고 표현한다. 이종웅은 재일조선인 3세로서, 조선에 대한 구애의 의미를 재고한다. 즉 민족적 의식이 희박했던 무렵에는 조선이라는 단어는 어두운 부(負)의 이미지로서 도피의 대상이 되었었다고 말한다. 조선을 전면에 내세울 것도 없이, 태어날 때부터 달라붙어 있는 어두운 그림자 같은 존재로만 생각되었다는 것이다. 그런데 언제부터인지 모르지만 '조국' 조선이 좋아지게 되고, 조선인으로서의 자신감을 갖고 행동하기 시작하게 되었다고 한다. 그것은 본명을 사용한 것이 그 계기였다고 기술한다.

이지택(李智澤, 생몰년 미상)

이지택은 자영업가이다. 『계간 삼천리』제26호(1981년, 5월)에 「멀어진 판소리」라는 제목의 글을 게재한다. 이 글은 판소리에 대해 필자가 경험한 내용을 소개한다. 즉 일본예능과 함께 조선예능도 함께 살펴보고자 하는 집필자의 의도가 잘 나타난다. 이지택은 패전 전 관서지방의 한 지방 도시에서 아버지는 식당을 운영했다고 한다. 30명 가까이 근무했다고 한다. 그때 1년에 한두 번 그들에게 광장을 개방하여 무당 굿을 보게 해 주었다고 한다. 그것을 이지택도 보았고, 그 기억이 선명하다는 것이다. 그 목소리의 억양에 무어라 형언할 수 없는 감동이 있었다고 한다. 강렬한 자력을 느낀 그러한 기억이 있다. 그리고 시간이 흘러 이지택은 써클 활동을 통해 일본의 음악운동에 접했을 때, 그것들을 접하면서 유쾌한 감동과 공감을 가졌지만, 그것과 비례하여 어떤 배고픔을 느끼게 되었다고 말한다. 당연한 것으로 조선인인 자신의 머릿속은 조선의 고전예능, 민속예능에 대한 사모(思慕)가 존재했던 것은 아닌가 하고 기술한다.

이진희(李進熙, 1929-2012)

이진희는 재일한국인 역사가이다. 한국 경상남도 출생이며 1984년에 한국적을 취득했다. 와코(和光)대학 명예교수이다. 메이지(明治)대학에서 문학 박사를 수여받았다. 전공은 고고학, 고대사, 한일 관계사이다. 전후 10년간의 재일한국조선인의 역사를 증언하기도 했다. 『계간 삼천리』편집위원으로 활동하면서 많은 글을 게재했는데, 그 중에서 대표적인 것을 보면, 『계간 삼천리』제48호(1986년, 11월)에서 전개한 「해방 후

10년의 재일조선인 운동」이라는 제목의 좌담회에서의 발언이다. 이진희는 전후 10년간, 즉 일본 패전의 1945년 8월 15일부터 1955년까지의 재일조선인 운동에 대해 생각해 보면서 문제 제기를 한다. 즉 패전과 함께 일본은 미군 점령 하에 들어가고 민주화가 민주화에서는 식민지지배와 전쟁체제의 청산을 사상적 측면에서 엄중하게 실행해야 했음에도 불구하고 그렇지 못한 점을 문제삼는다. 그것의 일례로서 교과서 문제나 후지오 마사유키(藤尾正行) 발언이다. 또한 당사자인 재일조선인에게도 이 10년 동안에 남북의 분단 고착화와 조선전쟁이라는 상황과 만났고, 또한 일본에서 살기위해 고통스러운 투쟁의 시기였다는 점이다. 그리하여 재일2, 3세들의 정착화 문제나 지문날인 문제 등 권리 문제가 일본사회의 커다란 관심사가 되었는데, 이들 문제를 이해하기 위해서라도 전후 10년간을 되돌아보는 것이 중요하다는 점을 지적하고 그에 대해 기술한다. 그리고 『계간 삼천리』49호(1987년, 2월)에는 「서울에 잠든 두 명의 일본인」이라는 제목으로 글을 실었다. 이진희는 일본이 '일본민족 우월론'을 주장하는 발언 등으로 무리를 빚고 국제적 비판을 받은 것을 보면서 반대로 한국 내에 묻혀진 일본인 아사카와 다쿠미(浅川巧)에 대해 기술한다. 다케나카 시게오(竹中繁雄)의 저작인 『조선의 흙이 된 일본인』에 소개된 글이다. 다쿠미의 커다란 업적은 조선 미(美)의 재발견이었다. 그는 일 때문에 조선 각지를 돌아다녔는데 그러면서 민중들의 생활을 직접 접하게 되었고, 일상에서 사용하는 용구에 건강한 아름다움이 있다는 미를 발견하게 된다. 그 '민예의 미'를 처음으로 세상에 소개한 것은 야나기 무네요시였는데 그것을 발견하고 야나기의 눈을 개안시킨 것은 아사카와 다쿠미였다고 소개한다.

이철(李哲, 1948-)

이철은 구마모토현(熊本県)에서 출생한 재일 2세다. 자신의 정체성을
찾고자 한국으로 건너와 고려대학 대학원에서 유학 중이던 1975년 12월
11일 하숙집에 들이닥친 한국중앙정보부원에게 체포돼 남산에 소재한
KCIA 본부로 연행됐다. 남산 지하취조실에서 40일간 고문과 협박으로
북한 간첩이라는 자백을 강요받았다. 강요된 자백으로 간첩사건이 날조
되고 서대문형무소로 이송된 후 재판 1심에서 사형판결을 받았다. 한국
의 민주화 이후, 1988년 가석방되어 안동교도소를 출소했고 2015년에
한국 최고재판소로부터 무죄 판결을 받았다. 이후 매년 8월 15일 서울시
서대문구 주최로 열리는 독립민주제전에 참석하고 있다. 『계간 삼천리』
10호(1977년, 5월)에, 「좌담회『조선신보』의 비판에 답한다」는 제목의
글을 게재했다. 이 글에서는 조선총련 중앙상임위원회의 기관지『조선신
보』가 『계산삼천리』를 비판한 기사(3편)에 대한 독자들의 답변 요구에
응하여, 본지의 편집위원 강재언, 김달수, 김석범, 이진희, 이철이 개최한
좌담회를 기술하고 있다.

이카리 아키라(猪狩章, 생몰년 미상)

이카리 아키라는 아사히신문 기자로 외보부(外報部)에서 근무하였고
서울특파원을 지냈다. 서울에서 근무한 1969년부터 1973년까지 남북적
십자 회담, 10월 유신 쿠테타 등을 취재하였다. 『계간 삼천리』제22호
(1980년, 5월)에 「4·19와 오늘의 한국」이라는 제목의 좌담회를 게재했
다. 그 내용은 『계간 삼천리』편집부는 이승만 정권을 붕괴시킨 4·19
학생운동 20주년, 그리고 작년 박정희가 시해된 현정국에서 4·19의 의

미를 알아보는 것에 목적을 두고, 좌담회를 기획했다. 여기에 참가한 이
카리 아키라는 한국에 특파원으로 파견된 경험을 논했다. 그리고 직접
학생들의 시위를 보았고, 그 시위가 4·19 학생운동에 기원하고 있음을
학생들로부터 들었음을 이야기했다. 또한 박정권은 4·19 학생운동 이후
출범했지만, 학생들을 무서워해서 대학의 정원을 줄이고 사립대학 등록
금을 올려 부유한 집안의 자제만이 대학생이 되도록 해 학생운동의 기세
를 꺾고자 했다는 것 등을 구체적으로 설명했다.

이케다 고이치(池田幸一, 생몰년 미상)

『계간 삼천리』에는 편집부가 「나에게 있어 조선·일본」이라는 제목으
로, '조선과 일본에 대한 상호이해', '독자와의 연대를 강화하기 위해 기
획'한 코너가 있었다. 이 기획에 어울리게 『계간 삼천리』제15호(1978년,
8월)에는 이케다 고이치의 「구례의 무녀」라는 글을 실었다. 이 글에서
이케다 고이치는 가와나미 다케다(川南竹田)라고 불리던 조선인 친구와
'무녀'의 북소리를 함께 들었던 추억에 대해 적었다. 이케다 고이치는
물론 회상이기는 하지만, 자신의 마음속에 처음으로 조선인이 들어온 것
은 소학교 4학년 봄이었다고 말하며, 그 조선인에 대해 기술한다. 신학기
에 전입한 학생인데, 선생님이 '오늘부터 같이 공부하는 가와나미 다케
다 군'이라고 소개했고, 그 이름이 독특하다는 인상을 받았다고 한다.
이케다 고이치는, 지금도 가와니시다케다(川西竹田) 역을 지날 때마다
그 기묘한 이름이 떠오른다는 것이다. 그 가와나미 다케다는 학교에서
차별을 받았는데, 그것을 생각하면, 이케다 고이치는 구례에서 경험한
무당의 굿을 기억한다고 한다. 그러면서 가와나미 다케다의 고향은 어디
일까를 상상하고, 무녀의 북소리의 음율이 어딘지 모르게 이케다 고이치

를 생각하게 했다고 한다. 진혼의 노래로서 설명하는 글이다.

이토 나리히코(伊藤成彦, 1931-2017)

이토 나리히코는 이시카와현(石川県) 가나자와시(金沢市) 출생이며, 도쿄대학(東京大学) 독일문학과를 졸업했다. 대학원에서 국제관계론, 사회운동, 사회사상사를 전공했다. 1970년에는 잡지 『문학적 입장』에서, 「내향(内向)의 세대」 비판론을 전개했다. 1973년에 주오대학(中央大学) 상학부(商学部) 교수로 부임한다. 1980년 9월에 로자 룩셈부르크 연구국제협회(1985년 로자 룩셈부르크 국제협회로 개칭)를 설립했었고, 1989년에는 「조선정책 개선을 요구하는 모임」의 멤버가 된다. 정치학자이자 문예평론가로 활동했다. 이토 나리히코는 『계간 삼천리』제17호(1979년, 2월)에 「대역사건과 「한일병합」－하나의 가설」이라는 제목으로 글을 게재한다. 이 글은 대역사건과 한일합방에 대한 역사적 관련성에 대한 '가설'을 기술하고 있다. 이토 나리히코는 대역사건의 프레임업(frame up)은 1910년에 이루어진 한일합방과 연결된다고 논한다. 그래서 이 둘 사건 사이에 대해 가설을 세우고, 그 내적 관계를 생각해 보았다는 것이다. 그 가설이란, 당시 지배권력의 중추인 야마나시, 가쓰라가 대역사건을 프레임업 한 주요한 동기 중 하나가, 한일병합을 순조롭게 진행하기 위해 국내 반대세력을 봉쇄하고, 한일 민중들의 연대를 저지하기 위한 목적이 있었던 것이라고 보았다. 그 하나의 예로서, 고토쿠 슈스이를 소개한다. 고토쿠 슈스이는 조선 문제에 대해 특히 한일병합에 대한 가장 날카로운 비판자였고, 한일합방을 진행하는 일본지배권력 측에서는 가장 귀찮은 인물이 아니었을까 생각된다. 대역사건은 단순히 일본의 사회주의 운동에 괴멸적인 타격을 준 '겨울 시대'를 가져온 것뿐만 아니라 그 이후 일본민중의 운명에 커다란 영향을 주게 된다고 논한다. 그리고 한편으로 조선민족에게 오늘날까지 영향을 미치는 한일합방이 강행되고, 한일 간의 민중이 분단되게 되었다는 것이다. 그것은 대역사건의 프레임 업과 한일합방의 동시진행, 표리일체로 상징되는 한일관계의 기본구조는 오늘날에도 조금도 변하지 않고 있다며 현실과도 연결시킨다. 그렇기 때문에 한일민중이 각각의 입장에서 대역사건과 한일합방의 내적 관련을 해명하고, 그 기본구조를 근본적으로 끊는 것이 양 민족 간의 진정한 가교에의 길을 묻는 것이라고 논한다.

이토 이즈미(伊藤いずみ, 생몰년 미상)

이토 이즈미는 『계간 삼천리』제37호(1984년, 2월)에 「조선과의 만남」이라는 제목의 글을 실었다. 이 글에서 이토 이즈미는 조선인 피폭자에 관한 기록영화와 관동대지진을 소재로 한 「숨겨진 손톱자국」 제작과정에 참여하면서 조선인과 일본의 공동작업을 통해 서로 다른 인식의 차이와 갈등을 겪었던 경험에 대하여 기술한다. 이토 이즈미는 자신이 조선을 마주 보도록 한 것은 조선인 피폭자의 기록영화 「세계의 사람들에게」이었다고 한다. 자신이 담당한 것은 증언자의 녹취였는데, 그 증언내용은 『이제 전쟁은 필요 없어』라는 제목으로 출판된 책에 구체적으로 나와 있는데, 식민지지배로 인한 차별과 혹사, 거기에 원폭 피해를 입은 이 사람들을 일본정부는 보호하기는커녕 최하 일본인 피폭자자들과 같은 동일한 처우도 하지 않는 내용들이었다. 일본사회도 '반전평화' 합창을 하면서도 이 피폭자들의 존재를 계속 무시하고 있다며 그 내용을 알아야 한다고 논한다. 그러면서 일본 파시즘과 미국의 원폭으로 이중의 고통을 한 번에 맞은 조선인 피폭자의 존재가 근대 일본의 뒤틀림에 질문을 던진다며, 이에 대한 문제제기를 한 글이다.

장정수(張錠壽, 1909-)

장정수는 1909년 경상남도 함안군에서 태어났으며 재일한국인 1세대 사회운동가이다. 1926년 17살 때 일본 오사카로 건너갔다. 조선인이 경영하는 메리야스공장 등에서 일했다. 1929년에는 사할린에 있는 제지공장에서 일하였는데 병 때문에 오사카로 돌아왔다. 이 시기부터 노동 운동에 참여하여 일본노동조합 전국협의회의 활동을 하게 되었다. 1935년에는 조선어 신문『민중시보(民衆時報)』(1935년 6월 창간)를 배부하였다. 주요 저서에는『재일 60년 · 자립과 저항: 재일조선인 운동사의 증언』이 있다.『계간 삼천리』48호(1986년, 11월)에서 「'재일본조선인연맹' 시절」라는 제목으로 글을 실었다. 이 글에서 장정수는 자신이 일본에서 노동 운동을 하게 된 이유에 대해 설명한다. 즉 조선인 노동자에 대한 차별이 심했고 임금은 일본인 노동자의 6할 정도이며 노동 조건도 안좋은 것을 알게 되었다. 그러나 자신은 일본의 노동조합의 손발이 되어 활동했는데, 그렇게 하는 것이 조선 해방이 되어 일본의 식민지지배를 물리치게 된다고 생각했다며 당시 운동에 참가한 의미를 기술했다.

재국휘(載国輝, 1931-2001)

재국휘는 1955년 일본에 건너가 도쿄대학(東京大学) 대학원에서 수학했다. 이후 아시아경제연구소 주임연구원을 거쳐 릿쿄대학 교수가 된다. 중일관계사, 대만사, 화교문제를 연구했다. 대만으로 돌아가서 활동하다가 2001년에 세상을 떠났다. 저서로는 「대만과 대만인」, 「화교(華僑)」,

「일본인과 아시아」 등이 있다. 『계간 삼천리』제40호(1984년, 11월)에
「재일·재미 조선인·중국인」이라는 제목의 글을 실었다. 이 글에서는,
재일의 문제를 더 큰 글로벌 시각으로 기술한다. 재국휘는, 어떤 의미에
서는 재일조선인도 또한 재일화교를 포함하는 전세계 화교도 세계사에
있어서의 '근대'가 만든 존재로서, 그것을 어떻게 연관시켜 사회과학연
구 대상으로써 어프로치하고, 그들이 놓인 시대적 상황에 비추어 세계사
적 시야에서 어떻게 발언할까라는 것이 자신의 화교문제 연구에 대한
하나의 입장이라고 서술한다. 즉 세계적인 화교문제 달리 말하자면 세계
사로서의 '근대'라는 입장에서, 말하자면 조선 해외교포, 그리고 인도교
포, 역사를 더 거슬러 올라가면 유대인, 이들은 모두 공통된 보편적인
문제가 있다고 보는 것이 자신의 발상이라고 피력한다. 그래서 이들 문
제를 기본적으로 세계사의 스케일에서 어떻게 받아들이고 해결할 수 있
는 출구가 어디에 있는가를 생각하고 있다고 한다. 재국휘는, 민족문제
는 궁극적으로는 계급문제로 보는 고전적인 테제도 상기되지만, 현실은
그것보다 더 혼돈적이며 그것으로만은 풀어낼 수 없다는 논리가 존재한
다고 말한다. 그러면서 계급문제와 민족문제가 교차하면서 움직이고 있
다는 점, 그것을 단계론으로서 일단은 위치 짓지만, 그것을 재고하는 방
법을 논의해 갈 필요성을 논한다.

정강희(鄭康姬, 생몰년 미상)

정강희는 『계간 삼천리』13호(1978년, 2월)에, 「32년째에 생각하는 것」
이라는 제목의 글을 싣는다. 이 글에서 정강희는 어린 시절 겪었던 홍수
피해 사건을 기술한다. 홍수가 나서 피난을 하던 중에 아버지가 들려준
관동대지진의 체험 이야기를 중첩시키면서, 무의식의 저변에 흐르는 재

일조선인의 두려움이 무엇인가를 그려냈다. 아버지는 관동대지진을 경험했는데, 그 이야기를 정강희는 추체험 형식으로 기술한다. 당시 아버지는 도쿄의 시로야마(城山)라는 곳에서 신문배달을 하면서 야학을 다니는 16살 학생이었다는 것이다. 아버지는 '그 지진 때는 정말 무서웠어. 조선인처럼 보인다는 의심만으로도 살해했으니까. 오키나와나 규슈사람들도 꽤 죽었지. 조선인은 거의 살해당했어. 모두 모여서 살지, 옷차림도 다르니까. 우리는 유카타를 입었었거든. 유카타 덕분에 겨우 살아난 거야'라며, 당시 상황을 재현해 준 것을 기억했다. 그런데 그것은 홍수 피해를 겪고, 먹을 것이 없고, 독립적으로 먹을 것을 구하러 다니는 아버지의 엄중한 얼굴을 보고, 그 의미를 알게 되었다고 논한다. 즉 정강희는 '우리는 그때부터 뭔가 일이 있으면 일본인은 신용하지 않게 된 거 같아. 이 전쟁에서도 그랬고, 공존공영이라고 말하지만 말뿐이야. 어제도 봤지. 거기에서 오래 있으면 광동대지진 때처럼 똑같은 일이 일어나는 거야'라는 것이다. 홍수로 인해 고향을 떠나게 되었을 때 다른 마을의 조선인을 만났을 때 아버지는 표정이 바뀌었다는 것이다. 그 이후 32년이 지났지만, 그 '사건'을 잊을 수 없다며, 정강희는 이것을 '차별의식의 무서움'을 아버지 세대의 경험과 자신의 경험을 연결하여 기술했다.

정경모(鄭敬謨, 1924-)

정경모는 1950년 미국 에모리대학교 문리과대학을 졸업하고 6·25 발발 직후부터 56년까지 유엔군 군사정전위원회 소속으로 활동하였다. 이후 한국정부 기술고문 등을 거친 후 1970년 일본으로 건너가 활발한 문필활동을 통해 민주화 통일운동에 참여하였고 『민족시보』 주필을 지냈다. 『계간 삼천리』제22호(1980년, 5월)에 「4·19와 오늘의 한국」이라는 제목의 좌담회에 참석해 발언한 내용이다. 정경모는 4·19에서와는 달리 최근의 민주화운동에서는 미국의 정치적 의도에 대해 비판적으로 사고하고 일본의 경제적 침략을 명백히 인식하고 있다는 내용을 논한다.

정귀문(鄭貴文, 1916-)

정귀문은 경상북도에서 출생하여 오사카(大阪)에서 활동한 재일조선인 작가다. 부친 정진국(鄭鎭國)은 김구의 지휘로 상하이에서 활동했던 독립운동가였다. 1988년, 동생 정조문(鄭詔文)과 함께 교토(京都)에 조선미술 전문미술관으로 '고려미술관(高麗美術館)'을 설립했다. 한국전쟁 이전과 전쟁 중에 한국에서 일본으로 넘어온 '우리 문화재' 미술품 1,700점을 되찾아 개관한 것이다. 정조문과 함께 조선문화사를 창설했고, 고대 한일관계사를 바로 잡겠다는 취지로 계간지 일본 속의 조선문화 (총50호, 1969-1981년)를 발행했다. 창간호(1969.3)에는 시바 료타로(司馬遼太郎), 우에다 마사아키(上田正昭), 재일작가 김달수도 함께했고, 이후에도 저명한 학자 및 향토사 연구자들의 연구논문을 게재했다. 1960년대부터 『현실과 문학』, 『히가시오사카문학(東大阪文学),』 『행인사가(行人思家)』 등에 작품을 발표했다. 또 저자는 재일작가들과 함께 동인지 조양(朝陽)을 창간했으며 시바 료타로와는 함께 동네를 산책하던 사이었다. 주요 저서로는 『재일조선인의 한국방문기인 나의 나그네』(1983년)를 비롯해, 『일본 속의 조선 민예미(民芸美)』(1987년), 귀국사업을 배경으로 한 단편 소설집 『고국 조국(故国祖国)』(1983년)과 『투명한 거리』(1984년) 등이 있다. 정귀문은 『계간 삼천리』13호(1978년, 2월)에 「조부(祖父)의 사진첩」이라는 제목으로 글을 실었다. 이 글은 작가인 정귀문이 대한제국 시절 정부의 관헌으로 일본에 유학생으로 파견된 조부가 남긴 사진첩과 가족의 이야기를 소개하는 글이다. 아버지는 국가가 망하는 경험을 했는데, 그럼에도 일본으로 유학을 했다. 정귀문은 그 조부의 사진첩을 보게 되었고, 그 감상을 피력한다. 정귀문의 아버지가 일본에 건너올 때 아버지를 따라 사진첩이 일본으로 건너왔고, 다시 1945년 아버지가 해방된 조국으로 돌아갈 때 조부의 사진첩을 가지고 들어갔다고 한다. 그후 아버지가 돌아가시고, 조선 전쟁 후 그 사진첩이 정귀문 자신에게 도착했다는 내용이다. 그러니까 조부의 사진첩은 일본과 조선을 두 번 왕복한 셈인데, 그런 의미에서도 사진첩을 보면 아련한 느낌이 든다는 것이다. 조국의 멸망을 본 조부의 모습이 눈에 들어오고, 그것을 상상하면서 국가의 모습을 그려본다고 기술했다. 『계간 삼천리』제18호(1979년, 5월)에 「고국으로 돌아간 사람」이라는 제목으로 글을 게재했다. 이 글에서는 1920년대에 도일한 숙부 정진범이 친동생 일가를 일본으로 도항시키고 조선인 실업자를 동원해 '적기사건(赤旗事件)'을 주도하며, 일본인 부인과 결혼하고 한국으로 영구 귀국하기까지 50여년 동안 '재일'로서 살아온 삶을 소개한다. 그 내용을 소개하자면, 숙부가 '비일본화'를 강조하게 되어, 일본인 숙모는 스스로 조선어를 익혔다고 한다. 1930년 5월, 교토에서 미즈타니 조자부로(水谷長三郎)가 이끄는 전국대중당(全国大衆党)이 결성되었고, 같은 해 11월 27일 교토시청(京都市役所)에서 '적기(赤旗)사건'이 일어났는데, 당시 숙부는 조선인 실업자를 실업대책사업(失対事業)에 등록시켜 파견하는 일을 담당했었다고 한다. 실대자(失対者=실업대책대상자)의 중심에는 수평사(水平社)계통 사람과 조선인이 있었는데, 11월 27일 이른 아침 숙부는 조선인 300명을 동원해 다나카(田中)부락의 참가자와 합류해 시청으로 쳐들어갔다는 것이다. 청사는 가득 찼고, 참가자 일부는 발코니로 올라가 세 개의 적기(赤旗)를 펼쳐들며 저항했다는 것이다. 이러한 '적기사건'(시청 점거사건)은 교토지방

노동운동사(京都地方労働運動史)로 간행되었고, 이는 생존자의 구술자료도 게재되어 있다고 말한다. 그렇지만, '조선인의 구술자료'는 보이지 않는 저서라고 비판한다. 즉 정귀문은 바로 실체적 경험자의 자료를 소개한 것이다.

정기만(鄭琪滿, 1959-)

정기만은 후쿠오카시(福岡市)에서 태어났다. 1989년 이마리시(伊万里市)의 훈련학교에서 요업(窯業)을 배운다. 조선 가라쓰(唐津)에 매료된다. 이후 후쿠오카현(福岡県) 고가시(古賀市)에서 활동한다. 『계간 삼천리』제35호(1983년, 8월)에 「함께 산다」라는 제목으로 글을 실었다. 이 글에서 정기만은 자신이 한국을 방문한 이후 감상을 기록한 것이다. 정기만은 자신이 '귀화' 한 후 자신에 대해 새롭게 '알지 못한다'는 느낌이 있었고, '알지 못했던 것'에서 오는 마이너스 조선 인식 속에서 '안으로부터의 민족성'을 인정해 온 것은 아니었는가라고 생각하게 되었다고 한다. 귀화를 해 보니 어제까지의 자신이나 '아버지, 어머니' 그리고 할머니의 관계가 서류상으로 변했는데, 그렇다고 해도 각각 다른 인간이 되었는가라는 의문이 들었다는 것이다. 일본 국가권력에 의해 재일조선인은 교묘하게 자민족 포기를 강요당한다는 느낌이 들었다고 한다. 동포로부터 '귀화는 심정적으로는 이해하지만, 행위로서는 인정하기 어렵다'는 이야기를 자주 들었는데, '귀화'를 해 보니, 그러한 생각을 더욱 강하게 갖게 되었다고 한다. 국가에 의해 관리, 강요 당한 국적에 의해 조선인으로서의 자기 자신의 존재 그것이 사라질 수 없는 것임을 다시 느꼈다는 것이다. 그래서 귀화에 반발하는 과정에서 정기만은 자기 자신의 안으로부터의 민족성을 도출해 온 즉 그때까지의 자신이 부정해 온 것을 부정하고, 탈환하지 않으면 안된다고 생각하게 되었다는 것이다. 그래서 한국에 가보았다고 한다. 이 땅에서 만난 친구들로부터 '왜 너는 우리말을 못하는가'라고 몇 번이나 질문을 받았다는 것이다. 그리하여 정기만은 '재일(자이니치)'로부터 출발하겠다고 생각하면서 일본으로 돌아왔다고 논한다. 정기만의 귀화와 한국방문의 의미를 재일과 연결시켜 전개한 글이다.

정승박(鄭承博, 1923-2001)

정승박은 재일조선인 1세대 작가이다. 경상북도 안동에서 태어났으며 인부 모집에 응모하여 토목공사 일을 하는 작은아버지가 있는 일본으로 혼자 왔다. 이후 부락(部落)해방운동가이며 전국 수평사운동(水平社運動)의 지도자인 구리스 시치로(栗須七郎)를 만나 공부를 하게 된다. 농민문학회 회원으로 『농민문학』에 '벌거숭이 포로'를 발표하여 농민문학상을 받았다. 주요 작품으로는 『정승박저작집』(1권~5권, 1993년~1997년), 『벌거숭이 포로』(1973년), 『수평인』(1996년) 등이 있다. 그의 성장 과정과 일본의 생활과 체험들은 「도미다가와(富田川)」, 「솔잎 팔이」, 「벌거숭이 포로」 등의 자서전적 작품들에 나타나 있기도 하다. 이러한 내용을 정리하면서 정승박을 연구한 추석민의 「정승박문학 연구-「지점(地點)」과 「전등이 켜져 있다」를 중심으로」가 대표적이다. 추석민은 정승박이 김달수나 허남린처럼 일본제국주의에 대한 저항운동을 그려내거나 김석범처럼 전후 반미투쟁을 그리거나 하지는 않았고, 재일의 차별이나 곤란을 규탄하는 것도 작품의 대상으로 하지 않은 점을 논하고, 그것이 김태생과 비교하여 논한다. 정승박은 『계간 삼천리』제46호(1986년 5월)에, 「공출, 부역, 유랑」제목으로 「가교」란에 글을 실었다. 여기에는 전시기

식민지 조선에서 어떠한 수탈과 근로 동원이 있었는지 그것을 사실적인 체험을 바탕으로 집필했다. 일본인 관리가 마을 사람들에게 서류를 나누어 주었는데, 그것은 강제적으로 할당한 고액의 납세서와 공출명령서였다는 것이다. 사람들이 이를 실행하지 않으면 집에 불을 지른 일화도 소개한다. 그리고 정승박 자신의 집도 이불에 무명을 숨긴 것이 발각되어, 아버지가 겪은 고초를 적었다. 동시에 부역이라는 이름의 동원과 이 정책에 의해 부랑자들이 생겨나는 일상을 담담하게 그려낸다. 그리고 『계간 삼천리』제31호(1982년, 8월)에 「공습, 그리고 관헌의 눈」이라는 제목의 글을 게재했다. 이 글은 오사카 대공습 이후 관헌의 눈을 피해 피신하는 조선인의 이야기를 적고 있다. 그 내용은 실제 체험을 바탕으로 하고 있다. 공습경보가 울리고 오사카 시내 대부분이 불탄 들판이 되어 버렸어도 연일 공습만은 지속되는 상황을 리얼하게 표현한다. 조선인이라는 것을 관헌에 발각되지 않기 위해 밤에는 폐허가 된 건물에서 잠을 자고, 낮에는 먹을 것을 찾아다녔다고 한다. 자신이 근무하던 군수 공장도 불타버렸기 때문에 조선인 부랑자로 취급될 우려가 있기 때문이었다. 그러다가 종전(終戰)을 알게 되었다는 내용인데, 이처럼 종전을 맞이한 8월 15일의 기억을 적고 있었다.

정윤희(鄭潤熙, 생몰년 미상)

정윤희는 일반 회사원이다. 『계간 삼천리』제26호(1981년, 5월)에 「두 청년과의 만남」이라는 제목으로 글을 실었다. 이 글은 조선인으로서 자아를 깨달아가는 필자의 경험을 기술한다. 정윤희는 자신이 중학교에 들어가 분별력을 갖기 시작했다며, 이때 조선어가 이웃집에 들리는 것이 부끄러웠다고 한다. 자신은 중학교 시절 동안에 자신이 조선인이기 때문에 차별받았다고 하는 의식이나 기억이 없다고 한다. 있다고 한다면 오히려 아버지의 조선어를 통해 자신이 일본인이 아니라 조선인이라는 민족의 이질성을 자기 자신을 차별해 온 것 그것이라고 말한다. 이것은 조선어가 나를 조선인이라고 의식하게 해 준 반면, 조선인으로부터 몸을 감추려는 측면을 포함하는 것이었다고 말한다. 그러나 어떤 경우이든 자신에게 조선인으로서의 자기 각성이었다고 논한다. 그러나 직접 차별을 겪은 것은 취직차별이라고 한다. 원래대로 한다면 이 시점에서 민족의식을 가진 조선인으로 각성한다 해도 이상하지 않은 것이었다. 실제는 조선과 일본이라는 역사적 민족적 입장에 섰을 때 나의 조선인으로서의 피는 동요되었다고 한다. 그러나 자신의 윤리라는 것이 생겼는데, 그것은 '결코 넘어서는 안 되는 선'을 알게 되었다는 것으로, 그 하나가 자신이 조선인이라는 것을 강조하지 않으면서 결코 자신이 '일본인'이라고도 표명하지 않는 다는 점이었다. 자기 자신은 결코 일본인의 입장에 '하나가 되지 않는 것'으로, 두 가지를 동시에 유지하는 것이라고 논한다.

정인(鄭仁, 생몰년 미상)

시인인 정인은 『계간 삼천리』제9호(1977년, 2월)에서, 1953년 2월에 창간해 1958년 10월에 20호를 마지막으로 예고도 없이 종간했던 『진달래』에 대한 정치성과 주체에 대해 논한다. 『진달래』는 오사카조선시인집단 기관지로서 시(詩) 동인지였는데 점점 그 색채가 바뀌어, 재일조선인 운동의 주변에서 고립되어 있던 젊은 문학자들을 전선에 규합하여 정치적 프로파간다의 장으로 만들어 가려고 하는 의도가 강하게 작용하는 것을 느꼈다고 한다. 그런데 정인은 그 정치적 요청이, 문학을 자각하는 과정 속에서 주체적인 발언을 시도하게 된 『진달래』에 대해 압력을 주는 결과를 초래하게 된 것도 동시에 느꼈다고 한다. 정인은 『진달래』에 점점 빠져들었는데, 그 이유는 타자로서의 조선인과 전인 자신의 내부에 존재하는 잠재적인 조선인의 만남의 긴장감이 만들어내는 것이었다고 설명한다. 『진달래』에는 국어(조선어)로 작품을 써야 한다고 했고, 재일조선인 사이에 민족적인 주체성을 상실한다는 것을 비판하는 논조가 많아지게 되었다. 정인의 입장에서는, 특징 사람들을 빼고 조선어 구사력을 제대로 담보하지 못했는데, 그것이 자신에게는 강박관념으로 다가오는 결과가 되었고, 동시에 내재적으로 생겨나는 정신적 카오스의 자유로움을 방해하는 역할로 작동하고 있음을 느꼈다고 한다. 이러한 비판이 귀착한 곳은 반조국, 반민족이라는 말로 활자화되는 세계였다. 조국이나 민족이라는 말이 압도적인 정의였던 당시를 생각하면, 현재도 아직 그렇기는 하지만, 이들 말이 가져오는 영향력에는 측정불가능 한 것을 느낄 수밖에 없었다고 한다. 조국이나 민족이라는 말의 내실을 알지 못하는 콤플렉스를 품고 있었던 재일조선인들에게 그러한 '인식'은 폭력으로 느껴졌다. 말하자면 이들 비판은 『진달래』 집단에 대해서가 아니라 『진달래』 제18호에 「의식의 정형화와 시」라는 서브타이틀을 붙인 에세이 「맹인과 뱀의 문답」과 시 「오사카 총련」을 발표하면서, 내부비판이 일어나고, 『일본풍토기』도 간행하여 현재적(顯在的)인 존재이기도 했던 김시종 개인에 대해 저항이었는지도 모른다는 것이다. 결과적으로 이것이 계기가 되어 『진달래』 회원들을 분산시키는 결과를 초래하게 된다. 그런 의미에서 『진달래』는 무력적인 것으로 보아야 하는가라는 물음을 던지면서도, 그것보다도 오히려 잠재적인 것으로서 생명력과 그 영향력을 평가하지 못하는 것이 더 '진실'을 알지 못하는 것이라고 논한다.

정조묘(鄭早苗, 1944-2010)

정조묘는, 재일한국인 2세 역사학자로서 전공은 고대조선사, 조일관계(朝日関係史)이다. 오사카시(大阪市) 출생으로 1969년 고베대학(神戸大学) 문학부를 졸업했고, 1973년 오사카시립대학(大阪市立大学) 대학원 문학연구과 석사과정을 수료한다. 이후 오타니대학(大谷大学) 교수를 역임하고, 오사카부(大阪府) 재일외국인 유식자회의 위원, 아시아태평양 인권정보 센터 평의원사단법인 오사카국제이해 교육연구센터 이사장 등을 역임했다. 『계간 삼천리』제26호(1981년, 5월)에 「은사」라는 제목의 글을 게재한다. 정조묘는, 은사인 이노우에 히데오와의 관계를 중심으로 자신의 연구자가 된 역사를 기술한다. 구체적으로는, 조선역사연구회 간사이부(関西部) 모임 사무국이 오사카 공업대학 일반 교육과 사학연구실, 즉 이노우에 선생님의 연구실에 있었던 것이 정조묘는, 선생님께 다니게 된 계기였다고 논한다. 고대사부(古代史部) 모임에 다니기 시작했고 김석형(金錫亨)의 「삼한 삼국의 일본열도 내 분국(分國)에 대해」라는 논문을 읽었다고 한다. 그러나 이노우에 선생님의 입버릇이었던 '원전을 읽고 본인 스스로 생각해라. 다른 사람이 쓴 것은 그 이후에 읽으면 된다'는 것을 실천하고자 강독회에 참가하게 되었다고 한다며 당시의 역사계의 상황과 연구자로서의 길을 지도해준 것에 대한 내용을 기술한다. 그리거 『계간 삼천리』제35호에 「「세대(世代)」를 생각한다」라는 제목으로 글을 실었다. 그 내용은 통칭명을 사용하는 것에 대한 의식의 차이와 세대 차이에 대해 적은 글이다. 정조묘는, 부정하고 싶다는 생각이 들면서도 그래도 조선과 마주해 온 2세가 의식(衣食)이 충족된 지금에, 민족에 무관심 혹은 부정하는 경향이 강해지고 있다고 논한다. 그러나 2세가 부모의 입장에서 3-4세 자신의 아이들에 대해 아이가 선택할 여지를 충분히 주는 접촉방식을 준비해야 할 것이라고 논하고, 그것은 국적의 틀을 넘는 것이 필요하는 점을 논한다. 정조묘는 일본인 이상으로 커다란 과제를 가득 업고 있으면 일본적도 한국적도 조선적도 모두가 과제를 함께 하는 것이 필요한 시점이라고 논한다.

조도 타쿠야(浄土卓也, 생몰년 미상)

조도 다쿠야는 고교 역사 교사로서 『조선인의 강제연행과 징용- 가가와현(香川県)·미쓰비시나오시마제련소(三菱直島製錬所)와 군사시설』의 저서를 내기도 했다. 『계간 삼천리』에는 고교생들이 지닌 조선·조선인에 대한 편견의 근원을 캐물으면서 전후 일본 민주교육의 허점을 비판하는 내용이었다. 조도 다쿠야는 재일조선인 차별은 조부모, 부모, 친족들이 아이들에게 차별감정을 넌지시 심어준 것이라고 지적한다. 학생들이 '어릴 때부터 할머니에게 조선인에 대한 욕을 자주 들어왔다'라거나, '아버지나 어머니가 목소리를 높여서 '저 사람은 조선인이다'라고 폄훼하고 있었다'를 아이들이 적고 있기 때문에 그렇게 이야기할 수 있다는 것이다. 나아가 또 하나 중대한 이유로는, 전후의 민주교육, 특히 역사교육이 일본인의 조선·조선인관을 결별하기 위한 작업을 게을리한 점을 들었다. 오자와 유사쿠(小沢有作)는 「일본인의 조선관」(『계간 삼천리』제4호)에서 지적한 것처럼 "일본의 학교는 총체적으로 청소년들이 '자기도 모르는' 사이에 조형된 조선 멸시를 수정하는 장으로서 기능한 것이 아니라, 오히려 그것을 보강, 합리화하는 인식의 패턴을 가미하는 장으로 작용하고 있다"라고 썼는데, 그 부분을 다시 가져왔다. 학생들은 사실은 오늘날 조선에 대해서 아무런 구체적인 지식도 없는데도 차별 의식만은 몸에 배어 있다는 점에서 이 배후를 밝히는 내용으로 기술한 것이다.

조선신보(朝鮮新報)

『계간 삼천리』에 관한 비판문을 게재한 『조선신보』는 조선신보사가 발행하는 총련 중앙 상임위원회 기관지다. 1945년 10월 10일 『민중신문』으로 창간하여 일본어로 발행하다 이후 한글로 발행됐다. 『대중신문』과 통합했고, 『우리신문』으로의 개제(1946.9)를 거쳐, 『해방신문』으로 개제(1948.8)하면서 주 3일에서 격일 간행으로 변경됐다. GHQ의 지시로 강제 폐간됐었다(1950.8.2). 복간(1952.5.20) 후 『조선민보』로의 개제(1957.1.1.)를 거쳐 지금의 『조선신보』로 개제(1961.1)하면서 일간지로 변경됐다. 처음에는 주 4면(한글판)과 주 2회 8면(한글판 5면 · 일본어판 3면)으로 발행되다가 주 3회 8면(한글판 4면, 일본어판 4면)으로 바뀌었다. 조선신보사는 1961년 1월 1일 대외용으로 『조선시보(朝鮮時報)』(일본어, 2005년 9년 16일 이후 휴간)와 『People's Korea』(영어, 인터넷판 지속)도 창간 · 발행했다. 『계간 삼천리』제10호(1977년, 5월)에 실은 「『조선신보』에 의한 비판 전문(全文)」은, 좌담회 「『조선신보』의 비판에 답하다」(『계간 삼천리』제10호)에 별첨된 자료로, 재일조선인 단체인 조선총련 중앙 상임위원회의 기관지 『조선신보』(조선신보사 발행)에 게재된 『계간 삼천리』비판 기사 3편의 전문을 게재하고 있다.

종성회(鐘声の会)

『계간 삼천리』제32호(1982년, 11월)에 「전전의 역사교과서로 보는 조선상」이라는 제목으로 글리 실리는데, 집필자는 종성회로 표기되어 있었다. 이 글은 전후에도 더욱 정부 위정자의 역사의식을 '국민의식'으로 부연(敷衍)시키는 매개로서 역사교육이 있었다는 것을 생각한다면 교육

내용에의 국가권력 개입으로서 검정 제도의 문제, 그리고 그뿐만이 아니라 교과서의 기술내용, 역사상 그것 자체를 따져봐야 함을 호소하는 내용이다. 전전의 역사교과서에 있어서는 '국체관념의 확립', '국민사상의 함양'이라는 천황제국가의 급무(急務)의 과제를 담당하는 '황국의 역사'가 창출됨과 동시에 그것을 보강(補强)해 가는 것으로서 '정체된 자율성이 없는, 병합은 역사적 필연'이라는 왜곡된 조선성이 만들어졌다고 기술한다. 이미 그곳에는 아카데미즘으로서 이야기되는 것이 아니라 조선에 대한 침략이나 지배정책을 수행하기 위한 도구화 된 역사교육의 실상만 볼 수 있을 뿐이라고 평가한다. 그러한 의미에서 문부편수관으로서 국정교과서 편찬에 종사한 기타 사다키치(喜田貞吉)가 1910년 5월 병합 직전에 저술한 『국민의 교육(国民之教育)』이 당시 정부위정자 및 역사학자의 역사교육관을 그대로 보여주는 사례라고 소개한다. 특히 기타 사다키치와 같은 역사교육관은 그의 '일선동조론'이라는 조선관과 표리일체를 이루는 것이었다. 당시 기타 사다키치는 '국정교과서는 교재의 취사선택에 있어서 비교적 많은 주의를 기울여야 한다. 교육상 유익하지 않은 것 혹은 폐해를 발생시킬 수 있는 것은 삭제하여 게재해서는 안 된다. 혹은 이를 삭제하는 것이 불가능할 때는 특히 주의를 기울인 필법을 사용해야 한다'고 한 부분을 소개했다. 그리하여 이것만 보아도 국정교과서가 얼마나 세시하고 주도면밀하게 주의를 기울여 편찬했는가를 알 수 있다며, 기타 사다키치의 이러한 발언으로부터 72년의 세월이 지난 올여름, 우리들은 교과서검정에 종사하는 문부 관료나 교과서 검정 심의회의 역사학자들이 이것과 동일한 말을 하고 있는 것을 듣게 된 것을 기술한다. 전전의 역사교과서를 구체적으로 검증해 가면 그곳에 현재의 역사교과서가 그려내는 조선상의 '원형'을 볼 수가 있다고 논한다. 전후 30여년 사이에 그것들은 불식된 것이 아니라 여전히 남아있는 전전의 조선상임을 보여주는 것이라고 논한다. 그리하여 조선상은 전전에 어떤 과정을 거쳐 만들어졌는가를 볼 때 현재의 교과서 검정을 통해 '침략'을 진출이라고 하고, 독립운동을 폭동이라고 바꿔 쓰는 정부 위정자의 의도가 어디에 있는가를 확실하게 알 수 있게 해 준다며, 전전의 역사교과서와 현재의 검정교과서를 비판적으로 검토하는 내용을 기술한다.

진순신(陳舜臣, 1924-2015)

진순신은 일본에서 활동한 소설가이다. 주로 역사 사소설과 추리소설을 썼다. 일본 고베(神戸)에서 출생한 중국계 일본인으로 본적은 타이완이다. 정통 한문과 현대 중국어에도 능통했을 뿐 아니라, 인도어와 페르시아어까지 공부했다. 이런 언어 능력을 바탕으로 중국 사상 관련 수많은 사료를 조사하여 150여 편에 이르는 작품을 집필하였다. 『계간 삼천리』제11호(1977년, 8월)에 「계투(械鬪)라는 것」이라는 제목의 글을 게재했다. 그 내용은 중국의 계투와 인도에서 영국의 언어정책, 식민지 대만과 조선에서의 각각 한국인, 대만인 우대정책을 통해 식민지배자의 분열정책에 대해 설명하는 방식이다. 구체적으로 보면, 계투는 청나라 때 대만으로 집단 이주하기 전 선조들이 중국에서부터 마을 간에 벌인 싸움(계투)으로, 진순신이 이 싸움에서 희생된 이들을 기리는 제사에 참가한 것을 회고하는 내영으로 기술한다. 이 계투를 보고, 생각나는 것이 영국의 언어정책이었던 것이다. 영국이 인도를 지배할 때 다수파 힌두교도의 인디어가 아니라, 소수파 이슬람교도의 우르두어를 장려하고 공식 언어로도 채택하는 정책을 실시했는데, 이는 소수파에 힘을 실어주어 다수파와 소수파가 영국의 지배 아래 경쟁하게 해 상호 간 연대하지 못하게한 것이 목적이었다. 이처럼 제국 일본은 식민지 대만에 거주하는 조선인에게 일본인에 준하는 대우를 하여 대만인보다 우위에 서게 했다. 식민지 조선에 거주하는 대만인에게도 역시 일본인에 준하는 수준에서 대우해 조선인보다 높은 지위에 있게 했다. 이는 조선인과 대만인이 연대해 서로 단결하게 하지 못하도록 제국 일본이 분열정책을 펼친 것과 동일한 논리가 아닌가 하고 논한다. 이러한 논리 즉, 지배자는 다양한 전술, 전략을 사용하기에, 피지배자는 항상 현명하게 대처하지 않으면 안 됨을 계투의 유래를 통해 잘 알 수 있다며 그 내용을 기술한다.

천이두(千二斗, 1929-2017)

천이두는 한국 원광대학 교수를 역임했다. 1960년대 문학잡지에 발표한 평론문들을 발췌한 『한국현대소설론』가 있으며, 『한의 구조연구』(1970년), 『우리 시대의 문학』(1998년) 등이 있다. 『계간 삼천리』에는 조선의 전통적 정서 개념의 하나로 일컬어지는 '한'에 대해 구체적으로 적고 있다. 이 글에서 천이두는 한의 사전적 정의를 소개하면서 조선의 그 의미가 중국과 일본과도 다름을 이야기한다. 조선의 한른 일본과 중국 등 타 문화권에 있어서의 그것과는 다른 고유한 속성을 추구하는 것이라고 논한다. 그리고 한이 조선민중의 고유한 정서적 표상이라고 하면서도 실제는 예외 없이 사전에서의 개념규정에 그치는 것에 의해 그 고유의 함축성을 간과하는 결과에 빠지게 되었다며, 그 내용을 자세하게 기술한다. 그리고 또한 조선의 한과 니체의 르상티망(ressentiment)이 동일하다는 의견이 나오기도 했는데, 천이두는 이에 대해 비판한다. 기독교적 도덕에의 철저한 비판자인 니체는 기독교에서의 사랑(愛)이란 실로 강한 자인 귀족의 도덕에 대한 약자인 노예의 도덕에 다름이 아니고, 그것은 사랑과는 정반대의 르상티망(원한, 반감)에서 유래하는 것이라고 말한다. 이러한 성격과는 다른 것이 조선의 한이라고 보고, 천이두는 조선의 한과 삭임의 논리와 연결하여 해석한다.

청구문고

『계간 삼천리』제18호(1979년, 5월)에 '청구문고(青丘文庫)와 연구회 활동'을 게재했다. 고베시(神戶市)에 위치한 '청구문고'와 그 소장자료를 이용해 발족한 연구회를 소개하면서 청구문고 이용과 연구회 참여를 독려한 글이다. 그 내용을 구체적으로 보면, 청구문고는 간사이(関西) 지역의 조선사 사료와 서적의 보고라고 소개한다. 그리고 '청구'의 의미를 설명해 주는데, 청구란 본래 중국에서 신선이 산다는 바다 저편의 이상향을 가리키는 말인데, 언젠가부터 조선의 별칭으로 사용되게 되었다고 한다. 청구문고는 10년 전 조선사 관련 서적 수집에 나선 실업가면서 조선기독교사 연구자인 한석희(韓晳曦) 씨가 붙인 이름이었다. '청구문고'는 한국에서 출판되고 있는 조선시대의 방대한 사료들은 물론 구한말의 신문·관보, 동아일보 등 근대 사료도 소장하고 있었다. 근현대 사료는 정치·사상·민족운동·사회경제·재일조선인의 5개 부문을 중심으로 수집됐고 그 밖에 귀중 사료도 많다고 했다. 그리고 2년 전 청구문고 소장자료를 이용해 「1920년대 연구회」라는 이름으로 연구회를 시작했으며, 주제는 사회주의 사상, 민족주의 사상과 관련지어 3·1운동 이후의 민족운동 전개 양상을 규명하는 것에 두었다고 한다. 5-7명이 참가하고 있으며 올해 4월부터는 강재언도 참여하고 있다고 소개했다. 또 2월부터는 박경식을 비롯해 십여 명이 참가하는 「재일조선인 운동사연구회」를 발족했고, 연 2회 기관지 『조선사총(朝鮮史叢)』을 통해 신진 연구자를 중심으로 한 연구발표의 장을 만들어갈 것을 피력했다.

최성우(崔成右, 생몰년 미상)

　　최성우는 법학 연구자이다. 『계간 삼천리』제34호(1983년, 5월)에 「사회안전법에 대하여」라는 제목으로 글을 실었다. 이 글에서 최성우는 법치주의란 법이라는 미명 하에 갖은 자의(恣意)를 다하는 법치 독재와는 다른 것이라고 말하고, 사회안전법은 그러한 법치 독재가 낳은 악법이라는 부분을 설명한다. 가령 법이라는 이름이 붙어 있다고 하더라도 그것은 권력자의 자의를 숨기는 허식의 베일에 불과하다고 지적한다. '사회안전법'이 조속히 법률 목록에서 삭제되어야 하는 이유로 7가지 문제점을 논의한다. 그중에서 특히 흥미로운 것은 다음의 지적인데, 그것은 '사회안전법'의 '보안감호처분' 제도를 전전 일본의 치안유지법체제 하의 '예방구금(豫防拘禁)'제도의 현대적 부활로 파악하고 있는 문제이다. 최성우는 두 제도는 분명히 명칭은 달리하고 있으면서도 그 목적과 기능을 보면 놀라울 정도로 유사하다고 논한다. 두 제도 모두 '정치범'에 대한 치안대책으로 실시되었고, 또한 그들을 사회로부터 완전히 격리함으로써 파시즘체제의 비판세력을 사전에 봉쇄하려는 입법목적과도 일치한다는 것이다. 그리고 일찍이 치안유지법을 모델로 하여 반공법이 입안, 제정되었듯이 '사회안전법'도 '예방구금'제도 등을 모델로 하여 그 골격이 형성되었다는 사실을 간접적으로(확실히) 증명해주는 것이라고 설명한다. 결국 일본제국주의의 망령은 지금도 '사회안전법"이라는 미명 하에 한국 땅에서 나타나고 있다는 지적이었다.

최영애(崔英愛, 1959-)

　　한국인 아버지와 일본인 어머니 사이에서 태어난 최영애는 한국여성학 연구자이며, 분쿄대학(文教大学) 문학부 교수이다. 현재는 야마시타 영애(山下 英愛)라는 이름을 사용한다. 『계간 삼천리』제24호(1980년, 11월)에 「한국 교회에서」라는 제목으로 글을 실었다. 이 글에서 저자는 자신의 2번째 한국여행에서 처음 간 한국교회에서의 기도하는 숙모의 모습을 보며 머릿속에서 계속 찾고 있던 조선을 실상으로 접하게 되었음을 말하고 있다. 최영애는 소학교 6년간을 민족학교에서 보낸 경험이 있어서, 자신의 의식에는 항상 「조선」이라는 것이 있었다고 한다. 그 이후 민족학교를 졸업했는데, 본명인 어머니의 일본성을 사용하며, 일본인 중학교에 다니기 시작했다고 한다. 거기서는 완전히 다른 세계관을 받아들여야만 했는데, 그것은 자신이 일본 국적을 가지고 있고 어머니가 일본인이면서도 "진짜" 일본인이 아니다 라는 것을 알았다고 한다. 재일조선인의 역사에 입각하여 자신의 위치를 거기에서 찾는 것은 불가능했다는 것이다. 그리고 소학교 시절에 배양된 민족의식과, 표면상 일본인으로서 행동하는 생활과의 상극을 반복하는 동안에 나는 점차로 자신을 조선인도, 일본인도 아닌 불안한 입장을 생각하게 되었다고 말한다. 그러던 중 한국여행을 하게 되는데, 그것은 자신의 입장을 확실하게 자각하는 귀중한 체험이었다고 말한다. 실제 한국에서 지내는 동안에 여권을 볼 때 말고는 일본을 잊어버릴 수가 있었고, 아는 사람들에게 자신이 재일교포라고 말함으로써 그들이 보여준 미소를 언제까지나 입장을 제외한 일체감의 표현으로 파악하고 자기만족을 느꼈다고 한다. 그러나 친척들과 다름을 알게 되었는데, 그것은 한국 문화를 몰랐기 때문이라는 것을 알았다고 한다. 그래서 일본에 돌아와서 나는 조선어를 다시 배우기 시작했고, 자신에게 부족한 「조선」을 메워가기 위한 것이라고 생각했다고 한다. 그리고 여성사를 공부하면서, 「재일」의 의미를 고민해 가고자 한다고 기술한다.

하나와 사쿠라(塙作楽, 1913-1990)

하나와 사쿠라는 도쿄에서 출생하여 도쿄제국대학(東京帝国大学) 동
양사학과를 졸업했다. 무역통제위원회, 동아연구소, 미쓰이(三井) 등을
거쳐 1945년 이와나미쇼텐(岩波書店)에 입사해 1946년에 창간된 『세카
이』 편집에 참여했다. 이와나미노조위원장을 역임한 뒤 1961년 퇴직. 이
후 이바라키현(茨城県) 촉탁으로 『이바라키현의 역사』 편찬사업에 참여
하면서 이바라키현의 역사관 사료부장 및 문예협회 회장을 역임한다. 저
서로는 『이바라키(茨城)의 근대사』, 『이바라키의 문학』, 『지방문화론의
시도』, 『이와나미 이야기: 나의 전후사』, 소설집 『어두운 밤』 등이 있다.
『계간 삼천리』제13호(1978년, 2월)에 「김달수와 나」라는 글을 집필한다.
이 글에서 하나와 사쿠라는 「후쓰카가이(二日会)」와 『리얼리즘』, 『현실
과 문학』 등에서 활약했던 『계간 삼천리』의 편집위원이자 주요 필진인
김달수와 맺었던 인연을 기술한다. 우선 후쓰카가이에 대해 소개하는데,
여기서 김달수와 함께하게 되었다고 한다. 즉 후쓰카가이는 1953년에
시작된 모임으로 이노우에 쇼조(井上正蔵), 스기모리 히사히데(杉森久
英), 다나카 야스다카(田中保隆), 오다기리 히데오(小田切秀雄)가 함께 한
모임이었다. 나중에 시모타 세이지(霜多正次)가 합류했는데, 원칙적으로
는 매월 1회, 멤버들의 집을 돌아가며 모이는 회합이었다는 것이다. 이
모임의 멤버들을 보면 당시 모임의 성격을 이해할 수 있을 것이다. 그리
고 『일본 속의 조선 문화』 제1권에 글을 집필하기위해 함께 조선유적조
사로 미토(水戸)를 방문한 것도 적었다. 그 이전에 니시노 다쓰키치(西野
辰吉), 야하기 가쓰미(矢作勝美), 다쓰다 하지메(龍田肇) 등과 함께 미토
근처에 있는 히누마(涸沼)에 머물렀던 것도 기술했다.

하라 데루유키(原暉之, 1942-)

하라 데루유키는 일본의 역사학자이다. 전공은 러시아 극동사(極東史)이다. 도쿄대학(東京大學) 서양사학과를 졸업하고, 대학원에서 석사와 박사과정을 수료했다. 이후 아이치현립대학(愛知縣立大學) 외국어학부 전임강사, 조교수를 거쳐 교수가 되었다. 그 후 홋카이도대학(北海道大學) 슬라브연구센터 교수, 소장을 역임했다. 대표 저서로는 『블라디보스톡 이야기』(1999)가 있는데, 이 저서는 아시아·태평양상 특별상을 수상하기도 했다. 『계간 삼천리』제50호(1987년, 5월)에는 블라디보스톡에 이주하여 생활하는 한국인들의 역사와 생활을 소개한다. 블라디보스톡은 포조(浦潮)로 겸칭되기도 한다. 블라디보스톡은 일본에서 최단 거리에 있는 러시아의 대도시로 역사상 일본과의 관계도 깊은 곳인데, 이전에 러시아 재류조선인 사회의 하나의 중심지이기도 했다. 블라디보스톡에 사는 조선인에 대해 기술하는 내용인데, 이곳 블라디보스톡의 조선인은 시의 외곽 아무르 강 주변에 위치하는 신한촌(新韓村)이라고 불리는 도시구역에 모여살고 있다. 1911년 통계를 보면 이곳의 조선인 인구는 8445명이며, 이 중에서 옛날부터 살고 있는 러시아국적 취득자는 500여 명에 지나지 않고 압도적 다수는 재류 기간 연수가 적은 비귀화자와 일시체류자로, 일본에 의해 강제적으로 진행된 조국의 식민지화를 피부로 체험한 사람들이라는 점을 강조한다. 그리고 이 블라디보스톡은 총독부에서 반일운동의 거점이라고 괴멸시키려고 노력한 곳이기도 했다며, 이 블라디보스톡에 거주하는 조선인의 역사를 기술했다.

하라 치요코(原千代子, 생몰년 미상)

　　하라 치요코는 가와사키의 '지문날인 거부자를 지지하는 모임' 소속이다. 『계간 삼천리』 제43호(1985년, 8월)에 「'함께 산다' 일보(一歩)를」이라는 제목의 글을 실었다. 이 글에서는 이상호라는 사람의 사례를 제시하며, 지문날인거부 운동에 대한 흐름을 정리하였다. 하라 치요코는 '일본인과 재일조선인이 함께 살아가는 지역사회의 창조'를 목표로 하고, 지역실천을 추진해가고 있는데, 이는 일본인과 조선인이 본명을 부르며 매일매일 생활'하고 있는데, 이에 대해 지문날인 거부에 대해 협박장을 보낸 것에 대한 반발을 기술한다. 협박장을 보내 필사적으로 분열시키려는 자들이 있는데, 하라 치요코가 보기에 일본인 사회에는 재일조선인이 일본에 거주하도록 하는 역사적 배경에 대해서 알지 못하며 보려고 하지 않는 사람들에 의해 이러한 일들이 일어난다고 지적한다. 일본인은 동시대에 살아가며 같은 일본사회에서 자라고 생활해 온 재일조선인들을 역사적인 존재로서 이웃에 살고 있는 주민으로서 받아들이지 않고 있음을 지적한 것이다. 하라 치요코는 '일본이 나쁘다'고 반성이나 사죄를 요구하는 것만이 아니라 재일조선인이 존재하게 된 일본 역사, 현재의 민족차별 실태를 있는 그대로 보여주어야 한다고 말한다. 하라 치요코는 그것이 '함께 산다'는 것의 일보라고 말한다. 그럼에도 불구하고 '악법이더라도 법은 법이다. 지문날인을 거부하는 것은 법 위반이다'라고 주장하는 사람들이 있는데. 이러한 의식은 '어디서부터 왜곡되어왔는지'는 생각해 보아야 한다고 논한다.

하라다 다마키(原田環, 1946-)

하라다 다마키는, 일본의 역사학자이다. 전공은 조선근현대사, 근대 동아시아 국제 관계사이다. 오카야마현(岡山県) 출신으로 오카야마(岡山)대학을 졸업했다. 히로시마(広島)대학 박사과정을 수료했고, 1994년 히로시마대학 문학부에서 박사학위를 받았다. 교토대학, 도쿄외국어대학에서 강사를 하다가 시마네(島根)대학 교육학부 조교수 히로시마여자대학 국제문화학부 교수를 역임한다. 『계간 삼천리』제40호(1984년, 11월)에 「이노우에 가쿠로(井上角五郎)와 『한성순보』」라는 제목의 글을 실었다. 이 글에서는 우선 조선 최초의 본격적인 신문은 독립협회가 발행한 『독립신문』(1896-1899년)부터 거론한다. 이것의 선구가 된 것은 관보와 신문을 겸하는 성격을 가진 『한성순보』(순간⟨旬刊⟩, 1883-1884년)와 『한성주보』(주간, 1886-1888년)으로, 그 역사로서 『순보(旬報)』와 『주보(周報)』의 창간에 관여한 이노우에 가쿠고로(井上角五郎, 1860-1938년)를 소개한다. 이노우에는 후쿠자와 유키치(福澤諭吉)의 문하생으로 갑신정변(1884년)에도 관여한 인물로, 한 일본인이 왜 조선 신문사상에 족적을 남기게 되었는가를 구체적으로 기술한다.

하루나 아키라(春名徹, 1935-)

하루나 아키라는 일본의 논픽션 작가이자 표류민 연구가로 1959년 도쿄 대학 문학부 동양사학과를 졸업했다. 중앙 공론사에서 근무하였고, 이후 작가 활동을 시작했다. 동양사 연구부터 에도 시대의 표류민의 연구로 흥미를 확장하였고, 1980년, 『일본 오토 기치 표류기』에서 오오야 소이치(大宅壮一) 논픽션상과 일본 논픽션 상을 수상했으며, 국학원대학

(国学院大学) · 학습원 대학(学习院大学) 각 강사, 조후학원(调布学院) 여자 단기 대학(女子短期大学) 교수를 역임하기도 했다. 『계간 삼천리』제19호(1979년, 9월)에 「유럽에서의 조선의 발견」이라는 제목의 글을 실었다. 이 글은 유럽에서 본 조선의 모습을 그린 것이다. 특히 망국의 시점이라며, 도카이 산시(东海散土), 시바 시로오柴四郎)의 『가인지기우(佳人之奇遇)』를 소개하면서 조선에 대해서 논의하고, 서구와 동아시아의 관계, 조선이 유럽지도에 등장한 배경, 마테오 리치가 표현한 조선뿐 아니라 최초의 서양인으로 조선에 표류해서 살았던 하멜의 이야기와 내륙을 통해 본 조선의 모습과 조선연안으로의 항해 등 조선의 모습을 다양한 각도로 그리고 있다. 구체적으로는 ①망국의 시점, ②서구와 동아시아, ③조선의 유럽지도에의 등장, ④마테오 리치의 조선, ⑤네덜란드인의 조선유수, ⑥내륙에서 본 조선, ⑦조선연안으로의 항해 등 7개의 부분으로 나누어져 기술했다. 그리고 『계간 삼천리』제20호(1979년, 11월)에는 「'주관적 국제질서' 속의 조선 · 일본」이라는 제목의 글을 게재했다. 이글에서는 '침략을 수단으로 하는 연대'의 지향이라는 소제목을 달고, '아시아주의란 무엇인가'라는 물음을 설정하고 이에 답한다. 다케우치 요시미(竹內好)를 제시하면서, 아시아주의의 다양성을 음미하고 그것을 하나의 범주로서 고정할 수 없다는 것을 인정해야 한다는 점이 무엇인가라고 논한다. 즉 "아시아주의는 각각의 개성을 가진 '사상'에 경향성으로서 부착되는 것이니까 독립해서 존재하는 것은 아니지만, 그러나 아무리 양보해서 말한다 해도 아시아 여러 나라의 연대(침략을 수단으로 하던 하지 않던 관계없이)의 지향을 내포하고 있다는 점만큼은 공통성을 인정해야만 한다. 이것이 최소한으로 규정된 속성"(『현대일본사상체계 9 아시아주의』 14쪽, 1963년)이라고 논한다. 일본인이 아시아에 관여하려고 하는 태도의 표현으로 일종의 현실성을 갖고 있다고는 해도 "침략을 수단으로 하

는 연대 지향"이란 기괴한 것이라고 논한다. 따라서 하루나 아키라 자신이 지향하는 것은 적어도 이러한 기괴한 논리와는 선을 긋고자 하는 것이라고 설명한다. 즉 '동아시아 세계' 시대의 가능성을 강조하면서, 그것은 일본의 역사연구자가 '동아시아 세계'라는 개념을 취하게 된 것부터 설명한다. 본래, 일본 근대사를 상대화하고, 보다 객관적으로 역사를 바라봄과 동시에 새로운 역사의 주체를 찾고자 하는 적극적인 의도에서 나온 것이 이 말인데, 최근 이 호칭이 너무나도 관용화 되어, 문제의식이 희박해져 가고 있다고 말한다. '동아시아 세계'라는 개념은 과연 민족적 역사의 약점을 극복할 역사 주체가 될 수 있는가를 묻는 것이라고 말한다. 즉 일본 역사 전개를 기본으로 동아시아 여러 나라의 역사를 생각하면 생각지도 않은 실수를 범할 우려가 있는 점 등을 새로 생각하고, 또한 일본과 중국의 관계만을 본다면 관계의 특수성을 알 수 없게 된다는 점을 지적한 하타다(旗田)의 논리를 재고하면서 근대 '동아시아 세계'를 생각해야 한다고 기술한다. 그리고 『계간 삼천리』제30호(1982년, 5월)에 「제포(薺蒲)의 바다」라는 제목의 글을 싣는다. 이 글에서는 조선시대 한국인과 일본인이 교류했던 장소인 제포를 방문한 경험을 기록했다. 이후 이를 통해 일본인은 자국중심적 역사관에서 벗어나야 한다는 것도 덧붙이면서 글을 전개했다. 구체적으로는 자신이 한국 방문과 연결하여 논한다. 하루나 아키라는 1976년 6월 경상남도 진해시를 방문했었다고 한다. 이때 진해 여기저기를 안내해준 한국인과 함께 진해시의 한 교외 마을을 찾아갔는데 그곳은 '일본인이 살던 마을'이라고 설명해 주었다는 것이다. 제포 주변에는 임진왜란에서 왜군이 쌓은 왜성의 흔적도 남아있었다. 제포는 조선인과 일본인이 평화롭게 공존해 교류한 역사의 장소이기도 했다고 한다. 그 이후 일본으로 돌아와 세계지도의 남북을 바꾸어 보았다고 한다. 유라시아 대륙에 꼿꼿이 선 조선반도의 한쪽 바다 가운데

유선형의 일본열도가 위치해 있었는데, 거꾸로 본 일본은 자기중심적 역사관으로부터 벗어나 아시아의 가운데 위치한 것이 더욱 잘 드러남을 느꼈다고 한다. 거꾸로 서 있는 지도에서 제포의 위치를 가리키며 추억했다고 한다. 그리고 역사를 거꾸로 보는 것의 중대성을 피력했다. 그리고 『계간 삼천리』제33호(1983년, 2월)에 「근대 동아시아와 서민의 시점」이라는 제목의 글을 실었다. 이 글에서는 1800년대 일본의 국제관계에 대해 조선과 중국을 중심으로 서민의 시각을 통해 제시했다. 일본의 개항과 조선, 중국과의 관계를 통해 동아시아 국제관계를 보여주고자 했다. 하루나 아키라는 민중 레벨에서 일본인이 중국과 조선을 어떻게 생각했는가를 알 수 있는 사료는 많지 않지만 일본의 민중에게 영향을 미친 조선관을 묻는 것은 적지 않다고 하며 그 자료를 소개한다. 1750년에 발간된 전 5권 가운데 몇 권은 도서관에 소장되어 있으나 아직 널리 유포되지 않았다며, 그 이유를 설명한다. 이 책을 간행하기 2년 전 1748년에는 쇼군의 습격 이후에 조선통신사가 일본을 방문했고, 5권 가운데 제1권은 단순한 역사, 제2권은 히데요시의 조선역, 제3-4권은 일본인의 조선인의 조선견문기, 제5권은 조선팔도를 그려서 설명한 것으로 통속적인 흐름과 체계로서 조선에 관한 지식을 볼 수 있는 정도라고 기술한다. 그리고 『계간 삼천리』제40호(1984년, 11월)에는 「갑신정변의 주변」이라는 제목으로 글을 실었다. 1884년의 동아시아 세계가 전체적으로 놓인 상황에 대해서는 주목해보는 시각이다. 이렇게 보면 유럽 침략에 대한 위기의식 아래에서 자강을 찾는 점에서 단계와 방법에 상위는 있었지만, 동아시아 제(諸)민족에게는 공통된 뿌리가 존재하고 있는 것은 아닌가라는 것이다. 10여 년 전 강재언이 논문 「개화사상/개화파/갑신정변」(『조선근대사연구』, 일본평론사)에서 갑신정변이 '위로부터'의 개혁운동이었던 것을 이유로 과소평가하려는 일본의 조선 사가(史家)의 견해에 대해

열렬하게 반론을 내걸었던 것을 상기한다. 그 과소평가 속에는 일본의
아시아사 연구자 속에 내재하는 일국사적 독선이 존재하는 것이라고 자
성(自省)한다고 말한다. 그리하여 동아시아 세계라는 말 자체가 단순한
지리적 개념으로서 안이하게 사용되기 시작하고 있는 것을 비판적으로
논하고, 그것은 전후 역사학 특히 일본고대사 분야에서 그러한 독선을
극복하는 개념으로 발상했던 것을 다시 한번 재고해야 한다고 논한다.

하리우 이치로(針生一郎, 1925-2010)

하리우 이치로는 평론가이다. 도호쿠대학(東北大學) 국문과 졸업 후
도쿄대대학원에서 미학을 전공하고, 루카치의 문학·예술이론의 번역 및
소개를 시작으로 그 후 미술평론가로서 활약하는 한편, 문예평론가로서
프롤레타리아 문학운동, 정치와 문학의 문제 검토를 시도했다. 또한, 아
시아·아프리카작가협의회원으로서 활약했다. 『예술의 전위』(1961년),
『우리안의 코뮌』(1964년), 『전후미술성쇠사』(1979년), 그 외 다수의 저
서가 있다. 저자는 박종상(朴鐘相)이 「민족허무주의의 소산」이라는 논문
에서 김달수의 「비망록」과 김석범의 「왕생이문」이라는 최신 작품에 대
해 비판하는 글을 읽고 그 비판이 과연 정당한 것인가에 관해 논하고
있다. 『계간 삼천리』제20호(1979년, 11월)에 「재일조선인문학(그 비판은
정당한가-김달수, 김석범의 근작을 둘러싸고-)」라는 제목의 글을 실었
다. 박종상이 지적하는 것은 김달수와 김석범이 일본어로 작품을 쓰는
문제에 대한 것이었다. 제국주의 권력에 강요되거나 혹은 빈궁에 쫓겨
일을 해야만 하고, 다양한 사정으로 일본에 머물러 2세와 3세에 걸쳐
지금은 65만 명에 이르는 그들은, 일본 사회의 억압과 차별적 구조와
싸우면서, 동시에 남북으로 분단된 조국의 통일되어야 할 전체의 역사와

전통에 묶여, 그로 인한 부패로 가득한 일한 유착 등 차원을 달리한, 조선과 일본의 참 민족적 연대를 어떻게 구해야 할 것인지에 대한 고민이었다. 재일조선인 시인은 65만의 재일조선인을 통해서 5천 만의 남북조선 동포에게 말하기 위해, 1억의 일본인을 매개로 하는 일본어로 써야만 하는 자신은 확실히 단죄되어도 어쩔 수 없다며 그 어려운 문제를 말한 적이 있다고 한다. 하리우 이치로는 일본문학의 지평확대라는 각도에서 이러한 작품을 옹호할 뿐만 아니라 이중언어 사용자의 갈등 속에서 태어난 이 작품이 통일된 조선 문학의 귀중한 유산으로서 평가될 날이 반드시 올 것이라고 확신한다고 논한다.

하세가와 시로(長谷川四郎, 1909-1987)

하세가와 시로는 북해도 출신으로 대학 졸업 후 남만주철도주식회사에 입사하였다. 시베리아에서의 포로 체험을 바탕으로 문학작품을 발표하였고 이후 신일본문학회에서 활약하였다. 1967년에는 베이루트에서 열린 제3회 아시아아프리카 작가회의에 일본대표단 단장으로 참여하기도 하였다. 『계간 삼천리』 제22호(1980년, 5월)에 「데루스 와자라에 대해서」라는 제목으로 글을 게재한다. 이 글에서는 저자가 『데루스 와자라』를 번역하게 된 경위를 언급하고 그 책의 내용이 20세기 초반 자본주의의 침투로 인해 연해주 원주민이 소멸하게 된 과정을 묘사한다. 그리고 마지막에는 이와 관련해 문명의 진보의 의미에 대해서도 고민하는 내용을 적었다. 그 내용을 보면, 자연을 관찰하고 기록하는 자연과학자였던 아르세니에라는 1907년경 연해주를 탐험한 결과를 『데루스 와자라』라고 하는 책을 출판했다고 한다. 주로 이 책은 중국인, 러시아인에 의해 그 지역의 원주민들이 멸종해 가는 과정을 기록한 것이었다. 즉 원시 공동체가 보다 진화한 상업자본주의에 의해 소멸해 간 것을 포착한 것이다. 이후 제정 러시아는 소비에트가 되었고 우수리 지방의 개발도 진척되었는데, 원주민은 단지 지명의 가운데 겨우 그 흔적들을 남겼다는 것으로, 고층빌딩이 가득한 도시를 걸으면서 80년 전의『데루스 와자라』에서 원주민들의 생활을 생각해 보았다고 한다. 하세가와 시로는, 문명은 진보하지만 획일화를 만들어 내고 그에 편입되지 못한 자들은 사라져 버린 것이라며, 문명이 만들어가는 획일성에 대해 비판적으로 기술한다.

하시모토 도시코(橋本登志子, 생몰년 미상)

『계간 삼천리』제28호(1981년, 11월)에「사가미댐(相模ダム)의 역사를 기록하다」라는 제목으로 글을 실었다. 하시모토 도시코는 사가미호수댐의 역사를 기록하는 모임의 회원인데, 이 글에 내용은, 사가미호수댐 건설의 역사에서 중국인과 조선인 강제연행의 역사를 조사하면서 조선인의 강제연행과 죽음을 규명하는 것에 대한 입장을 기록한 것이다. 하시모토 도시코는 그 원인을 일본인에게 조선인 멸시가 뿌리 깊게 남아 있고, 많은 일본인이 참가한 15년전쟁에 대해서도 그 전쟁책임을 스스로의 문제로서 받아들이지 않는 점이 중대한 요인임을 기술한다. 이 댐 공사에서 죽은 조선인의 이름은 현재도, 사망 년월일과 사망자 이름이 새겨있는「댐건설 순직자 위령비」에서는 찾아볼 수가 없다고 말한다. 이러한 것 하나만 보더라도 조선인강제연행의 실태를 규명하는 것의 곤란함이 느낀다고 논한다. 그리고 그것은 메이지 이후 일본인에게 서서히 생긴 아시아인에 대한 멸시, 특히 조선인 멸시가 뿌리 깊게 남아 있는 것이라고 평가한다. 또한 전쟁책임을 스스로의 문제로서 생각하지 않는 것을 비판한다.

하시모토 에이치(橋本榮一, 생몰년 미상)

　하시모토 에이치는『계간 삼천리』제21호(1980년, 2월)에「조선 문제의 무거움」이라는 제목으로 글을 실었다. 하시모토 에이치는 히로시마의한 고등학교에서 수학을 가리키는 선생님인데, 담당과목이 수학이고, 일상적인 학교 교육 현장에서 한일관계, 조선 문제를 이야기할 기회가 적어진 것에 대해 아쉬움을 느끼면서, 하시모토 에이치 자신의 조선체험을회상하며, 교육 현장에서 이 문제를 다루어야 할 필요성의 무게를 느꼈다는 내용을 기술한다. 하시모토 에이치는 조선인 피폭자협의회에서 편찬한『흰색저고리 피폭자』출판기념회에 출석했다고 한다. 일본인들에게 있어서는 매우 마음이 무거운 모임이었고, 18명의 피폭자 증언을 읽고, 그 생활 이력을 들은 이후에는, 히로시마의 저명한 평화운동가들의낭랑한 메시지도 무거운 분위기 속에서 진행되었다고 한다. 그 후 초등학교 동창회가 열려 2백여 명의 선생님, 졸업생이 히로시마에 모였다고한다. 그중에는 40년 만에 재회한 친구도 있었고, 매우 반가운 모임이었다. 그 모임에 참석한 일본인은 1945년 8월이 불연속점이 아니라 단지그리운 고향, 부산의 추억이 있었고, 그리운 청춘 시대의 회상이 있었다.그런데 그 모임에서 고령의 한 교장 선생님은 작년 가을에 훈장을 받았다며 '천황폐하를 위해 죽을 때까지 교육에 몸을 바치고 싶다'고 연설했다고 한다. 이전에 식민자 학교에서 황민화 교육에 몸을 바쳤던 그가그 연속선상에서 천황을 위해 일하고 싶다고 말했던 것이다. 이를 듣고하시모토 에이치는 흥이 깨지는 것을 느꼈고, 이러한 경험을 통해 얻는것을 기술한다. 즉 두 체험을 소개했는데, 이는 역사에 대해 객관적인정확한 시점을 갖지 못하고, 자신의 작은 주관적 체험 세계에서 살고있는 일본인의 모습을 논한 것이다. 올바른 조선사, 특히 일본과의 관계사, 또는 재일조선인의 현재 상태에 대해 알지 못하는 것을 한탄하면서, 이에 대한 반성과 자각의 방법을 고민할 것을 기술한다.

하시카와 분조(橋川文三, 1922-1983)

하시카와 분조는 나가사키현 쓰시마 출신으로 일본의 정치학과 정치사상사 연구자이고 평론가이며, 메이지대학 정치경제학부 교수를 역임하였다. 『계간 삼천리』제24호(1980년, 11월)에 「조선과 나의 회오(悔悟)」라는 제목으로 글을 실었다. 이 글은 「북선군」과 「북조선군」에 관한 단어 선택으로 인한 실수를 소개하며, 그 이상의 실수가 현재 일본인에 의해 범해지고 있는 것은 조선문화를 찬양하면서도 경멸하는 이중성이 적용되고 있음을 지적하고 있다. 하시카와 분조는, 이노우에 미쓰하루(井上光晴)의 걸작 『황폐한 여름(荒廃の夏)』의 해설에서 다음과 같은 실수를 했다고 기술한다. 그 해설의 일부를 인용해 보면, '그는 정진정명(正眞正銘)의 북선군병사로 부산의 포로수용소에서 탈주해 온 것이다'라며 북선군병사로 표기한 부분이다. 이 부분에 대해 오사카에 있는 조선인 단체가 바로 이 「북선군」에 대해 불만을 터뜨렸다고 한다. 곧바로, 「북조선군」으로 수정했다고 한다. 하시카와 분조는 1950년에 시작된 조선동란 중의 신문기사에서 받은 인상으로 인해 「북선」「남선」이라는 호칭이 일반적이라고 생각하고 있었기 때문에 그런 방식대로 따랐다고 말했다. 특히 1972년 7월 4일 남북공동성명이 있고, 나는 「북선군」「남선군」이라는 호칭도 이미 무효가 되었다고 생각했기 때문에 이 역사적인 용어를 괄호로 표기했다고 말했다. 그런데 그것도 잘못이었다고 말한다. 하시카와 분조는 원래 조선인민의 긍지라는 것에 대한 자신의 실수라고 말했다. 이것도 크게 보면 일본인에 의해 범해지고 있는 실수라고 보고, 그 속에 내재된 심리를 알게 되었다고 기술한다. 즉 조선문화를 찬양하면서 그와 동시에 조선문화 자체를 멸시하는 이중성이 여기에도 작용하고 있는 것으로 간주한다. 그러면서 하시카와 분조는 조선민주주의인민공화국과 대한민국이 통일되어 이러한 문제를 해결해 가기를 고대한다고 적었다.

하야시 미즈에(林瑞枝, 1934-)

하야시 미즈에는 평론가로 1934년 도쿄에서 태어났다. 와세다대학 정치경제학부를 졸업하고 센슈대학 법학부 강사를 거쳐 스루가카이 대학 문화정보학부 교수를 역임했다. 젠더와 유럽 정치문화를 연구하며 퇴직 후 번역활동을 하고 있다. 『계간 삼천리』제43호(1985년, 8월)에 「지금·여기에서」라는 제목의 글을 실었다. 이 글에서 하야시 미즈에는 프랑스에서 경험한 인종차별과 극우 문제를 서술하고 이민자에 대한 국적 차별 문제를 지적한다. 프랑스에서는 협정에 의해 다른 출입국규정에 따르는 알제리아 사람의 경우에도 체재·노동허가증에 이르는 거주증명서 갱신의 기한은 일률적으로 10년으로 규정하고 있다고 한다. 그리고 생지주의를 병용하고 있는 프랑스에서는 2세 가운데에 프랑스인 국적자가 나오고 있다고 말한. 프랑스 국적법 제44조에서 '프랑스에서 외국인 양친으로부터 생겨난 자는 모두 성년에 달하는 날 프랑스인으로 거처를 가지며 그 이전에 5년간 프랑스에 상시 거주한 경우에는 성년에 달했을 때 프랑스 국적을 취득한다'고 되어있는 규정을 따르게 때문이라고 한다. 즉 이민 2세라더라도 국적상 프랑스인, 프랑스인이 되려는 자(프랑스에서 태어나 유아시기를 프랑스에서 보낸 자)가 증가하는 경향에 있어, 이후는 더 증가해 갈 것이라고 논한다. 그들에게 프랑스는 법적으로는 자신의 국가이며, 부모의 출신국에 귀국하려는 것이 오히려 이상하다는 것이다. 그러면서도 동화를 둘러싼 알력 다툼에 서 있는 것이 2세이기도 하다고 논한다. 그들은 외국 국적인 자도, 프랑스 국적인 자도, 스스로 상황을 받아들이는 결단을 내리게 된다고 하야시 미즈에는 말한다.

하야시 이쿠(林郁, 생몰년 미상)

하야시 이쿠는 작가이다. 『계간 삼천리』제34호(1983년, 5월)에 「만주 개척과 조선인」이라는 제목의 글을 게재한다. 이 글에서 필자는 만주개 척에 조선인은 빼놓을 수 없는 존재였음에도 개척민의 수기(手記)와 증 언에는 주로 패전 후의 일본인의 참상에 관한 내용이며 조선인에 대해서 는 그다지 서술되어 있지 않다는 부분을 지적한다. 그리고 개척단사(開 拓團史) 등에도 조선인이 개척한 농지를 둘러싸고 일본인 개척단이 분쟁 한 경위는 상세히 기록되어 있는데 조선인의 반응은 표현되지 않았음을 문제 제기한다. 베이안성(北安省) 미즈호(瑞穂)개척단의 재만(在滿) 초등 학교 교장의 수기에 '만주국 창립 초기 또는 그 이전에 소련 영토에서 탈출해 온 조선인이 만주국에 와서도 토착민에게 괴롭힘을 당했다는 이 야기가 있다며 그것을 소개한다. 일본으로 귀환 후에 쓴 U교장은 중국에 대한 일본의 침략을 반성하며 신슈(信州)에서 평화교육에 힘쓴 인물이기 도 했다. 그렇지만 본문 글에서는 '선인(鮮人)'이라는 말을 그대로 사용 하고 있고, 또한 조선인의 내면은 전혀 기술되어 있지 않다고 지적한다. 전쟁 말기 산으로 도망간 남자들 일부는 조선인 마을에서 숨겨주어 목숨 을 건졌다는 이야기, 또는 개척단 외에도 현지민의 습격, 약탈, 소련 병사 의 강간, 기아, 영양실조, 전염병 등의 지옥 속에서 조선인에게 도움을 받은 사람들은 그 나름대로 감사한다는 내용 등이 필요하다고 논한다.

하타 세이류(秦正流, 생몰년 미상)

하타 세이류는 아사히신문사(朝日新聞社)편집고문이다. 저자는 전 야마구치현(山口県) 노무보국회(労務報国会) 시모노세키지부(下関支部)의 징용 동원부장(動員部長)이었던 요시다 세이지(吉田清治)가 충청남도 천안의 〈망향의 동산〉에 과거 조선인들을 강제징용 및 연행한 사실에 대하여 사죄의 마음을 표하는 기념비를 건립한 내용의 신문기사를 읽었다. 그리고 『계간 삼천리』제37호(1984년, 2월)에 「관부연락선(関釜連絡船)」이라는 제목의 글을 실었다. 이 글에서 하타 세이류는 과거 기자로서 시모노세키에서 근무했을 때 항구에 입항하는 선박의 승객들을 취재하는 일을 하면서 조선인 노무자를 만난 일에 대하여 회고한다. 하타 세이류는 일본인이 반성해야 할 것은 이 관부연락선으로 조선인을 강제연행하고 일본의 탄광, 토건, 군수공장에 가혹한 조건으로 취업시켰던 일 뿐만 아니라 조선자체를 식민지화하고 그 토지와 인민을 수탈해 온 일본의 매우 난폭한 제국주의 정책 그 자체라고 논한다. 하타 세이류는 더 나아가 조선 민족을 남북으로 분단된 분단국가로 만들고 심각한 '적대관계', 서로 적대의식과 그에 대응하는 군사력을 경쟁시키고 있는 책임을 미·중·소 등의 책임으로 돌리기 전에 일본이 우선 이에 대한 책임을 져야 한다고 주장한다. 그러면서 은유적으로 하타 세이류는 관부연락선이 두 번 다시 비애나 적대의식을 날라서는 안된다고 논한다.

하타 유키오(畑幸雄, 생몰년 미상)

하타 유키오는 『계간 삼천리』제19호(1979년, 9월)에 「사회교육 속에서 조선」이라는 제목의 글을 실었다. 이 글은 한신간(阪神間)의 한 자치체에 근무하는 저자가 외국인 등록 일을 하게 되면서 외국인인 재일 조선인에 대해 생각하게 되고 그에 대한 인식이 변화하고 있는 것을 느끼고, 또한 사회교육분야에서 일하면서 자기 자신이 새롭게 발견한 조선과 재일조선인에 대한 시각을 담담하게 나누고 있다. 하타 유키오는 대학교를 마치고 한신간의 어느 지자체에 근무하게 되어, 곧 '외국인 등록' 일을 하게 된 것을 시작으로 그 경험을 적었다. 처음에 '외국인 등록'이라고 하면 서양인이 등록하는 일이며, 일을 통해 견문도 넓어지고, 공부도되지 않을까 생각했다는 것이다. 그러나, '외국인'에 대한 나의 인식이 잘못됐음을 알았다고 한다. 그것은, '외국인'의 다수는 재일 조선인·중국인인데, 희귀한 구미인을 외국인으로서 인식하고 있던 것에 존재한다고 논한다. '외국인'에 대한 여러 가지 사회의 모순을 느낄 수 있었고, 거기에는, 자신이 교에서 받은 교육 중에서, 가정이나 사회 속에서, 구미 숭배적인 의식을 자연스럽게 흡수해 자란 결과였음을 깨달았다고 한다. 하타 유키오는 사회교육분야에 취직하게 되었는데 당시 하타 유키오는 가 근무하는 시역(市域, 시의 구역)에서는 부락해방운동이 활발하게 행해지고 있었다고 한다. 해방 운동단체에서는, 해방 교육을 목표로 교육에 관한 요구가 나와 격렬한 행정투쟁이 행해지는 가운데, 동화교육을 사회교육의 분야에서 어떻게 진행시켜 나갈지가 큰 과제였는데, 그 속에서 하타 유키오는는 일본의 사회로부터 숭배의 의식으로 보여지는 구미인과 대조적으로, 차별의 의식으로 보이는 재일조선인의 존재를 깨닫고, 일상의 과제로서 하나는 얻을 수 있었다고 한다. 그 후, 하타 유키오는 성인 교육의 일을 담당하게 되어, 자신이 느끼던 과제 중에서 학습 과제를 마련하고 싶다고 생각해 재일조선인 문제를 생각하는 강좌의 준비했다는 것이다. 당시 조선 문제를 거론하는 것은 너무나 뜨거운 문제였고, 성인교육의 학기간의 과제로는 정치적 영향을 받기 쉽다는 점과 재일조선인 문제에 대해서도 가능한 한 흔들리지 않는 쪽이 무난하다고 생각했다는 것이다. 그러나 해방운동이 계기가 되어 동화교육이 추진되는 가운데 재일조선인 문제가 기본 인권과 관련된 과제임을 느끼게 되었다고 한다. 이러한 상황 속에서 '재일조선인 문제를 생각한다'는 강좌가 기획되어 조선장학회 조 선생과 많은 강사, 관계자 분들의 도움이 되어 실현시켰다고 한다. 특히 지금까지 가르치지 못했던 시각과 베일로 얼룩진 것을 이를 통해 보게 되었다고 논한다. 역사적으로도 연관이 깊은 동양의 여러 나라, 그 중에서도 '조선'의 모습이 제대로 보이지 않는다는 것은 어찌된 일인지 짐작할 수 없다며, 그에 대한 필요성을 강조한다. 일본인인 자신이 '재일조선인 문제'의 학습을 통해 보이지 않게 된 부분을 많은 사람들과 함께 보는 노력을 해갈 것이라고 강조했다.

하타다 다카시(旗田巍, 1908-1994)

하타다 다카시는 동양사 연구자다. 경상남도 마산에서 출생하여 1931년 도쿄제국대학(東京帝国大学) 졸업 후 만철조사부(満鉄調査部)에 소속되어 중국 농촌관행조사를 행했다. 도쿄도립대학 조교수, 교수를 역임했다. 중국사와 식민지기 한국사를 주로 연구했다. 『계간 삼천리』제11호(1977년, 8월)에 「좌담회 우선 말로부터」라는 제목으로 글이 실린다. 여기에는 오자와 유사쿠(小沢有作), 하타다 다카시(旗田巍), 김달수가 참여했다. 하타다 다카시는 일본의 조선사 연구자들도 한국어를 배우지 않는다고 비판하면서 이는 일본인이 조선사를 독점하여 조선인의 연구를 무시해 왔기 때문이라고 보고 있다. 그러나 남북한에서 우수한 연구논문이 발표되어 일본의 조선사 연구자들도 조선어를 학습하기 시작한 것은 다행스러운 것이라고 논했다. 그리고 『계간 삼천리』제12호(1977년, 11월)

에 「조선어강좌 왜 필요한가」라는 제목의 글을 실었다. 하타다 다카시는 메이지 이후, 일본인의 조선어 학습의 대부분은, 국책수행이라고 하는 요구에 응해 '관'의 입장에서 진행된 것으로 그것은 '민(民)'에 의한 것이 아니라고 논한다. 한편으로는 조선사람에 대한 일본 정부의 억압이 강력하게 진행되었기 때문에 일반 일본인에게 조선말은 조선을 이해하고 서로 존중하기 위한 대등한 민족어가 될 수 없었다고 지적한다. 그것은 일본 패전 후에도 변하지 않고 있음을 기술한다. 『계간 삼천리』제12호 (1977년, 11월)에 「정치의 차원을 넘어서 실현을」이라는 제목의 글을 게재한다. 이 글은 NHK에 조선어 강좌를 개설하는 것을 지지하는 저자가 조선어강좌를 개설하는데 문제가 되고 있는 강좌명과 관련하여 조선어라고 부르는 이유를 설명하는 것이다. 본문은 크게 ①남북을 포괄하는 말, ②용법, 어감의 문제, ③헤아릴 수 없는 영향 등의 세 부분으로 나누어져서 설명한다. 특히 세 번째의 '헤아릴 수 없는 영향' 부분에서는 조선어 강좌가 개설되었을 때 일본국민에게 미치는 영향이 말 그대로 '헤아릴 수 없다'고 논한다. 일본에 두 세 개 대학에는 조선어학과가 있어, 대학에서 조선어 수업이 진행되고 있지만 그 명칭 변경이 문제가 되고 있지는 않다고 논한다. 또 NHK 해외 방송 중에서도 조선어 방송이라며, 조선어라는 단어를 쓴다고 하면서 NHK에서 조선어 강좌가 개설되었을 경우에 그것이 일본 국민에게 미치는 영향을 고려해 볼 필요성을 논한다. 구체적으로 그 영향이란 대학이나 강습회에서의 학습과 달리 현격히 다수의 일본인이 학습의 기회를 가지게 된다는 것이다. 강좌명 문제로 문제들이 생기고는 있지만, 이것을 빨리 해결하고 궤도에 올려놓아야 한다는 입장이었다. 명칭 문제 때문에 강좌 개설이 어려워지는 것을 우려하는 내용의 글이다. 이는 1977년 9월 25일자 『가나가와 신문(神奈川新聞)』에 실리고, 10월 5일자 『교토 신문(京都新聞)』에 게재된 내용이기도 하다. 그리고 『계간 삼천리』제18호(1979년, 5월)에 「나의 조선체험」이라는 글을 싣는다. 이 글은 저자가 태어나 자랐던 마산에서의 추억을 회고하는 글이다. 하타다 다카시는 자신이 식민지시기 조선에서 살 때 일본인 거주지와 조선인 거주지 즉 신마산과 구마산으로 구분되어 있었다고 한다. 그리고 구마산에서 목격한 3·1운동, 경찰의 무력 진압과 조선인 연행, 일본인 어린아이 눈에 비친 조선인의 가난하고 어두운 삶을 묘사하는 글로 채우고 있다. 그리고 1970년대에 다시 찾은 남북의 변화를 바라면서 메이지 이래 '정체'와 '낙후'의 이미지로 고착된 일본인의 조선인식을 성찰한다. 일본 지배하에 있던 조선인은 어둡고 가난했지만, 현재는 바뀌었고 연구자·지식인들은 인격도 식견도 존경할 만큼 성정했다고 논한다. 물론 한국은 분단을 비롯한 많은 문제를 안고 있지만, 그러나 분명 미래를 향해 노력하고 있다는 인상을 받는다고 했다. 그렇지만, 일본의 식민지 지배자의 눈에 비친 인상을 지우는 데는 실로 오랜 시간이 걸린 것은 틀림없다고 보았다. 메이지부터 근년에 이르기까지 일본인의 조선역사는 한 마디로 정체론·낙후론으로 일관되었었다. 그러나 이러한 논리 속에는 일본의 지배가 조선의 진보를 저지했음을 알려 하지 않았던 점, 조선의 낙후를 숙명처럼 생각했던 점이 부당하게 자리잡고 있는 것이었다. 따라서 이러한 기존의 인식론에 갇힌 조선의 정체론과 낙후론을 반성해야 함을 기술했다. 그리고 『계간 삼천리』제29호(1982년, 2월)에 「대담고대사·최근 10년」이라는 내용의 대담 글이 게재된다. 이진희 등이 참가했고, 고대사, 한일관계 연구자와의 대담이었다. 1980년대에 일본 역사에 사용된 용어의 큰 변화가 일었는데, 그것은 '귀화인'에서 '도래인'으로 표현이 달라진 일이라고 논한다. 하타다 다카시는, 그것은 첫째로는 김달수(金達壽)의 공적이라고 평가했다. 그것은 김달수의 『일본 속의 조선문화』라는 저서를 평가하는 일이기도 했다. 이는 우에다 마사아키(上田正昭)를 비롯해 많은 일본인 학자가 협력하는 하나의 공동연구의 장이 되기도 했다. 하타다 다카시가 주장하는 것은 전전에 조선사와 조·일관계사 연구가 일본인의 조선인에 대한 우월감을 만들었고, 그것은 여전히 남아있는 것에 대한 반성이었다. 그러한 의미에서 선인(先人)의 잘못을 되돌아보고 조선사 상(像)을 개선하여 한일관계를 구축해야 한다는 입장을 제시했다. 그리고 『계간 삼천리』제32호(1982년, 11월)에 「교과서 문제로 생각한 것」이라는 제목으로 글을 게재했다. 당시에 나타난 교과서 문제, 즉 일본이 자행한 침략전쟁이나 식민지지배에 의해 고통을 받은 중국, 한국 그리고 아시아 여러 민족에게는 그것이 어떤 것이었는가라는 것을 알려 주는 계기가 되었다고 논한다. 즉, 침략전쟁이나 식민지지배를 속이려는 문부성의 검정에 대해 커다란 분노가 중국, 한국, 조선민주주의인민공화국, 그리고 다른 아시아 여러 나라에서 일어났기 때문이다. 일본 매스컴은 극히 일부를 제외하고는 대부분이 이것을 긍정적으로 받아들여, 일본 정부의 반성을 촉구했다. 일본 민중도 일본 군국주의가 아시아 여러 민족에게 준 상처에 새롭게 주목했고, 이전의 침략전쟁이나 식민지지배 문제가 불러일으킨 하나의 커다란 충격적 사건이었다. 이것을 일시의 충격으로 끝내지 않고 결실을 맺도록 하는 것이 일본인과 아시아 여러 민족 간의 진정한 우호를 가져오는 좋은 계기로 작동할 것이라고 논한다. 그리고 더 중요한 것은 교과서 문제는 일본의 지배층 의식과 밀접한 관련이 있다는 점이다. 그렇기 때문에 교과서 검정 문제에 대한 저항은 일본의 지배층에 대한 저항이기도 한 것이라고 간주한다. 동시에 지배층의 잘못된 의식을 용인한 일본국민에 대한 비판이기도 하다며, 지배와 민중 양측에 대한 비판 논점을 제시한다. 중요한 것은 일본의 지배자 의식을 비판함과 동시에 우리들 자신의 의식을 반성하지 않으면 안 된다는 시각을 보여주고 있다는 점이다. 『계간 삼천리』36호에 「한국을 방문하여」라는 제목의 글을 싣는다. 이 글에서는 한국을 방문한 5일간의 기록을 담았다. 학술회의를 목적으로 방문한 한국여정에서 마산을 방문하여 본인의 가족에 대한 기억과 그곳에 살고 있는 사람들과의 우연한 조우를 통해 한국의 깊은 정을 느끼게 되는 감상을 기술했다. 그리고 『계간 삼천리』제40호(1984년, 11월)에 「『계간 삼천리』에의 기대」라는 제목으로 글을 게재한다. 이 글에서는, 『계간 삼천리』가 창간으로부터 10년이 지나고 제40호를 간행하게 된 것을 평가하면서도 10년간에는 많은 곤란함과 장애가 있었던 것에 대해서도 언급한다. 즉 『계간 삼천리』의 10년을 되돌아보는 글로, 창간호부터 그 의의가 무엇인지를 논한다. 권두에 '창간사'를 거론하는 방식으로, 첫째 7·4공동성명에 의거하여 남북통일에의 절실한 희망을 담고 있으며, 둘째 일본과 조선 사이의 뒤틀린 관계를 풀어 상호이해와 연대를 꾀하는 것이었음을 상기시킨다. 이 두 가지가 『계간 삼천리』를 간행하는 취지였는데 이 문제는 일조일석(一朝一夕)으로 해결할 수 있는 것도 아니었고, 그 만큼 어려움이 많은 과제임을 논하는 것이었다. 그럼에도 불구하고, 『계간 삼천리』는 초지(初志)를 잊지 않고 노력해 온 점은 평가하면서, 하타다 다카시는 금후에도 더욱 노력해 주기를 바란다는 희망을 적어주었다. 그러면서 『계간 삼천리』가 일본에 있다는 것, 그 장소성을 살리고, 남북에 대해서도 같은 거리를 유지라는 등, 그 입장을 지켜갈 것을 논한다. 물론 지금까지는 일본과 조선의 상호이해라고 하지만, 한국의 여론조사에서는 일본은 싫어하는 나라로서 상위를 차지하고 있으며, 일본 여론조사에서는 한국과 친해지고 싶다는 의견도 소수라는 점을 고려하지 않을 수 없다고 논한다. 그리고 양국의 정권 담당자의 밀착이 민중 레벨의 상호이해를 저해하는 경우가 적지 않음에 대해 지적했다. 그렇지만, 인간의 왕래나 문화 교류는 매년 잘 진행하고 있으며, 그런 것을 통해 민중의 상호이해는 깊어져 가고 있다고 한편으로는 평가한다. 하타다 다카시는 결론적으로 상호이해를 꾀하기 위해서는 서로 간에 인간으로 존경과 친애의 관념을 갖는 것이라고 말하면서, 한일관계가 바로 이를 공유해야 한다고 기술한다. 그 역할의 중심에 『계간 삼천리』가 있고, 앞으로도 많은 성과를 보여주기를 바란다는 내용을 적고 있다.

한기덕(韓基德, 생몰년 미상)

한기덕은 재일동포 3세이고 최근 경력은 한국상공회의소 아이치(愛知) 사무소에서 일했음. 현재 EAC 말마당 운영. 한일 간 역사문화를 이해하는 데 바탕을 둔 한국어교육을 추구한다. 『계간 삼천리』제42호(1985년, 5월)에 「해방의 이미지」라는 제목의 글을 실었다. 이 글은 지문날인 문제를 둘러싼 문제를 제도와 일상의 측면에서 분석하여 해결방안을 제시한다. 한기덕은, 지문날인거부 투쟁은 재일조선인의 해방 이미지에 뒷받침된 것이지 아니면 안된다고 논한다. 즉 재일조선인은 분단된 조국을 가짐과 동시에 민족적 배외·동화주의를 관철한 일본사회에서 생활한다는 이중의 고난에 처해있는 존재라는 점을 제시한다. 그리하여 재일조선인의 해방 이미지는 당연히 이 이중고를 극복하는 의지에서 생겨난다고 말한다. 지문날인 문제에서 '협정영주권자에 한한다'라고 하는 것 같은 말 그대로 불쾌하기 짝이 없는 타협안이 실은 우리 동포 내부에서 제시되었었다는 것은 불행이라고 말한다. 그리고 그것은 금후 20주년을 맞이한 한일조약체제가 재일조선인에 있어서는 무엇이었는가 엄중하게 총괄할 것을 요구받고 있다고 논한다. 즉 한일조약 체제는 한국을 조선반도에서 유일한 합법정부로 인정한다는 논리 아래 남북분단을 고정화하는 것임과 동시에 그것을 악용하여 동일한 역사적 배경을 가진 재일조선인에 대해서도 그 조국관, 사상성을 '시험하여' 협정영주권을 무기로 분단을 강요하는 것이라고 논한다. 그러면서 이 타협안이 분단 책동을 시인하고 강화하는 것이기 때문에 용서할 수 없는 성질을 갖고 있다고 말한다. 재일조선인의 해방 이미지에 필요한 것은 첫째 분단을 극복하는 민족관을 정립하고 만족적 유대(紐帶)를 강화하는 것이라는 점을 강조한다. 그것은 지문문제를 포함해 재일조선인의 권익문제가 초미의 과제가된 나머지 조국에 대해 무관심하게 되거나 조국과 관계가 끊긴 재일조선인 상을 만들어버릴 위험성을 함께 해결해야 하는 점으로도 연결된다. 그리하여 2세, 3세가 해방 이미지를 진지하게 검토해가면서 창조해 가야하는 것이 무엇인가를 묻는 물음에 답하는 내용이다.

한석희(韓晳曦, 1919-1998)

한석희는 1919년에 제주도에서 태어나, 일본에서 자랐다. 교토(京都)의 도시샤대학(同志社大学) 신학부에서 수학했고, 기독교 좌파운동에 심취하여 조총련과 관계하고 한때는 사회주의자의 길을 걷기도 했다. 결국 전향을 했으며, 기독교 신앙으로 회귀하여 일본기독교단의 중추적 지도자가 되었고, 신학과 교회사 연구가로서의 생애를 살았다. 재일한국인으로 어려운 상황 속에서 생계를 위해 사업을 해야 했고, 인조가죽 제화업으로 큰 성공을 거두었다. 사업으로 벌어들인 재화를 기독교 역사 자료 수집을 비롯한 학술 문화 활동에 투자했고, 1969년에는 고베(神戸)에 조선근대사·기독교사 자료를 수집하는 사설 도서관으로 청구문고(青丘文庫)를 개설하고 운영했다. 『계간 삼천리』제12호(1977년, 11월)에 「조선의 형제·노리마쓰 마사야스(乗松雅休)」라는 제목의 글을 실었다. 이 글은 조선에서 활동한 일본인 최초의 해외 전도자인 기독교 전도자 노리마쓰 마사야스에 대해서 적었다. 일본인임에도 불구하고 조선인과 삶을 나누며 기독교인으로서의 삶을 살며 헌신한 노리마쓰를 추모하기 위해 적은 것이라고 한석희는 밝혔다. 그리하여 구체적으로 일본 최초의 해외 전도자 노리마쓰 마사야스의 생애를 기술한다. 노리마쓰 마사야스는 마쓰야마(松山)에서 태어났고, 마쓰야마 중학교 졸업한 후 도쿄에서 공부를 하고, 가나가와현청(神奈川県庁)에 근무했다. 이후 아버지가 돌아가신 이후 일본 최고인 요코하마(橫浜) 해안교회(海岸交会)에 들어가서, 전도자가 되기 위해 메이지학원(明治学院)대학에 입학했다. 재학 중에는 교직 신도들과 구별 없이 일체의 조직제도와 신조, 교파를 부정하고, 오로지 성서를 중심으로 하는 플리머드 형제단 소속의 영국인 선교사 H.G. 브랜드를 만나게 된다. 그룹에 들어가게 되면서 메이지학원대학을 자퇴하고, 전국 각지를 돌며 전도활동을 전개했다. 1896년 12월 23일 노리마쓰는 서울로 간다. 그리고 조선에서 전도 활동을 하는데, 이는 조선의 특명전권공사인 하라 다카시(原敬)가 보고한 조선의 상황, 즉 '관민 일반은 물론 재류 외국인에 이르기까지 배일(排日)의 풍조, 그 일이 어떤 것을 막론하고 모두 반대하는 식으로 나타나는데, 이는 내정간섭에 대한 반작용과 지난해 10월 8일 왕비 살해 사건이 원인이다'는 것으로 알 수 있듯이, 일본인이라는 이유만으로 조선인은 일본인을 적대시하는 상황이었다. 그런데 '일본인이 기독교 전도를'이라며, 의심과 증오의 대상이 되었다고 한다. 그러나 노리마쓰는 조선인 가옥을 빌리고 조선인과 함께 생활했다. 그리고 조선어를 배우고 조선어로 생활하면서 마침내 조선어로 설교를 했다고 한다. 그러나 많은 곤고(困苦)를 겪고, 결핵 등으로 고생했다. 그 이후 건강 회복을 위해 일본에 돌아왔지만, 3·1운동 발발과 함께 즉시 조선으로 건너갔다고 한다. 위험을 무릅쓰고 찾아온 노리마쓰에 대해 조선인들은 감동했고, 반겼다고 한다. 그러나 병세가 악화

되어 1921년 2월 12일 59세로 타계했는데 바로 이러한 노리마쓰 마사야스의 활동을 '국가를 넘는 방법'의 입장에서 기술했다.

현화남(玄和南, 생몰년 미상)

현화남은 『계간 삼천리』제39호(1984년, 8월)에 「부락해방운동 속에서」라는 제목의 글을 실었다. 이 글은 부락해방운동과 재일조선인이 함께하는 투쟁에 대해 적고 있다. 현화남은 하구사(蛇草) 지역에 대해 구체적으로 설명한다. 이 지역은 히가시오사카 시내에 있는 피차별부락인 것이다. 교통편은 좋은 편이고 재일동포가 가장 많이 거주하는 오사카시 이쿠노(生野)와 이웃한 지역으로, 피차별부락 중에서도 비교적 동포가 많은 지역이기도 하다. 이 지역에 '하구사 지구 재일한국·조선인 인권을 보장시키기 위한 모임'이 있는데, 이 모임은 6년째로 접어들었다고 한다. 이 모임을 1978년 12월에 결성했는데, 그것은 직접적으로는 부락해방운동이 배경이 존재했다는 것과 국제인권규약 비준 투쟁이 고조된 것도 계기가 되었다고 설명한다. 주택요구 투쟁에 대해 재일동포도 적극적으로 참가했고, 부락인과 재일동포는 입장은 다르지만, 지역에 생활기반을 갖는 재일동포에게 있어서 이 문제는 차별/억압을 받고 있는 것에서 일어나는 생활문제로서 중요한 관심사였고 그 요구가 재일동포와 동일한 측면이 있었기 때문이라고 분석한다. 그 후 인권존중에 대한 여론이 국내외에서 높아져갔고, 국제인권규약을 비준시키기 위한 구체적인 투쟁이 진척됨에 따라 '내외인 평등'을 요구하는 목소리가 재일동포들로부터도 높아져 가게 된다고 설명한다. 그 이후 생활 요구 투쟁을 중심으로 활동이 전개되고, 그것은 단순하게 재일동포 생활권 보장을 획득하는 것만이 아니라 운동을 전개하면서 자기변혁을 이루는 과정이기도 한 것인데, 이것은 부락해방운동에서 배운 것이라고 기술한다.

호리 리쿠오(祝部陸大, 1931-2001)

서적 편집자인 일본인 저자이다. 『계간 삼천리』제20호(1979년, 11월)에 「아프리카의 물」이라는 글을 실었다. 이 글은 주로 저자가 오사카의 이카이노(猪飼野)를 방문한 내용을 적었다. 그곳에서 그는 문득, "아프리카의 물을 한 번 마신 사람은 다시 아프리카에 돌아온다"는 말을 떠올랐다고 한다. 조선인이 운영하는 병원에서 접한 조선인과의 관계 속에서 만들어진 우호에 관한 글로, 그는 그것을 연대라고 표현하고 있다는 것이다. 자신은 조선인이 운영하는 병원에서 히키아게와 그 뒤를 잇는 시기를 생각했다고 한다. 하지만 여기에 있는 조국애, 동포애는 대일본제국에 있던 시기에는 알지 못하는 것이었고, 그 당시의 관용과 우호의 차이를 생각하게 되었다고 논하고 있다. 『계간 삼천리』제16호(1978년, 11월)에 「아버지의 피로부터」라는 제목의 글을 실었다. 이 글에서는 식민지 시절 서울에서의 경험과 조선어 학습의 동기와 조선어 학습의 어려움에 대해 이야기한다. 호리 리쿠오는 식민지시기 서울에서 살았는데, 1934년의 어느 날 서울에 위치한 신사(神社)의 신주(神主)였던 아버지가 돌을 맞은 일화를 소개한다. 아버지 얼굴에서 난 피는 상당해 흰옷을 물들일 정도였는데, 이 사건은 여전히 기억에 강렬하게 남아있는데, 이는 자신이 생각해 보면 침략한 땅에서는 당할 수밖에 없는 일이기도 하다는 것이다. 그리고 패전 후 외국인에게 받은 심한 처사를 이야기하는 일본인을 자주 보게 되었다는 것이다. 이것을 듣고 가해자의 의식이 갑자기 피해자의 의식으로 변하는 것에 왠지 모를 위화감을 느꼈다고 한다. 호리 리쿠오는 1945년 일본으로 돌아와서는 미나미규슈(南九州)에서 살아왔다고 한다. 그리고 지난 10년간은 조선인을 만날 기회가 없었는데, 이후 몇몇 조선인을 만나게 되고, 때때로 그들과 조선요리점에서 음식을 즐기기도 했다고 말한다. 호리 리쿠오는 자신이 생각하기에 조선에 대해서 어느 정도 아는 것이 많다고 생각해 왔지만, 실은 조선에 대한 지식이 별로 없다는 것도 알게 되어 다시 조선어를 배우게 되었다는 것이다. 그리하여 자신 내부에서 조선·조선인이 점점 가까워짐을 느낄 수 있었다고 말한다. 그러나 조선어가 어렵고 조선에 대해 더 알지 못하는 것을 알면서는 조선어, 조선의 역사, 조선의 현재를 들을수록 조선·조선인이 점차 멀어지는 느낌도 들었다는 것이다. 호리 리쿠오는 그 이유가 자신이 '일본인이기 때문인지' 혹은 '어린 시절의 감각으로 현실을 피해 왔기 때문인지라는' 의문을 가졌다고 한다. 이 글은 호리 리쿠오의 식민지 경험이 만들어낸 자신의 과거를 마주하면서 느끼는 이중적 조선, 조선인에 대해 논한 것이다.

후세 시게요시(布施茂芳, 1938-)

후세 시게요시는 사이타마현(埼玉県) 출생으로 1964년에 도쿄대학(東京大学)을 졸업했다. 교도통신사(共同通信社)에 입사하고, 1971년에는 베트남의 사이공 지국에 근무했다. 1973년에 서울 지국장을 역임했다. 76년에는 홍콩 지국장을 지냈고 1984년에는 북경 지국장을 거쳐 후쿠오카(福岡) 지사장을 역임했다. 『계간 삼천리』제2호(1975년, 5월)에 「용기 있는 사람들」이라는 제목의 글을 게재한다. 여기에는 한국의 민주주의 회복 운동에 대한 노력에 대해 기술했다. 후세 시게요시는 '국민의 힘으로 반격한다'는 논리가 무엇인지를 설명하고, 그것이 한국에서 증명되었다고 기술한다. 한국내에서 『동아일보』가 탄압을 받는 것을 보고 민주회

복운동을 진행시키던 종교가, 지식인, 야당 정치가, 학생들 '일부'가 동아 지원운동, 구독료 선납 운동 등을 개시하는 운동을 소개한다. 이것은 '일부분'을 넘어 전국 각지 국민들에게 퍼져나간 상태가 되었다는 것이다. 『동아일보』와 국민 관계에 대해 살펴본다면, 민주주의와 민족독립을 위해 계속 투쟁 해 온 54년의 역사를 가진 국민지(国民紙)로서의 전통이 국민의 동아에 대한 깊은 신뢰감 바탕이 있는 것이라고까지 표현한다. 동시에 자유언론 실천 선언 이후 현 유신체제 즉 자유 표현이 어려운 체제 속에서 『동아일보』와 국민 사이에 새로운 '신뢰의 연대'가 생겨난 것이라고 기술한다.

후지노 마사유키(藤野雅之, 생몰년 미상)

후지노 마사유키는 『계간 삼천리』제19호(1979년, 9월)에 「나의 조선 체험」이라는 제목의 글을 게재한다. 이 글은 저자가 가진 조선에 대한 기억에 대한 것이다. 신출내기 기자였을 때 만났던 한 조선인 노파의 모습을 기억하며 조선을 생각할 때마다 떠오르는 기억으로 소환하여 조선과 오키나와를 일본인인 자신을 객관적으로 인식할 기회를 주는 거울로서 소개하고 있다. 후지노 마사유키는 조선이라는 존재가 어디선가 나의 내부에 걸쳐 있었던 것을 계기로, 지금까지 계속 존재해 온 듯한 기분이 든다고 한다. 그래서 묻게 되는 것이 '그것은 도대체 나에게 무엇인가'라는 것이다. 그 일을 자신에게 묻고자 하는 내 나름의 조선 체험의 양상이 어느 정도 뚜렷한 윤곽으로 남았기 때문이라고 그 근원을 생각한다. 조선이란 말을 들을 때 반드시 기억의 층에서 되살아나는 어떤 정경이 있었음을 논한다. 그것은 지금까지 내가 만난 조선인이나 한국인, 많은 재일동포가 일본어를 자기 뜻에 반(反)하는 말이라고 한 부분들이다.

거기에는 하나하나 36년 일본 제국주의의 조선 지배를 비롯한 역사가 연결된 것을 일단 이해했더라도 그것만으로는 그런 말이 아닌 타협하지 않는 재일조선인의 내부에까지는 알 수 있었을 텐데 라고 논한다. 그리고 전후 재일조선인에게 이국(異国) 일본을 느끼는 것을 기술한 것이다.

후지모토 도시카즈(藤本敏和, 생몰년 미상)

후지모토 고시카즈는 1973년 NHK에 입사하였는데, 첫 발령지는 시모노세키(下関)였다. NHK 국제방송국 제작센터 '수석 디렉터'를 지냈고 NHK에서 주로 한국어로 일본 소식을 전하는 업무를 맡았다. 그가 제작한 「라디오 일본 코리안 서비스」란 프로그램은 뉴스와 해설, 일본어 학습, 시청자 편지 소개 등으로 구성되었다. 『계간 삼천리』제11호(1977년, 8월)에 「NHK의 조선어방송」이라는 제목의 글을 실었다. 이 글에서는 자신의 조선어 학습 경험과 자신이 맡고 있는 NHK조선어 방송을 간단히 소개한다. 그리고 일본 매스컴에서 재일조선인 문제를 계속해서 다루었으면 한다는 희망도 언급한다. 대체적으로 일본 매스컴에서는 재일조선인의 문제를 다루는 것을 금기시하는 경향이 있으며, 이 문제를 근본적으로 개선하기 위한 노력을 해야 한다는 것을 강조한다. 그리하여 후지모토 고시카즈는 자신이 이러한 문제의식을 갖게 된 것이 조선어 업무를 담당하면서 느끼게 되었다고 하고, 다른 측면에서는 조선어를 배운 경험에서 나왔다고 설명한다. 만약 NHK에 조선어 강좌가 개설된다면 자신과 같은 일본인이 더 나올 것이라고 기대할 수 있다며, 그러한 '우연'이 많이 생기기를 바라는 내용으로 전개했다. 그리고 『계간 삼천리』제37호(1984년 봄, 2월)에 「'한글강좌' 개설에 대하여」라는 제목으로 지속해서 글을 실었다. 여기에서도 후지모토 고시카즈는 자신이 한국, 북한 그리고 중국 조선족을 대상으로 국제방송을 담당하고 있다고 밝히며, NHK에서 한글강좌가 시작된 계기와 그 과정을 회고하면서, 자신이 조선어나 조선 문제에 관심을 가지게 된 이유에 대하여 기술한다. 1984년 4월부터 NHK 교육 TV에서 '안녕하십니까 한글 강좌'가 시작되었는데, 이 강좌가 개설된 의의가 무엇인가를 구체적으로 논한다. 특히 이 강좌를 통해 조선에 시선을 돌리는 사람이 늘어날 것을 기대하고, 관심이 높아지면 좋겠다는 바람을 적었다. 후지모토 고시카즈는, 한국이 일본과 오랜 역사적 관계를 가진 나라로, 특히 근대 식민지 통치자와 피통치자라는 관계를 가지고 있지만, 현재도 정치적, 경제적, 군사적으로 밀접하게 연결되어 있는 이웃이라고 논한다. 그리고 무엇보다도 70만 명의 재일조선인과 접할 기회를 만들어 가야 한다는 입장을 강조했다.

후지모토 오사무(藤本治, 1931-2010)

후지모토 오사무는, 프랑스문학자이며 사회사상가이다. 도쿠시마현(德島県) 출생이며, 히토쓰바시대학(一橋大学) 대학원에서 사회사상사를 전공했다. 시즈오카대학(静岡大学) 교수를 역임하고, 명예교수가 되었다. 저서 『위령과 반전(慰霊と反戦)』(1983)은, 재판투쟁을 통해 전몰(戦没) 학생에 대한 위령과 반전의 의미를 물었다. 반전, 평화, 한일연대, 반차별, 반천황제 운동을 담당했다. 『계간 삼천리』제17호(1979년, 2월)에 「조선어와 나」라는 제목으로 글을 실었다. 이 글은 차별의 문제를 사회구조 원리로서 생각하고, 그것을 극복하기 위한 방법으로서 언어가 갖고 있는 이중성에 대해 논한다. 그리고 조선어를 배울 것을 권장하며, 인식의 변화 계기를 찾을 것을 논했다. 그 이유에 대해 설명하는 후지모토 오사무는, 일본 국가와 사회는 차별을 그 지배구조의 원리 중 하나라고 설정하고 이를 극복하기 위한 시도하고 논한다. 차별의 의미는 차별하는 측에 서는가 아니면 차별받는 쪽에 서는가에 따라서 하늘과 땅 차이가 있는 데, 어느 쪽에 있어도 상처를 주는 기능을 한다는 점에서는 동일하다는 것이다. 왜냐하면 인간은 언어의 세계에서 자라게 되고, 언어로 의사를 전달하고, 또한 인간으로서 타인에 대한 생각이 길러지고, 사람은 인간이 되기 때문이다. 그러는 한 인간은 언어에 의해 운명적으로 규제되고, 언어에 의해 발달하기도 하고 또한 언어에 의해 왜곡되고, 손상되기도 한다는 것이다. 혹은 언어에 자신의 발목이 잡혀 자신의 입장을 상실하는 경우도 있으며, 또한 언어에 의해 인간으로서의 본래의 모습에 각성하는 경우도 있다고 해석한다. 그러면서 언어는 인간과 인간을 연결해 주기도 하는 것인데, 그러나 인간들끼리 서로 다른 세계의 이인(異人)으로서 상호 간에 차별하고, 배제하고 마침내 적으로 대립하게 하는 작용도 언어가 수행한다고 논한다. 그리고 때로는 상반되는 작용을 언어가 하게 되는데, 언어라는 것의 가장 인간적 의미는 역사적 사회적인 조건 속에서 한 인간이 주체적으로 타인과 관계를 갖게 되며, 따라서 개개의 인간 및 인간집단이 총체로서의 인간세계와 관계하는 것은 언어에 의해서라고 논한다. 일본인이 조선인·한국인과의 연대, 우호를 바란다면 그들과 새로운 관계를 만들어 내고 잘못된 과거의 역사에서 자기 자신을 해방하려고 한다면, 조선어를 적극적으로 공부해야 할 것이라고 강조한다. 조선어로 이야기되고, 사고하면서 조선어로 의미를 갖게 되는 세계 속으로 들어가서 그것에 의해 내적 세계를 확대하여, 풍부하게 하는 것이 필요하다고 논한다.

후지이 마사노(藤野雅之, 1941-)

후지이 마사노는 효고현(兵庫県) 출생이다. 와세다대학(早稲田大学) 법학부를 졸업하고, 1965년 교도통신사(共同通信社)에 입사하고, 문화부 기자로 활동했다. 문화부장, 교토(京都) 지국장을 거쳐, 출판본부장을 지내다가 2002년에 퇴임했다. 『계간 삼천리』제21호(1980년, 2월)에 「사마르칸트(Samarkand)에서 만난 조선인」이라는 제목으로 글을 실었다. 이 글에서는 소비에트 여행 중에 만난 조선인에 대해 기술한다. 중앙아시아에 수만 명의 조선인이 생활하고 있다는 것은 이전부터 들어서 알고 있었는데, 실제로 1930년대 스탈린 시대에 연해주나 소비에트령의 시베리아에는 많은 조선인들이 살고 있었다고 논한다. 일본은 당시 대륙을 침략하여, 조선반도를 식민지화 했었고 만주에도 진출했던 시기와 중첩된다. 그리하여 스탈린은 일본군사정책을 이유로 극동 소비에트 조선인을 중앙아시아에 강제 이주시켰다. 그 숫자는 20만 명에서 30만 명이라고 전해지는데, 공식 발표가 없기 때문에 정확한 숫자는 알 수 없다. 그들 대부분은 콜호스(구 소련의 집단 농장)를 만들어 그곳에서 농업에 종사하게 했다는 것이다. 사회주의 소비에트라고는 하지만, 강제이주 한 자들로 이향(異郷)의 땅이었다. 일본에도 조선인이 60만 넘게 있었는데, 엄밀하게 말하면 소비에트와는 사정이 다를 텐데, 유사한 형태로 살고 있다고 논한다. 그리하여 후지이 마사노는 타지역의 소비에트 조선인들의 생활을 알고 싶다며, 그것을 조사해 보고 싶다는 내용을 기술한다.

후지이 하루오(藤井治夫, 1928-2012)

후지이 하루오는 일본공산당 기관지 『적기(赤旗)』 편집부에 입사해

주로 『전위(前衛)』에서 군사평론을 썼다. 이때 자위대, 군사문제 등을 상세하게 취재, 연구했다. 공산당 탈당 후에는 독자적으로 군사문제를 연구한다. 1975년에는 군사문제연구회를 설립해 사무국장이 되고 잡지 『군사평론』의 주필로 취임해 이를 발행한다. 『계간 삼천리』제4호(1975년, 11월)에 「미국의 핵전략과 한일군사관계」는 제목으로 글을 실었다. 이 글에서는 한미일의 군사협력이 강화되는 속에서 미국의 핵무기전략 변경은 동아시아에서 핵무기 사용의 가능성을 높이는 것이라고 지적한다. 한미일 군사협력 강화 움직임으로 아시아에서 군사적 긴장은 고조될 수밖에 없으며 동북아시아는 재차 핵전장을 전개할 수도 있다며 그 내용에 비판적이었다. 전쟁이냐 평화냐, 억압이냐 해방이냐는 지배층이 일방적으로 결정할 문제는 아니라고 보고, 왜냐하면 전쟁의 피해는 인민이 가장 크게 입는 것이기 때문이라는 논리에서였다. 그러한 의미에서 인민의 입장이 고려되어야 하고, 특히 핵무기를 사용할 수 없게 만드는 노력이 필요하다는 내용을 기술한다.

후지타 이치로(藤田市郎, 생몰년 미상)

후지타 이치로는 철도직원이었다. 『계간 삼천리』제28호(1981년, 11월)에 「나와 조선」이라는 제목으로 글을 실었다. 이 글에서는 기타 사다키치(喜田貞吉)교수의 「일선양민족동원론(日鮮兩民族同源論)」을 읽고 철도직원으로서 조선에 전근하여 일본과 조선의 '융화'를 위해 조선인 부인과 결혼하고자 하였으나, 조선과 일본의 다름을 깨닫고 결국 일본인 부인과 결혼하여 살게 된 자신의 이야기를 소개하고 있다. 식민지시기 후지타 이치로는 부산영업소의 화물 및 개찰계원으로 전근발령을 받았는데, 그것은 1921년이었다고 한다. 후지타 이치로는 조선에 간 김에 조선부인을 아내로 맞이하여 「융화」의 열매를 손수 보여주자고 결의하였다고 한다. 부임하자 맞선 이야기도 많이 들어왔는데, 후지타 이치로는 일체 상대하지 않고, 오직 조선 여성을 부인으로 맞이할 수단을 생각하고 있었다고 한다. 그러나 그것이 불가능에 가깝다는 것을 점차 알게 되었다고 했다. 그것은 조선에 씨족제도라는 것이 존재하고, 조선에 3개 정도만 있던 여학교는 경성, 평양, 진주뿐이었다는 것이다. 후지타 이치로의 조선 체험은 융화론의 허상을 소개하는 글이었다.

후쿠다 도쿠조(福田德三, 1874-1930)

후쿠다 도쿠조는 1874년 도쿄에서 태어났으며, 어머니가 크리스찬이었기 때문에 1886년 12살 때 세례를 받았다. 후쿠다 도쿠조는 히토쓰바시대학(一橋大学)에 입학하고, 도쿄의 슬럼가에서 전도(伝道) 활동에도 참가했다. 1894년에 대학을 졸업하고, 세키 하지메(關一, 나중에 오사카시 시장)과 함께 고베상업학교(神戸商業学校)에 교사로 취업한다. 이후 다시 히토쓰바시대학 연구과에 입학하고, 1896년에 졸업한다. 그리고 1898년부터 문부성에 지원을 받아 독일에 유학한다. 뮌헨대학에서 박사학위를 취득했다. 1896년 고등상업학교 강사, 1900년에 교수로 취임한다. 1904년에 휴직 처분을 받는데, 휴직 중에 미노베 다쓰키치(美濃部達吉)의 추천으로, 도쿄대학 법과대학에 논문을 제출하고, 법학박사 학위를 취득한다. 후쿠다 도쿠조는 일본의 경제학을 개척한 경제학자이며 사회정책학자이다. 경제학에 사회정책학과 신역사학파의 흐름으로서 경제이론과 경제사를 도입했다. 도쿄상과대학(東京商科大学, 현재의 히토쓰바시대학) 교수를 역임했고, 게이오기주쿠대학(慶應義塾大学)교수, 프랑스 학사원(フランス学士院) 문과부 외국회원 등을 지냈다. 1923년 관동

대지진을 경험하면서『영생기회(営生機会) 부흥을 서둘러라』를 집필하고, 부흥사업에서 제일 중요한 것은 '인간의 부흥'이라고 논했다. 주요 저서로는『사회정책과 계급투쟁』(1922년),『경제위기와 경제회복』(1923년),『유통경제 강화(講話)』(1925년),『후생(厚生) 경제 연구』(1930년) 등이 있다.

히가시 헤이스케(東平介, 생몰년 미상)

히가시 헤이스케는 박애(博愛)위장병원장이다.『계간 삼천리』에는 사가현(滋賀県) 호북(湖北)의 이카(伊香)병원 원장으로 부임하면서 만난 고대유적을 통해 고대 기록에 대해 조사하면서 알게 된 역사를 기술한다. 히가시 헤이스케는, 사가현이나 오사카부에 있는 신사의 지주신(地主神) 대부분은 조선도래의 신들이다라고 가르쳐준 것은 김달수였다고 한다. '오야마쿠이카미(大山咋神)'라는 익숙한 이름의 신이 이카군(伊香郡) 내의 신사에 많다는 것을 알게 되었다고 한다. 그리고 더 조사를 해보니 '오야마쿠이카미'는『고사기』에 나오고『일본서기』에는 없는 말하자면 '오토시카미(大年神) 계보' 속의 신 중에 하나였다는 것이다. 이것은 다이쇼시기 나카자와 겐묘(中沢見明)라는 학자가 '고사기위서설(古事記偽書説)'에서 밝히는 내용이기도 했다며, 그 내용을 소개한다. 즉 "고사기는 712년에 쓰여졌고 일본서기는 720년에 도네리 신노(舎人親王) 등을 비롯해 여러사람들에 의해 편찬되었다. 거의 동일한 년대에 만들어졌음에도 불구하고 오노 야스마로(太安万侶)가 쓴『고사기』내의 신들들 중에「오토시카미 계보」의 26개의 신이 모두 일본서기에는 삭제되어 있다"는 것이다. 그 이유는 실은 일본서기가 고사기보다 먼저 만들어져(720년) 이후 헤이안시대가 되어 서기에서 누락된「오토시카미 일통(一統)」

을 모시는 신사의 신주들이 오노 야스마로의 이름을 빌려 「오토시카미 계보」의 신들을 일본 정사에 써 넣기 위해 창작한 것이『고사기』라고 했다. 이 논쟁의 발단이 된 신들이 「오토시카미 계보」였다는 것으로, 이는 도래 계통으로 특히 신라 도래의 신들이었다고 논술한다.

히노 게이조(日野啓三, 1929-2002)

히노 게이조는 언론인이자 소설가이다. 어린시절 조선으로 이주해 밀양, 서울에 거주하였다. 패전 후에는 아버지의 고향인 히로시마(広島)로 돌아왔다. 대학 졸업 후 요미우리신문에 입사하여 1960년에는 서울특파원으로 근무하게 된다. 베트남전쟁에서는 사이공에 파견되어 취재하였고 이를 바탕으로 한 소설을 발표하여 소설가로 데뷔한다. 이후 전쟁을 주제로 한 소설을 주로 집필한다.『계간 삼천리』제6호(1976년, 5월)에, 「혼(魂)의 정월(正月)」이라는 글을 실었다. 1976년 새해를 맞은 저자가 내면의 목소리에 이끌려 가족과 함께 찾은 서울 방문기다. 저자는 특파원으로 상주했던 15년 전의 서울 거리와 사람들을 떠올리면서 사뭇 달라진 한강과 남산의 풍경, 서울의 모습을 담담한 필치로 묘사했다.『계간 삼천리』제16호(1978년, 11월)에 「생활·문화로 보는 조선과 일본」라는 제목으로 좌담회에 참석했다. 참가자 시마모토 겐로(嶋元謙郎), 히노 게이조(日野啓三), 기쿠치 마사토(菊池正人)였고, 이 3명은 우선 각자의 조선 거주 경험을 이야기한다. 히노 게이조 역시 전전 조선으로 이주해 밀양에서 소학교를 졸업한 이후 패전까지는 서울에서 살았다고 하며 전후에는 역시 특파원으로 약 8개월간 서울에서 거주하며 경험한 이야기를 기술한다. 그리고 히노 게이조는 일본과 조선은 상호간의 차이를 인정하고 의식해야 함을 강조했다. 시마모토 겐로는 일본과 조선은 서로

멀어지려 해도 멀어질 수 없는 이웃 국가이기에 이를 바탕으로 서로의 차이를 인정하고 차분히 장래를 모색해 가야 할 것이라고 강조했다.

히다카 로쿠로(日高六郎, 1917-2018)

저자 히다카 로쿠로는 전후민주주의의 대표적인 논객이며 1960년 안보투쟁과 베트남전쟁 반대, 미나마타병(水俣病)투쟁 등 시민운동의 선봉에 섰던 사회학자다. 1969년, 도쿄대 분쟁(東大紛争) 당시 기동대의 학내 투입에 항의하여 교수직을 사임했고 이후 교토세이카대학(京都精華大学) 교수(1976-1989년)를 지냈다. 주요 저서로는 『현대 이데올로기』(1960년), 『전후 사상과 역사의 체험』(1974년), 『전후 사상을 생각하다』(1980년), 『나의 평화론: 전전에서 전후로』(1995년), 『전쟁 속에서 생각한 것』(2005년) 등이 있으며, 『근대주의』(1964년), 『전후 사상의 출발』(1968년)을 비롯해 다수의 편저가 있다. 『계간 삼천리』창간호(1975. 봄호)에는, 1974년 '민청학련 사건'의 김지하 체포를 계기로 발족된 「김지하 등을 돕는 모임」 국제위원회 일원으로, 일본에서 모은 서명(2만여 명)을 갖고 서울을 방문한 내용도 소개되었다. 그리고 『계간 삼천리』제6호(1976, 5월)에 「대담: 체제와 시민운동」에서는, 김달수와 히다카 로쿠로의 대담이 소개된다. 대담 내용은 박정희 정권 15년, 미국의 아시아전략 속에 체결된 한일협약, 한일 공조관계 및 한·미·일 삼국의 유착 관계 등을 진단하고, 일본 시민운동의 현황과 지향점에 관한 논의를 중심으로 내용을 기술했다. 시민운동과 관련하여 히다카는 일본의 '시민'이 안보반대운동을 거쳐 '한일협약반대운동'과 함께 출현했다고 보며, 김달수는 1970년대에 김지하 구명운동에서 일본의 시민운동이 이룬 성과를 평가한다. 김달수와 히다카는 선거를 통한 시민운동의 중요성을 다시 한번 강조한다. 이어서 한일, 조일관계를 바로잡는 것은 일본의 참된 독립의 기점이며 이를 위한 시민운동은 일본의 민주주의 재건을 의미한다며, 한국과 일본, 북한과 일본의 관계 등을 기술했다. 『계간 삼천리』제13호(1978년, 2월)에「나의 '조선경험'」이라는 제목의 글을 실었다. 이 글은 소년 시절을 보낸 중국 청도에서 식민자의 아들로서 '조선'과 '조선인'을 어떻게 인식하고 상상했는지를 기술한다. 구체적으로 본문 내용을 보면, 히다카 로쿠로는 자신이 1917년 중국 청도에서 태어난 것부터 이야기를 시작한다. 청도는 일본이 제1차 대전을 통해 독일로부터 탈취한 곳으로, 1945년까지 일본은 이곳에 대해 정치적으로나 경제적으로 지배를 했었다. 여기에 거주하는 일본인은 중일전쟁 때에는 3만 명에 가까웠다고 한다. 그 중에서 '반도인' 혹은 '선인(鮮人)'도 천명 넘게 거주하고 있었다는 것이다. '반도인' 혹은 '선인'이라는 호칭은 청도에 있었던 일본 경찰의 정식 호칭이기도 했고, 그래서 알고 있다고 한다. 일본인과 달리 '반도인'은 대부분이 가난하여 청도 항에 가까운 중국인 노동자거리나 일본인의 작은 상점가의 뒤쪽 근처 마을에 거주했다는 것이다. 히다카 로쿠로 자신은 일본인 거주 주택 지구에 살고 있었기 때문에 유년기나 소년시절의 기억에는 '반도인'이나 '선인'에 대한 기억이 없었다고 한다. 그렇지만 뚜렷하게 기억하고 것은 박열사건이라고 한다. 이는 아버지가 가르쳐 주었는데 박열은 '천황을 암살하려던 조선인이 사형됐다'고 했는데, 히다카 로쿠로 자신의 아버지는 사상적으로 상당히 오른쪽으로 기울어 스기우라 주고(杉浦重剛)를 스승으로 삼는 열렬한 천황주의자였다는 것이다. 그래서 히다카 로쿠로 그때 조선인은 무섭다고 생각했고, 그것이 나에게 최초의 '조선경험'이었다고 논한다. 그런데 그것은 활자 즉 글을 통한 경험이었다는 점을 강조한다. 다시 말해서 히다카 로쿠로는 자신의 조선 경험이 글에서 유래한 것임을 설명하는 것이었다. 그 다른 예로서 청도의 일본인 신문에 등장한 '반도인', '선인'의 기사이다. 그 대부분은 범죄기사였는데, 그 '범죄' 중에서 가장 많았던 것은 마약밀매나 밀수입이었다는 것이다. 이처럼 히다카 로쿠로는 글을 통해 조선인에 대한 이미지를 갖게 되었다는 것을 강조한 것이다. 그리고 이것은 패전 후 다케우치 요시미(竹內好)가 임어당의 『북경호일(北京好日)』을 인용하며 일본의 중국에서의 아편정책을 지적했던 것으로 연결된다. 그런데 다케우치 요시미가 개탄한 것은, 일본군부의 한 때의 일시적인 지적이 아니라 수미일관한 '대중국정책'의 하나로 나타난 것이 이 발언과 연결되는 것인데, 즉 범죄는 바로 국가가 선전하는 국책이었다는 점이다. 신문에 보도되는 마약매매자 '반도인'을 등장시켰다는 것이다. 히다카 로쿠로는, 자신이 그때까지는 단순해서 그런 조선인을 나쁘게 생각하고 있었는데, 그것을 그렇게 선전하는 배후가 더 커다란 범죄자라는 것을 몰랐다고 논한다. 그 더 큰 범죄자는 일본의 군부인데, 일본의 군부는 첫째는 아편 매매를 조직적으로 행하는 범죄를 저지르고 있었고, 두 번째 자신의 손은 깨끗하다는 것을 선언하기 위한 조선인을 이용하는 범죄를 저지른 것이라고 논한다. 신문은 말할 것도 없이 일본인의 '수치'인 '불량선인' 비판을 반복한 것임을 알게 되었다는 것이다. 이러한 자신의 유년시절의 '조선경험'이 모두 글자들에 의한 것이었음을 환기시켰다. 그것은 박열 '사건'의 보도와 동일한 것이라고 논한다. 그리하여 히다카 로쿠로는, 일본인이 이러한 신문보도를 통해 만들어 낸 조선 및 조선인 '관'이었다고 논한다. 『계간 삼천리』제40호(1984년, 11월)에 「엄격함과 온화함」이라는 제목의 글을 실었다. 이 글은 『계간 삼천리』의 독자의 입장이 되어, 그 동안 간행된 『계간 삼천리』의 내용에 대한 인상을 소개한다. 히타카 로쿠로는 『계간 삼천리』에 대해 두 개의 인상을 갖게 되었다고 말한다. 그것은 엄격함과 온화함으로, 이 둘 감정에 대해 기술한다. 근대 국가 대일본제국과 대한제국과의 관계를 국가와 국가의 관계로서 본다면, 일본인 혹은 일본 민족으로서 자성하지 않으면 안 되는 엄격함이 있다고 말한다. 『계간 삼천리』에서 나타난 엄격함이라는 것의 하나는 사상적 근원까지 파고들어가는 격투로서 동시에 역사적 실증성의 상세함을 확인하는 실증 작업으로서 전개되었다는 부분이라고 말한다. 그것은 단순하게 원환으로서의 지탄을 넘는 것이라고 논한다. 한편 『계간 삼천리』는 언제나 조선민족이 가진 생활이나 문화, 사상의 풍부함을 오랜 역사적 폭을 통해 독자들에게 제공해 왔는데, 그것을 보고 마음이 온화해졌다는 의미에서 온화함이라고 말한다. 그러한 온화함을 독자에게 전해주는 것으로 조선민족과 일본민족의 관계가 본질적인 곳에서 사람들에게 보이게 되었다고 말한다. 히타카 로쿠로는 『계간 삼천리』 편집부는 이 둘을 함께 지면 속에 담아내는 것으로 역사의 과거를 올바르게 인식하는 길을 만들고 동시에 새로운 시대의 민족관계를 상상력의 날개로 감싸 안고 있다고 평가한다. 정치도 중요하지만, 오히려 생활이나 문화가 더욱 중요하다고 말하며, 이것은 민족 관계에 있어서도 중요한 것이라고 강조한다.

히라노 다이조(平野泰三, 생몰년 미상)

편집부가 특별하게 '조선과 일본에 대한 상호이해', '독자와의 연대를 강화하기 위해 기획'한 코너로 『계간 삼천리』에는 「나에게 있어 조선·일본」이라는 장이 마련되어 있었다. 히라노 다이조는 『계간 삼천리』제15호(1978년, 8월)에 「32년의 공백」이라는 제목으로 「나에게 있어 조선·일본」 코너에 글을 실었다. 이 글에서, 히라노 다이조는 패전 직전에 징용되었던 공장에서 함께 일하던 '이즈미'라는 조선인 친구와의 추억을 기술했다. 이즈미라는 조선인 친구는 8·15를 맞이하여 일본에 남아 있는 것이 좋을지 아니면 조국으로 돌아가는 것이 좋을지에 대해 상담을 해 왔다고 한다. 이에 대해 히라노 다이조는 답을 해야 할지 몰랐다고 말한다. 그는 고국으로 돌아가도 일이 없고, 이대로 일본에 남아도 지금까지 하던 대로의 생활이 가능하다는 보장이 없기 때문이다. 그 후 다시 만나지 못한 채 32년이 흘렀는데, 그의 생존을 알 수 없다고 했다. 그러면서, 히라노 다이조 자신의 머릿속에 살아있기 때문에, 그 조선인은 계속 살아있는 것이라고 표현하면서, 자신이 겪은 조선인의 기억을 기술했다.

히라바야시 히사에(平林久枝, 생몰년 미상)

히라바야시 히사에는 재일조선인운동사연구가며 「재일조선인 운동사 연구회」 회원이다. 주요 저서로 『재일조선인사 연구』(1982), 『나를 부르는 조선』(1991년), 『강제연행과 종군위안부』(1992년) 등이 있다. 『계간 삼천리』제18호(1979, 5월)에 「어느 재일 1세의 반생」이라는 제목의 글을 실었다. 이에서는 재일조선인 남성 김 씨(인터뷰 당시 50대)가 일제 지배 때 도일하여 해방을 맞기까지 겪은 역경과 고난의 삶을 소개한다. 그 내용을 보면 1932년 18살 때, 일하면서 공부하려고 일본에 왔는데, 당시는 불경기였고 오사카 거주 조선인(13만 명) 중에는 이를 반영하듯 무직자가 많았다고 했다. 오요도구(大淀区)에서 방 두 칸에 동포 6, 7명 사는 집에서 지냈다. 같이 살던 재일조선인들은 염색공장, 공사판 같은 곳에 나갔다. 공사판 일당은 80전 정도였지만 보통은 60전에서 70전이었다. 일당 60전으로 하숙비를 내고 나면 이발비, 목욕비 정도가 겨우 남았다는 것 등, 일상의 모습을 적나라하게 기술했다. 이러한 생활상은 당시 재일조선인의 모습을 그대로 표상해주는 것이다. 그 후 '국가총동원

법'(1938)에 의해 '국민징용령'(1939년)이 내려져 조선인이 일본 탄광과 군수공장 건설에 강제 연행되는 일들이 전개되는데, 일본 거주 조선인들에게도 징용 영장이 날아들었고, 상애회 후신 협화회(協和会)가 그 앞잡이가 역할을 했다고 기술한다. 전쟁 협력으로서 징용만큼은 피해야겠다고 생각하고, 징용을 거부했다고 한다. 그 이후 1945년 8월 15일 해방을 맞았는데, 이 징용거부에 관한 얘기를 매우 구체적으로 소개한다. 그리고 『계간 삼천리』제35호(1983년, 8월)에 「전생원(全生園)의 재일조선인」이라는 제목으로 글을 게재한다. 재일조선인 한센병 환자에게 붙어다니는 '강제연행'이나 '차별의 역사'에 대해 논한다. 그러면서 재일조선인도 한센병 환자도 인간이라는 점을 증명하기 위해 싸운 역사를 소개하면서, 이러한 투쟁은 외국인에게도 공평한 연금제도, 고향방문, 조국 통일, 세상 사람들이 말하는 한센병에 대한 과학적인 인식과 이해가 절실하게 요구된다는 점을 기술하고 있다.

히라오카 다카시(平岡敬, 1927-)

히라오카 다카시는 1927년 오사카에서 출생한 후 1934년 아버지를 따라 식민지 조선의 선봉, 흥남, 경성 등지에서 어린 시절을 보냈다. 식민지 조선에서의 생활 그리고 히로시마의 지역신문인 『주고쿠신문(中国新聞)』 주재 기자로서 피폭조선인 문제에 관심을 가지고 취재해왔다. 1991년 제31대 히로시마시장으로 당선되어 32대까지 연임하여 1999년 퇴임했다. 시장에 당선된 후에는 혼가와(本川) 강가에 있던 한국원폭피해자위령비를 히로시마평화공원 내로 이전했다. 『계간 삼천리』제13호(1978년, 2월)에 「'가면'의 뒷면」이라는 제목의 글을 게재한다. 이 글에서는 피폭조선인에 대한 히라오카 다카시의 입장을 논하는 글이다. 히라오카 다카

시는 피폭조선인의 상황이 현존하는 이상 그에 대해서 논해야 한다는 입장을 제시한다. 그것은 그들을 대변하기 위한 것이 아니라 오히려 '자기 확인을 위한 것'이라고 논한다. 전후 일본은 '유일피폭재국(唯一の被爆災国)'이라는 입장에서 세계를 향해 '평화'를 호소해왔는데, 이것은 희생자 논리에 갇히는 것이라고 보았다. 마치 '인류의 십자가를 등에 업은 것처럼' 논하는 것이 일상화 되어, 그러한 희생자의 논리가 어느덧 완벽해져서 그것이 가면(假面)임에도 불구하고 일본인은 전혀 느끼지 못하게 되었다고 비판한다. 여기서 히라오카 다카시는 '가면'이라고 표현한 이유에 대해, 그 이유로 히로시마·나가사키에서 다수의 조선인이 피폭된 사실을 전후 일관되게 묵살해 왔기 때문이라고 말한다. 피폭자 구호를 하나의 기둥으로 하는 원폭금지운동 조차 처음부터 그들의 존재를 시야에 넣지 않았던 점을 비판한다. 피폭조선인은 일본인이 생각하는 '원폭문제'나 '히로시마·나가사키' 문제의 중심점이라고 보고, 이것을 일본인에게 역사에 대한 책임과 연결하여 고민할 것을 기술한다. 『계간 삼천리』 제15호(1978년, 8월)에 「8·15와 조선인–울려 퍼지는 노래 소리」라는 제목으로 글을 실었다. 이 글은 식민자로서 조선에서의 경험과 패전, 조선의 해방에 대해 적고 있다. 구체적인 내용을 보면, '너희는 조선인에 대해 하나도 나쁜 것은 하지 않았다'라던가 '일본 통치 하에서 조선의 근대화가 진행되었으니까 모두를 나쁘다고 하는 것은 틀렸다'라고 말을 하는 일본인에 대해 조선인은 자신의 체험을 섞어가며 창씨개명이나 신사참배나 국어(일본어)상용이 얼마나 조선인에 대해 굴욕을 주었는지를 말하는 내용으로 전개한다. 여기서 일본인과 조선인은 '민족론'까지 나오면서 감정적인 대립이 생겨나기도 하는데, 히라오카 다카시는 조선인 학생의 예를 들면서, 실은 민족 문제나 세계관에 대한 문제를 제기한 것이며, 그러한 인식을 일본인도 가져야 한다는 점을 기술한 것이다. 그리고 이

이외에도 히라오카 다카시는 『계간 삼천리』제13호(1978년, 2월)와 『계간 삼천리』제50호(1987년, 5월)에 '조선인 피폭자'에 대한 글을 기고했다.

한림대학교 일본학연구소 일본학자료총서 II
〈계간 삼천리〉 시리즈

계간 삼천리와 인물들

초판 인쇄   2024년 10월 15일
초판 발행   2024년 10월 25일

지 은 이 | 한림대학교 일본학연구소 편
펴 낸 이 | 하운근
펴 낸 곳 | 學古房

주   소 | 경기도 고양시 덕양구 통일로 140 삼송테크노밸리 A동 B224
전   화 | (02)353-9908 편집부(02)356-9903
팩   스 | (02)6959-8234
홈페이지 | www.hakgobang.co.kr
전자우편 | hakgobang@naver.com
등록번호 | 제311-1994-000001호

ISBN 979-11-6995-529-4 94910
          978-89-6071-900-2 (세트)

값 35,000원

■ 파본은 교환해 드립니다.